调解员高级研修（职业培训）丛书

调解程序概述

洪冬英　主　编
刘　东　副主编

法律出版社
LAW PRESS·CHINA

编委会名单

总序

作为纠纷解决的一种方式，调解在我国历史悠久、源远流长。早在两千多年前的西周，就出现了专门负责调解事务的官员——“调人”。在历史长河中，调解已不仅是一种治理策略，也是人们追求无讼与和谐社会的实现路径。新时代，被誉为“东方经验”的调解，在中华民族实现伟大复兴的征途上无疑将承担更加艰巨的历史使命。

我国有数百万名调解员，他们是调解工作的具体承担者、践行者。伴随着时代的深刻变迁，人们对公平正义有了更高的诉求，矛盾纠纷更加多元、复杂，从而对调解员的工作提出了更高的要求。大规模地开展系统性、专业性的调解员业务培训，已显得刻不容缓。

党的十九届四中全会通过的《中共中央关于坚持和完善中国特色社会主义制度　推进国家治理体系和治理能力现代化若干重大问题的决定》指出：“完善人民调解、行政调解、司法调解联动工作体系”，“完善社会矛盾纠纷多元预防调处化解综合机制”，对构建多元调解机制提出了新要求。人民调解、行政调解、仲裁调解、社会组织调解、律师调解等，是具有中国特色的非诉讼纠纷解决方式，有利于消除纷争，促进和谐，实现社会长治久安。根据中央精神，我们要鼓励探索协商、中立评估、第三方调解等各种解纷机制，促进各类非诉讼争议解决方式蓬勃发展，为人们提供更加便捷、丰富、专业的法律服务。

建立调解员高级研修（职业培训）教材体系，是新时代进一步提升调解员专业化、职业化水平的重要举措。鉴于此，我们组织复旦大学、华东政法大学、上海政法学院等著名高校的一流专家学者，以法学专业为主，兼及社会学、心理学、管理学等专业，计划用3~5年的时间，编写一套框架合理、前瞻性、实用性强的“调解员高级研修(职业培训)丛书”。上海市司法局、上海市人民调解协会在调解领域拥有丰富的实践经验,也十分重视调解理论研究,他们对本套“调解员高级研修(职业培训)丛书”的策划、编撰、出版提供了极具建设性的指导意见和有力的经费支持,直接促成了本丛书的及早面世。

迄今全国尚无一套涉及人民调解、行政调解、社会组织调解、仲裁调解等各类调解的综合性调解员研修(职业培训)丛书,本套丛书的出版,填补了业内空白。我们相信,这套丛书将为上海、为全国的调解员专业研修、为调解工作深化发展提供启迪和帮助。

丛书编委会

2020 年 7 月

序言

调解是一项具有中国特色、具有深厚中华民族传统文化内涵的法律制度,是预防和化解矛盾纠纷、维护社会稳定的第一道防线。近年来,随着社会结构的调整以及经济的发展,各种利益冲突和摩擦不断出现,并呈现出类型多样、增长迅速、内容复杂的特点。在此背景下,时代势必会赋予调解更多的使命,社会也会寄予调解更多的期望。调解制度能否承载起这样的使命,满足这样的期待,却不无疑问。

在20世纪80年代末期,由于种种原因,调解经历了一段低谷期。进入21世纪以来,迫于"诉讼爆炸"压力,调解这一解纷方式又逐渐受到重视。以司法部2002年颁布的《人民调解工作若干规定》为契机,调解开始在我国复苏,2010年《人民调解法》的颁布,使调解再次迎来发展的新机遇。纵然如此,相较于诉讼,调解化解纠纷的作用仍然非常有限。诉讼的作用一直被不断地强化,调解实际上并未充分发挥其"第一道防线"的功能。

究其原因,除了因社会转型导致的经济结构、社会结构和人们社会观念的变化给调解带来的冲击外,调解制度本身所面临的问题是制约其发挥作用的最大障碍,如调解的适用范围过窄、调解员的素质偏低等。其中,调解程序的缺位尤为关键。在调解实践中,调解员更加强调的是实质正义和纠纷解决的快捷方便,却往往忽视形式上的正义和对过程的控制,反映在实际操作中,就是重调解结果轻调解过程,注重纠纷的就地解决却轻视调解程序对实质公平、正义的保障。

为弥补调解制度在程序方面的"短板",进而促进调解制度的高效可持续发展,本书编写组分九个章节,围绕调解概念、基本原则、域外做法、主体、程序、履行、诉调对接等内容,对调解程序做了全方位深层次的介绍。

本书由华东政法大学洪冬英教授担任主编，刘东担任副主编。撰稿人具体分工如下：

洪冬英	第七章，第八章第二节、第三节；
邵军、宫雪	第五章第一节，第六章；
傅雪峰	第九章；
谢文哲	第四章；
邓继好	第三章；
刘　东	第一章，第五章第二节，第八章第一节；
冯元新	第二章。

由于水平有限，本书在内容及文字表述上，错误和缺点在所难免，欢迎读者批评指正。

洪冬英

2020 年 6 月 10 日

前言

人民调解是一项具有中国特色的法律制度,在矛盾纠纷多元化解机制中发挥着基础性作用。人民调解员是人民调解工作的具体承担者,肩负着化解矛盾、宣传法治、维护稳定、促进和谐的职责和使命。

党中央、国务院历来高度重视人民调解工作。党的十八大以来,习近平总书记多次对人民调解工作作出重要指示批示,为做好人民调解工作和加强人民调解员队伍建设指明了方向。2018 年 3 月,中央全面深化改革委员会第一次会议审议通过了《关于加强人民调解员队伍建设的意见》,该意见指出:要加强人民调解员业务培训,丰富培训内容和形式,开发人民调解员培训课程和教材。

建立人民调解员职业培训教材体系,是新时代进一步提升人民调解员专业化、职业化水平的重要举措。上海市司法局积极贯彻落实,于 2018 年 7 月联合有关部门印发了《关于加强人民调解员队伍建设的实施意见》(沪司发〔2018〕86 号)。该实施意见提出:市司法局负责制定全市人民调解员培训规划,组织首席人民调解员培训,建立培训师资库,编制人民调解员职业培训教材。同时,该实施意见进一步提出:市人民调解协会负责全市人民调解员培训工作的具体实施、管理和协调,制定年度培训计划,建立会员学习培训档案等工作。上海市司法局已将人民调解员职业培训教材体系建设列入预算,启动了教材编写工作,委托该领域的专家学者编写这套人民调解员职业培训教材。

希望本套人民调解员职业培训教材的出版,能够为上海乃至全国的人民调解员培训工作提供有益的参考。

本书编委会

2020 年 6 月 10 日

目录

第一章 纠纷与纠纷解决机制

第一节 纠纷概述

一、纠纷的含义

纠纷，《辞海》解释为纷扰，西方国家各有不同用词，如冲突、争执等。纠纷包括自然纠纷和社会纠纷。围绕着纠纷，政治学、法学、社会学、人类学以及历史学等许多学科都进行过广泛的讨论。而在理论上，纠纷被公认为是社会学上的概念，因为只有在社会学意义上，“纠纷”才具有确定的含义，而自然界中的内在矛盾或冲突，都不能称为纠纷。从社会学的角度来看，整个社会都是由“纠纷”组成的，纠纷本质上属于社会冲突的构成形式，反映的是社会成员间具有抵触性、非合作的，甚至滋生敌意的社会互动形式或社会关系。总之，将纠纷视为一种社会现象，并定义为一种不协调状态，是有一定道理的。[1]

纠纷作为一种社会现象，其表现形态是多种多样的，不仅表现为公开的暴力冲突，还包括紧张、敌意、竞争及在目标和价值上的分歧。[2] 无论是在奴隶制社会、封建制社会、资本主义社会，还是在社会主义社会，纠纷总会以各种形态存在于社会之中，并在社会秩序的破坏和构建中起至关重要的作用。纠纷之所以普遍地存在于每一种社会形态中，是因为人们利益上的冲

〔1〕 参见孙彩虹：《社会转型期我国民事纠纷解决机制研究》，中国政法大学出版社 2016 年版，第 7 页。

〔2〕 参见［美］伊恩·罗伯逊：《社会学》（上册），黄育馥译，商务印书馆 1990 年版，第 25 页。

突。这种利益上的冲突是由于人类社会利益和资源的相对有限性与人的欲望及需求的无限性的矛盾所引起的。因此,一旦社会提供的角色和地位不能满足社会主体的欲望需求,或者主体对自己的地位和角色不明确,将不可避免地导致主体与社会以及主体相互之间出现紧张关系,乃至产生争端和纠纷。[1]

纠纷与秩序联系密切,一般情况下,人们总是倾向于将纠纷作为秩序的对立面加以理解。“纠纷的本质是主体的行为与既定秩序和制度以及主流道德的不协调或对之的反叛,为既定秩序和制度以及主流道德意识所不相容,具有反社会性。”[2]然而,纠纷与秩序的关系并不局限于此,对之进一步研究,可以发现,两者有时也有协调的一面。“第一,秩序是一种和谐或均衡不断在达成,也不断在打破的动态;第二,纠纷是一个并不局限于明显或公开冲突状态的社会过程;第三,‘秩序=善、纠纷=恶’的价值判断不一定总是可靠,有时还可能带来很大的问题或弊端。”[3]为了更好地理解纠纷与秩序的关系,许多学者开始将纠纷视为一个包含着不同阶段的发展过程。笔者比较认可的一种划分方法是,将纠纷划分为三个阶段,即单向的“心怀不满”或“前冲突”阶段,双向的“冲突”阶段以及有第三人介入的“纠纷”阶段。“前冲突”阶段指当事者意识到或觉得自己受到不公平待遇或权益遭受了侵害,从而产生不平、不满及愤慨等情绪,并可能采取某些单向性行动的过程。所谓“冲突”阶段,在此被理解为局限在纠纷双方之间相互作用上的双向性过程,这些相互作用往往由双方一系列的对抗或争斗行为组成。如果纠纷之外的主体介入此过程,并充当处理该纠纷的第三者,则纠纷过程就从冲突阶段过渡到了“纠纷”阶段。而且进入“纠纷”阶段,则不仅意味着纠纷对周围人们或社会的影响达到了相当程度,也意味着纠纷的进行和处理被置于更广阔的公共空间中。[4]

人是一种社会动物,时时刻刻都与其他人联系在一起,想要将自己与社会隔绝起来是不可能的。在原始社会,一个部落就是一个社会,而在现代社会,由于人们活动范围的扩大,社会的范围也相对大了起来,个人如果想在

---

〔1〕 参见廖永安:《民事诉讼理论探索与程序整合》,中国法制出版社 2005 年版,第 2 页。

〔2〕 顾培东:《社会冲突与诉讼机制》,四川人民出版社 1991 年版,第 2 页。

〔3〕 王亚新:《社会变革中的民事诉讼》,中国法制出版社 2001 年版,第 208 页。

〔4〕 参见江伟主编:《民事诉讼法专论》,中国人民大学出版社 2005 年版,第 5 页。

社会上生存,就必须依赖其他人,靠与他人合作来获得生存机会。所以,人们一般都会倾向于与其他人合作,建立起一种友好的关系,这样才能互利共赢。当纠纷只是处于“前冲突”阶段,自身的利益并未受到过于严重的伤害时,人们并不会使用斗争的手段来表达不满,只是可能采取某些单向性行动,包括忍让、回避或提出指责。在此阶段对纠纷进行预防最为有效,因为纠纷各方并未产生敌意,相互之间保持一种友好关系仍然是他们追求的目标。

当纠纷进一步发展,进入双向的“冲突”阶段时,一般意义上的纠纷已经形成,这个时候我们关注的重点是如何合理地解决它。不过这个时候还有另外一种意义上的纠纷预防,就是防止纠纷的进一步激化。如果一个纠纷本来应当非常激烈,但是在纠纷发展过程中,由于一定制度的作用和双方采取的合理措施,把本应非常激烈的纠纷控制在较温和的程度,这在某种意义上也是一种纠纷预防。纠纷处于第三个阶段时,要么已经被化解,要么已经转变为另一种形式,此时再提倡预防似乎已经失去了意义。但是我们不妨从另一个角度出发,即个案的解决是否会对后续当事人行为有影响,来探讨纠纷的预防。例如,人民法院对一个纠纷进行审理并作出判决后,人们会从最后的判决结果中解读出国家对此类纠纷的态度,并在以后的生活中尽量避免对己不利的行为。所以说,在纠纷的最后一个阶段,纠纷如果最终获得解决,这个结果会在一定意义上避免以后同种类纠纷的发生。可以说,这种制度上的预防作用并不亚于那些专门的纠纷预防制度,不容小觑。

总之,纠纷可以被视为一个生命体,有独具特色的发展过程。按照一定的标准,可以将之划分为单向的“心怀不满”或“前冲突”阶段,双向的“冲突”阶段以及有第三人介入的“纠纷”阶段。

二、纠纷发生的原因

社会纠纷产生自人类诞生之时,其形成原因错综复杂,既有政治的原因,也有经济的原因,还有社会人文的原因,以及主体个性差异的原因。“存在决定意识”,不同的人对同一事物难免会有不同的看法,历史、地理、现实的原因使这些差别形成了不同的人文环境圈,人们在政治见解、思想观念、生活水平、文化意识、风情习俗等方面形成级差,个体差异化加剧了这种级差,同一人文环境圈内的人会产生纠纷,不同人文环境圈间的人更会产生纠纷。[1] 对这些原因加以分析,可以更加深入地认识业已存在的纠纷,并且根据造成纠纷原因的不同,对纠纷加以区分,在此基础上针对各种纠纷制定相应的解决策略。

(一)利益的冲突

利益的冲突是造成纠纷的根本原因,也是最直接的原因。之所以会造成利益冲突,主要是因为社会的物质生产方式和资源的分配方式发生了变化,主要表现为以下三种形式:一是物质生产方式与之前有异,二是资源的分配方式与以前有所不同,三是物质生产方式和资源分配方式都改变了。

一般而言,物质生产方式随着社会的发展会越来越先进,在更先进的物质生产方式下,个人在单位时间内只会生产出更多的物质,物质越丰富,人们的需求越容易得到满足,纠纷的数量会相应地减少。不过,在物质生产方式得到改进后,多余的劳动力会被分配到其他领域,社会的分工也越来越精细,当各行各业的劳动力都饱和后,多出来的那部分劳动力会处于失业状态,在温饱问题都得不到解决的情况下,想要平息纠纷会比较困难。而且,由于社会的分工越来越精细化,各行业若想满足自身的需求,就要与其他的行业进行交易。交易是一个动态过程,其间究竟会发生哪些变故,谁都不可能全部地预料到,这也增加了纠纷发生的概率。

与物质生产方式变化造成的后果相同,资源分配方式的变化也会增加纠纷的发生。为了便于理解,举一个例子加以说明。中国以前实施计划经济体制时,政府为每一个人分配好了日常生活用品,人们不会因为生活用品分配不公而发生矛盾,因为每一个人的生活用品是相同的。当市场经济体制替代计划经济体制后,政府鼓励人们自由竞争,这时能力相对较强的人就有可能获得较多的生活资料;而那些能力较弱的人的生活资料可能会得不到保障。如果政府在此时无法提供保障措施,那么那些能力较弱的人的不满情绪会逐渐增长并最终爆发,最后不但会造成富人与穷人间的冲突,还会使穷人与政府间的纠纷增加。

---

〔1〕 参见何之慧编著:《新编民事诉讼法》,知识产权出版社 2016 年版,第 6 页。

(二)社会观念的差异

对纠纷的发生有较大影响的社会观念,包括多个方面,比如国家的治理理念、社会的文化传统、习惯、公众对纠纷的态度及其价值评价、社会关于正义、公平的观念、社会宽容、协商对话和诚信等道德信念、社会心理和纠纷承受力,这些集中体现为对纠纷的社会价值的判断以及基于这种判断形成的基本社会理念。[1] 中国现在正处于市场经济的发展阶段,市场经济的发展必然导致社会观念的多元化,使社会对待纠纷的态度发生转变。在市场经济下,人们的职业以及利益差别变大,尤其是社会分工的出现更是加剧了这种变化。

在这种大环境下,每个行业的人都有属于自己的社会价值观念,行业不同,人们的行为方式就会有或多或少的差异,对各种行为的评价也就不可能一致。比如,关于知识产权,虽然法律已经对其进行了规定,但是在现实中仍然有大量侵犯知识产权行为的发生,归根结底就是人们对知识产权的认识出现了差异。一部分人觉得正版物品价格太高,而盗版物品不但价格低廉,质量也不比正版的差,能够在满足自身需要的同时,减轻开销压力。此外,使用一些假冒的奢侈品,还能在社会交往中抬高自己的品位,一举两得。这些人不会关心知识产权人投入的精力和费用,也不会考虑长此以往会打压人们的创新欲望,阻碍社会的进步。不过,在日常生活中,对于同一种现象,社会观念不同的人们,看法自然不一样,如果这种现象与自己利益无关倒也没什么,一旦社会观念不同的双方主体都对这个现象有切身的利益,那么难免会有纠纷发生。总之,社会观念的差异与纠纷的发生呈正比例关系,差异越大,纠纷发生的可能性越高。

(三)法治的不健全

什么是法治?亚里士多德(Aristotle,公元前384年~公元前322年)认为法治是相对于人治而言的。他对法治的注解是:"法治应包含两重意义:已制定的法律应获得普遍的服从;而人们所遵从的法律本身应该是成文的和良好的。"[2] 也就是说,法在全社会应该具有至高无上的权威,社会的治

---

〔1〕 参见范愉:《纠纷解决的理论与实践》,清华大学出版社2007年版,第75页。

〔2〕 [古希腊]亚里士多德:《政治学》,吴寿彭译,商务印书馆1983年版,第167页。

理应该遵从良好的法律。托马斯·潘恩(Thomas Paine,1737～1809年)曾精辟地论述:"在专制政府中国王便是法律,同样,在自由的国家中法律便应该成为国王,而且不应该有其他的情况。"[1]

在法治社会下,法律在社会系统中居于最高的地位并具有最高的权威,任何组织和个人都不能凌驾于法律之上。法治作为一种治国的基本规则,要求法律成为社会主体的普遍原则,不仅要求公民依法办事,更重要的在于制约和规范政治权力。在法治社会里,浓厚的法治文化有利于个人法律素养的养成。法律具有规范意义,即法律作为一种行为规范,明确告诉人们行为的模式与标准,对人们的行为起指引、评价、教育、预测和强制的作用。在一个高度的法治化社会,法律的这些作用更加强大,人们可以依靠那些确定的法律规范预测自己或其他人的行为,在此前提下作出具体的行为,以防止纠纷发生。此外,在现实的纠纷产生之后,法律运用国家强制力制裁违法和犯罪,并在一定意义上影响人们的思想,培养和提高人们的法律意识,引导人们依法行为。毫不夸张地说,法治文化和法治社会相互影响,相互促进。有了浓厚的法治文化,法治社会的建设会更加地顺利,而高度法治化的社会反过来又能强化人们的法律意识,促进法治文化的发展。在这样的一种社会环境下,纠纷发生的概率会大大减小,社会的和谐度会上升。退一步说,即使纠纷已经发生,由于人们极高的法律文化素养,具体的纠纷也会迅速化解,而不会进一步发展。

中国的法治建设在发展过程中还存在许多不足,纠纷的数量还会在一定程度上增加,这是法治不健全的必然结果。

(四)熟人社会向陌生人社会的转变

随着市场经济的发展,城市化的程度越来越高,地区间人口流动的频率加大。据相关统计,1990年国内流动人口约为2135万人,占全国总人口的1.89%;1995年10月1日全国1%人口抽样调查结果显示,流动人口达7073万人,约占全国总人口的5.86%,其中跨县、市、区流动人口5058万人,占71.51%;县、市、区内跨街道、乡、镇的流动人口2015万人,占28.49%;2000年,第五次全国人口普查结果显示,全国总人口为12.95亿人,国内流动人口的规模就已经超过了1亿人,达到1.44亿人,其中仅跨省流动人口就有

[1] [美]潘恩:《常识》,马清槐译,商务印书馆1961年版,第54页。

4242 万人,流动人口占全国总人口数的比例达 11.12%;2005 年全国 1% 人口抽样调查主要数据公报显示,国内流动人口为 1.47 亿人,占 11.28%,其中,跨省流动人口为 4779 万人。[1] 国家卫生健康委从 2009 年起开始,对全国流动人口进行动态监测。数据显示,我国流动人口总量在 2011 ~ 2014 年间持续增长,由 2011 年的 2.30 亿人增长至 2014 年的 2.53 亿人。自 2015 年流动人口总量开始下降,2016 年全国流动人口规模比 2015 年减少了 171 万人,2017 年继续减少了 82 万人。8 年来流动人口在总人口中的占比有升有降,但仍保持较大比重。在今后较长一段时期,大规模的人口流动迁移仍将是我国人口发展及经济社会发展中的重要现象。[2]

这种情况造成的直接结果就是,不管是农村人口,还是城市人口,都被迫要与更多的陌生人交往,加大了纠纷发生的机会。一般来说,处于陌生环境的个人对他人以及周围的环境都无法产生一种切身的责任感和道义感,这就使他(她)更容易从事一些在家乡或熟悉的环境中所不为的行为。[3] 比如,在自己生活的家乡,很少有人违约,即使违约会有利可图。当这些人来到离自己家乡非常远的陌生环境中时,面对那些来自全国各地的陌生人,这些人的思想会发生微妙的变化,只要对自己无害,违约行为随时都有可能发生。此外,人口流动频率的增加,还会弱化社区的约束作用,使原来约束纠纷发生的机制被削弱。改革开放以前,由于实施的是计划经济体制,不管是乡下,还是城市,人们都能够通过一定的组织紧密地联系在一起,如单位或者村民小组。在这些组织内部,人们相互之间都非常熟悉,所以即使有小摩擦,也会在其他人的干预下迅速化解,纠纷很难发生。随着人员的流动,人们相互之间的交往大多数只是暂时的,渐渐地,周围积聚了大量的陌生人,单位或村民小组这种传统组织的作用不再。在这样的大环境下,纠纷数量的骤增就不难理解了。

---

〔1〕参见方向新等:《中国人口安全报告:预警与风险化解》,红旗出版社 2009 年版,第 201 页。

〔2〕参见《〈中国流动人口发展报告 2017〉:我国流动人口规模为 2.45 亿　人总量连续两年下降》,载 http://www.xjdaily.com/c/2017-11-17/1991171.shtml,2019 年 3 月 24 日访问;《〈中国流动人口发展报告 2018〉发布:流动人口规模进入调整期》,载 http://www.gov.cn/xinwen/2018-12/25/content_5352079.htm,2019 年 3 月 24 日访问。

〔3〕参见[美]布莱克:《法律的运作行为》,唐越、苏力译,中国政法大学出版社 1994 年版,第 45 页。

三、纠纷的种类

纠纷是一个复杂的概念,关于纠纷,国内外许多学者都给出了自己的观点。顾培东认为,冲突(conflict)为"主体的行为与社会既定秩序和制度以及主流道德意识的不协调或对之的反驳"。[1] 日本法人类学家千叶正士将纠纷的基本类型划分为对争、争论、竞争、混争与纠纷五种基本类型,其中conflict作为上述五种对立形态的涵盖,可以定义为"一定范围的社会主体相互之间丧失均衡的状态"。[2] Laura Nader 和 Harry F. Todd 将纠纷过程分为三个阶段:单向的"心怀不满"或"前冲突"阶段、双向的"冲突"阶段,以及有第三者介入的"纠纷"阶段。因此,是否有第三者介入当事人之间的冲突是区分冲突与纠纷的标准。[3] 从这些论述可以看出,纠纷的内涵十分丰富,理解其最好的方法就是按照一定的标准对之进行分类,并在细节上予以把握。

(一)按照时间顺序进行的划分

纠纷并不是一种静止的状态,而是一个发展过程。如果我们将之视为一个生命体,那么"纠纷"这一事物也有自己的生命过程,即诱因时期,萌发时期,交涉、僵持时期,缓和消除或恶化形成时期。简单地说,可以将其称为早期、中期和晚期,在此基础上,将纠纷分为三种。

第一,萌发时期的纠纷。这一时期,纠纷当事人之间的不满并没有充分地表现出来,绝大多数的不满只是存在于当事人自己的心中。他们虽然意识到自己受到了不公平的待遇或者意识到权益受到了侵害,从而产生不平、不满及愤慨等情绪,但是受制于一定的制度规范或社会环境,而不能与对方进行公开的斗争。当纠纷只是处于萌芽阶段,自身的利益并未受到过于严重的伤害时,人们并不会使用斗争的手段来表达不满,只是可能采取某些单向性行动,包括忍让、回避或提出指责。

第二,交涉、僵持时期的纠纷。此时各方都意识到了他们之间不协调状态的形成,并展开了一系列双向性的对抗或争斗行为,纠纷过程就进入了冲突阶段。从法律视角来看,这种状态下的纠纷已经是一种典型意义上的纠

〔1〕 顾培东:《社会冲突与诉讼机制》,四川人民出版社1991年版,第7页。

〔2〕 刘荣军:《程序保障的理论视角》,法律出版社1999年版,第2页。

〔3〕 参见范愉主编:《ADR原理与实务》,厦门大学出版社2002年版,第47页。

纷，从民事诉讼角度来看，就是一个完整民事纠纷。当纠纷过程进入冲突阶段时，我们关注的重点是如何合理地解决它。

第三，缓和消除或恶化形成时期的纠纷。这个阶段是由第二个阶段发展而来的，具体的表现有两种：一是纠纷在各方的努力之下得到了解决，纠纷各方当事人的利益不再继续受损，社会关系也恢复了正常；二是各方当事人都不肯作出让步，导致纠纷进一步恶化。

（二）按照纠纷本身的性质进行的划分

1. 利益性纠纷

所谓利益性纠纷，就是发生纠纷的根源纯属于利益，一般表现为利益分割的不均造成双方或多方主体的冲突，以及对利益的归属持不同意见而产生的冲突。现代社会在总体上属于物质社会，在物质社会里，纠纷多是围绕利益展开的。小到邻里之间的矛盾，大到国际社会中国家之间的纷争，没有哪一样纠纷与具体的利益没有瓜葛。进入民事诉讼程序的纠纷也是如此，我国《民事诉讼法》直接规定人民法院只受理平等主体之间发生的、以民事权利义务为内容的社会纠纷。在这里，权利即是利益。《民事诉讼法》根据实际情况，设定了给付之诉、确认之诉和形成之诉三种类型的诉。在给付之诉中，原告为了实现自己的利益，可以直接请求人民法院判决被告向自己给付金钱或行为，与利益直接挂钩。在确认之诉中，由于法律关系的不确定，使原告的利益处于不稳定状态，因此人民法院允许原告提起诉讼。形成之诉的提起与给付之诉和确认之诉提起的情形相似，不再赘述。正因如此，理论界普遍认为，当事人向人民法院起诉必须具有诉的利益。可以说，不管是诉讼上的纠纷，还是诉讼外的纠纷，绝大部分都属于利益性纠纷。

2. 原则性纠纷

在实践中，虽然利益性纠纷占绝大多数，但并不能否认原则性纠纷的存在。原则性纠纷，顾名思义，因为纠纷主体对原则性问题产生争执，相互之间互不让步，最终出现的一种不和谐的状态。这种对原则的固执，既可能因为当事者间对立的强度或当事者个人特殊的性格等因素而产生，也可能由当事者和社会成员之间相互作用过程具有的性质所规定。[1] 原则性纠纷

---

〔1〕 参见[日]棚濑孝雄：《纠纷的解决与审判制度》，王亚新译，中国政法大学出版社2004年版，第41页。

虽然在数量上比较少，但是由于其往往涉及纠纷主体的价值底线，容易演变成其他社会实践，所以不容小觑。《秋菊打官司》是一部优秀的影视剧，剧中女主角秋菊为了向村长讨说法，不顾自己的身体和周围人的反对，一直将官司打到市里，令人动容。其实，这个事件牵涉的利益只有几百元钱，主人公打官司过程中的花费远远超过了这个数目，其之所以要坚持下去，无非是要讨个说法，即一些原则性问题，这与本书讨论的原则性纠纷如出一辙。现实中类似于这样的原则性纠纷仍有不少，需要我们给予关注，否则后果不堪设想。

（三）按照涉纷主体数量进行的划分

1. 个体性纠纷

个体性纠纷是社会上全部纠纷的主要组成部分，是纠纷的重要表现方式，个体性纠纷中有相互对立的主体，不过各方主体一般为单数，表现为一对一的冲突和对抗。现代社会注重主体的独立性，人们不用依附于其他的组织就能处理好自己的事务，这就决定了社会关系的双方主体基本上都是单个的，在此基础上发生的纠纷也以个体性纠纷为主。不仅如此，法律上的种种规定也促使个体性纠纷成为纠纷的主要种类。例如，合同法上，契约具有相对性，只对权利义务双方产生拘束力，第三人不受其拘束。当权利义务因为契约的签订或履行产生争执并发展为纠纷时，纠纷的主体只能是权利义务双方，第三人不可能被牵涉进来，于是合同纠纷也以个体性纠纷为主要表现形式。个体性纠纷双方基本上只就涉及双方的利益产生纷争，而不会因公共利益与对方理论。换句话说，个体性纠纷的范围相对比较狭窄。简单地说，只限于个人利益。由于受到纠纷范围的限制，个体性纠纷的影响也不会太大，所以单个的个体性纠纷亦不会对社会秩序造成大的破坏。不过，当个体性纠纷达到一定数量时，就会对社会的稳定产生冲击，因此必须加以重视。

2. 群体性纠纷

所谓群体性纠纷，指纠纷一方或双方在多人以上的特殊性社会纠纷。或者说，一方或双方在人数众多的情况下，相互之间坚持对某个价值物的公然对抗。群体性纠纷的逻辑前提是个体性纠纷，没有个体性纠纷就没有群体性纠纷，群体性纠纷是个体性纠纷的复杂化表现。群体性纠纷与个体性纠纷相比，最大的特点就是纠纷的主体要素比较复杂，并因此形成纠纷的规模化和连带化。[1] 它可能是个体性纠纷的简单耦合,也可能是个体性纠纷的复合表现。群体性纠纷是现代社会的产物,随着商品经济的发展,各国经济增长迅速,工商业获得了较大的发展,人民的生活水平普遍提高,对同一种商品的反复需求增加,于是当某一种商品出现瑕疵时,会出现多数消费者向经营者索赔的局面,这就是群体性纠纷的表现形式之一。此外,大型企业在生产过程中容易对环境造成污染,与此对应的受害者也是多数,亦极易产生群体性纠纷。这些只是比较典型的例子,随着社会的发展,群体性纠纷的数量还会上升。鉴于群体性纠纷涉及的主体数量多,对社会造成的影响大,且极易发展成政治性事件,所以需要给予与个体性纠纷相同的关注。

第二节　民事纠纷

一、民事纠纷的概念和特征

(一)民事纠纷的概念

按照传统三分法,社会纠纷分为民事纠纷、行政纠纷与刑事纠纷三种类型。根据《民法典》第 2 条以及《民事诉讼法》第 3 条的规定,所谓民事纠纷,是指发生于平等的民事主体之间,以民事权利义务为内容的社会冲突。民商法学界及诉讼法学界普遍认为,平等主体之间的纠纷都属于民事纠纷。这里的民事纠纷,不是以部门法为划分依据,而是从纠纷主体的法律地位来界定的。一般而言,私人在形式上永远是平等的,因此私人之间如果出现了民事权利义务关系的纷争,就是民事纠纷。当国家或国家机关等公法主体不是运用公权力,而是像私人一样与其他民事主体发生民商事法律关系时,也会被视为与其他主体处于平等地位的民事主体。因此,国家等相关的公法主体在民商事活动中产生的纠纷,也属于民事纠纷。这样,民事纠纷的范围就相当广泛,环境侵权纠纷、劳资纠纷、股权纠纷以及国家作为一方主体参与经济活动所产生的纠纷等,都是民事纠纷。由此,调整民事纠纷的法律就不仅涉及民商法,还涉及了劳动法、环境法等。

需要注意的是,大多数情况下,民事纠纷都是作为独立的事件存在的,但是在一些特殊情形下,民事纠纷也会与行政纠纷、刑事纠纷相互重叠或交

---

[1] 参见汤维建等:《群体性纠纷诉讼解决机制论》,北京大学出版社 2008 年版,第 7 页。

叉。由于民事纠纷被定义为平等主体之间发生的以民事权利义务为内容的争议,而与此同时,在相同的主体间还可能存在刑事法律关系以及劳动法律关系。如果上述法律关系是基于同一事实或者相牵连之事实产生的,那么就会出现民事纠纷和刑事纠纷并存的现象。除此之外,如上文所述,行政机关也有可能因民商事活动产生民事纠纷,若这些民商事活动发生于行政管理职权实施过程中,就属于民事纠纷与行政纠纷并存的情形。例如,在工商执法过程中,如果遇到了从业者的暴力抗法,并因而造成执法人员人身伤害或财产损失的,那么便会在同一个事实上存在两种性质的法律关系,即行政法律关系和侵权的民事法律关系。

随着政治、经济的不断发展,当下社会开始涌现出大量的诸如公害纠纷、消费者权益保护纠纷、垄断纠纷、债券纠纷、P2P(peer to peer)纠纷等与传统意义有别的纠纷,被称为现代型纠纷。二者相比较,其差异主要表现在以下三个方面:其一,从纠纷主体上分析,传统纠纷当事人一般是一对一的诉讼结构,且双方力量对比差距不大,而现代型纠纷当事人一方往往人数众多,由于纠纷的另一方(通常是被告方)多为国家或在社会上具有重要影响的公共团体或大企业,因此,双方力量对比悬殊。其二,在诉求上,传统纠纷中原告的诉讼请求主要是损害赔偿、恢复原状等,而现代型纠纷,原告的诉求主要是预防性救济,即禁止被告再从事相关活动。其三,从诉讼基础上来看,传统型纠纷诉讼的基础是基于直接利害关系,即纠纷本身所涉及的利益关系到诉讼主体本人,而在现代型纠纷中,对立的利害关系具有公共性和集合性,因此其波及范围呈现广域化和规模化。[1]

(二)民事纠纷的特征

与行政纠纷、刑事纠纷相比较,民事纠纷具有以下特点:

其一,民事纠纷主体之间法律地位平等。民事纠纷主体,无论是自然人、法人,还是国家,无论财产多寡,教育程度高低,职业背景如何,在民事活动中均享有平等的民事权利,承担平等的民事义务,不存在命令与服从的等级关系,也不存在包含与依附的种属关系。这种平等体现为,民事纠纷主体间要么享有同等的权利,要么享有对等的权利,即一方的权利是另一方的义务;反之亦然。之所以如此,是因为民法中的平等原则。基于平等原则所

〔1〕 参见刘荣军:《程序保障的理论视角》,法律出版社1999年版,第46~47页。

形成的法律关系，必然是平等主体间的关系，意味着各方当事人均处于一种平等的地位，且这种平等地位会一直延伸至民事纠纷的处理过程中。民事纠纷的这一特点有别于刑事纠纷和行政纠纷：刑事纠纷的主体双方是国家和犯罪嫌疑人，他们之间显然不具有平等的地位；行政纠纷的主体是行政机关和行政相对人，他们始终处于一种管理和被管理的地位，同样难谓平等。

其二，民事纠纷的内容是争议的民事权利义务关系。这是区别民事纠纷与刑事纠纷、行政纠纷的关键要素。民事权利义务关系是主体依照民法的规定，基于一定的法律行为或事件形成的，当事人双方可以据此享有一定的权利或承担一定的义务。一旦权利无法获得实现或者义务不能履行，既已形成的民事法律关系便处于失衡状态，民事纠纷就此产生。比如，一方未经另一方许可而使用他人商标进行经营，导致正常的民事法律关系出现异常而产生争议；再如，由于情势变更导致不同的结果出现，从而对正常民事法律关系的适用产生争议；此外，还可以是因法律所确定的民事权利义务关系不明确、不确定而引起的争议等。一言以蔽之，民事纠纷就是以民事权利义务关系为争议内容，目的在于让失衡的权利义务关系回归到正常状态。

其三，民事纠纷具有可处分性，即在民事纠纷的解决方式和解决程序上，民事纠纷主体具有自治性。所谓自治性，是指民事纠纷主体有高度的选择权和处分权。这是由民事纠纷所涉内容的私权利性质决定的，是私法自治权在救济过程中的进一步延展。这种私法自治权对诉讼程序产生了至关重要的影响，如《民事诉讼法》中的“处分原则”就是典型的体现。当然，民事纠纷的主体也可以拒绝处分其纠纷，而坚持将纠纷交由法院处理。这种坚持由司法机关依法处理其纠纷的做法，也是民事纠纷主体对纠纷内容进行自由处置的形式之一。

（三）民事纠纷的内容

如上所述，民事纠纷的内容是民事权利义务关系，即民事法律关系。在较宽泛的意义上，可将民事法律关系分成人身关系和财产关系两类，前者以人身权为主要内容，或者说所实现的利益为人身利益，后者则以财产权为主要内容，或者说所实现的利益为财产利益。

1. 人身关系。人身关系是一种具有人身属性的社会关系，具有非财产性、专属性、固有性的特征，可进一步分为人格法律关系和身份法律关系两种。民事主体基于一定的人格和身份产生的人身关系，在法律上表现为人格权和身份权。其中，人格权包括自然人的生命和健康权、姓名权、肖像权、名誉权、荣誉权、婚姻自主权、通信自由和通信秘密等权利，以及法人和其他组织的名称权、名誉权、荣誉权等。身份权包括夫妻之间、父母子女之间、有抚养关系的祖父母与孙子女之间、外祖父母与外孙子女之间依法相互享有的身份权以及因监护产生的监护权等。

2. 财产关系。财产关系是指人们在商品生产、分配、交换和消费过程中形成的具有经济内容的关系。我国民法只调整发生于平等主体间的财产关系，包括财产所有关系和财产流转关系。财产所有关系是指因直接占有、使用、收益、处分财产而发生的社会关系；财产流转关系则是指因财产的交换而发生的社会关系。财产所有关系和财产流转关系有密切的联系，财产所有关系是发生流转的前提，而财产流转关系又是实现所有关系的主要方法。通常情况下，民法所调整的财产关系，都应当遵循等价有偿的原则。作为例外，当事人依法形成的赠与、借用、无偿保管、无偿代理等民事法律关系，也是为法律所允许的。

二、有效解决民事纠纷的意义

就任何社会都需要的秩序而言，纠纷具有天然的反社会性。但是，社会纠纷对于社会发展并非只有消极的作用，人类社会始终是在纠纷的解决过程中动态发展的。民事纠纷如果得到妥善解决，可以发挥以下积极作用。

1. 社会“减压阀”作用。民事纠纷中蕴含着不满、愤怒、仇恨等情绪，纠纷过程就是纠纷主体发表意见、表达不满的过程。这个过程如同高压锅上的安全阀，使纠纷各方的情绪都有宣泄的途径，从而有效地减轻或缓解纠纷双方的敌对情绪，消除或者减小发生激烈社会动荡的危险。

2. 提高社会系统的整合性与适应性。对社会个体来说，纠纷的解决过程可以引导个人学习社会秩序的规则，从而实现社会化；对社会群体来说，既可以维护群体内部的团结和增强群体的凝聚力，又可以促进群体之间的联合与结盟；对整个社会来说，可以缓解社会成员彼此的敌意与紧张状态，而且鼓励创造出规范协议来调解纠纷，使资源的交换不至于中断，并且产生不同纠纷群体间的联系，纠纷因而对整个社会产生有效的整合作用。只有僵化的社会才对纠纷采取排斥的态度，极端的甚至发展到不许发牢骚，不许人们聚会。这种社会是不可能长治久安的。

3. 刺激规则的再生产，并催生新规则。解决社会纠纷的过程实际上是人们关于权利义务关系规则的重新界定的过程。某个纠纷解决方案一旦获得当事人认可，就相当于在他们之间确立了一个新规则，当事人照此重新确定相互间的权利义务关系。在这个意义上，冲突扮演了新规范、新制度的激发器的角色。

三、我国当前社会民事纠纷的现状及原因

（一）当前我国民事纠纷的发展现状

当前，我国社会处于转型期，矛盾纠纷多发，人民法院受理案件持续增长。在此背景下，当前我国民事纠纷的发展呈现出如下特点。

第一，纠纷类型多样，增长迅速。随着20世纪70年代末改革开放的启动和此后的进展，人、财、物开始在全国范围内流动，商品和市场随着频繁的交易行为日趋活跃，围绕财产关系的民商事纠纷也迅速增加。进入21世纪，随着经济的迅猛高速发展，纠纷也随之多发，中国当前社会纠纷总量持续上涨已是确定的事实。尽管难以对近四十年来社会中纠纷的发展状况进行梳理，但是从全国人民法院历年受理民商事案件的数量上看，也能映射出社会纠纷的发展趋势。在1994年，这一数字只有区区400万件，至2014年就已经达到1500万件，其间上涨了将近4倍。与此同时，民事纠纷的种类也日益繁多，不仅包括房产、土地、医疗、消费、教育等与民生密切相关的领域，还涉及公司、证券、知识产权、电子商务、保险等因制度建设的进展或科技进步而不断产生的新的种类。

第二，群体性纠纷多发。所谓群体性纠纷，是指纠纷主体一方或双方在多人以上的特殊性社会纠纷。或者说，一方或双方在人数众多的情况下，相互之间坚持对某个法律价值物的公然对抗。这些主体之所以能够走到一起形成一个利益整体，最主要的原因是各个主体有相同或相似的经历，或者受到相同或相似的对待，这些经历或对待使他们的权利遭受了损害。据统计，2000～2014年，我国发生的百人以上的群体性事件有871起，其中，2010年和2011年都维持在170件左右，2012年则达到209件，可谓群体性事件的高

发期。[1] 近几年来，数量急剧增加、规模不断扩大、处理难度不断增大，已经成为当前群体性纠纷发展的基本态势。由于所涉人数众多，群体性纠纷容易对社会的正常秩序造成冲击。而且这种纠纷波及的范围往往超出纠纷本身，进而造成局部性的社会瘫痪，对社会的正常运转危害极大。

第三，纠纷内容日趋复杂。随着社会和经济的发展，主体间的交往愈加频繁，导致相互间法律关系的复杂化。典型的情况如，一个民商事交易活动中往往有多方主体参与，并形成了多个法律关系并存的局面，或者虽然交易主体只有两方，但是在他们之间存在有多层、系列的法律关系，一旦发生纠纷，纠纷双方势必会就所有的法律关系加以争执，增加了纠纷内容的复杂程度。除此之外，在我国现阶段，引发纠纷的原因有体制、政策、观念、作风等各方面因素，有时各种因素又交织在一起，会直接促使纠纷内容的复杂化。例如，在征用土地的纠纷中，涉及被征用村组、征地单位和土地承包人以及流转后的实际土地使用人，牵扯多种主体和多重法律关系，相较于传统纠纷，这类纠纷的解决难度更大。

（二）造成我国民事纠纷现状的原因

概言之，中国当前社会的绝大部分纠纷，表面上看是社会主义市场经济体制构建后的结果，实质上是我国社会结构转型过程中的必然产物。一方面，社会结构的调整使原本旧社会体制所遮蔽的种种矛盾逐渐展现出来，导致了社会纠纷的爆发式增长；另一方面，经济的发展与社会的变迁也导致了社会阶层的不断分化，各种利益群体逐步形成，群体之间不同的利益诉求必然有所冲突，引发了更多的社会纠纷，且呈复杂化、多元化、群体化发展态势。除此之外，政府本身也处于一个转型时期，未能完全适应从“管理者”向“服务者”的角色转变，导致了社会纠纷的多发。[2] 除了上文中引发纠纷的共通原因外，造成我国民事纠纷现状的还有以下方面的因素。

首先，个人权利意识的增强。随着公民受教育程度的提高，公民的法律和权利意识越来越高。在市场经济条件下，以个人利益为基础建立起来的

---

〔1〕 参见《社科院统计 14 年间群体性事件：广东居首　劳资纠纷是主因》，载观察者网：https://www.guancha.cn/society/2014_02_25_208680.shtml，2018 年 10 月 9 日访问。

〔2〕 参见孙彩虹：《社会转型期我国民事纠纷解决机制研究》，中国政法大学出版社 2016 年版，第 28 页。

公民社会正在逐渐发育,意味着每个国民和国家之间订立了由《宪法》和法律保障的政治权利和义务之间相互交换的社会契约,人们越来越倾向于在现有的制度基础上,运用法律手段进行权利救济。而且,改革开放的前30年,我们致力于中国特色社会主义法律体系的建设,在相当长的时间里,立法成为我国法治建设的重中之重,法治建设的主要任务就是要"有法可依"。

其次,纠纷解决机制的失灵。一方面,在社会转型期,由于利益格局的大调整,许多社会规则需要重新制定。但立法总是滞后的,对于很多事项,经常会出现新的规则不存在、不得力或彼此相互矛盾,导致人民法院在处理新型案件时往往无所适从。即使人民法院强行解决,由于司法权威的不足,拒不执行人民法院判决的情况也时有发生,有些甚至是国家机关抗拒执法。另一方面,由于缺乏经验,自20世纪80年代末期以来,我国在强调法治建设过程中,曾一度过分地强调诉讼,并不恰当地将人民调解等其他解纷机制视为对立面,予以遮蔽甚至排斥。然而,诉讼中心主义的单一化纠纷解决方式造成了"诉讼爆炸"的结果,以及人民法院为了提高审判及其管理的效能,参照行政考核的方式建立了一整套指标性的量化考核体系,形成了烦琐的审判管理体系,也变相导致了内部纠纷解决机制的淤堵。

最后,公权力制约机制不健全。面对转型社会中来自国内外的各种压力,客观上需要强有力的政治权力在保持转型变革势头的同时,维持社会秩序的稳定。而此时,约束权力往往被视为改革的障碍,致使权力缺乏相互制衡的约束机制。在新的政治变革尚未完成,旧的政治规范已逐渐褪去之际,政府受到的约束是极不充分的,侵犯公民私人领域、社会资源分配有失公允的现象时有发生。这一方面导致了政府会参与市场竞争,与民争利,甚至往往是垄断市场;另一方面,政府本身作为社会资源的分配者,在规范疲软的法制现状下,也可能蜕变为社会资源的攫取者。更为糟糕的是,政府与个人所产生的纠纷往往难以在法律框架内通过正规渠道进行化解,从而往往使这些民事纠纷成为群体性事件的导火索,相较于单纯的民事纠纷,其对社会秩序和政府公信力的破坏更大。[1]

---

[1] 参见孙彩虹:《社会转型期我国民事纠纷解决机制研究》,中国政法大学出版社2016年版,第31页。

第三节 民事纠纷解决机制

一、纠纷解决概说

通常情况下,纠纷都是被作为“秩序”的对立面而遭到人们的贬损。社会上曾一度出现过“罪恶纠纷观”,认为纠纷意味着对秩序的妨碍、扰乱以致破坏,应当予以杜绝。可以说,这种思维方式在很大程度上,是因为受到我国传统上关于纠纷、诉讼观念的影响。鄙视、厌恶诉讼始终是古代中国的典型文化特征,“滋讼”“讼棍”“聚讼”等用语生动地反映出了这一事实。

但与此同时,我们也要看到纠纷在社会发展过程中所扮演的正面效用。正如社会学家科赛(Lewis A. Coser)所言,低暴力、高频度的冲突具有如下积极意义:第一,提高社会单位的更新力和创造力水平;第二,使仇恨在社会单位分裂之前得到宣泄和释放;第三,提高对现实性后果的意识程度;第四,社会单位间的联合得以加强。易言之,冲突具有“清洁社会空气”的作用,它通过允许行为的自由表达,而防止了被堵塞的敌意积累的倾向;冲突是社会怨气的“排气孔”,如果冲突和纠纷能够获得有序解决,使积压的不满情绪及时、有效地释放,则冲突对一个社会来说,扮演着一种“安全阀”的角色。[1]所以说,纠纷绝不会成为社会发展的消极因素,反而是构成社会统一体所不可或缺的积极要素。

需要注意的是,是否所有的秩序都是正当或合理的呢?如果旧的秩序本身就欠缺正当性和合理性,那么就不能说纠纷妨碍了社会的发展,反而还为否定不合理的旧秩序、促成新秩序的诞生提供了契机。换言之,在社会既定秩序是合理的,或者说在得到社会成员公认的情况下,与社会秩序相悖的利益冲突基本上是一种消极的存在,但如果社会既定秩序已经丧失了合理性,冲突的出现就为社会秩序的更新提供了条件。除此之外,在法学的范畴里,纠纷的发生,往往是因为权利关系受到侵害,或者权利归属不明确等情形造成的。此时,在解决纠纷的过程中,可以将不明确的事物予以明确,厘清法律上权利义务关系。正是通过一系列纠纷的解决,人类才得以不断地

[1] 参见[美]科赛:《社会冲突的功能》,孙立平等译,华夏出版社1989年版,第17~183页。转引自顾培东:《社会冲突与诉讼机制》,四川人民出版社1991年版,第16~17页。

充实和完善自身的制度环境。

在此基础上，有学者指出，纠纷对于社会是一种中性的存在，既不能在纠纷与病态之间画等号，也不能在纠纷与进步之间画等号。人类的历史和现实表明，纠纷是人类社会的常态。纠纷并不必然意味着"善"，当然也不必然意味着"恶"。一方面，纠纷意味着对既存秩序的破坏，不仅破坏社会的物质财富，而且伤及人类的精神生活，违反人类对"安宁"和"财富"的需求。纠纷使社会关系处于一种待决状态，引起人民不安、焦虑和惶恐。纠纷如果达到一定程度，将会波及周围的人群，产生"城门失火，殃及池鱼"的效应。纠纷悬而不决，争议的社会关系就会处于某种程度上的"冻结"状态，并进而导致纠纷所涉及的财产无法参与社会流转，出现资产的"沉淀"。另一方面，纠纷是对既存秩序的挑战和破坏，隐喻着创新，意味着社会关系的解放和新规则的树立。正所谓"沉舟侧畔千帆过，病树前头万木春"，新的规则正是在旧的规则被不断挑战和破坏的过程中诞生出来的，是制度竞争的外在表现。〔1〕

综上所述，纠纷是人类社会存续过程中一种不可避免的社会现象，是一种社会常态。纠纷既有可能对社会的正常发展产生一定的阻碍作用，也有可能对社会的进步产生一定的推动作用，其本身无所谓好或坏，顶多是一种中性的社会现象。因此，对于形形色色的纠纷，我们不必一味追求彻底消灭之，而应当避免过于激烈的社会冲突和纠纷，并寻求解决纠纷的有效途径。毫不夸张地说，人们评价某一社会文明与社会秩序的文明程序，其基本依据不在于该社会中社会冲突或纠纷发生的频度和烈度，而在于纠纷解决机制的健全程度及其对现实社会冲突的排解能力和效果。〔2〕

二、民事纠纷解决机制

纠纷解决机制是指一个社会为解决纠纷而建立的由规则、制度、程序和机构及活动构成的系统。狭义的纠纷解决机制，主要指国家通过相关法律、法规建构或界定的，由各种正式与非正式制度或程序构成的综合性解纷系统；广义的纠纷解决机制，还包括非制度化的临时性、个别性纠纷解决活动，以及民间社会自发形成的各种私力或自力救济。以此为前提，民事纠纷解

〔1〕 参见何兵：《现代社会的纠纷解决》，法律出版社2003年版，第5页。

〔2〕 参见廖永安：《民事诉讼理论探索与程序整合》，中国法制出版社2005年版，第9页。

决机制，即解决民事纠纷的制度和方法，是在一定社会中实行的，有效地解决和消除民事纠纷的一整套综合治理的制度和方法、处理方式。

正如上文所言，一个社会文明程度的高低，在很大程度上取决于纠纷解决机制的健全程度及其对现实社会冲突的排解能力和效果。因此，在现代法治社会，民事诉讼虽然是解决民事纠纷最终和最权威的手段，但并不是民事纠纷解决的唯一手段。除此之外，纠纷主体还可以通过和解、调解、仲裁等方式寻求民事纠纷的解决，它们与民事诉讼一起构成了一国的多元化纠纷解决机制。事实上，人类早期的非诉讼程序并不是以代替诉讼为目标的，即使是诉讼率并不高的社会也可以根据主体的选择建立多元化的纠纷解决机制。[1] 对上述种种纠纷解决机制，以是否有第三方的参与、程序保障的力度、当事人合意空间的大小为依据，可初步将其分成自力救济、社会救济和公力救济三种。

（一）自力救济

自力救济，指民事纠纷主体依靠自身的力量来解决纠纷，以维护自身的权益，是一种以威慑和制约为核心的、富于效率和行之有效的社会控制机制。作为人类解决纠纷最为原始和最为简单的民事纠纷解决机制，自力救济传统上包括自决与和解两种形态。

1. 自决

所谓自决，是指纠纷主体一方凭借自身优势力量迫使对方屈服的一种纠纷解决办法。它主要存在于生产力不发达、文明程度不高的人类社会之中，典型的如决斗，一种曾经在欧洲社会被广泛采用的当事人自行解决纠纷的方式。自决由于过分仰仗个人力量，极其不利于弱者权利的保护，且容易给当事人造成心理上的伤害和情感上的郁愤，不仅不利于纠纷的解决，还会导致纠纷激化，甚至有可能酿成大祸。例如，在现实生活中发生的债权人以绑架人质、限制人身自由的方法向债务人索要欠款，在这种情况下，即便是债权人向债务人索要到了欠款，也会因为债权人绑架人质、限制人身自由而构成绑架罪、非法拘禁罪。正因如此，自决这种纠纷解决方式，基本上已经为现代法治社会所禁止，取而代之的是公力救济。

但是，对自决这种救济手段的完全否定，有时难免对权利保护不周。尤

---

〔1〕 参见江伟主编：《民事诉讼法专论》，中国人民大学出版社 2005 年版，第 9 页。

其是在法治不健全和公力救济不起作用的情况下，基于“公民的合法的私有财产不受侵犯”的宪法权利的落实，和公民有保护自己财产的权利，对不合法的暴力有“反抗权”，应允许并保留一定程度的自决方式，这样既可以帮助个人维护合法权益，对强势群体也是一种震慑，防止他们为所欲为。[1]

2. 和解

和解，是指纠纷当事人在平等协商的基础上，相互妥协或者让步，达成协议，自行解决民事纠纷的一种方式。虽然与自决一样，同为自力救济方式，但是和解完全依赖当事人的自愿行为，不存在任何强迫情形。其突出优点在于不伤和气，利于社会和谐与和解协议的自愿履行。和解给当事人带来的是心理上的和缓和情感上的愉悦。和解有利于解开当事人心结，有利于纠纷的彻底解决。但和解需要当事人双方具有“以和为贵、和气生财”的传统思想，需要当事人双方能够相互包容忍让，作出妥协让步。如果有一方坚持己见，那么就很难和解。

尽管自决与和解在解决纠纷的程度、解决的方式上还存在一定的差异，如自决中含有冲突一方或多方对另一方的服从，而和解则主要体现纠纷一方或双方的某种妥协，但这种自力救济的解决纷争的方式，一般是冲突主体凭借自我天赋或自觉的内心情感来消除纷争的。随着社会的发展，传统的自力救济解纷机制要么由于与现代法治社会的不相容而趋于消亡，要么通过创造性的转化而获得新生（如和解演变为谈判或诉讼上的和解等），传统意义上的自力救济在“以司法为中心的多元纠纷解决机制”中已失去其位置。但是，在一个多元化的社会中，自力救济仍然可能有其存在的合理性和空间。[2] 国家应当考虑适当发挥自力救济对于纠纷解决的积极功能，限制并疏导其消极倾向。自力救济在很大程度上其实可为国家利用，同时又在国家的掌握之中，并根据需要通过立法使之逐步、部分地纳入法治轨道。[3]

（二）社会救济

社会救济，是指依靠社会力量，并基于纠纷主体间合意处理民事纠纷的机制。其特点是，当事人将纠纷交给第三方，由第三方居中调停、判断，运用

---

〔1〕 参见董少谋主编：《民事诉讼法学》（第3版），中国政法大学出版社2015年版，第10页。

〔2〕 参见范愉主编：《多元化纠纷解决机制》，厦门大学出版社2005年版，第104页。

〔3〕 参见徐昕：《论私力救济》，中国政法大学出版社2005年版，第393页。

促成双方达成解决纠纷的一致意见,或者提出解决纠纷的方案供双方当事人执行。主要包括调解和仲裁两类。

1. 调解

所谓调解,通说认为是在第三方主体的主持下,以国家的法律、法规、规章、政策以及社会公德为依据,通过对纠纷当事人进行说服教育、规劝疏导,促使他们在平等协商、互相谅解的基础上自愿达成协议,从而解决民事纠纷的一项社会救济活动。根据主持调解主体的不同,还可以将调解作如下划分:

第一,人民调解。人民调解是指人民调解委员会通过说服、疏导等方法,促使纠纷双方在平等协商的基础上自愿达成协议,从而解决民事纠纷的一种群众性自治活动。人民调解是一项具有中国特色的化解矛盾、消除纷争的非诉讼纠纷解决方式,长期以来对化解社会纠纷,维护基层社会稳定起到了重要作用。经人民调解委员会作出的调解结果一经签收,即对双方产生合同上的效力,当事人可以据此向法院申请签发支付令或者申请法院对之进行确认,以获得强制执行的效力。除此之外,由律师组织的调解、行业协会的调解,甚至在法院立案前进行的先行调解,都可以被归入人民调解的范畴。随着市场经济建设的发展,在我国的建筑、保险、旅游、广告、律师、印刷、医药等各行各业,也开始逐步成立了各种各样的行业协会和组织,它们在调整行业性的矛盾和纠纷过程中的作用也开始逐渐凸显。目前,相对比较普遍的社会组织调解主要有劳动争议调解和医事纠纷调解。

第二,行政机关调解。我国的一些法律、法规、规章规定了特定行政机关可以对与其行政管理职责相关的民事纠纷进行调解。例如,《道路交通安全法》第 74 条规定,对交通事故损害赔偿的争议,当事人可以请求公安机关交通部门调解。《治安管理处罚法》规定,对于因民间纠纷引起的打架斗殴或者损毁他人财物等违反治安管理的行为,情节轻微的,公安机关可以调解处理。国务院颁布的《医疗事故处理条例》第 46 条规定,发生医疗事故的赔偿等民事责任争议,当事人可以向卫生行政部门提出调解申请。

第三,基层人民政府调解。1990 年 4 月,司法部颁布了《民间纠纷处理办法》,基层人民政府有权调处当事人提请调处的民间纠纷,民间纠纷的范围为公民之间有关人身、财产权益和其他日常生活中发生的纠纷。基层人民政府中的司法助理员具体负责调处民间纠纷,在处理民间纠纷时,应先行调解,调解达成协议的,应当制作调解书,调解书由双方当事人、司法助理员署名并加盖基层人民政府印章。

第四，诉讼调解。诉讼调解，即法院调解，是指人民法院的审判人员按照《民事诉讼法》的相关规定，以双方当事人自愿为前提，组织当事人协商解决民事纠纷的一种诉讼活动。《民事诉讼法》规定，人民法院审理民事案件，应遵循查明事实、分清是非、自愿与合法的原则，调解不成，应及时判决。法院调解，可以由当事人的申请开始，也可以由人民法院依职权主动开始。调解可以由审判员一人主持，也可以由合议庭主持，并尽可能就地进行。除法律规定的特殊原因外，一般应当公开调解。在法院调解中，可以邀请相关单位或个人参与调解，被邀请的单位和个人，应当协助人民法院进行调解。在审判人员的主持下，双方当事人自愿、协商达成调解协议，协议内容符合法律规定的，应予批准。调解达成协议的，人民法院应当制作调解书，调解书应当写明诉讼请求、案件的事实和调解结果，由审判人员、书记员署名，加盖人民法院印章，送达双方当事人签收后，即具有法律效力。

第五，仲裁调解。仲裁调解是指在仲裁程序中，经双方当事人同意，在仲裁庭的主持下，双方当事人在自愿协商、互谅互让的基础上达成协议，从而解决其纠纷的一种制度。将仲裁与调解相结合以解决纠纷，为我国仲裁机构首创，并得到普遍接受和广泛实践，在国际上被誉为“东方经验”，且引起了国际仲裁界的广泛关注，同时，也得到了《仲裁法》的肯定与鼓励。由于仲裁调解与仲裁的意思自治原则高度契合，同时具有弥补商事仲裁主管缺陷、扩大纠纷解决效果、维持争议双方关系、促进国际经贸发展等功能，因此获得了当事人的青睐。[1]

2. 仲裁

仲裁是指双方当事人依书面协议的方式，自愿将纠纷交给仲裁机构，由其作出具有法律约束力的裁决的一种制度。与调解类似，仲裁也是以双方当事人的自愿为前提条件的，只有纠纷的双方达成仲裁协议，一致同意将纠纷交付仲裁机构处理，仲裁程序才能够启动。但只要选择了仲裁程序，仲裁机构对民事纠纷作出的裁决就会对双方产生拘束力，除非存在法定事由，否则当事人必须履行。由此可见，仲裁是一种半自愿半强制的解决纠纷的方式。

需要注意的是，传统意义上的仲裁必须以当事人之间在仲裁之前达成

---

〔1〕 参见岳力：《论仲裁中调解的功能》，载《北京仲裁》2008 年第 2 期。

的仲裁协议为前提。但是,近年来,我国建立了一些特定情形下的法定仲裁或强制性仲裁,这类仲裁是根据法律的规定进行而无须仲裁协议,如劳动争议仲裁、农村土地承包仲裁等。与通常的仲裁不同,这类法定的或强制性的仲裁,因为缺少当事人的仲裁协议,所以仲裁裁决也往往相应地缺少终局性,当事人如果对仲裁裁决不服,可以向人民法院提起诉讼。

(三)公力救济

公力救济是指纠纷解决机关依靠国家的公权力,依据国家制定的法律法规来解决当事人之间纠纷的纠纷解决机制,主要包括诉讼以及某些行政机关的纠纷处理活动。如上文所述的基层人民政府,在组织纠纷双方进行调解后,若达不成调解协议,基层人民政府有权直接予以处理。对基层人民政府作出的处理决定,当事人必须执行。这是一种典型的由行政机关处理纠纷的活动,属于公力救济的一种。当然,在民事纠纷解决机制的语境下,公力救济多数情况下专指民事诉讼。

民事诉讼的实质是审判机关在纠纷主体的参与下处理民事纠纷的一种最有权威和最有效的机制。民事诉讼的特点包括:一是国家强制性。民事诉讼是人民法院凭借国家审判权确定纠纷主体双方之间的民事权利义务关系,并以国家强制执行权迫使纠纷主体履行生效的判决和裁定。二是严格的规范性。民事诉讼必须严格按照法律规范进行,如果出现了较为严重的违反程序性规定的情形,已经进行的诉讼程序必须被推翻。这两个特点说明了,现代社会采取公力救济的方式,能够使纠纷得到最公正、最合理的解决。

民事诉讼作为具有严格规范性且有国家公权力支持的纠纷解决活动,在一国的多元化纠纷解决机制中,发挥着基础性的作用。一方面,民事诉讼具有根据纠纷性质的不同而提供相应程序救济的功能:从纠纷的内容上看,除了普通民事纠纷可以在普通诉讼程序中解决外,立法还为特殊类型的纠纷提供了特殊的救济程序;从纠纷的难易程度来讲,简单、容易解决的纠纷适用简易程序或小额诉讼程序,复杂的纠纷则适用普通诉讼程序,而根据需要救济的紧迫性程度的不同,民事诉讼还设有终局性救济和临时性救济制度。另一方面,民事诉讼制度作为民事权利救济的最后一道“防线”,具有支撑、维持其他纠纷解决方式的作用。民事诉讼既可以为其他诉讼外纠纷解决机制提供强制执行方面的保障,又能够作为当事人对多元化纠纷解决机制进行选择的最终评估依据,扮演着支柱性作用。

三、调解的比较程序优势和制度价值

（一）调解的优势

调解机制自在我国正式确立时起,就在纠纷化解中扮演着重要的角色,起着不可或缺的作用。然而,在一段时期内,因国家对法治理念的过于推崇,调解遭到了冷落。尤其是在弘扬程序正义理念的浪潮中,民间调解被不恰当地作为程序正义的对立物受到清算,以致我国的人民调解制度与组织建设一度受到人们的忽视,其功能也呈现出明显的萎缩。但是,随着诉讼案件的迅猛增长,法院的工作负荷日益增大,诉讼迟延与积案问题曾一度使法院陷入十分尴尬的境地,于是,调解这一纠纷解决机制又重新受到关注。当然,调解制度能够获得重生,除了上述外部环境方面的原因外,其自身所存在的优势才是最为关键的原因。

1. 费用低廉。相较于民事诉讼、仲裁等纠纷解决机制,调解结案所需花费极少,是一种成本非常低廉的解纷机制。通常情况下,调解往往都是纠纷双方亲力亲为,无须专门为此聘请律师,这就为当事人节省了大笔的律师费用。除却直接开支外,调解对时间、场地等因素要求不高,可以随时随地展开,不会对当事人的正常工作和生活造成影响,避免当事人因此遭受间接性损失。

2. 结案时间短。调解不必像诉讼或仲裁那样经历立案、开庭审理、判决甚或上诉之标准流程,其对程序规则的要求较为随意,可依个案灵活选择,这意味着当事人无须较长时间的等待即可解决纠纷。对于一个具体的纠纷,当事人双方在调解人的主持下,往往只需要进行一次调解即可达成合意。而且调解协议书的内容也不及仲裁裁决书或判决书复杂,大大缩减了纠纷解决的周期。

3. 利于彻底解决纠纷。在调解中,尽管调解人在初始阶段面对的是相对确定的某种争议,但在调解的过程中,当事人可以把新的事实引入,这些新的事实往往反映了当事人之间深层次的矛盾,是当事人真正希望解决的。调解的开放性可以使调解人找出潜藏在表面争议后的深层次矛盾,从整体上、根本上解决纠纷。在此基础上,当事人双方可以达成灵活多样的调解结果,以保证调解结果能够兼顾双方的利益,促使纠纷获得更加切合实际的解决。

4. 有助于情感的维系。在调解过程中,调解主持人通过晓之以理、动之以情,并通过对相关法律法规的引用,既能增强当事人法治意识,又进行了道德教育,使当事人在互谅互让的基础上达成协议。因此,调解不但可以减少纠纷解决的成本,节约司法资源,而且对社区建设和道德传承有重要的意义。

5. 保护隐私。在调解过程中,双方当事人告知调解人的信息,调解人会严加保密,不会透露给任何人。对涉及个人或家庭事务的纠纷,当事人通常都不希望将它们公之于众,对发生在商务活动中的纠纷,商人一般也不愿意闹得沸沸扬扬,而是希望能淡化处理。调解因为无须公开审理,所以能够很好地起到保护当事人隐私或商业秘密的作用。

(二)调解的制度价值

基于调解自身的制度定位和特点,同时结合制度的比较优势,作为多元化纠纷解决机制中的一环,调解初步体现出了如下价值。

第一,效率。调解解决纠纷的方式在效率方面比其他方式更具有优势,与诉讼相比较,对当事人而言,调解的各种费用支出少,时间耗费少或者说时间效率高,败诉的风险小,当事人对纠纷解决的结局明确。而且,纠纷经调解解决的,当事人即时履行以及自动履行协议的比例比较高,避免了更多的案件进入法院执行庭强制执行,减轻了法院的负担,减少了司法资源的占用。调解的效率优势显而易见。

第二,和谐。和谐社会是人们所追求的人类社会的美好前景,构建和谐社会是中国共产党在新时期大力提倡的治国方针。与诉讼裁判相比,调解的方式灵活多样,调解可以不必拘泥于严肃的法律规范、规则,道德、情理同样可以作为解纷的依据。调解的过程除了可以考虑情、理、法诸方面的因素外,还可以协调平衡各方面的关系和各方面的利益,有时不仅可以解决当事人之间的争议,而且可以解决与之相关的问题。调解解决纠纷,当事人之间的关系不受多少伤害,纠纷不是以简单的孰胜孰负的方式解决,而是经过协商,互相让步解决的,这样有利于人们和谐相处。

第三,秩序。秩序是社会、国家正常运行的基本保障,秩序是社会生活的必备条件之一,是人类生存的基本要求,是人类发展的前提条件。秩序与民主、公正、和谐等价值相关联,秩序与法律密切相关,它是法学家们普遍认同的法的价值之一。调解对于秩序是有益的,如前所述,调解解决争议往往能够从根本上消除当事人之间的纠纷,当事人之间的关系在多数情况下可以迅速恢复,即发生纠纷的社会秩序迅速恢复。

第四,自由。调解中的自由价值体现在当事人的自愿方面,无论是诉讼调解还是非诉讼调解,这种自愿价值通常体现在两个方面。一方面是程序的自愿,是指纠纷当事人是否选择采取调解的纠纷解决方式及选择调解程序,完全由其自己决定,不应当受任何个人或任何组织、机构的强迫。另一方面是协议的自愿,是指经过调解是否达成协议,以及以什么条件或什么方案达成协议,完全由当事人自己决定,调解员、调解机构或者任何其他人都无权代替当事人决定,也无权强迫当事人决定。[1]

---

〔1〕 参见邱星美:《调解的回顾与展望》,中国政法大学出版社2013年版,第135~140页。

第二章 调解与调解制度

第一节 调解的概念与特征

一、调解的概念

调解，指在第三方的主持下，依据一定的社会规范，如法律、法规、规章、政策及社会公德等，就双方或者多方当事人之间民事权益纠纷，通过摆事实明道理，促使当事人之间平等协商、相互谅解，自愿达成协议，消除纠纷的活动。

《辞海》把调解定义为“通过说服教育和劝导协商，在查明事实、分清是非和双方自愿的基础上达成协议，解决纠纷。在我国，是处理民事案件、部分行政案件和轻微刑事案件的一种重要方法”。

我国学者对调解也有不同的定义，比较有代表性的如：

(1)调解是在第三方主持下，以国家的法律、法规、规章和政策以及社会公德为依据，对纠纷双方进行斡旋、劝说，促使他们互相谅解，进行协商，自愿达成协议，消除纠纷的活动。

(2)调解是在第三方协助下进行的，当事人自主协商性的纠纷解决活动。

(3)调解是一种自愿的、非约束性的、私人的争议解决程序。

以上这些论述，无不以调解的功能为角度进行诠释，由此可见，调解不仅是我国社会独特的纠纷解决方式，更是目前全世界范围流行“接近正义”运动中的主要方式，被誉为解决纠纷的“东方经验”。

二、调解的特征

在调解中，第三方或者称为调解人，可以是国家机关、社会组织或者个人,无论谁作为第三方,都必须遵循调解的基本特征。我国法律规定或者允许的调解,依调解的主体不同,主要有四种类型,即人民调解、行政调解、仲裁调解与法院调解。调解的基本特征有:

第一,调解人的居中性。调解人的居中性表现在,首先,调解人与所调解的民事纠纷或纠纷的当事人没有利害关系。其次,调解人必须平等地对待双方或者多方当事人,不得偏袒任何一方,以维护调解结果的客观性、公正性与可接受性。而调解人的存在,则是调解与和解最本质的区别。和解是指纠纷的当事人之间,以自愿平等协商、相互妥协达成解决纠纷的合意,其间没有居中的调解人主持斡旋。

第二,纠纷当事人的自治性。当事人的自治性体现在,是否选择调解的方式解决纠纷、通过何种调解方式来化解矛盾、是否接受调解协议等,均由纠纷的当事人合意决定,调解人和另一方当事人不得强迫当事人选择调解或者接受调解协议。调解人不得使用任何强制手段,强行解决纠纷。调解当事人的自治性这一特征也是调解与民事诉讼的显著区别。所谓民事诉讼,指的是人民法院、当事人与其他诉讼参与人,依据民事诉讼法并适用民事实体法解决民事纠纷的各类活动及诉讼法律关系的总和。它是人民法院利用国家权力强制解决民事纠纷的程序。

第三,非严格的规范性。纠纷当事人的自治性决定了调解具有非严格的规范性,即调解的过程和结果不受也无须规范,尤其是法律规范的严格制约,亦不必如民事诉讼那样严格依据程序规范进行调解,也不必严格依据实体规范达成调解协议。但是,调解必须遵守法律的强制性规范、遵循公共利益和尊重他人合法权益,如果违反法律的强制性规范、违背公序良俗或者侵犯他人合法权益,则当事人之间达成的调解协议无效。[1]

第二节 我国调解制度的发展历程

一、调解的历史沿革

调解作为一种解决纠纷的重要途径,在中国的历史源远流长,我们一般可以将其归纳为官府调解和民间调解。早在西周时期,官府中就设有“调

---

〔1〕 参见邵明:《论我国和谐社会中的民事调解》,载《学术界》2008 年第 2 期。

人”“胥吏”的官职，专司调解，平息诉讼。到秦汉时期，县以下的乡、亭、里设夫，承担“职听讼”和“收赋税”两项职责。“职听讼”即调解民间纠纷。唐代沿袭秦汉制度，县以下的乡里民间纠纷先由坊正、村正、里正调解。元代法律明文规定，村社的社长具有调解的职能。清代县、乡以下基层组织实行保甲制，负责治安、户籍、课税和调解民间纠纷。辛亥革命后，县以下设区、乡、镇，设立调解委员会。

中国古代民事诉讼起源于西周，诉讼内的调解随着民事诉讼制度一起产生。西汉以来，随着儒家思想逐渐向法律领域渗透，法律的儒家化进程也日渐加强，调解在民事纠纷解决中的作用日益得到重视，诉讼调解成为民事诉讼制度的核心越来越明显。宋元时期，诉讼调解制度得到进一步发展，元朝在法典中专列“诉讼”篇，并将诉讼调解制度称为调处制度，赋予调处制度以法律效力。至明清，调处结案已成为民事诉讼的常用手段。国民党政府1935 年颁布的第二部《中华民国民事诉讼法》中，诉讼调解制度第一次以独立的民事诉讼法条文形式出现。

近代中国的人民调解制度最早可追溯到20 世纪20 年代初，第一次国内革命战争时期的工农运动中。1931 年《苏维埃地方政府暂行组织条例》第17 条的规定标志着人民调解开始了法律化的过程。至中华人民共和国成立之前，初步形成了独具特色的人民调解制度。1954 年 3 月 22 日，原中央人民政府政务院公布了《人民调解委员会暂行组织通则》，全面系统地规定了人民调解委员会的性质、任务、组织领导、职权范围、工作原则、工作方法和纪律等。它标志着人民调解制度作为一种法律制度在我国正式确立。1989 年 6 月 17 日国务院发布了《人民调解委员会组织条例》，意味着人民调解是除诉讼程序外，运用得最广泛、最成功并深受广大人民群众和基层社会欢迎的一种纠纷解决途径。2010 年 8 月 28 日公布的《人民调解法》是我国第一部专门、系统、完备规范人民调解工作的法律，全面确立了人民调解制度。

我国的法院调解起源于20 世纪 40 年代的陕甘宁边区，确立了以“就地审判，不拘形式，深入调查研究，联系群众，解决问题”为特点的“马锡五审判方式”，成为根据地民事审判工作的基本模式，以此为基础的法院调解被作为民事诉讼法的基本原则确定了下来。党的十一届三中全会以后，历经了从 1982 年《民事诉讼法(试行)》到 2017 年《民事诉讼法》，法院调解始终是我国民事审判制度的重要组成部分。

二、调解的复兴及"大调解"的构建

从20世纪90年代中后期开始,改革开放以来社会结构的变化对人民调解产生了深刻的影响。在农村,随着工业化和城镇化的建设,农民对土地的依赖不复存在,农村人口外流和流动杂居打破了原有的"地方性"的封闭式循环状态,原有的生活群体被打乱,旧有的社会结构逐渐解体,以契约为依据的社会关系及由此形成的陌生人社会,正逐步取代以血缘、居住地或单位为基础的社会关系及由此形成的熟人社会、乡土社会。在城市中,人们也从"单位人"向"社会人"的身份转化,从而促进了以居住地域为依托的社区的形成和发展。传统人民调解所赖以生存的土壤不复存在,传统人民调解的体制受到前所未有的冲击。人民调解案件逐年减少,从1990年的740余万件下降到2000年的500余万件,调解与诉讼案件的比例从20世纪80年代的10:1下降到了1:1,调解制度的发展停滞不前。

为了解决人民调解工作中出现的问题,1999年年初,在第四次全国人民调解工作会议上,司法部把"调防结合,以防为主"的人民调解工作方针调整为"调防结合,以防为主,多种手段,协同作战",进一步强调了新时期人民调解工作在调防结合、以防为主的基础上,应该采取多种手段,与有关部门相互配合,建立起适合化解新形势下人民内部矛盾的"大调解"工作机制。2002年1月1日,中共中央办公厅、国务院办公厅转发了最高人民法院、司法部《关于进一步加强新时期人民调解工作的意见》,从九个方面巩固和发展人民调解制度,充分发挥人民调解工作在解决社会矛盾纠纷、维护社会稳定中的作用。2002年9月16日,最高人民法院颁布了《关于审理涉及人民调解协议的民事案件的若干规定》(以下简称《调解协议审理规定》,2019年7月20日起失效),同年,司法部发布了《人民调解工作若干规定》。这些法律法规和政策的发布,一是赋予了调解协议书民事合同的性质,使调解结果有了一定的法律约束力;二是在较低程度上实现了人民调解制度与诉讼制度的对接;三是进一步完善了人民调解的司法救济制度;四是进一步明确了人民调解的工作范围、组织形式、人民调解员的产生方式和条件,规范了人民调解工作程序和调解协议内容等。在国家倡导和谐社会的大背景下,这些措施为新时期人民调解工作注入了新的生机和活力,人民调解工作又迎来了新的发展时期。

2004年2月24日,司法部、最高人民法院联合召开了全国人民调解工作座谈会，并出台了最高人民法院、司法部《关于进一步加强人民调解工作　切实维护社会稳定的意见》，把进一步加强人民调解工作列为司法行政机关今后一个时期的重要工作，这些表明，新时期人民调解工作依然是我国多层次、多方位纠纷解决机制中的一个重要组成部分。2005 年 12 月 5 日，中共中央办公厅、国务院办公厅转发了中央政法委员会、中央社会治安综合治理委员会《关于深入开展平安建设的意见》，要求各地"进一步健全矛盾纠纷排查调处工作机制、工作制度和工作网络，重点抓好县（市、区）以下基层矛盾纠纷排查调处工作体系建设"。2010 年 8 月 28 日公布的《人民调解法》建立健全了诉调对接机制，明确了调解协议的性质。2011 年 4 月 22 日，中央社会治安综合治理委员会、最高人民法院、最高人民检察院等十六部门联合印发了《关于深入推进矛盾纠纷大调解工作的指导意见》，要求各地"坚持调解优先，依法调解，充分发挥人民调解、行政调解、司法调解的作用。把人民调解工作做在行政调解、司法调解、仲裁、诉讼等方法前，立足预警、疏导，对矛盾纠纷做到早发现、早调解"。"大调解"作为一场运动，在全国范围内展开。

"大调解"是一种在党委、政府的统一领导下，由政府综合治理部门牵头协调、司法行政部门业务指导、调解中心具体运作、职能部门共同参与，整合各种调解资源，对社会矛盾纠纷的协调处理。其目的是将人民调解、行政调解、司法调解等其他各种调解资源整合在一起，把纠纷化解在基层。此外，"大调解"的一个突出特色在于，将化解纠纷与预防纠纷相结合。也就是说，将调解工作向前延伸，既搞好"灭火式调解"，又搞好"防火式调解"，充分发挥调解工作在预防和解决纠纷中的双重功能。

"大调解"的出现是适应解决我国转型期社会纠纷的需要而产生的。以前的人民调解是以人民调解委员会为主导的调解体系，其工作对象主要是民间纠纷。而在新形势下的社会纠纷主要是征地补偿、拆迁安置、企业改制、滞后行业的整治、取缔等社会活动和政府行为带来的纠纷，其具有复杂性、群体性、综合性和敏感性等特点，加之群众民主、法律意识的增强，极易引发群众上访事件，甚至带来社会动荡。而对以上新情况，只靠民间调解显然不能应对，这就需要构建"大调解"网络，把人民调解、行政调解、司法调解整合起来，成立社会纠纷调解中心，组成由党委、政府统一领导，综合治理部门或司法机关牵头实施，由民政、城建、妇联、工会、公安等部门参加的联合调解组织，以便尽快形成全社会共同参与的纠纷"大调解"工作格局，增强对纠纷的调处力度,确保调处成功率。至此,人民调解借着“大调解”运动的东风,重新恢复了生机,并不断蓬勃发展。

三、“大调解”与人民调解

“大调解”格局的形成,为人民调解的崭新回归创造了环境。人民调解在社会快速发展、转型中经历了低谷,又成为人们所重视的解决纠纷途径,现今的人民调解具有了不同于传统人民调解的新定位。

“大调解”格局的形成,推动了人民调解制度立法的完善。2011 年 1 月 1 日实施的《人民调解法》,第一次从法律位阶的层面确立了人民调解制度,并明确了人民调解协议经司法确认后具有强制执行力。同年 3 月最高人民法院颁布实施了《关于人民调解协议司法确认程序的若干规定》(以下简称《司法确认规定》)。2012 年《民事诉讼法》修改,正式在特别程序中增加了确认调解协议案件一节。这些法律、司法解释在制度层面上为人民调解制度的重振奠定了基础。

在顶层设计上,2014 年 10 月 23 日,党的十八届四中全会通过的《中共中央关于全面推进依法治国若干重大问题的决定》提出“健全社会矛盾纠纷预防化解机制,完善调解、仲裁、行政裁决、行政复议、诉讼等有机衔接、相互协调的多元化纠纷解决机制”,为人民调解从传统走向现代、从单一走向多元、从封闭走向开放铺平了道路。2016 年 6 月 28 日公布的最高人民法院《关于人民法院进一步深化多元化纠纷解决机制改革的意见》(以下简称《多元纠纷解决意见》)则为人民调解的多元化发展提供了便利,完善了人民调解与诉讼的衔接机制。

人民调解是一个多元的体系。在“大调解”的推动下,人民调解不仅仅局限于最早设立于居委会、村委会的人民调解委员会。它的调解主体是多元的,除了传统调解主体外,还吸收了律师、商事组织、行业协会等参与此系统中;它的方式也是多元的,可以是面对面的传统方式,也可以是互联网时代的在线调解;它的调解依据也是多元的,即规范性与灵活性并存,调解依据可以是国家的法律规范,也可以是公序良俗。

人民调解是一个开放的体系。人民调解的开放性主要体现在“大调解”格局中,与其他调解方式的差异性并存,并与之建立有效的衔接;同时,人民调解的开放性也表现在与其他非诉讼解决纠纷方式的优势互补并与之贯通。

“大调解”格局是对我国社会转型、社会矛盾激增、社会纠纷亟须有效解决的积极回应，是社会管理创新之举。“大调解”格局的形成，为人民调解的回归与功能的新定位创造了条件。

党的十九大报告指出，中国特色社会主义进入新时代，我国社会主要矛盾已经转化为人民日益增长的美好生活需要和不平衡、不充分的发展之间的矛盾。这一主要矛盾具体到司法层面上，则体现为人民群众日益增长的司法需求与国家司法供给发展不平衡、保障群众权益不充分之间的矛盾。一方面，是审判机关“案多人少”的问题没有得到根本解决；另一方面，新类型的纠纷不断涌现，加重了审判机关的负荷。与此同时，传统意义上的人民调解日渐式微。《人民调解法》放开了对于人民调解委员会的组织设置，使人民调解委员会的设立呈现出开放、多元的模式，可以顺应人民群众解决纠纷的需求，同时缓解司法资源不足的问题，成为化解矛盾、解决纠纷、维护社会和谐的有效途径。例如，方兴未艾的律师调解中心或律师调解工作室、商会调解组织、商事调解组织、行业协会调解组织等，都是顺应新时代需求而产生的新类型的人民调解委员会。

值得一提的是，“人民调解”的称谓具有很强的时代烙印与阶级特征，但时至今日，随着人们的思维模式从“斗争哲学”转向“和合哲学”，我们应当用新的思维去理解这一称谓。从本质上来说，人民调解其实就是一种非政府组织调解。所谓非政府组织，泛指除政府、市场（企业）之外的各种各类社会组织，它们对社会运行和发展有着不可忽视的意义和作用，非政府组织是国家权力与社会权力互动的产物。当代社会，一方面非政府组织越来越增强其自治性、独立性及活动的专业化趋向，另一方面其与国家（政府）及企业（市场）之间的协同配合关系越来越密切，而且其非营利和营利之间的界限也渐趋模糊。非政府组织具有志愿性、组织性、独立性、自治性、公益性、专业性或专门性、灵活性和适应性、活动和行为方式的人性化和民主性、客观公正性、多重的法律地位和属性，人民调解委员会基本都吻合这些特性。[1]

---

〔1〕 参见洪冬英：《当代中国调解制度变迁研究》，上海人民出版社 2011 年版，第 107 ~ 108 页。

第三节　调解的类型

一、人民调解

（一）人民调解的概念与特征

人民调解，是指人民调解组织通过说服、疏导等方法，促使当事人在平等协商的基础上自愿达成调解协议，解决民间纠纷的活动。人民调解具有群众性、自治性、民间性的基本特征。

人民调解的第一个特征，也是最本质的特征是自治性。首先，从人民调解委员会的组织上来说，它既不是国家司法机关，也不是行政机关，而是作为群众自治组织，参加国家生活，管理社会事务。其次，从人民调解的工作方法上说，人民调解没有审判权也没有行政权，它没有任何的强制力，而是在自愿、平等的基础上，人民调解员通过说服、疏导等方式，促使双方当事人自觉达成调解意向，解决纠纷，充分体现了当事人的意思自治。再次，当事人是否运用调解、如何进行调解、调解结果如何，均取决于纠纷双方当事人的合意。最后，人民调解的案件是民事纠纷，当事人对于其民事权利具有处分权，如何处分自己的权利，全凭当事人的意思自治。可以说，自治性是人民调解的灵魂，是人民调解最本质的特征。

人民调解的第二个特征是群众性。它是一种依靠人民群众的力量实行自我教育、自我管理、自我服务，解决民事纠纷的具有中国特色的法律制度。人民调解委员会是群众性组织，而且是最广泛的群众性组织之一。从横向上看，它几乎遍布全国各地的村镇、街道，从纵向上说，形形色色的行业协会、各类群众团体也有自己的人民调解委员会。同时，各个调解组织之间没有隶属关系，人民调解委员会与国家机关和其他各类社会组织也没有隶属关系，根据《人民调解法》第5条的规定，各级司法行政机关指导人民调解工作，基层人民法院对人民调解委员会进行业务指导，均不存在行政上的隶属关系。人民调解委员会的委员和调解员也是来自群众，能够代表群众、联系群众，在群众中有威信，并服务于群众。人民调解通过群众平等协商解决自己的矛盾纠纷，双方当事人之间地位平等。

人民调解第三个特征是民间性。首先，民间性体现在人民调解的受案范围。根据《人民调解法》第2条的规定，人民调解的范围为“民间纠纷”。

既有传统意义上的婚姻家庭、邻里关系、小额债务、轻微侵权等常见多发的矛盾纠纷,也包括新时期所涌现出来的土地承包、征地拆迁、环境保护、医患纠纷等社会热点、难点纠纷,同时还包括轻微刑事案件,它们之间的共同特点是发生在公民与公民之间、公民与法人或者其他组织之间,当事人有权自行处分的人身、财产权益的纠纷等。其次,民间性还体现在人民调解的依据上,无论是在调解程序上还是在调解规范依据上,都有更大的柔性,可以不完全按照法治的统一标准,只要不违反法律强制性规定即可,突出了法律规范与道德规范的有机结合,调解过程和调解协议体现出情、理、法的融合。最后,民间性还体现在人民调解方式方法上,它不拘形式、灵活便捷,保持了人民调解区别于其他纠纷解决机制的民间特色。

(二)人民调解与行政调解、法院调解的区别

人民调解与行政调解、法院调解有许多相同之处。三类调解都是解决民事纠纷的一种方式;都是由第三人居中主持;都是通过说服、引导、协商等方式促进当事人解决纠纷;解决纠纷的过程和最终达成的合意,在内容上与程序上均不能违反法律的强制性规定;是否调解、调解的结果也必须以当事人自愿为前提等。但是,三者之间也存在根本上的不同。

1. 人民调解与行政调解的区别

首先,主持调解的主体不同。人民调解委员会是群众自治性组织,而主持行政调解的主体则是各类行政机关。

其次,受案范围不同。人民调解的受案范围是各类民间纠纷和特定的刑事案件,而行政调解的受案范围则是与主持调解的行政机关的行政管理职权密切相关的民事纠纷。

最后,调解协议的效力不同。行政调解虽然通常不具有强制执行力,但是,在特定情况下,行政调解一经成立,便产生强制执行力。如《劳动争议调解仲裁法》规定,劳动争议仲裁调解机关制作的调解书生效后,一方当事人不履行义务的,对方当事人可以向有管辖权的人民法院申请强制执行。[1]

2. 人民调解与法院调解的区别

第一,主持调解的主体不同。主持人民调解的主体是人民调解委员会,是群众自治性组织,在调解过程中没有任何强制力。主持法院调解的主体

---

〔1〕 参见常怡主编:《中国调解制度》,法律出版社 2013 年版,第 84 页。

是合议庭或者独任庭,是国家的审判机关,法院调解也是国家行使审判权的一种方式。

第二,调解所处在程序阶段不同。法院调解必须是诉讼系属产生之后进行的调解,而人民调解则是在诉讼系属产生之前,或者是诉讼系属产生之后依据法院的委托而产生的。

第三,受案范围不同。人民调解只能受理民间纠纷以及特定的刑事案件,但法院调解的案件包括公民之间、法人之间、其他组织之间以及他们相互之间因财产关系和人身关系产生的各类纠纷。

第四,调解活动的作用不同。法院调解是一项诉讼活动,双方当事人在法院调解下达成的调解协议或者制作的调解书,一经双方当事人签收,具有终结诉讼的效力,当事人不得就同一事实和理由再次提起诉讼。而人民调解是一项诉讼外的活动,即使达成调解协议,未经人民法院司法确认,不具有终结诉讼程序的效力,当事人可以另行向人民法院提起民事诉讼。

第五,调解协议的效力不同。法院调解中,双方当事人达成的调解协议,一经双方当事人签收,即发生法律效力,一方当事人如果不按照发生法律效力的调解书履行义务,则另一方当事人可以向人民法院申请强制执行,而在人民调解中,如果未经过人民法院的司法确认,其所达成的调解书只具有民事合同的效力,而不具备强制执行的效力。

(三)人民调解的新发展

1. 行业协会调解

行业协会调解,指的是以行业协会作为调解主体,依靠其主管部门来推进某一类型或是某一行业内的纠纷。它的兴起拓展了人民调解制度的范围,丰富了人民调解制度的内涵,是人民调解制度发展的重要路径和最新趋势。

行业协会调解发展的基础在于协会的自律性与权威性。行业协会属于社会组织的一种,介于政府、企业之间,具有对外代表行业整体维护行业利益,对内进行自我管理的职能和地位。行业协会这种自我管理、行业自律的职能,是行业协会调解的基础之一。行业协会的权威性是行业协会调解发展的另一基础。行业协会的专业化提高了行业协会调解的权威性。行业是随着社会分工日渐细化后进行的职业分类,分类越细化,专业性越强,属于该行业的规则越能区别于其他行业。专业性的存在,要求在解决纠纷过程中尊重专业知识和专业规则，行业协会的调解组织拥有专业知识并熟悉专业规则，在解决纠纷过程中转化成权威性使纠纷主体服从。

行业协会调解的兴起，源自国家制度设计的推动。《人民调解法》对于人民调解组织的设立呈现出一种多元、开放的模式，使行业协会调解组织的设立有了法律依据，该法第 34 条规定“乡镇、街道以及社会团体或者其他组织根据需要可以参照本法有关规定设立人民调解委员会，调解民间纠纷”，而行业协会在法律性质上属于民法规定的社团法人，是中国民间组织社会团体，可以依法设立人民调解委员会。2014 年 10 月，《中共中央关于全面推进依法治国若干重大问题的决定》提出“健全社会矛盾纠纷预防化解机制，完善调解、仲裁、行政裁决、行政复议、诉讼等有机衔接、相互协调的多元化纠纷解决机制。加强行业性、专业性人民调解组织建设，完善人民调解、行政调解、司法调解联动工作体系”，进一步推动了行业协会的发展。2016 年 6 月《多元纠纷解决意见》中提出“加强与商事调解组织、行业调解组织的对接……完善调解规则和对接程序，发挥商事调解组织、行业调解组织专业化、职业化优势”，完善了行业协会调解与诉讼在程序安排、效力确认、法律指导等方面的有机衔接。

我国行业协会调解走在前列的行业有知识产权行业、物业行业、医疗行业等。在我国著作权领域，2010 年 5 月，新闻出版总署、上海市政府已共同搭建了上海版权公共服务平台，同时成立了上海版权纠纷调解中心，为版权业界可能出现的版权纠纷提供了和谐解决矛盾的便利通道。2016 年 12 月国务院印发了《“十三五”国家知识产权保护和运用规划》，明确提出“健全知识产权纠纷的争议仲裁和快速调解制度”，2018 年 7 月国家知识产权局公布了首批能力建设知识产权仲裁调解机构名单，确定中国专利保护协会知识产权纠纷人民调解委员会等 29 家机构开展能力建设工作，探索知识产权行业人民调解的路径。

上海浦东新区设立了物业纠纷调解委员会，由住房保障和房屋管理局作为政府指导部门，在区一级设立区物业纠纷调解委员会，在街镇设立街镇物业纠纷调解委员会，分工处理辖区内的相关纠纷。

在医疗行业领域，2018 年 10 月 1 日起施行的《医疗纠纷预防和处理条例》第 22 条明确了医患双方可以通过申请人民调解解决纠纷，第 30 条则提出“对分歧较大或者索赔数额较高的医疗纠纷，鼓励医患双方通过人民调解的途径解决”。

由此可见,近年来,我国行业协会调解取得了长足的发展,进一步提高了调解的广泛性,拓展了人民调解的功能。

2. 律师调解

律师调解,是指律师以依法成立的律师调解工作室或者律师调解中心作为中立第三方主持调解,协助纠纷各方当事人通过自愿协商达成协议解决争议的活动。

律师调解的发展,离不开国家制度设计层面的推动,除了《人民调解法》第7条、第34条外,还有《律师法》第28条第5项"接受委托,参加调解、仲裁活动",同时也是为了贯彻落实《中共中央关于全面推进依法治国若干重大问题的决定》,充分发挥律师在预防和化解矛盾纠纷中的专业优势、职业优势和实践优势,推动形成中国特色的多元化纠纷解决体系。2016年6月,最高人民法院在《多元纠纷解决意见》中提出"推动律师调解制度建设。人民法院加强与司法行政部门、律师协会、律师事务所以及法律援助中心的沟通联系,吸纳律师加入人民法院特邀调解员名册,探索建立律师调解工作室,鼓励律师参与纠纷解决。支持律师加入各类调解组织担任调解员,或者在律师事务所设置律师调解员,充分发挥律师专业化、职业化优势。建立律师担任调解员的回避制度,担任调解员的律师不得担任同一案件的代理人。推动建立律师接受委托代理时告知当事人选择非诉讼方式解决纠纷的机制",为律师调解的发展提供了政策支持。2017年9月30日,最高人民法院、司法部发布了《关于开展律师调解试点工作的意见》(以下简称《律师调解意见》),在北京、黑龙江、上海等11个省、直辖市进行试点,进一步规范了律师调解制度,为推广律师调解铺平了道路。

律师调解除了遵循人民调解的一般原则外,有其特有的原则。第一,调解中立原则,律师在绝大多数情况下,接受一方当事人委托,担任诉讼代理人参加诉讼,但是在律师调解中,律师必须严守中立,不得偏袒任何一方当事人。第二,保密原则,除了双方当事人同意和法律另有规定的情况外,律师调解中,调解事项、调解过程、调解协议内容等一律不得公开,不得泄露当事人的个人隐私或商业秘密。

从调解中律师的角色来区分,律师调解包括:第一,委托调解,即接受人民法院的委托,由律师主导调解,达成协议后由人民法院予以确认的模式,这本质上是一种法院调解;第二,主持调解,即律师作为中立的调解员,调解双方当事人的纠纷。从律师调解的场所设置来区分,可以分为四种模式:第一,在人民法院设立律师调解工作室,在人民法院的诉讼服务中心、诉调对接中心或具备条件的人民法庭设立律师调解工作室。第二,在公共法律服务中心(站)设立律师调解工作室,由公共法律服务中心(站)指派律师调解员提供公益性调解服务。第三,在律师协会设立律师调解中心,律师调解中心在律师协会的指导下,组织律师作为调解员,接受当事人申请或人民法院移送,参与矛盾化解和纠纷调解。第四,律师事务所设立调解工作室,可以将接受当事人申请调解作为一项律师业务开展,同时可以承接人民法院、行政机关移送的调解案件。

律师调解一般由一名调解员主持。对于重大、疑难、复杂或者当事人要求由两名以上调解员共同调解的案件,可以由两名以上调解员调解,并由律师调解工作室或律师调解中心指定一名调解员主持。当事人具有正当理由的,可以申请更换律师调解员。律师调解员根据调解程序依法开展调解工作,律师调解的期限为 30 日,双方当事人同意延长调解期限的,不受此限。经调解达成协议的,出具调解协议书;期限届满无法达成调解协议,当事人不同意继续调解的终止调解。

需要特别指出的是,《律师调解意见》中提出"调解程序终结时,当事人未达成调解协议的,律师调解员在征得各方当事人同意后,可以用书面形式记载调解过程中双方没有争议的事实,并由当事人签字确认。在诉讼程序中,除涉及国家利益、社会公共利益和他人合法权益的外,当事人无须对调解过程中已确认的无争议事实举证"。这是对《多元纠纷解决意见》中提出的"探索无争议事实记载机制"的贯彻和落实。笔者认为,能够在律师调解中率先落实无争议事实记载机制,是由于律师调解不同于一般的人民调解,作为调解主体的律师,是专业的法律人才,具有较高的法律素养,完全可以胜任案件笔录之类的司法辅助性工作,经由律师记载的双方当事人无争议的事实,并且双方当事人同意确认的,除涉及国家利益、社会公共利益和他人合法权益的外,可以作为在法庭审理过程中的免证事实,从而节约司法资源,提高司法效率。

本次试点,强化了律师调解与诉讼的衔接,《律师调解意见》中规定,经律师调解达成具有金钱给付内容的和解或调解协议,债权人可以向人民法院申请支付令的,人民法院应当依法发出支付令。债务人未在法定期限内提出书面异议且逾期不履行支付令的,人民法院可以强制执行。

对于律师调解的经费保障,在此次试点中进行了探索。在律师事务所设立的调解工作室受理当事人直接申请调解纠纷的，可以按照有偿和低价的原则向双方或者同意全部承担的一方当事人收取调解费；在人民法院的律师调解工作室、律师协会或者公共法律服务中心申请的律师调解，则由人民法院、司法行政机关、律师协会通过政府采购服务的方式解决经费。

3. 商事调解

商事调解，指的是利用人民调解的方式解决涉及投资、金融、证券期货、保险、房地产、工程承包、技术转让、环境保护、电子商务、知识产权、国际贸易等商事领域的纠纷的活动。商事调解是人民调解接轨现代商业模式，顺应经济社会快速发展，公正高效地解决新类型商事纠纷的服务机制。

2016 年 6 月，最高人民法院在《多元纠纷解决意见》中提出，“积极推动具备条件的商会、行业协会、调解协会、民办非企业单位、商事仲裁机构等设立商事调解组织、行业调解组织，在投资、金融、证券期货、保险、房地产、工程承包、技术转让、环境保护、电子商务、知识产权、国际贸易等领域提供商事调解服务或者行业调解服务”。同年 5 月和 11 月，最高人民法院分别与中国证券监督管理委员会（以下简称证监会）、原中国保险监督管理委员会（以下简称原保监会）出台了《关于在全国部分地区开展证券期货纠纷多元化解机制试点工作的通知》与《关于全面推进保险纠纷诉讼与调解对接机制建设的意见》，尝试在证券行业、保险行业开展商事调解工作。2018 年 3 月，中华全国工商业联合会、司法部也发布了《关于推进商会人民调解工作的意见》，积极推动在全国商会开展商事调解工作。此后，商事调解在全国范围内蓬勃发展。

商事调解的方兴未艾得益于商事调解具有省时高效、不伤和气、费用低廉、无管辖限制等特点，是一种高效、快捷、经济、灵活的纷争解决方式。商事调解适用的案件类型也相当广泛。以商会调解为例，商会调解涉及商会会员间的纠纷、会员企业与职工间的纠纷、会员与生产经营关联方间的纠纷、会员与其他单位或人员间的纠纷。证券期货调解包含自然人、法人和其他组织之间因证券、期货、基金等资本市场风险投资业务产生的合同和侵权责任纠纷；保险纠纷调解不仅涉及保险纠纷，还包括交通事故纠纷处理、医疗纠纷处理等保险纠纷涉及的相关、相邻领域内的纠纷。

随着“一带一路”倡议的提出，在促进沿线国家商业交往的同时，也会不可避免地产生国际商事争议，在沿线国家构建一套公正、高效、权威、多元的争议解决机制势在必行。2018 年 1 月 23 日，习近平总书记主持召开中央全面深化改革领导小组会议，审议通过了《关于建立“一带一路”国际商事争端解决机制和机构的意见》，明确提出“支持‘一带一路’国际商事纠纷通过调解、仲裁等方式解决，推动建立诉讼与调解、仲裁有效衔接的多元化纠纷解决机制，形成便利、快捷、低成本的‘一站式’争端解决中心，为‘一带一路’建设参与国当事人提供优质高效的法律服务”。这为商事调解的发展提供了新的机遇。

二、行政调解

（一）行政调解的概念

行政调解，通常是指行政机关或其所设立的纠纷解决机构的人员，对于当事人之间的纠纷所进行的调解活动。[1] 也有学者指出，行政调解是指行政机关或具有行政职能的机构调解的特定的民事纠纷，法律没有明文规定的，行政机关不得调解民事纠纷，以免行政机关滥用权力侵害民事纠纷主体的合法权益。[2]

（二）行政调解的特征

1. 主持行政调解主体的法定性

主持行政调解的主体是法律、行政法规授权的行政机关或者是具有行政职能的特定机构。例如，《治安管理处罚法》第 9 条规定：“对于因民间纠纷引起的打架斗殴或者损毁他人财物等违反治安管理行为，情节较轻的，公安机关可以调解处理。”又如，《商标法》第 60 条规定：“对侵犯商标专用权的赔偿数额的争议，当事人可以请求进行处理的工商行政管理部门调解，也可以依照《中华人民共和国民事诉讼法》向人民法院起诉。经工商行政管理部门调解，当事人未达成协议或者调解书生效后不履行的，当事人可以依照《中华人民共和国民事诉讼法》向人民法院起诉。”由此可见，行政调解的主体必须经过法律、行政法规的授权，未经法律、行政法规授权的机构所从事的调解工作不属于行政调解的范畴。

---

〔1〕 参见范愉：《行政调解问题刍议》，载《广东社会科学》2008 年第 6 期。

〔2〕 参见邵明：《论我国和谐社会中的民事调解》，载《学术界》2008 年第 2 期。

2. 范围的特定性

行政调解的范围是与行政机关或者具有行政职能的特定机构行政管理职权密切相关的民事纠纷。如《医疗事故处理条例》第 48 条规定:“已确定为医疗事故的,卫生行政部门应医疗事故争议双方当事人请求,可以进行医疗事故赔偿调解。调解时,应当遵循当事人双方自愿原则,并应当依据本条例的规定计算赔偿数额。”该条例规定的医疗事故纠纷就属于卫生行政部门行政管理职权范围内密切相关的民事纠纷,除医疗事故纠纷外,其余民事纠纷,卫生行政部门没有行政调解的权力。又如,《公安机关办理行政案件程序规定》第 178 条就明确规定,“对不构成违反治安管理行为的民间纠纷,应当告知当事人向人民法院或者人民调解组织申请处理”。可见,行政调解的范围必须与行政机关管理职权密切相关。

3. 地位的中立性与程序启动的被动性

在行政调解中,行政机关处于中立地位,调解程序的启动也依据当事人的申请,当事人不向行政机关申请调解的,行政机关不能依职权主动要求双方当事人进行调解。

(三)行政调解的原则

第一,自愿原则。行政调解的自愿原则是指,在行政调解中,调解方式的选择和调解程序的进行,都必须以当事人自愿为前提。例如,《民间纠纷处理办法》第 15 条就规定了“调解时,要查明事实,分清是非,促使当事人互谅互让,在双方当事人自愿的基础上,达成协议”,又如《专利法》也规定了“进行处理的管理专利工作的部门应当事人的请求,可以就侵犯专利权的赔偿数额进行调解”。自愿原则包含两个层面的内涵:一是程序上的自愿,当事人是否选择以调解的方式解决纠纷,由当事人自愿选择,调解程序的进程由当事人决定,如果当事人不愿继续走调解程序的,则应当通过其他方式解决纠纷;二是实体上的自愿,即当事人对其民事实体权利的处分,由当事人自主决定,行政机关不得强迫当事人接受调解的建议。

第二,合法原则。行政调解的合法原则是指,在行政调解中,调解活动和调解协议都要符合法律规定,既包括程序合法,也包括实体合法。所谓程序合法是指,在行政机关主持下的调解活动,必须按照法律、行政法规、部门规章所规定的程序进行。例如,《公安机关办理行政案件程序规定》第 181 条规定:“当事人中有未成年人的,调解时应当通知其父母或者其他监护人到场……被侵害人委托其他人参加调解的，应当向公安机关提交委托书，并写明委托权限。违法嫌疑人不得委托他人参加调解。”第 183 条规定：“调解一般为一次。对一次调解不成，公安机关认为有必要或者当事人申请的，可以再次调解，并应当在第一次调解后的 7 个工作日内完成。”上述条款均是对公安机关进行治安调解的法定的程序要求。又如，《专利法》第 60 条规定，有关侵犯专利权赔偿数额的调解，前提应当是专利管理部门认定侵权行为成立。可见，虽然行政调解的程序散见于各法律、行政法规乃至部门规章中，但行政机关对其管理职责范围内的行政调解均有法定程序可循。所谓实体合法是指，在行政调解时，当事人的处分权不能超出自己的民事权利范围，也不能违反法律、行政法规的规定。比如，《医疗事故处理条例》第 48 条规定“已确定为医疗事故的，卫生行政部门应医疗事故争议双方当事人请求，可以进行医疗事故赔偿调解。调解时，应当遵循当事人双方自愿原则，并应当依据本条例的规定计算赔偿数额”，双方当事人在卫生行政部门的调解下达成赔偿协议的，赔偿的数额应当符合《医疗事故处理条例》规定，卫生行政部门也据此在医疗事故发生后主持当事人对医疗赔偿的调解。

第三，查明事实、分清是非原则。查明事实、分清是非原则，是指主持行政调解的行政机关进行调解时，必须在查明事实、分清是非的基础上进行。例如，《民间纠纷处理办法》第 15 条规定“调解时，要查明事实，分清是非”，《公安机关办理行政案件程序规定》第 180 条也规定“调解处理案件，应当查明事实，收集证据”。当然，不是所有涉及行政调解的法律、法规都明文规定了行政调解要查明事实、分清是非，这并非立法者的疏忽。大量的行政调解是在行政机关已经对纠纷进行认定的基础上进行的，如专利调解、商标调解、医疗事故调解、交通事故调解等，纠纷所涉及的事实乃至责任都已经由行政机关依职权经过认定，是非已经明了，因此无须在法律、法规上针对调解特别规定要查明事实、分清是非。

（四）行政调解的种类

从法律、法规对行政调解范围的规定来看，行政调解可以分为四种类型，即治安调解、民间纠纷调解、劳动争议仲裁调解与损害赔偿纠纷调解。

第一，治安调解。治安调解，是指公安机关对于法律、法规规定的情节较轻的违反治安管理的案件，双方当事人愿意的，以调解方式处理结案的一种行政调解。根据《治安管理处罚法》第 9 条的规定,公安机关可以对情节较轻的"因民间纠纷引起的打架斗殴或者损毁他人财物等违反治安管理行为"的纠纷进行调解,《公安机关办理行政案件程序规定》第 178 条对此又更进一步细化,公安机关可以对亲友、邻里、同事、在校学生之间因琐事发生纠纷引起的和侵害人过错行为引起的殴打他人、故意伤害、侮辱、诽谤、诬告陷害、故意损毁财物、干扰他人正常生活、侵犯隐私、非法侵入住宅等治安案件进行调解,同时该规定第 179 条也明确了不适用调解处理的案件。

第二,民间纠纷调解。民间纠纷调解是指由基层人民政府,即乡、镇人民政府以调解的方式处理的公民之间有关身份、财产权益和其他日常生活中发生的纠纷。根据《民间纠纷处理办法》第 2 条、第 3 条、第 15 条的规定,基层人民政府的司法助理员可以通过调解的方式处理民间纠纷。

第三,劳动争议仲裁调解。劳动争议仲裁调解,是指由省级人民政府依据《劳动争议调解仲裁法》独立对劳动争议案件进行仲裁,劳动争议仲裁委员会在收到仲裁申请并成立仲裁庭后,仲裁庭作出裁决前对劳动争议案件进行调解。劳动争议仲裁调解不属于人民调解,因为其进行调解的主体是劳动争议仲裁委员会,是由人民政府设立的专门机构,具有行政属性,不同于群众自治组织的基层人民调解组织,同时劳动争议仲裁调解也不属于处理合同纠纷和财产权益纠纷的仲裁调解。根据《劳动争议调解仲裁法》第 42 条的规定,对于劳动争议的案件,在仲裁庭作出裁决前,应当先行调解。

第四,损害赔偿纠纷调解。损害赔偿纠纷调解,是指行政机关对于一方当事人的权益受到侵害后,要求侵害人基于赔偿的纠纷进行的调解。在我国主要包括交通事故赔偿调解、医疗事故赔偿调解、知识产权行政调解等类型。《道路交通安全法》第 74 条、《医疗事故处理条例》第 46 条、《著作权法》第 55 条、《商标法》第 60 条、《专利法》第 60 条等对具有特定行政管理职能的机关赋予了行政调解的权力。

(五)行政调解的效力

根据最高人民法院《关于建立健全诉讼与非诉讼相衔接的矛盾纠纷解决机制的若干意见》(以下简称《衔接意见》)的规定,行政机关依法对民事纠纷进行调处后达成的有民事权利义务内容的调解协议,经双方当事人签字或者盖章后,具有民事合同性质。当事人不服行政机关对平等主体之间民事争议所作的调解,以对方当事人为被告就原争议向人民法院起诉的,由人民法院作为民事案件受理。

(六)行政调解的发展

随着科学技术不断进步,社会对于知识产权保护的需求不断提升,1994年世界知识产权组织仲裁和调解中心成立,致力于为近140个国家的当事人提供知识产权纠纷的调解与仲裁服务。21世纪初,知识产权行政调解也在我国立法中体现出来,《专利法》和《商标法》相继赋予了特定行政管理职能的行政机关以行政调解的权力,但在《著作权法》中,只规定了著作权纠纷可以调解,至于调解的主体究竟是专业性的人民调解委员会还是著作权管理部门,并没有很明确的规定。同时,对于知识产权行政调解的理论研究的相对不足,调解力量的相对薄弱,程序设计的相对粗放,阻碍了我国知识产权行政调解的发展。2016年12月30日,国务院印发的《"十三五"国家知识产权保护和运用规划》中提出"健全知识产权纠纷的争议仲裁和快速调解制度",2018年7月4日,国家知识产权局公布了首批能力建设知识产权仲裁调解机构名单,但名单中的机构大部分是行业协会或者专业的人民调解委员会与仲裁机构,并没有行政机关,这并不意味着知识产权行政调解的式微,而更应当加强对知识产权行政调解的理论研究与实践,可以说这是行政调解制度发展的新趋势。

三、仲裁调解

(一)仲裁调解的概念

仲裁,又称"公断",指的是双方当事人达成合意,自愿将基于一定法律关系而发生或可能发生的纠纷,委托除人民法院以外的第三方机构进行裁决的制度。我国《仲裁法》第2条规定了可以进行仲裁的法律关系,即"平等主体的公民、法人和其他组织之间发生的合同纠纷和其他财产权益纠纷",可以通过仲裁的方式解决争议。同时,该法第3条规定了不能进行仲裁的法律关系,即婚姻、收养、监护、扶养、继承等涉及人身关系的纠纷,与依法应当由行政机关处理的行政争议案件,不能适用仲裁解决纠纷。仲裁调解有广义与狭义之分,广义的仲裁调解是指仲裁与调解相结合的所有形式;狭义的仲裁调解是指在仲裁机构受理案件以后,对案件的调解。

（二）仲裁调解制度的历史沿革

新中国仲裁制度肇始于1954年，同年5月6日原中央人民政府政务院通过了《中央人民政府政务院关于在中国国际贸易促进委员会内设立对外贸易仲裁委员会的决定》，决定在中国国际贸易促进委员会内设立对外贸易仲裁委员会，以解决对外贸易中可能发生的商事纠纷。1994年8月31日，第八届全国人大常委会第九次会议通过了《仲裁法》，确立了协议仲裁、一裁终局、或裁或诉等基本制度。该法是新中国仲裁制度发展的一个重要的里程碑，并且历经了2009年与2017年两度修订，现行有效的《仲裁法》为2017年9月1日修订，于2018年1月1日起实施。

仲裁与调解是两种独立的纠纷解决方式，在我国仲裁制度的发展中，吸收了儒家思想中“和为贵”“中庸”“息诉”等哲学理念，创造性地将仲裁与调解结合，开创了仲裁调解相结合的复合型纠纷解决方式。1988年9月12日，中国国际贸易促进委员会第一届第三次委员会会议通过的《中国国际经济贸易仲裁委员会仲裁规则》第37条规定了仲裁调解的相关程序，1994年《仲裁法》第51条规定“仲裁庭在作出裁决前，可以先行调解。当事人自愿调解的，仲裁庭应当调解。调解不成的，应当及时作出裁决”，以基本法的形式确认和规定了仲裁与调解相结合的制度，时至今日，两次修订后的《仲裁法》均没有对该条文进行修改。可以说，仲裁与调解相结合的制度设计，已经经过二十多年实践的充分检验，凝练成为中国仲裁制度的特色与亮点。

2011年4月22日，中央社会治安综合治理委员会、最高人民法院、最高人民检察院、国务院法制办公室、公安部、司法部等16个部委联合印发《关于深入推进矛盾纠纷大调解工作的指导意见》，其中第8条提出要“积极推行仲裁调解制度，指导仲裁机构建立完善仲裁调解工作机制和制度，发展仲裁调解队伍，从仲裁人员责任、仲裁程序等环节落实调解工作内容”，从中央层面肯定了仲裁调解，进一步推动了仲裁与调解的有机衔接。

（三）仲裁调解的形式

广义的仲裁调解从调解进行的时间上来区分，可以大致分为调解前置、仲裁前调解、仲裁中调解与仲裁后调解四种形式。

第一，调解前置，指的是双方当事人在提起仲裁申请之前，先进行调解，调解不成或者调解成功后，再申请仲裁。比如，在很多民商事纠纷中存在“多层次争议解决条款”，双方当事人在合同中约定“凡因履行本协议所发生的争议，甲乙双方应友好协商解决，如协商不成，任何一方可将争议提交××仲裁委员会申请仲裁”。有此类约定时，双方当事人可以在仲裁机构外自行协商或调解达成和解协议，仲裁机构可以凭借当事人的仲裁协议与和解协议作出仲裁裁决。《中国（上海）自由贸易试验区仲裁规则》第 52 条“仲裁机构外的和解”、《中国国际经济贸易仲裁委员会仲裁规则（2014 年修订）》第 47 条第 10 项，就是针对调解前置作出的规定与程序设计。

第二，仲裁前调解，是指在仲裁案件受理后至仲裁庭组成以前，一方当事人向仲裁机构申请调解，另一方当事人也同意调解的，或者双方当事人都有调解愿望的，可以由仲裁机构指派调解员对纠纷进行调解。如《中国（上海）自由贸易试验区仲裁规则》第 50 条“调解员调解”，就是针对仲裁前调解作出的规定。如果调解成功，则解决了双方当事人之间的纠纷，如果调解不成，则进入仲裁程序对纠纷进行最终裁决。此类调解又被称为“影子调解”，调解员和仲裁员不是同一人士，调解员的选任也不能违反仲裁机构的仲裁规则。

第三，仲裁中调解，是指双方当事人先申请仲裁，在仲裁的过程中，由仲裁庭依据其认为适当的方式对其审理的案件进行调解。在调解过程中，任何一方当事人提出终止调解或仲裁庭认为已无调解成功的可能时，应当终止调解，继续进行仲裁程序。如果调解成功，双方当事人达成和解协议，当事人应当签订书面的和解协议，同时可以撤回仲裁请求或反请求，也可以请求仲裁庭依照和解协议书的内容作出裁决书。

第四，仲裁后调解，指的是当事人在仲裁程序终结后，利用调解程序解决仲裁裁决执行中的问题，类似于执行和解。

同时，也应当明确，在前三种仲裁调解的形式中，如果调解不成功，任何一方当事人均不得在之后的仲裁程序、司法程序和其他任何程序中，援引对方当事人或调解员或仲裁庭在调解过程中曾发表的意见、提出的观点、作出的陈述、表示认同或否定的建议或主张作为其请求、答辩或反请求的依据。第四种仲裁调解则不存在这个问题，因为仲裁程序已经终结，仲裁后调解发生在执行裁决的过程中。

（四）仲裁调解的特点

1. 仲裁调解案件的特定性。根据《仲裁法》第2条、第3条的规定，仲裁调解的案件限于平等主体的公民、法人和其他组织之间发生的合同纠纷和其他财产权益纠纷，而有关身份关系以及依法由行政机关处理的行政争议，都不属于仲裁调解的范围。

2. 仲裁调解的复合性。仲裁调解既不是与仲裁平行的程序，也不是仲裁的必经程序，更不是将仲裁和调解机械分开的程序，而是结合了仲裁和调解两种纠纷解决方式。当事人可以通过仲裁或调解中的任意一种方式解决纠纷，也可以通过这两种方式有机结合，综合作用来解决纠纷。[1]

（五）仲裁调解的原则

第一，自愿原则。《仲裁法》第51条规定，仲裁调解的前提是"当事人自愿"，这和其他任何一种调解都是相通的，是调解制度的基本原则，绝不可违反。当事人自愿既包括选择调解的自愿，又包括对于调解所达成的协议的自愿两个层面的内容。根据《仲裁法》第51条第2款之规定，仲裁调解可以以调解书或者裁决书的形式结案。当仲裁调解违背当事人自愿原则，若以调解书的形式结案，则当事人可以依据《仲裁法》第52条在签收前反悔；若以裁决书结案的，当事人可以依据《仲裁法》第58条向人民法院申请撤销裁决。

第二，合法原则。《仲裁法》第7条规定："仲裁应当根据事实，符合法律规定，公平合理地解决纠纷。"合法原则是仲裁制度的基本原则，在仲裁调解时也应当遵守，合法原则既包括仲裁调解的内容不能违背社会公共利益，也包括仲裁调解的程序符合程序法的规定。

第三，及时原则。《仲裁法》第51条规定："调解不成的，应当及时作出裁决。"当当事人提出终止调解或者仲裁庭认为已无调解可能性时，仲裁机构就应当及时作出裁决，不能久调不裁。

（六）仲裁调解的效力

一种情况是，根据《仲裁法》的规定，在仲裁调解中，双方当事人达成协

---

〔1〕 参见常怡主编：《中国调解制度》，法律出版社2013年版，第249页。

议的，仲裁庭应当制作调解书或者根据协议的结果制作裁决书。调解书与裁决书具有同等法律效力。另一种情况是，双方当事人并没有仲裁协议，而一方当事人申请仲裁委员会对民事纠纷进行调解，另一方当事人同意的，或者双方当事人共同申请仲裁委员会对民事纠纷进行调解的，由仲裁委员会专门设立的调解组织按照公平中立的调解规则进行调解后达成的有民事权利义务内容的调解协议。根据《衔接意见》，经双方当事人签字或者盖章后，具有民事合同性质。

四、法院调解

（一）法院调解的概念

法院调解，指的是在民事诉讼过程中，双方当事人在人民法院审判人员的主持下，对于争议的案件，通过协商，达成合意，解决纠纷的活动。[1] 法院调解是一种诉讼活动，因此又称作诉讼调解。其可能的结果表现为两个方面：其一，调解不成功，则诉讼继续进行；其二，调解成功，则可以审结案件。因此，法院调解的概念具有调解活动进行和以调解方式结案两个层面的意义。

法院调解在我国有着悠久的历史和重要的地位，我国法院调解起源于20世纪40年代的陕甘宁边区，边区的司法人员将共产党的群众路线创造性地运用到司法审判中，确立了以“就地审判，不拘形式，深入调查研究，联系群众，解决问题”为特点的“马锡五审判方式”，成为根据地民事审判工作的基本模式，以此为基础的法院调解被作为民事诉讼法的基本原则确定了下来。党的十一届三中全会以后，历经了从1982年《民事诉讼法（试行）》到2017年《民事诉讼法》，法院调解始终是我国民事审判制度的重要组成部分。特别是2010年最高人民法院印发的《关于进一步贯彻“调解优先、调判结合”工作原则的若干意见》，提出了“调解优先、调判结合”的调解工作原则，认为此原则是认真总结人民司法实践经验，深刻分析现阶段形势任务得出的科学结论，是人民司法优良传统的继承和发扬，是人民司法理论和审判制度的发展创新，对于充分发挥人民法院调解工作在化解社会矛盾、维护社会稳定、促进社会和谐中起到了积极作用，具有十分重要的指导意义。可见，

---

〔1〕 参见洪冬英主编：《民事诉讼法学通论》（第2版），北京大学出版社2016年版，第192页。

最高人民法院对于法院调解工作的重视,也显示出法院调解在我国民事审判中的突出地位。

法院调解的适用范围非常广泛,除了最高人民法院《关于适用〈中华人民共和国民事诉讼法〉若干问题的解释》(以下简称《民诉法解释》)第143条规定的适用特别程序、督促程序、公示催告程序的案件,婚姻等身份关系确认案件以及其他根据案件性质不能进行调解的案件外,其他属于民事纠纷的案件只要双方当事人自愿,都可以通过调解方式解决。

根据最高人民法院《关于适用简易程序审理民事案件的若干规定》第14条的规定,适用简易程序审理的婚姻家庭纠纷和继承纠纷、劳务合同纠纷、交通事故和工伤事故引起的权利义务关系较为明确的损害赔偿纠纷、宅基地和相邻关系纠纷、合伙协议纠纷、诉讼标的额较小的纠纷共六种类型的案件,在人民法院开庭审理时应当先行调解,但是根据案件的性质和当事人的实际情况不能调解或者显然没有调解必要的除外。

(二)法院调解的特征

法院调解具有以下特征:

第一,法院调解具有广泛的适用性,除了特殊程序和不适合调解的案件外,人民法院均应当在双方当事人自愿的基础上通过调解解决纠纷。

第二,法院调解贯穿于民事审判的始终,在一审程序、二审程序、再审程序中均可以适用调解,同时每一个审级中,法院调解贯穿于诉讼程序的全过程。即在开庭审理前、开庭过程中乃至庭审结束后,人民法院作出判决前,都可以适用调解。

第三,法院调解是人民法院行使审判权的体现,具有司法性。如果双方当事人在法院调解时达成了调解协议,无论是制作调解书还是只是记录到调解笔录中,只要双方当事人签收后,都具有与生效判决同等的法律效力。

(三)法院调解的类型

法院调解贯穿于民事诉讼的各个阶段,一审、二审和再审阶段均可适用调解,即使在诉讼程序开始前的诉前调解,人民法院仍旧起到重要作用。法院调解可以分为诉前调解、先行调解和诉讼中调解三种类型。

1. 诉前调解

诉前调解，指的是当事人向人民法院提起诉讼后，人民法院暂时不予受理案件，告知当事人先经过调解等其他途径解决纠纷。对于诉前调解，各地人民法院具体做法不同，有的人民法院成立调解中心或者诉调对接中心，直接主持调解；有的人民法院通过司法委任等方式，委托特定的人民调解委员会承担调解工作；也有的人民法院糅合了前两种模式，根据需要选择适用的或者相互转换。对于诉前调解达成协议的，通过人民法院审查确认，转换为法院调解；对于诉前调解不能达成协议的，人民法院应立案受理。

2. 先行调解

先行调解，指的是人民法院在民事诉讼程序开始之前，对双方当事人之间的民事纠纷进行的调解。《民事诉讼法》第 122 条规定“当事人起诉到人民法院的民事纠纷，适宜调解的，先行调解，但当事人拒绝调解的除外”，正式确立了先行调解作为民事程序机制。2017 年最高人民法院《关于民商事案件繁简分流和调解速裁操作规程（试行）》（以下简称《繁简分流规程（试行）》）第 1 条规定，进一步明确了先行调解是我国民商事案件简易纠纷解决方式的一种，同时也明确了先行调解既包括法院调解，又包括委托第三方调解。

根据最高人民法院《关于进一步贯彻“调解优先、调判结合”工作原则的若干意见》，对于婚姻家庭纠纷、继承纠纷、劳务合同纠纷、交通事故和工伤事故引起的权利义务关系较为明确的损害赔偿纠纷、宅基地和相邻关系纠纷、合伙协议纠纷、诉讼标的额较小的民事纠纷，应当先行调解。但是根据案件的性质和当事人的实际情况不能调解或者显然没有调解必要的除外。对适用特别程序、督促程序、公示催告程序、破产还债程序的案件，婚姻关系、身份关系确认案件以及其他依案件性质不能进行调解的民事案件，不予调解。除了应当先行调解的案件和不能适用调解的案件外，其余案件均按照当事人意愿选择是否调解。

人民法院在对当事人起诉的民商事纠纷依法立案登记后，认为适宜调解的，应引导当事人先行调解，当事人没有明确拒绝的则将纠纷转入调解程序。进入调解程序后，当事人有程序选择权，可以选择法院调解或者委托调解。根据《繁简分流规程（试行）》第 9 条的规定，适合委托调解的案件有：家事纠纷、相邻关系纠纷、劳动争议纠纷、交通事故赔偿纠纷、医疗纠纷、物业纠纷、消费者权益纠纷、小额债务纠纷、申请撤销劳动争议仲裁裁决纠纷以及其他适宜调解的纠纷。先行调解应当在 15 日内完成,各方当事人同意的,可以适当延长,延长期限不得超过 15 日,调解期间不计入审理期限。

先行调解包括调解成功和调解不成两种结果。调解成功的,在委托调解中,当事人可以选择提交人民法院审查后制作调解书或者申请撤诉,在法院调解中,除《民事诉讼法》规定的情形外,应当制作调解书。调解书经双方当事人签收后,即具有法律效力。调解不成的,根据《繁简分流规程(试行)》的规定,对于适宜速裁的案件,由法官径行裁判,对于不宜速裁的案件,则转入普通程序。

需要特别指出的是,对于先行调解的案件,最高人民法院出于保障和便利当事人行使诉讼权利的角度考量,《繁简分流规程(试行)》规定了人民法院先行调解可以在诉讼服务中心、调解组织所在地或者双方当事人选定的其他场所开展。先行调解可以通过在线调解、视频调解、电话调解等远程方式开展。

3. 诉讼中调解

诉讼中调解,是指人民法院在开庭审理案件的庭审过程中对案件进行的调解活动。它可以在开庭审理的各个诉讼阶段进行,通常情况下是在法庭辩论结束后判决作出前进行,因为,此时经过法庭调查和法庭辩论两个阶段后,案件事实已经清楚,是非责任已经明确,具备调解的基础。此时调解公正性较强,可信度较高。

根据《民事诉讼法》和相关司法解释,诉讼中调解可以分为法官主持调解、协助调解与委托调解三种类型。

第一,法官主持调解。法官主持调解可以由审判员一人主持,也可以由合议庭主持,并尽可能就地解决。

第二,协助调解。协助调解是指人民法院邀请调解人参与诉讼中调解。根据《民事诉讼法》第 95 条的规定,人民法院进行调解,可以邀请有关单位和个人协助。被邀请的单位和个人,应当协助人民法院进行调解。根据最高人民法院《关于人民法院民事调解工作若干问题的规定》(以下简称《法院调解规定》),有关单位和个人是指"与当事人有特定关系或者与案件有一定联系的企业事业单位、社会团体或者其他组织,和具有专门知识、特定社会经验、与当事人有特定关系并有利于促成调解的个人"。

第三,委托调解。委托调解是指人民法院将纠纷交由人民法院以外的调解人进行调解,达成调解协议后,人民法院应当予以确认。《法院调解规定》第 3 条第 2 款规定:“经各方当事人同意,人民法院可以委托前款规定的单位或者个人对案件进行调解,达成调解协议后,人民法院应当依法予以确认。”

第三章 调解程序的域外考察

域外各个国家和地区的调解种类不尽相同,各种调解的法律化和制度化程度差异也较大。本章仅选取域外各个国家和地区中制度化程度较高或者具有特点的调解类型进行考察,对其中的调解程序进行介绍,虽然它们在规范化和系统化上仍存在明显差异。

第一节 我国港澳台地区的调解程序

一、我国台湾地区

我国台湾地区于1955年制定了"乡镇调解条例",并于1982年第三次修订时改名为"乡镇市调解条例",此后又进行多次修改,最近一次修改是在2010年。就调解的程序方面而言,"乡镇市调解条例"的规定涉及调解的启动、调解的进行、调解的终结、调解的核定以及核定后的救济等。

1. 调解的启动

"乡镇市调解条例"第1条规定,在乡、镇、市公所里设立的调解委员会办理两类调解案件,一是民事事件,二是告诉乃论者刑事事件。不同的纠纷性质也导致了调解的启动方式不同,共有三种:一是当事人申请;二是法院移付;三是检察官转介。

无论民事事件还是告诉乃论者刑事事件,都可以由当事人申请调解。申请调解时,民事事件中需所有当事人同意;告诉乃论者刑事事件中应取得被害人同意,否则调解委员会不得启动调解。申请调解可以采取书面形式,也可以采取口头形式。当事人口头申请的,调解委员会应当制作笔录;书面申请的,应当按对方当事人人数递交缮本。

依据“乡镇市调解条例”第12条的规定，第一审法院可以裁定将下列案件移付给调解委员会调解：①我国台湾地区“民事诉讼法”第403条第1项规定之事件；②适宜调解的刑事附带民事诉讼事件；③其他适宜调解之民事事件。由于属于法院可强制调解的案件，对于这些案件移付调解不允许当事人提出异议，对法院作出移付调解的裁定，也不允许当事人提起抗告。案件移付调解后，原来的诉讼程序中止。如果调解委员会在受理移付调解两个月内没有能够调解成功，则应将案件函送返还给审理法院，恢复诉讼程序。

此外，根据我国台湾地区法务主管部门1998年的“检察官侦查中加强运用乡镇市区调解功能方案”，对于侦查之中的刑事告诉乃论案件和非告诉乃论但涉及民事赔偿或者给付的案件，检察官在征得当事人同意，由当事人提出申请后，可以填写转介单，函请调解委员会进行调解。由于系告诉乃论的刑事案件或者民事赔偿，因此应尊重当事人的意愿，在当事人没有申请的情况下，检察官不能擅自决定转介调解，也不能在仅仅取得当事人同意而没有签署申请书的情况下转介调解。当然，从化解社会矛盾、彻底解决当事人纠纷的角度来说，如果检察官认为可以转介调解的，应当积极劝说、引导当事人申请调解。调解委员会在接收转介调解的案件后，应当在两个月内完成调解。调解达成协议的，应将调解结果回复检察署；两个月内无法达成协议的，也应将此情形回复给检察署。为了充分发挥调解在修复社会关系上的作用，鼓励当事人进行调解，对于达成调解协议的，在告诉乃论的刑事案件中，告诉人撤回告诉，检察官应作出不起诉的处理；对于非告诉乃论的刑事案件，检察官可分别视情形作出“罪嫌不足不起诉”“职权不起诉”“申请法院以简易判决处刑”“起诉但向法院请求从轻量刑或宣告缓刑”等处理。

2. 调解的进行

调解委员会在收到当事人调解申请或法院的调解移付后，应当立即决定调解的期日，并通知当事人或其代理人到场。在当事人申请调解的情况下，通知时，应将申请书状或者口头申请笔录的缮本一并送达对方当事人。上述调解期日应当确定在收到当事人调解申请或者法院调解移付的15日之内，如果当事人申请延期的，可延长10日。

调解由调解委员会集体负责，但并不需要所有调解委员都出席，只要有3名以上调解委员出席即为有效。调解时，一般由调解委员会主席主持，如果主席缺席，则由出席的调解委员互推一位为临时主席主持。另外，经双方当事人同意，也可由1名调解委员独任调解。

调解的地点一般在调解委员会所在的公所内，但也可以是其他被认为合适的场所。

当事人认为对纠纷的解决有所帮助、有利于调解协议达成的人，可以推举其参加调解进行协助。各方当事人可以推举的人为1~3名。

对调解案件有利害关系的第三人，可以申请参加调解，经调解委员会同意后参加调解程序；第三人没有申请的，调解委员会也可以直接通知其参加调解程序。有利害关系的第三人经当事人及其本人同意，也可作为当事人参加调解程序。

根据"乡镇市调解条例"的规定，调解委员并非消极的意思转达者和方案传递者，而是要积极给出调解建议，促进协议的达成。在调解中，调解委员应本着和平、恳切之态度，对当事人进行适当劝导，在征询协助调解人意见的基础上，拟出公正、合理的方案，谋取双方的协和。对于案件事实以及双方争议之所在，调解委员应积极探究，在必要时，可以进行相应的调查，在此过程中，可以商请有关机关予以协助。

调解程序不公开进行，除非当事人另有约定。调解委员、协助调解人以及经办调解事务的人，对在调解中知晓的案件情况，除非已经公开的，都应当予以保密，不得对外泄露。

3. 调解的终结

当事人无正当理由，在调解期日不到场的，视为拒绝调解，调解自然不能达成协议，应当终结调解。但调解委员认为仍有调解达成协议希望的，仍可另定调解期日，继续进行调解。此外，当事人虽然参加了调解，但经调解委员努力，仍然无法达成调解协议的，调解程序也应当终结。调解无法达成协议而终结的，当事人可以申请调解委员会出具调解不成立的证明书；当事人申请的，调解委员会应在7日内出具。如果是法院移付调解的案件，在调解无法达成协议时，应立即陈报移付的法院，并将全部卷证送还。告诉乃论的刑事案件，如果是由有告诉权的人申请调解的，经调解无法达成协议时，视为提出调解申请时就已经告诉，调解委员会应向所在公所提出申请，由公所将调解案件移请有管辖权的检察官侦查。

经调解达成协议的，调解委员会应当制作调解书，调解程序也告终结。根据"乡镇市调解条例"第25条的规定，调解书应包括下列内容，并由当事人及出席的调解委员签名、盖章或按指印：①当事人或其法定代理人的姓名、性别、年龄、职业、住/居所。如有参加调解的利害关系人时，其姓名、性别、年龄、职业、住/居所。②出席调解委员的姓名及列席协同调解人的姓名、职业、住/居所。③调解事由。④调解成立的内容。⑤调解成立的场所。⑥调解成立的年、月、日。

4. 调解的核定

1955 年制定的“乡镇调解条例”中并没有将法院对调解书的审核作为强制性规定，而是规定由当事人决定是否申请法院审核。这也就形成了调解书的备案和审核两种程序，即达成调解协议后，调解委员会将制作的调解书送达当事人的同时，应当保送乡镇自治机关，再由乡镇自治机关送请管辖法院备案。只有在当事人提出法院审核的申请时，乡镇自治机关才会将调解书送请管辖法院审核。这两种程序导致调解书的效力有所不同，备案的调解书只具有私法上的效力，而经审核的调解书具有公法上的强制执行力。但随着社会经济的发展以及地方行政体制的改革，在 1982 年进行“乡镇调解条例”修订时，对法院审核做了统一的硬性规定，即所有经过乡镇市调解委员会调解成功的案件，不需要当事人申请，都必须报送法院审核，否则调解书不生效。

依据我国台湾地区现行的“乡镇市调解条例”第 25 条和第 26 条的规定，调解委员会应在调解成立之日起 3 日内，将调解书报知乡、镇、市公所，公所应在调解成立的 10 日内，将调解书及卷证送请移付或有管辖权的法院审核。对于公所送请的调解书，法院应当尽快审核，认为不违反法律的，应当予以核定。核定文书由法官签名并加盖法院印章，法院留存一份后，与调解案件卷证一并发还给送请的公所，由公所向当事人送达。如果调解案件系由法院移付调解的，公所应将送达证书影本函送移付调解的法院。法院审核后如果认为调解协议内容违法、违背公共秩序或善良风俗或者不能强制执行的，则不予核定，此时应将不予核定的理由通知送请的公所。如果是法院移付调解的案件，则应恢复案件的诉讼程序。

经过法院核定的调解书具有与法院确定判决相同的法律效力。在实体上，当事人之间的权利义务得到确定，当事人应当按照调解书享有权利、履行义务。如果义务人不主动履行，权利人有权申请强制执行。在程序上，当事人不得就已调解的事项再行起诉、告诉或自诉；民事案件已经系属法院的，在判决确定前，调解成立并经法院核定的，诉讼终结；告诉乃论的刑事案件在侦查中或者第一审法院辩论终结前，调解成立而且调解书上载明当事人同意撤回告诉的,经法院核定后,视为调解成立时撤回告诉或自诉,刑事程序终结;由检察官转介的非告诉乃论的刑事案件,就民事赔偿或者给付调解成立并经法院核定的,检察官可分别视情形作出不起诉或者起诉但向法院请求从轻量刑或宣告缓刑等处理。

5. 核定后的救济

调解书经法院核定后即对当事人产生实体和程序上的拘束力,因此存在无效或者可撤销原因时,应当允许当事人予以救济,否则与法理相悖。“乡镇市调解条例”中针对不同的情形,规定了不同的救济方式。因当事人申请而成立的民事调解,经法院核定后,如果存在无效或者可撤销原因时,当事人可以向原核定的法院提起宣告调解无效或撤销调解之诉。因法院移付而成立的民事调解,经核定后存在无效或者可撤销原因的,当事人可以申请恢复原诉讼程序。无论是提起诉讼还是申请恢复诉讼,均应在法院核定的调解书送达后30日之内提出。对于检察官转介的案件以及当事人申请的告诉乃论的刑事案件,在调解成立并经法院核定后,法律上并没有规定明确的救济途径,但从调解书经核定后即对当事人产生拘束力的角度来说,不赋予明确的救济途径似为不妥,因此,在立法没有明确前,应当参照适用民事案件中的救济规定。

二、我国香港特区

我国香港特区回归后,调解作为社会纠纷解决方式受到了格外的重视,众多社会组织都参与其中,提供调解服务。但总体来说,我国香港特区并未像我国内地一样建立起由政府主导的人民调解和与诉讼相结合的法院调解,虽然在诉讼中也有强制调解的案件,但是这些案件的调解是在诉讼程序之外进行的,而并非由审理案件的法官在诉讼程序之内完成。因此,香港的调解机构主要是一些社会组织和团体,其中最为主要的调解机构有香港调解会(Hong Kong Mediation Council)、香港和解中心(Hong Kong Mediation Centre)、香港大律师公会(Hong Kong Bar Association)、香港律师会(The Law Society of Hong Kong)等。这些调解机构在2010年《香港调解守则》(Hong Kong Mediation Code)和2013年的《调解条例》(The Mediation Ordinance)设定的法律框架内开展调解工作,有的机构还制定了具体的调解规则,对调解程序进行了更为详细的规定。现就香港调解会和香港律师会的调解程序进行简要介绍。

(一)香港调解会的调解程序

香港调解会是香港国际仲裁中心(Hong Kong International Arbitration Centre)下属的一个处理调解的部门,除了负责推广调解作为解决争议的方法外,还负责安排调解员的培训。香港调解会的《调解规则》与香港特别行政区政府的调解规则类似,对调解程序也有具体的规定。

1. 调解的启动

根据香港调解会《调解规则》,调解程序由一方当事人申请而启动。申请的当事人应向另一方或者各方当事人送达一份提请调解的书面要求,并将副本送交香港国际仲裁中心。之所以一方当事人就可以提出申请启动调解程序,是因为各方当事人在先前的合同中存在提交香港国际仲裁中心并适用其《调解规则》进行调解的协议。调解申请书中应当简要陈述争议的性质、争议的数额(如果有)、具体的赔偿内容或救济方式,以及对调解员的提名。此后,争议的各方当事人及其代表须互相交换其名称(姓名)、地址、电话和传真号码,并将之送交香港国际仲裁中心。

2. 调解员的确定

对于申请调解一方提名的调解员,另一方或其他各方当事人应在收到提请调解要求后的14日内,就自己是否接受被提名的调解员通知其他各方当事人及香港国际仲裁中心;如果争议的任何一方在14日内没有对此予以回应,则视为拒绝调解,调解就无法继续进行。

在争议的各方都同意提名的调解员,而该调解员也愿意接受委任时,有关各方须通知香港国际仲裁中心,调解即可按香港调解会《调解规则》进行。如果争议的各方未能在收到提交调解要求的14日内就调解员的选定达成一致,则应通知香港国际仲裁中心,由仲裁中心委派1名愿意出任调解的调解员负责调解工作。

除非各方当事人都同意,否则任何与争议的调解结果存在利害关系的人都不得担任该争议的调解员。对于存在利害关系的情况,拟定的调解员在接受委派前必须向各方当事人或者香港国际仲裁中心披露,仲裁中心在收到披露材料后,应立即将材料通知各方当事人,并征询其意见。如果任何一方当事人在7日内提出反对意见,香港国际仲裁中心都应当另行委派一位合适的调解员。

3. 调解的进行

调解员确定后，应当尽快开展调解工作。根据香港调解会《调解规则》第7条的规定，调解员须尽最大努力于获得委派后42日内结束有关调解，除非得到争议各方当事人全体的书面同意，但延期不得超过3个月。

调解员在了解案情以及各方当事人的意愿后，可以按照其认为适当的方法进行调解。调解员可以与任何一方当事人联络，也可以举行非公开会议。当事人可以随时会见调解员，并全力协助调解，使调解能在规定的时间内完成。

在调解中，当事人可以选择他人代表或者协助自己进行调解，并须事先将该人士的姓名及职责告知调解员和其他当事人。

根据香港调解会《调解规则》第12条的规定，调解以不公开的方式进行，调解员和当事人对调解中知悉的信息资料负有保密的义务。当事人为了调解目的或因与调解有关的原因而披露、制作或呈交的一切文件、通信或资料，均是在受保密权涵盖及无损权益的基础上披露的，而作出这种披露本身并不表示放弃了保密特权。除因履行或执行和解协议所需，和解协议本身也受保密要求的规范。当事人参加调解并不意味着其同意受调解过程中所披露的任何信息、资料的约束。也就是说，对调解中所披露的信息、资料，不得在此后的仲裁、审裁或者诉讼中进行利用。

香港调解会《调解规则》第14条同时还规定，当事人必须承诺不得委任调解员作为任何后续的审裁、仲裁或司法程序中任何一方当事人的审裁员、仲裁员或代表、大律师或专家证人，无论该等程序是否因本次调解或因同一合同中其他争议而引起。任何一方当事人均无权传召调解员作为证人，在任何因同一合同而引起的后续审裁、仲裁或司法程序中作证。

4. 调解的终结

根据香港调解会《调解规则》第11条的规定，调解程序在出现下列情况时，即告终结：①双方当事人签立和解协议；②调解员经与双方当事人协商后，以书面知会当事人，表示已无充分理由继续进行调解；③任何一方当事人在任何期间以书面方式通知调解员及对方当事人调解已终止。

经我国香港特区调解会调解达成的协议具有普通合约的性质，如果一方不履行，则另一方可以向法院提起诉讼，要求履行。法院审查后认为合约内容并无违法，作出支持诉请的判决，从而使调解协议获得强制执行力。当然，在双方当事人都同意的情况下，也可通过将调解协议纳入法院命令的方式获得强制执行力,这种方式类似于我国内地的人民调解协议的司法确认。

(二)我国香港特区律师会的调解程序

1. 调解的启动

按照香港律师会《调解规则》的规定,调解的启动应当以当事人之间达成适用律师会调解规则进行调解的合意为前提。这种调解的合意既可以是在合约条款中约定,也可以是另订协议约定,还包括以其他能表明其同意的方式完成。

调解通常开始于一方当事人向另一方当事人或者其他各方当事人送交一份提请调解要求的陈述书,这份陈述书应当简要地载明如下内容:①争议的性质;②争议的金额(如果有);③建议选用的规则、场地及其预计费用;④调解会议的日期和时间;⑤提名的调解员。对方当事人或者各方当事人在收到该提请调解的要求后,应当在14日内予以回复;如果不予以回复的,则视为拒绝调解。如果其他当事人对调解要求的内容提出了不同的建议,当事人之间应当及时就分歧进行切实的磋商,经磋商达成一致的,应当作出书面记录并由当事人或者其代理律师签名。只有在各方当事人都同意提请调解,并就提名的调解员达成一致意见,而受提名的调解员也同意接受委任时,才可切实地进行调解。

2. 调解员的委任

如上所述,调解员一般是由提请调解的当事人提名,其他各方当事人对提名并无异议,或者虽有异议,但在14日内经磋商就调解员人选达成了一致,在此前提下,香港律师会将就是否愿意接受委任,征询被提名调解员的意见,调解员同意的则得以委任。以此方式委任的调解员可以是1名,也可以是多名。如果各方当事人就提请调解没有争议,但就调解员人选在14日内不能达成一致的,则当事人应当通知香港律师会,由香港律师会委派1名已获认可而又愿意出任调解的调解员。

调解员存在回避情形的,应当回避。我国香港特区律师会《调解规则》第6条规定,在任何争议的调解结果中占有财政或个人利益的人士,不得出任该项争议的调解员,除非得到争议各方当事人的书面同意。如果拟定的调解员存在此前与一方当事人进行过交易,或者令人认为有偏颇一方或者妨碍调解快速达成的情况,则在接受委任前,必须主动地向各方当事人披露。如果是由香港律师会直接委任的,则应当向香港律师会披露。对于上述披露资料，香港律师会在收到后，应当立即转达各方当事人，并征询其意见。在接到材料的 7 日内，如果当事人无异议，则应出具书面意见；如果有一方当事人提出反对意见，则由香港律师会另行提名一位已获认可且合适的调解员。

3. 调解的进行

因香港律师会《调解规则》对调解的期限规定为 42 日，因此调解员在获得委任后，应当尽快开展调解工作。调解工作如不能在 42 日内完成，则必须征得各方当事人的同意后，才可以继续进行，但最长不得超过 3 个月。

调解员在考虑到个案具体情况以及各方当事人意愿后，可按照自己认为的适当的方法进行调解。调解员既可以同时与所有当事人进行联络，也可以分别与某一方当事人进行联络，还可以召开非公开的会议。对于调解员的工作，各方当事人应当积极予以配合，全力协助调解的进行，因为调解是各方共同选择的解决争议的方式，概无不积极推进之理由。

在调解中，调解员不会就争议的内容或结果作出建议或裁决，其只是协助各方当事人厘定争议之所在，构思各种解决方案，考虑其他选择，使各方当事人在获得充足资料及法律意见的基础上，致力达成自愿的和解协议。

调解可以由当事人本人参加，也可以在对方当事人同意下自行委托他人代表或者协助自己进行调解。当事人应将自己委托的代理人的姓名及职责预先告知香港律师会和对方当事人。按照香港律师会《调解规则》第 10 条的规定，无论是当事人本人参加还是代理人参加，实际参加调解的人应当对争议事项拥有全面和解的权力，否则调解就无法顺利开展。

调解以不公开的方式进行。对于当事人出于调解目的或由于与调解有关而披露的一切信息、资料，均受保密特权保护，调解员、当事人及其他参与人不得泄露，各方当事人也不得将其在日后的仲裁或者司法程序中作为证据使用。这些信息、资料包括：①各方当事人之间或任何一方当事人与调解员之间，在进行调解时，就有关事项所交换的口头及书面资讯；②其中一方当事人或调解员在调解期间，就可能解决争议所提出的观点或建议；③其中一方当事人在调解中承认的事项；④其中一方当事人是否愿意接纳调解员或任何一方当事人对和解作出的建议或方案的事实；⑤调解员或其中一方当事人在进行调解期间，因调解而产生的任何文件，包括笔记和记录。作为例外，只有在一方当事人要求强制履行或者执行和解协议时，各方当事人可以将和解协议作为证据，包括从调解员或任何参与调解人员处得到的证据。

在调解过程中披露的任何事项,均不能以任何方式用以影响或者损害当事人日后在仲裁、审裁或诉讼中的权益或地位。譬如,任何资料不会因被调解员知悉而被视为放弃在日后仲裁、审裁或诉讼中的特权和保密权利;任何文件的真实性、有效性及其意思在调解中不受质疑,并不意味着该文件在日后的仲裁、审裁或诉讼中同样不受质疑。

4. 调解的终结

根据我国香港特区律师会《调解规则》第 11 条的规定,调解程序在下列情况下即告终结:①双方当事人签立和解协议;②调解员在征询各方当事人意见后,以书面知会当事人,表示已无充分理由继续进行调解;③任何一方当事人在调解期间以书面方式通知调解员及对方当事人调解已终止。

调解终结时,对于当事人预缴费用的余额应当予以退还。

经我国香港特区律师会调解达成的协议具有普通合约的性质,如果一方不履行,则另一方可以向法院提起诉讼,要求履行;法院审查后认为合约内容并无违法,作出支持诉请的判决,从而使调解协议获得强制执行力。当然,在双方当事人都同意的情况下,也可通过将调解协议纳入法院命令的方式获得强制执行力。

三、我国澳门特区

与世界上大多数国家和地区一样,我国澳门特别行政区的调解也分为司法调解和非司法调解。司法调解主要有法院诉讼调解和检察院办理劳动案件中的调解;非司法调解主要有街坊会的调解、仲裁机构的调解、民事登记局的调解以及劳工事务局的调解。司法调解一般有明确的法律依据,按照法定程序进行,而非司法调解的程序制度化程度较低,只有澳门世界贸易中心仲裁中心(World Trade Center Macau Arbitration Center)的调解有较为规范的程序规定。以下仅对澳门世界贸易中心仲裁中心的调解程序作一介绍。

《澳门世界贸易中心仲裁中心内部规章》(以下简称《内部规章》)第 4 章为“独立的调解程序”,对该机构的调解程序作了规定,具体有以下内容:

1. 调解的开始

《内部规章》第 72 条规定,对《内部规章》第 23 条所规定的任何争议,如果其标的允许和解的,当事人可以提交仲裁中心,由独任调解员根据《内部规章》规定进行调解。调解的请求可由争议中的任何一方当事人提出。当事人的调解请求应以书面方式提出，调解申请书中应当列有当事人身份资料、指明程序标的以及申请人请求的依据。

仲裁中心在收到当事人的申请书后，应当通知另一方当事人，并邀请该他方当事人在10日之内知会仲裁中心是否接受和参与调解程序。如果被申请方在10日内未答复，或者答复不同意参与调解时，仲裁中心应当知会申请方当事人调解不被接受。

2. 委任调解员

如果被申请方接受调解，全体委员会主席应从调解员名册中委任调解员，并通知当事人。对于被委任的调解员，当事人在被通知的10日内可以表示拒绝，并建议委任另一特定的调解员或从另一组别中委任调解员。如果当事人没有在规定的期限内对委任的调解员提出回避申请或其他异议，调解员得以确定。

除非当事人另有协议约定，否则调解员不能担任仲裁员，也不得在有关调解标的之争议的仲裁程序或者司法程序中作为任何一方当事人的代表或顾问为其提供帮助，当事人也不得召唤调解员在任何与调解程序标的之争议有关的仲裁程序或司法程序中发表意见。

3. 初次会议

在调解员得到确定后，仲裁中心办事处就应当促成当事人与调解员的初次会议。

在与当事人的初次会议中，调解员应当完成下列事项：①向当事人解释调解程序、具体流程及技术；②要求当事人简要描述争论点并阐述他们的期盼；③力求对组织工作日程达成协议，确定当事人以书面阐述各自请求及其依据的期限，如果当事人认为有必要提供相关证据，则一并确定证据提出的期限。

根据《内部规章》的规定，调解员参与初次会议无权收取任何报酬。

4. 调解的进行

对于调解流程的安排，调解员有自由决定的权利，但必须恪守《内部规章》所规定的道德规范。在调解过程中，调解员有权要求当事人提供被认为必需的信息和材料。

调解通常以会议的方式进行。会议以当事人共同参加为首选，但如果需要或者当事人同意，调解员也可以分别与其中一方当事人进行会议。但无论是以全体会议的方式还是个别会议的方式，调解员都应恪守《内部规章》中的道德规范,特别是在个别会议的情况下,更应恪守机会平等和保密义务。

除了调解员,当事人也必须对调解程序保密,并承诺在仲裁程序或者司法程序中不得以任何方式将以下事项作为论据或者证据使用:①他方当事人为可能解决争议所披露的事实、所作出的陈述及主张的提议;②调解员或者任何一方当事人提出的建议;③任何一方当事人在调解中表示正接受所提出达成协议之建议的事实。

5. 调解的终结

根据《内部规章》第 79 条和第 80 条的规定,调解在以下情况下终结:

(1)调解达成协议,当事人签订协议后调解终结。在不同的案件中,具体的协议形式须按照法律的要求作出。当事人达成的协议具有保密性,除非当事人另有约定,或者为了该协议的适用或执行而必须公开。

(2)调解未能达成协议,在调解员作出有关的书面声明后调解终结。

(3)调解转为仲裁。如果当事人以书面约定委托调解员有权确定给付的内容,或者有权对引起争议的合同内容或法律关系进行厘清、补充、调整,甚至审查等,从而使纠纷得以解决,那么此等情况应视为当事人设定了仲裁协议,调解员继而转为独任仲裁员,调解程序也因转为仲裁程序而终结。

第二节 大陆法系国家的调解程序

一、法国

在法国,从调解的主导力量来说,可以分为政府主导型调解和社会自治型调解。前者主要由法官作为调解员(juge - conciliateur)和司法调解员(conciliateur de justice)实施,经费由国家财政支出,当事人无须支付费用;后者主要由社会机构中的独立调解员(mérdiateur)实施,属于一种有偿的法律服务,当事人需要缴纳费用。在开展调解的社会机构中,仲裁机构是一支重要的力量,其调解的程序化程度也较高。此处对巴黎仲裁院(ChambreArbitrale de Paris)和巴黎海事仲裁院(ChambreArbitrale Maritime de Paris)的调解程序作简要介绍,以期对法国的社会自治型调解程序有所了解。

(一)巴黎仲裁院的调解程序

巴黎仲裁院成立于1926 年,是法国历史最悠久的仲裁机构之一,其《调解规则》于2001年3月1日起适用。

1. 调解的启动

(1)调解的申请

根据巴黎仲裁院《调解规则》第1条的规定,当事人在发生纠纷后,可以依据他们在合同中的约定将纠纷提交给巴黎仲裁院调解,也可以在没有合同约定的情况下,直接向巴黎仲裁院申请调解。

根据巴黎仲裁院《调解规则》第2条的规定,如果当事人的纠纷已经进入了巴黎仲裁院的仲裁程序,则当事人可以在仲裁第一次传票传唤前,提出调解的申请。秘书处在对申请登记后,案件则转入适用巴黎仲裁院《调解规则》进行调解的程序,相应的仲裁程序中止,直至调解宣告失败才予以恢复。如果当事人是在第一次传票传唤后才提出调解的申请,秘书处会将调解申请转送给仲裁庭,由仲裁庭依据《巴黎仲裁院仲裁规则》作出处理。

即使存在仲裁协议,当事人也可以在申请仲裁之前,直接向巴黎仲裁院申请调解,但当事人申请调解并不中断其申请仲裁的时效。无论当事人在何种情况下申请调解,其申请书均应包括当事人的姓名或名称、案情简介以及申请调解的各方当事人的立场。

(2)调解的应答

秘书处在收到调解的申请后,应当通知其他各方当事人,并要求他们在10日之内就是否接受调解予以回复。如果其他当事人都接受由巴黎仲裁院调解,则各方须签署一份同意调解的协议书,该协议书将赋予巴黎仲裁院作为调解的组织者根据巴黎仲裁院《调解规则》开展有效的调解。如果其他当事人明确拒绝调解,或者在10日之内未予回复,都会导致调解申请的无效,但秘书处仍会建议他们通过仲裁或者其他方式解决纠纷。

(3)费用的支付

巴黎仲裁院的调解是有偿的,只有在当事人按照规定支付了相关费用后,调解才能正式开始。根据巴黎仲裁院《调解规则》第4条规定,巴黎仲裁院会依据一定的标准计算出相应的费用,并通知各方当事人在应答期限的10日内,按照自己应承担的金额进行预付。通常情况下,费用由各方当事人平均承担,除非当事人另有约定。

2. 调解员的任命

在当事人缴纳相关费用后,巴黎仲裁院应在10日内开展调解员的任命工作。一般来说,调解员的确定有两种方式:一是由各方当事人在巴黎仲裁院提供的名册中就调解员人选达成一致;二是在当事人无法就人选达成一致时由仲裁院主席任命,然后由各方当事人在10日内就任命人员表示同意。

如果发生调解员死亡、拒绝接受任命、丧失行为能力、未能开展有效的调解或者无法履行职责时,将由仲裁院主席替代之。

巴黎仲裁院坚持调解与仲裁相分离的原则,当案件在调解未获成功进入仲裁时,负责的调解员不得担任仲裁案件的仲裁员。

3. 调解的进行

调解员一旦被任命,就可以随时在自己决定的地方接待当事人。调解员一般是单独听取当事人及其律师的意见,除非当事人希望其一并听取双方当事人的意见。调解员可以根据案件的具体情况,本着独立、中立和公平的原则,要求当事人提供他认为有利于促进调解的信息和资料。调解中,当事人有权聘请律师协助自己参加调解。

根据巴黎仲裁院《调解规则》第6条第2款的规定,调解过程一般不超过6周,从当事人接受调解员人选开始计算。该调解期限可以根据案件情况适当延长,但延长期限不得超过3周。

在调解过程中,申请仲裁的期限中止。

4. 调解的结束

调解程序以下列方式结束:①当事人在达成的协议上签字,以调解达成协议结束;②巴黎仲裁院宣告调解无效,以调解未成功而结束。对于此宣告,巴黎仲裁院无须说明理由。

如果调解以未能达成协议的方式结束,任何一方当事人都可以要求恢复仲裁程序或者申请进行仲裁。

对于调解的机密性,调解员和当事人都应严格恪守。对于在调解员面前以及当事人自己作出的任何主张、声明和提议,嗣后任何人都不得加以利用。

(二)巴黎海事仲裁院的调解程序

巴黎海事仲裁院成立于1966年,主要从事海事纠纷的解决,在世界范围内具有一定的声誉,其《调解规则》于2012年5月31日起适用。

1. 调解的开始

当事人意欲由巴黎海事仲裁院对其纠纷进行调解,可向巴黎海事仲裁院的秘书处提出书面申请，申请书中应简要陈述其案件情况，并按规定缴纳800欧元的申请费。

秘书处在收到当事人的申请后，应当通知对方当事人，并告知其在15日内就是否接受调解作出回复。如果对方当事人在15日内未予回复，或者回复不接受调解，则调解就不会启动。秘书处应当及时通知申请的当事人，同时，如果根据《巴黎海事仲裁院仲裁规则》第5条的规定可开始仲裁程序，应一并告知申请的当事人。

2. 调解员的确定

如果被申请方当事人同意进行调解，秘书处将建议当事人在1个月内就调解员人选在所提供的仲裁员名单内，以协议的方式予以确定。当事人也可以共同要求由巴黎海事仲裁院在仲裁员名单中指定1人为调解员。

对于被选定或者指定的调解员，秘书处将负责联系以确定其是否愿意接受调解工作。如果调解员表示接受，秘书处会及时告知当事人。

调解员确定后并不意味着就进入了正式的调解，在此之前，当事人还应按巴黎海事仲裁院《调解规则》第7条的规定缴纳费用。在当事人缴完费用后，调解员应当及时进行调解。

3. 调解的进行

调解员有两个月的时间来完成其调解工作，如果有必要，巴黎海事仲裁院委员会可以将这个时间再延长一次。

在调解中，调解员应当坚持原则，保持中立，并以自己的技巧和努力来促进当事人达成协议。调解员有权决定当事人在什么时间和什么地点来提出自己的主张以及支撑的文件资料。调解员可以在共同会见调解前，单方面接待当事人。调解员有权在当事人的协助下确定调解会议的时间和地点。在调解过程中，调解员可以随时要求当事人提供任何他认为需要的信息和资料。

当事人可以在代理人的协助下参加调解，并就相关事项作出决定。

对于调解中的信息，参与人均负有保密的义务。对于调解员在调解中查明的事实和获得的当事人主张，在没有事先取得当事人同意的情况下，均不得向第三人披露，也不得在此后的司法或者仲裁程序中加以利用。

4. 调解的结束

如果调解成功，则由调解员拟定和解协议，由当事人和调解员共同签署。经签署的和解协议可以根据《法国民事诉讼法典》第1533条之规定提交有管辖权的法院批准,获得强制效力。

如果调解未成功,无论是基于双方当事人无法达成和解协议,还是一方当事人或者双方当事人不愿意继续进行调解,调解员都应当出具调解不成功的通知书。该通知书送达当事人和巴黎海事仲裁院秘书处后,调解程序结束。

在调解不成后,纠纷可由其他有权机构进行处理。如果纠纷进入了巴黎海事仲裁院的仲裁程序,此前的调解员不得参与案件的仲裁庭担任仲裁员,除非当事人有另外的明确约定。

二、德国

在历史上,德国人更青睐于通过司法程序来解决纠纷,因此调解制度并不发达,只是在欧洲一体化和经济全球化的推动下,调解才受到重视,成为司法改革的重要内容。经过努力,德国于 2012 年 7 月颁布实施了《促进调解及其他诉讼外纠纷解决程序法》(以下简称《德国调解法》)。《德国调解法》对非诉讼调解制度进行了宏观的框架性的规定。对于主审法官和非主审法官所进行的诉讼调解,则由《德国民事诉讼法》予以规定。《德国调解法》对非诉讼调解程序的具体进行并未作出详细的规定,而是给实践预留了很大的空间,但涉及非诉讼调解程序的有以下几个方面:

1. 调解员的选任

根据《德国调解法》第 1 条的规定,调解是一种保密的、结构化的程序,是当事人在一个或者多个调解员的协助下,自愿就纠纷解决达成合意的程序,因此当事人的自愿与合意是调解的基础。在调解员的选任上也充分尊重当事人的自主选择,《德国调解法》第 2 条第 1 款明确规定了“调解员由当事人选择”。根据实践,当事人可以选择律师、司法人员或注册会计师,甚至是心理专家作为调解员。

被选任的调解员有义务向当事人披露所有可能影响其进行独立、公正调解的事项。如果存在这类事项,则不能担任调解员,除非当事人明确表示同意。《德国调解法》还明确规定了有下列情形的相关人员不得担任调解员:①在调解前曾经因本案纠纷为一方当事人工作过,或者将在调解程序中或调解之后的程序中,就本案纠纷为一方当事人工作;②其所属的同一职业团体或者事务团体的同事,曾经在调解进行前在本案纠纷中为一方当事人工作,或者将在本案纠纷的调解程序中或者调解之后的程序中为一方当事人工作，但当事人在知悉这种情况后仍表示同意，并且该工作不与法律所保护的利益发生冲突的除外。

此外，在当事人要求的情况下，调解员有义务向当事人就其专业背景、教育和调解经验提供相应的信息。

2. 调解员在调解中的职责

《德国调解法》第 1 条第 2 款对调解员在调解中的角色进行了原则性定位，即调解员是一位独立的、中立的、对纠纷不具决定权的人员，在调解中起到引导当事人的作用。根据这一原则，《德国调解法》在第 2 条中对调解员的任务作了明确规定，在第 3 条中对调解员的保密义务作了规定。

就任务来说，调解员应当确认当事人已经理解调解程序的基本原则以及调解过程，并且保证当事人自愿参加调解。调解员应当从中立的立场出发，促进当事人之间的交流，并且保证当事人以适当的、公平的方式融入调解程序中。调解员可以在全体当事人同意的基础上，和各方当事人举行单独会谈。如果调解达成了协议，调解员应当尽力保证当事人在理解纠纷背景且理解协议内容的情况下缔结协议。调解员应当告知那些在调解时没有外界意见供其参考的当事人，建议他们在必要时将达成的协议交由外部顾问审阅。

就保密义务来说，调解员和参与调解的人员都负有这种义务，除非法律另有规定。需要保密的对象涵盖所有在调解过程中所知晓的信息。调解员负有告知当事人其保密义务的范围。但下列事项不属于保密义务范围：①披露调解过程的内容对履行或者执行该调解协议内容实属必要；②基于对公共政策的重要考量，有披露的必要性，特别是为了防止对孩子的健康成长造成威胁，或者避免对个人的身体或者精神健全造成损害的时候；③所涉及的事实是众所周知的事情，或者没有重要到需要保密。

3. 第三方的参与

《德国调解法》第 2 条第 4 款规定，第三方只有在所有当事人都同意的情况下，才能参与调解。

4. 调解的终止

根据《德国调解法》第 2 条第 5 款的规定，在调解中，当事人可以随时终止调解。调解员也可以随时终止调解，特别是在他认为已经不能期待当事人进行自发的沟通或者和解无望的情况下。如此，则调解是在没有成功的情况下终结。

如果经调解当事人达成了和解协议，那么就可以以最终协议的形式予以记录。根据《德国民事诉讼法》的规定，如果是在律师或者公证员作为调解员的情况下达成了和解协议，该和解协议具有执行力。

三、日本

在日本，调解被称作“调停”，作为社会纠纷的解决方式之一，已有很长的历史。就目前来说，日本的调停类型也是多种多样，有司法型、行政型和民间型之分。司法型调停是指附属于法院的调停；行政型调停是指由行政机关进行的调停，如劳动纠纷的调停就由行政机关依据《日本劳动关系调整法》予以调停；民间型调停主要指由民间团体组织开展的调停，如仲裁机构进行的调停。在这些调停中，最具特色的是司法型调停，即由法院成立调停委员会或者法官进行的调停。从其“法院内”的角度来看，类似于我国的法院调解，但从其调停与审判相分离的角度来看，又类似于我国的人民调解。下面结合《日本民事调停法》和《日本民事调停规则》对其法院附设调停的程序进行介绍。

《日本民事调停法》于1951年施行，后经多次修订，沿用至今。除劳动纠纷和家事纠纷（适用《日本家事案件程序法》）之外的民事纠纷，均属于该法适用的对象。《日本民事调停规则》系由日本最高法院为实施《日本民事调停法》而于1951年颁行的。依据这两部法规，其民事调停的程序如下：

1. 调停的启动

根据《日本民事调停法》第2条和第20条的规定，调停的启动方式有两种，一种是当事人申请，另一种是法院依职权决定。

当事人在民事纠纷发生后，可以直接向法院申请调停。对于申请调停的案件，由对方当事人住所、居所、营业所或者事务所所在地的简易法院或者当事人约定的地方法院或者简易法院管辖，除非法律另有规定。

当事人的申请可以书面方式提出，也可以口头方式提出。当事人口头申请调停的，应当面向法院书记员作出，并由其记录在案。申请人应当简要陈述案件情况及双方的争议，如果有证据，应当提交证据原件或者复印件。

对于当事人已经起诉至法院处于诉讼系属中的案件，当事人也可以向法院申请调停；如果当事人没有申请的，受诉法院也可以在认为适当的时候，将案件交付调停。如果受诉法院决定交付调停，可以交由有调停管辖权的法院调停,也可以由本院进行调停。为了避免诉讼迟延,《日本民事调停法》第20条还明确规定,如果案件争议焦点和证据的整理已经完成,则不宜交付调停,除非双方当事人达成合意。

2. 调停组织的确定

法院的调停组织有两种形式,一是组成调停委员会,二是由法官独任调停。原则上采用调停委员会的形式,或者当事人明确提出由调停委员会调停,则不能由法官独任调停。

调停委员会由调停主任1名和调停委员2名以上的人员组成。调停主任由地方法院从法官中指定,调停委员由受案法院指定。根据规定,调停委员并非国家正式的公务员,其任免由日本最高法院规定。依据日本最高法院《日本民事调停委员与家事调停委员规则》,民事调停委员一般从三类人中遴选:一是具有法律职业资格的人,如律师、法学教授和退休法官等;二是具有相关专业知识的人,如医生、建筑师和会计师等;三是具有丰富社会经验和知识的人。民事调停委员除了参与调停委员会的调停外,还可以根据法院的指示,就自己调停其他案件中的知识和经验对当事人进行陈述与分析,请求有关关系人对当事人进行劝说。

2004年在修改《日本民事调停法》时,新增了"民事调停官"这一职位。民事调停官由日本最高法院在具有5年以上职业经验的律师中任命,不仅可以行使民事调停委员的职权,还可以在多数情况下行使法官的职权,如独任调停某些案件,决定将调停案件移送给有管辖权的法院等。

3. 调停前的措施

在必要时,调停委员会可以在当事人申请的情况下,在调停前,对当事人或者其他关系人采取命令其不得变更现状或处分物品,并排除使调停内容无法实现或者受阻碍的行为,但此种措施并不具有执行力。

4. 调停的进行

调停委员会或者独任调停法官应当在确定调停日期后通知当事人。《日本民事调停规则》规定,调停应由当事人本人到场,只有在确实有正当理由而无法到场的情况下,才可以由其代理人或监护人出席调停。不过与审判中对席进行不同,调停委员会或者独任调停法官可以根据案件具体情况,从有利于促进和解的角度来决定,是传唤双方当事人同时到场进行调停,还是在不同时间分别会见一方当事人进行调停。即使是传唤双方当事人同时到场,也可以决定采用"面对面"或"背靠背"的不同调停方式。

根据《日本民事调停规则》的规定，调停的场所不限于法院，调停委员会或者独任调停法官可以决定在法院之外的适当场所进行调停。调停的时间也不限于工作日和工作时段，可以在周末或者晚上。这些灵活的规定旨在为当事人参加调停提供便利，以引导当事人对调停的选择和利用。

调停以不公开进行为原则，原则上不允许案外人参与旁听。根据《日本民事调停法》第 11 条的规定，如果是对调停结果有利害关系的人，经调停委员会同意可以参与调停，调停委员会也可以在认为适当的情况下邀请其参与调停。

在日本，与审判中遵循辩论主义不同，调停贯彻职权主义，即在事实认定和证据调查上不受当事人主张的拘束。《日本民事调停规则》第 12 条明确规定，调停委员会可以依职权进行事实调查以及在必要时进行证据的收集调取。

对于调停过程，书记员应当以笔录记载，但如果调停主任认为没有必要记录的事项，可以不记录。

5. 调停的结束

由于日本的调停系法院内的非诉讼解决程序（Alternative Dispute Resolution，ADR），因此其终结方式较为复杂。

在调停是由当事人没有起诉时而直接申请进行的情况下，如果调停成功，双方当事人达成了调停协议，那么书记员将协议内容记录于调停书中，调停结束。根据《日本民事调停法》第 16 条的规定，该调停书具有与诉讼和解相同的法律效力，即一方当事人不履行的，另一方当事人可以申请强制执行。如果调停不成功，则调停程序结束的方式有三种，分别是法院作出替代调停决定、调停委员会作出调停条款和调停不成立而终结。所谓替代调停决定，是指在调停委员会认为达成合意的希望不大时，法院认为适当的，可听取民事调停员意见，并充分考虑双方当事人的衡平，综合权衡案情，在不违背双方当事人所申请的旨意限度内，依职权决定纠纷的解决。法院的决定可以是金钱的给付、财物的交付或者其他财产支付的命令。对于替代调停的决定，当事人在收到后的 2 周内可以提出异议。如果当事人或利害关系人在 2 周内提出了异议，则替代调停决定就丧失了效力；如果在 2 周内没有人提出异议，则替代调停决定就取得了与诉讼和解相同的法律效力。调停委员会作出调停条款系吸收了仲裁制度的一种结案方式。根据《日本民事调停法》第 24 条第 3 款、第 31 条和第 33 条的规定，此种结案方式适用于地租增减调停案件、商事调停案件和矿害调停案件。在这些案件中，如果经调停当事人之间无法达成协议或者达成的协议不适当，而双方当事人有在此情况下服从调停委员会就争议作出调停条款的书面协议，那么调停委员会会根据申请，就纠纷的解决而决定适当的调停条款。调停委员会的调停条款记载于笔录时，视为调停成立。记载调停条款的笔录具有与诉讼和解相同的法律效力。但考虑到这一制度可能存在的风险，日本最高法院规定，对调停委员会决定的调停条款不服的，当事人可以提起即时抗告，抗告期限为2周。如果调停不成功，而法院没有作出替代调停决定，调停委员会也不能作出调停条款，则调停程序以调停不成立而终结。在调停不成立以及替代调停决定因异议而失效的情况下，当事人自收到相关通知之日起2周内就调停的争议提起诉讼的，则调停申请之时被视为提起诉讼。

在当事人的纠纷已经系属法院后而进行调停的情况下，如果调停成功作出调停书，或者法院作出的替代调停决定生效，调停程序结束，同时原来中止的诉讼案件按撤诉处理。如果调停未成功，则恢复原来中止的诉讼程序。

此外，根据《日本民事调停法》第13条的规定，在调停过程中，如果调停委员会认为案件不适宜调停，或者当事人出于不正当目的而滥用调停时，可以不予调停，调停程序终结。

四、韩国

在韩国，关于民事纠纷的调解主要有行政调解和法院调解。所谓行政调解，是指由行政部门所属的各调解委员会进行的调解，常见的行政调解委员会有消费者纠纷调解委员会、医疗审查调解委员会、金融纠纷调解委员会等。而法院调解则分为在诉讼中的调解和诉讼外的调解，对此韩国专门制定了《韩国民事调解法》予以规范。下文结合《韩国民事调解法》的规定，对法院调解的具体程序进行介绍。

《韩国民事调解法》于1990年制定实施，目前已进行过十多次修改，其内容主要有立法目的、调解的范围、管辖法院、调解机构、调解程序和调解效力等。根据该法规定，法院调解程序如下：

1. 调解的启动

法院的民事调解有两种启动方式：一是由当事人在没有提起诉讼的情况下，直接向法院申请调解；二是在诉讼系属的情况下，由审理法官交付调解。

当事人直接申请调解的，应当向有管辖权的法院提出。《韩国民事调解法》第3条规定，调解案件由对以下所列各项拥有管辖权的地方法院、地方法院分院或市、郡法院管辖：①《韩国民事诉讼法》第3条至第6条规定的对方当事人的普通裁判籍所在地；②对方当事人的事务所或营业所所在地；③对方当事人的勤务地；④纠纷标的物所在地；⑤损害发生地。但作为调解案件，也可以不受前述规定的限制，由诉讼案件相应的专属管辖法院管辖，或者由当事人合意选择的法院管辖。

当事人申请调解可以书面方式提出或者口头方式提出。口头申请的，必须当面向法院书记官、法院事务官、法院主事或者法院主事助理陈述，由其制作调解申请笔录交由当事人签名盖章。

当事人申请调解的，还应当按照大法院的规定缴纳费用，调解才能正式启动。

交付调解是指受诉法院认为有必要，可以在抗诉审判决作出前，裁定将案件交由调解机关调解。法院交付调解的，可依职权作出，无须取得当事人同意，当事人也不得对交付调解的裁定提出抗告。

2. 调解机关

根据《韩国民事调解法》第7条的规定，调解案件由调解担当法官处理。在韩国，调解担当法官是专门负责调解的法官。对于调解案件，调解担当法官可以自行调解，也可以令调解委员会调解，但如果当事人明确申请由调解委员会调解的，必须依其申请。但在交付调解的情况下，可以不适用前述规定，而直接由受诉法院负责调解的处理，受诉法院可以任命受命法官或者受托法官担当调解，此时受命法官或受托法官具有与调解担当法官相同的职权。

调解委员会由调解长1人和调解委员2人以上组成。在调解案件由调解担当法官负责的情况下，由调解担当法官担任调解长；在调解案件由受命法官或者受托法官负责的情况下，由受命法官或者受托法官担任调解长。

调解委员则由当事人在管辖法院的名单中合意选定，或者由调解长从中指定。

3. 调解前的措施

调解担当法官认为必要时，可以根据一方当事人的申请，命令对方当事人及案件关系人不得变更现状或处分物品，并排除其他导致调解内容难以实现或者严重受妨碍的行为。这种临时措施虽然不具有执行力，但如果当事人违反，调解担当法官可以对其处以30万韩元以下过错金的罚款。

4. 调解的进行

调解程序在由调解委员会调解时，由调解长指挥，在调解担当法官独任调解时，由调解担当法官负责。

对于调解申请书或者调解申请笔录，应当不迟延地送达对方当事人。在调解期日确定后，也应及时通知当事人。通知可以送达书面传唤令的方式进行，也可以根据案件情况以其他适当的、简易的方式进行。

对调解结果有利害关系的人，在得到调解担当法官的同意后，可以参加调解；调解担当法官认为适当时，可以通知其参加调解。具有共同利害关系的多数当事人可以书面方式选任其中一人或者数人，作为本方的代表参加调解；调解担当法官认为必要时，可以命令多数当事人选任代表。

对于调解的场所，调解担当法官可以根据案件实际情况，决定法院内或者法院外的适当地点。调解程序不公开进行，不允许其他人参与旁听，除非取得调解担当法官的允许。

在调解日，调解担当法官或调解委员会听取当事人或者利害关系人的陈述，在必要时，可以通过适当的方法调查事实和证据。也就是说，调解中并不遵循辩论主义。但调解程序中当事人或利害关系人的陈述，不能在诉讼程序中援用。

对于调解过程，法院书记官必须制作调解笔录。经调解担当法官的许可，可以省略部分内容的记载。

5. 特殊情况的处理

如果调解日的通知无法送达当事人，调解担当法官可以裁定驳回调解申请。对于该裁定，当事人不得声明不服。

如果调解担当法官认为案件性质不适宜调解，或者当事人申请调解有不正当目的时，可以裁定终结案件不进行调解。对于该裁定，当事人不得声明不服。但作出此裁定的，当事人申请调解时，应视为提起诉讼，应当在调解申请书贴付的印花税基础上补缴提起诉讼状应贴付的印花税的差额部分。

申请人在调解日未出席的，必须重新确定调解日并通知当事人。如果申请人在新的调解日或者此后的调解日仍有未出席的情况，则视为其撤回申请。被申请方当事人在调解日未出席的，除非有特别的理由，否则调解担当法官应依职权作出替代调解的裁定。

6. 调解的终结

(1) 调解成立

如果经过调解，双方当事人就纠纷的解决达成了合意，则将其合意内容记入笔录时，调解成立，调解程序终结。

根据《韩国民事调解法》第 29 条的规定，调解具有与诉讼和解相同的效力，即一方当事人如果不履行调解合意的内容时，另一方当事人可以申请强制执行。

(2) 替代调解的裁定

调解担当法官在认为案件没有达成合意希望，或当事人之间达成的合意内容不适当时，如果认为有必要，则应当依职权参酌当事人的利益及案件其他方面的情况，在不违背申请人申请宗旨的限度内，作出公平解决案件的裁定。法院事务官应当将裁定记入调解笔录，并向当事人送达笔录正本。当事人对替代调解裁定不服的，可在收到笔录正本后 2 周内提出书面异议，此时调解失去效力，调解程序终结，案件进入诉讼程序，并视为当事人申请调解时提起诉讼。但如果在本审级判决宣告前取得对方当事人同意，提出异议的当事人可以撤回异议申请，异议申请撤回，替代调解裁定生效。另外，如果当事人的异议申请被驳回，则替代调解裁定也生效。如果当事人在 2 周内没有提出异议申请，替代调解裁定当然生效。生效的替代调解裁定具有与诉讼和解相同的法律效力。

(3) 调解不成立

调解担当法官认为当事人无法达成合意或者达成的合意不适当，又不能作出替代调解裁定的，应当以调解不成立而终结调解程序。在调解不成立的情况下，应视为当事人申请调解时提起了诉讼。如果是交付调解的，则恢复诉讼程序。

当事人申请调解具有中断诉讼时效的效力，但如果当事人撤回了申请，或者由于调解日未能出席而被视为撤回申请的，在调解终结后的 1 个月内未提起诉讼，则中断的效力丧失。

第三节　英美法系国家的调解程序

一、英国

20 世纪 90 年代,为了应对传统民事诉讼模式暴露出的弊端,英国进行了司法改革,其中一项重要的内容就是对《英国民事诉讼规则》进行修订,明确鼓励和引导当事人借助调解等 ADR 方式来解决民事纠纷。《英国民事诉讼规则》第 1.4 条规定:法院在认为适当时,可以鼓励当事人采取替代性纠纷解决程序,并促进有关程序的适用,以及协助当事人就案件实现全部或部分和解。第 26.4 条规定:当事人在提交案件分配调查表时,可以书面请求法院中止诉讼程序,法院也可以依职权中止诉讼程序,由当事人尝试通过替代性纠纷解决方式解决争议。此外,根据《英国民事诉讼规则》的相关规定,法院还可以利用诉讼费用杠杆来促使当事人选择调解等 ADR 机制解决纠纷。随着改革的推进,越来越多的当事人选择以调解的方式解决纠纷,而越来越多的民间调解机构也被建立和壮大。目前,在商事纠纷、家事纠纷、社区纠纷和环境纠纷中,调解的适用最为普遍,而各个机构的调解程序虽有所不同,但也都逐渐健全。下面以英国最有影响力的民间纠纷解决机构争议有效解决中心(Centre for Effective Dispute Resolution, CEDR)为例,对英国的民间调解程序作简要介绍。

英国争议有效解决中心成立于 1990 年,受到英国工业联合会、众多一流律师事务所以及商业和社会组织的支持。该中心独立、中立地开展工作,业务范围涉及商事纠纷的调解、仲裁、早期中立性评估、协助谈判、专家咨询等,并为大型公司、政府机关和社会组织等设计冲突管理机制、个性化纠纷解决程序,现在是欧洲屈指可数的商业纠纷解决机构,也是全球纠纷解决和冲突管理的重要机构之一。根据该中心 2018 年版的《英国标准调解程序》,调解分为启动、选定调解员、准备工作、程序约定、进行调解以及调解终结等几个阶段。

1. 调解的启动

根据《英国标准调解程序》第 2 条的规定,调解启动的方式有以下几种:①各方当事人约定将纠纷提交给 CEDR 或者其调解员进行调解;②一方当事人请求 CEDR 联系其他当事人参与调解;③在诉讼案件的初审或者上诉审的审理之前，基于诉前协定、法院规则、法庭指令或者法官的建议进行调解；④商业合同或政府合同的当事人在ADR条款中明确约定调解是双方纠纷解决流程中的必经步骤；⑤按照行业或者社会组织政策框架的相关条款，应当进行调解。

CEDR鼓励当事人在申请调解时一并提供相关文件或者协议的复印件。

2. 调解员的选定

各方当事人可以直接选择他们自己的调解员或者CEDR调解员名册所列的调解员，也可以要求由CEDR提名1名调解员或者推荐多名调解员供其选择。如果当事人之间约定或者法院要求当事人在就调解员人选不能协商一致时，由CEDR帮助确定的，那么当事人在收到调解通知的14日内没能确定调解员的，则由CEDR为他们指定1名调解员。CEDR在提名或者推荐调解员时，应充分考虑调解员对该纠纷的调解技巧、调解经验等因素，以保证调解的效率。

在调解员的人选明确后，该调解员以及各方当事人都应当就调解员是否存在特定事由而不适宜负责该案调解的情况，及时向CEDR作出确认，如果存在相关的事由，则CEDR和调解员都应当及时通知当事人。

基于业务发展和人员培养的考虑，CEDR可能会要求当事人同意他们派出1名调解员作为观察员参与调解，但当事人无须为此支付费用。

在有些案件中，基于当事人的约定或者CEDR的建议，会有辅助调解员或者中立性专家参与调解，就专门问题为调解员提供意见。

3. 调解的准备工作

调解员确定后，CEDR或者调解员则应当根据当事人的约定或者相关规定作出必要的安排，为调解的进行做准备。根据《英国标准调解程序》，具体事项有：①起草一份关于调解程序的协议并送交当事人批准，协调当事人就修改的事项达成一致并将最后的版本交由当事人签名；②在调解开始前，确定所有参与人的姓名及身份；③必要时，促使当事人就调解的日期和开始时间达成一致，提供场所安排；④在当事人和调解员提出要求时，组织案件材料的交换；⑤在当事人和调解员提出要求时，召开调解前会议。

在调解开始前，当事人也应当做相应的准备，主要内容有：①就调解员的任命或者调解员选定程序表示同意；②就调解的日期、地点和开始的时间与CEDR达成一致；③同意调解程序协议中的条款；④根据所认可的CEDR

的相关规定支付费用;⑤准备一份案情简述并与其他当事人进行交换,案情简述应就纠纷解决方案以及调解中所需要提供的文件资料与对方达成一致的努力阐明自己的观点;⑥尽快将案情简述和文件材料的复印件发送给调解员或者发送到 CEDR 指定的地址,最迟不晚于调解日的一周之前;⑦将己方参加调解的人员姓名和身份告知调解员和 CEDR,以便 CEDR 在调解前将其通知到其他当事人和调解员;⑧确保 1 名具有完全决定权的人作为己方的首席代表参加调解,来签署调解程序协议以及可能达成的和解协议;⑨如果对己方代表的权利有限制,则应及时告知调解员、CEDR 或者其他当事人,如果迟延告知,则有可能引起对当事人通过调解解决纠纷的诚实性的质疑,且不利于和解协议的达成。

对于调解员来说,调解前要完成以下准备工作:①确保自己严格遵守了相关规定,就本案调解来说,如果存在利害冲突或者其他相关事项,能够及时向 CEDR 和当事人披露;②根据当事人达成的或者自己批准的协议和日程安排,参加调解前会议;③在调解开始前,完成对当事人提交的案情简述和文件材料;④与各方当事人或者其代表进行联系,帮助其完成调解的准备,就其中出现的问题进行商讨。

4. 调解程序协议

调解程序协议是进行调解的法律基础,只有在当事人、调解员和 CEDR 三方都签署了协议后,调解工作才能进行,因此协议的达成也就成为准备阶段至关重要的事项。

调解员在起草完调解程序协议后,应将协议发送给当事人批准。如果有当事人就协议内容提出修改建议,在各方都赞同该建议后,可以将其加入协议之中。调解程序协议通常会在调解当日开始,调解前由当事人和调解员签署,而在此之前,CEDR 已经完成了签署。不管调解程序协议是否已经签署,在当事人、CEDR 工作人员和调解员进行调解前的联络时,都会对保密条款进行审视。

5. 调解的进行

CEDR 的调解以会议的方式进行。通常情况下,各方当事人都有独自的房间,以便在调解过程中可以进行私密的咨询和交谈。除此之外,还有一个足够大的房间,以便所有人都能以共同会议的方式参加调解。在与当事人商讨后,调解员将负责决定调解会议的进程。调解会议一般按如下步骤进行:①在各方当事人到达后分别举行的预备会议;②所有人参加的全体会议，在全体会议上，各方当事人都有机会进行口头陈述；③个别会议与全体会议交叉进行，是否举行则由调解员视具体情况提议或者所有当事人协商一致。

对于调解，专业的咨询人员，特别是律师可以参加，而且实践中也通常会有这样的人员参加。这些咨询人员在案件事实、证据材料和法律适用的信息及意见交换上，发挥着重要的作用，为他们的当事人在谈判中提供帮助，在解决方案上提供建议，在和解协议的拟定上提供支持。

调解的时间不限于一个工作日，只要代表各方当事人参与调解的关键人员都愿意继续出席调解会议，或者愿意以电话、视频会议的方式参与调解，调解就可以继续下去。如果当事人受时间限制无法继续参与调解，则应当立即告知 CEDR 或者调解员。任何一方的离开对于调解进程来说都是不利的，或者被其他当事人认为是不利的。

调解以保密的方式进行，当事人和调解员都不得以任何方式对调解作记录，包括录音录像、书面记载等均不被允许。当事人可以做些私下笔记，但这些记录不具有可披露性，即不得在以后的仲裁或诉讼中使用。

对于保密问题，CEDR 标准的调解程序协议条款也有明确的规定，"与调解相涉的所有人对于在调解中所知悉的一切信息，包括和解协议的条款都应当保密，除非当事人达成书面的放弃保密特权保护的协议"。除了当事人约定可以披露外，若存在如下情况，相关人员的披露不应视为对保密义务的违反：①基于法律规定，调解员、当事人或者代理人应予披露的；②调解员有理由相信，不进行披露会严重危害他人的生命或人身安全的；③调解员有理由认为，不进行披露会导致个人卷入刑事司法程序的。

6. 调解的终结

调解可能在以下情形出现时终结：

(1)当事人就纠纷的全部或者部分达成和解协议，此时所有当事人在和解协议上签名，协议产生约束力。

(2)当事人就纠纷的解决达成"原则方案"，一致同意在调解日之后起草具有约束力的条款。

(3)调解员建议的方案最终未能被当事人所接受。

(4)在达成和解协议之前，一方或多方当事人退出调解。

(5)当事人和调解员均同意在一定时间和一定条件下再行调解。

(6)基于相关规定，调解员终止了调解。

(7)当事人提出要求,并经调解员同意,以调解员出具总结文书或者建议的方式终结调解。

在调解成功的情况下,通常由当事人的代理律师起草和解协议,但调解员也会尽力予以帮助。在当事人的纠纷未进入诉讼程序的情况下,当事人可以约定协议作为一项合同,可通过诉讼获得强制执行力。如果调解是在纠纷已经进入了诉讼后开展的,通常会在调解中或者调解之后达成合意令(consent order),并将该合意令呈送相关法庭,诉讼程序即告终结。

如果当事人就纠纷未能达成全部协议,调解员仍会继续与当事人保持联系,以确定是否有进一步推进调解的可能。因为有些纠纷虽然未能在调解当日达成协议,但由于在调解中的相互了解,此后却达成了和解。在调解员的后续跟进中,当事人在调解程序协议中的约定仍然适用。

每一次调解结束后,CEDR 的工作人员也会与所有当事人联系,获取当事人对调解程序,特别是调解员的反馈信息。所有关于调解员的反馈信息,都将作为调解员继续教育和提升的内容全部地给到调解员。

二、美国

在美国,除了法院附设 ADR 之外,民间调解机制也较为发达,而由美国统一州法全国委员会(National Conference of Commissioners on Uniform State Laws)于 2001 年 5 月制定的《美国统一调解法》(Uniform Mediation Act)成为各个调解机构进行调解的程序蓝本。下文将对《美国统一调解法》中的程序规定以及美国比较著名的调解机构司法仲裁调解服务有限公司(Judicial Arbitration and Mediation Services, Inc. ,JAMS)的调解程序进行介绍。

(一)《美国统一调解法》中的程序规定

出于规范美国各州以及各种机构的调解活动的目的,《美国统一调解法》就调解中的主要问题和制度作出了规定,因此整体上来说较为概括和原则,涉及调解程序的有以下内容:

1. 调解的启动

《美国统一调解法》第 2 条将调解界定为,调解员协助当事人沟通和谈判并促进他们最终自愿达成解决争议的协议的过程。虽然《美国统一调解法》中没有直接关于调解启动方式的条款,但从第3条关于“适用范围”[1]来看,调解的启动方式无外乎有关机关如法院、行政机构等依照法律规定启动调解和当事人依据合意申请启动调解两种。但下列事项不适用《美国统一调解法》:①与建立、协商、管理或终止集体谈判关系相关的调解;②已经根据集体谈判协议中约定的程序开展的调解,但争议已被行政机关或法院立案在案件系属中进行的调解除外;③由对争议享有裁判权的法官所作的调解;④如果所有的当事方都是学生,在相关小学或者中学支持下进行的调解,或者如果所有当事方都是同一矫正机构的青少年,在该矫正机构支持下进行的调解。

2. 调解员的指定

调解机构在接受了当事人的申请后,应当指定调解员。受指定的调解员在接受指定前,应当对可能存在的利益冲突和相关背景资料进行披露。根据《美国统一调解法》第9条的规定,受指定的调解员首先应当对是否存在利益冲突等情况进行调查,如果认为存在可能影响公正调解的情况,譬如调解员对调解结果存在经济或者个人利益,调解员与一方当事人或者其他调解参与人现在或者曾经有过特定社会关系,应当在接受调解工作前就向当事人披露。如果是在接受调解工作后才了解到存在上述情形的,应当尽快向当事人披露。此外,调解员还应当主动向当事人披露其具备调解员的资质,尽管《美国统一调解法》没有对调解员的资质作出任何规定和要求。调解员应当是中立的,但对于存在上述利害关系经披露后当事人仍然同意其担任调解员的,不构成对中立性的违反。

3. 调解的进行

《美国统一调解法》对调解如何进行并没有详细规定,但对参与人和调解中的保密问题进行了规定。

《美国统一调解法》第10条规定,律师或者其他经当事人委托的个人可以陪同或者代表当事人参加调解。当事人在调解之前作出的放弃陪同出席

---

[1] 《美国统一调解法》第3条(a)款规定,除了(b)(c)中另有规定的情形外,本法案适用于:(1)调解当事人根据法律规定或者法院、行政机关的规则应当进行调解,或者法院、行政机关或仲裁员提出调解的;(2)调解当事人和调解员书面达成一致同意进行调解,并明确表示调解中的资讯受特权保护,不被披露;(3)由被当事人用作调解员的人以调解员的身份进行的调解,或是由提供调解服务的人进行的调解。

的决定可随时撤销。

《美国统一调解法》第4～8条对调解中的保密问题作了较为全面的规定。

作为一个基本的原则,调解中的一切资讯都受保密特权保护,不属于诉讼中开示的对象,也不具有诉讼证据的可采性,除非当事人协议放弃该保密特权或者法律有特别规定。具体来说,在诉讼程序中,调解的一方当事人有权拒绝披露调解资讯(mediation communication),并有权阻止其他当事人披露;调解员有权拒绝披露调解资讯,并有权阻止任何当事人披露与其有关的调解资讯;其他参与人有权拒绝披露调解资讯,并有权阻止他人披露与其有关的调解资讯。证据和信息不应仅仅因为在调解中被披露或者被使用,而使其获得可采性或者成为开示的对象。

对于《美国统一调解法》第4条规定的保密原则,可以由全体调解当事人在诉讼中以书面或者口头形式表示放弃;调解员的保密权利,由调解员明确放弃;其他参与人的保密权利,由其他参与人明确放弃。

根据《美国统一调解法》第7条的规定,在调解不成功而相关争议最终进入法院诉讼、行政机关或者其他有权机构的处理程序时,调解员也不得就调解向其出具报告、评估、评价、建议、事实认定和其他任何资讯。如果有调解员违反该项规定,对其所作出的报告或者评估等,法院、行政机关或者仲裁员等都应不予采纳。调解员能够披露的信息仅限于:①是否进行了调解或者调解是否结束,调解是否达成协议以及协议的当事人;②《美国统一调解法》第6条允许披露的调解资讯;③向负责保护个人免受不当对待的公共权力部门,披露足以证明存在虐待、失职、遗弃或剥削个人等情形的调解资讯。

4. 调解的终结

对于调解在何种情况下终结,调解结果具有何种效力,《美国统一调解法》并没有作统一的规定。在实践中,这些问题主要由各调解机构在自己的调解规则中以及各州在相关法律中来规定。

(二)JAMS的调解程序

JAMS是由退休法官沃伦(Hon. H. Warren Knight,1929～2012年)于1979年创办的,是目前世界上最大的私人ADR机构,主要为商业纠纷、建筑业纠纷、医疗纠纷、金融纠纷等提供调解和仲裁服务。根据JAMS的相关规

定和实践,其调解程序主要如下:

1. 调解的开始

JAMS 调解案件主要有三个来源:一是双方当事人通过协议的方式选择将可能发生的争议提交给 JAMS 调解;二是在纠纷发生后,双方当事人或者律师协商一致,共同选择 JAMS 作为纠纷的解决机构;三是当事人诉到法院后,在法院的要求或者建议下,当事人选择 JAMS 来解决纠纷。无论哪一种情况,对于 JAMS 来说,调解的开始均来自于当事人的申请。

2. 调解的准备

在接受了当事人申请后,JAMS 会确定案件管理员和调解员。在正式调解会议之前,调解员通常会召集当事人或其代理人举行预备会议,或者通过电话就案件情况进行交流,交流的主要内容有:①正式调解会议的时间和地点,参加正式调解会议的人员以及会议的流程。当事人也可就具体的调解流程提出自己的意见,并与对方当事人和调解员议定。②影响纠纷解决的因素,特别是那些在书面材料中没有反映出来的问题。对此进行事前的了解有助于调解员进行调解。③当事人希望了解的有关调解的事项以及其在调解中的角色。在各方当事人就调解程序达成一致后,会签署一份协议,以书面方式对达成的内容进行固定,此后将按协议的程序进行正式的调解。

3. 调解的进行

JAMS 的调解以会议的方式进行。出席会议的当事人或者他们的代理人首先应阐明己方关于案件的看法以及所希望的解决方案。当事人开场陈述的目的在于开启寻求纠纷解决的程序,而不是为了争辩或者重申他们的法律地位。由于当事人人数和案件复杂程度不同,开场陈述可能持续几分钟到几个小时不等。

在当事人开场陈述后,调解员将利用自己的知识和技巧,协助当事人达成一个互利的解决方案。调解员在双方当事人之间进行沟通,促进他们相互理解,帮助他们明确问题和利益范围,寻找达成和解的基础。通常情况下,调解员会帮助当事人对他们在纠纷解决中的优势与劣势进行衡量,并对所涉利益和可能的解决方案进行排序。在有些场合下,调解员还会帮助当事人对无法达成调解协议后进行诉讼或仲裁的结果进行评估,但这些评估对当事人没有拘束力。

调解会议一般是早上 9 时开始,至下午 5 时结束。如果当天没有能够达成调解协议,但只要各方当事人不拒绝调解,调解员仍然会坚持就解决方案与当事人进行沟通，除非争议已经解决或者已经无和解可能。

4. 调解的结束

调解一旦达成协议，调解员就会立即制作书面协议交由当事人签名确认，以免当事人反悔。调解员会与律师一道落实调解协议，决定将调解协议付诸执行的具体程序，而在此过程中，调解员仍会提供必要的帮助。

调解当天未能达成协议的，一般情况下会宣告调解程序结束。但如果调解员认为还有调解可能的，通常会以电话的方式进行跟踪，因为有的时候调解需要进一步的信息或者需要其他人加入方案形成的过程中来。

三、加拿大

在加拿大，调解也是众多非诉讼纠纷解决机制的一种，而相关的社会机构也积极地开展调解业务，其中较为著名的有 1994 年成立的加拿大纠纷调解基金会。该基金会在 2000 年与加拿大仲裁和调解协会合并成立加拿大 ADR 协会（Alternative Dispute Resolution Institute of Canada，ADRIC）后，仍作为一个下属机构独立开展业务。加拿大纠纷调解基金会制定有《加拿大调解示范规则》，在加拿大 ADR 协会成立后，又在《加拿大调解示范规则》的基础上制定了《加拿大国家调解规则》（National Mediation Rules）。这两个规则是加拿大社会调解制度化、规范化程度较高的代表，其中关于调解程序的规定大体相同，下面依据《加拿大国家调解规则》对其调解程序作简要介绍。

1. 调解的开始

调解的开始应以当事人自愿为前提，如果要提交给加拿大 ADR 协会进行调解，则双方应当达成书面的约定，依据约定向加拿大 ADR 协会申请调解。《加拿大国家调解规则》提供的规范约定为“所有的由该协议引发或与该协议相关的纠纷，或者与该协议有关的或从该协议产生的任何法律关系，应按照加拿大 ADR 协会的国家调解规则进行调解。调解地点（详细指明加拿大的城市和省份）。调解用语应是英语或法语（详细指明用语）”。当事人在申请调解时，应当提供双方关于提交调解的书面约定的复印件，并按照《加拿大国家调解规则》的规定缴纳相关费用，调解程序即启动。

2. 调解员的确定

调解员的确定也以当事人合意为原则。如果当事人在提交调解的约定中选定了调解员或者约定了调解员确定的程序，则按照其选定或者约定来确定调解员；如果当事人没有就调解员的确定达成一致意见，则可以申请由加拿大 ADR 协会指定 1 名调解员或者推荐 3 名调解员由当事人从中选择；如果当事人不能共同选择同一名调解员，则应各自对推荐的调解员进行排名（最高为 3，最低为 1），由加拿大 ADR 协会从中选出组合起来排名最高的；如果双方当事人的组合排名相等，则最终由加拿大 ADR 协会决定其中一名候选人为正式调解员。

无论是基于当事人合意选定还是加拿大 ADR 协会最终决定，调解员确定后，加拿大 ADR 协会都应当立即通知被确定的调解员，如果该调解员不能或者不愿进行调解，则应按照上述程序重新确定 1 名调解员。

在接受委任前，调解员如果与调解事项存在利害关系或者存在某种偏见，则应主动向加拿大 ADR 协会披露。对于调解员披露的情况，加拿大 ADR 协会应告知当事人。在调解开始后，调解程序结束前，如果有任何上述情形发生，调解员也应向加拿大 ADR 协会和当事人披露。如果任何一方当事人因调解员披露的情形而反对由该调解员进行调解，则该调解员应退出调解程序，然后由加拿大 ADR 协会另行指定 1 名调解员。对于调解员的披露义务，当事人也可以书面形式表示免除。如果当事人知道调解员存在上述应披露的情形，但没有提出反对意见，而是继续参加由该调解员进行的调解，则视为其放弃了反对的权利。

根据《加拿大国家调解规则》的规定，调解员具有独立身份，是独立的订约人，不是协会的代表或者雇员。调解员在调解中应始终保持中立、公正，不能偏向任何一方当事人，也不能给任何一方当事人提供法律或者职业意见，当事人在任何时候，都只能依靠他们自己的律师提供法律或者职业意见。

3. 调解的进行

调解员在被委任后，应迅速地安排由所有当事人或者其委托代理人参加的一次会面或会议，商讨《加拿大国家调解规则》规定的有关事项以及与调解有关的安排，主要有：销毁调解员的记录和任何调解过程中产生的文件；返还提交给调解员的书面材料；披露调解过程中产生的要约和反要约；如果达成调解协议，是否应在该协议对当事人产生约束力前，以书面形式记录下来并由当事人签署。在首次会议上还应明确，双方当事人是否约定排除《加拿大国家调解规则》某些条款的适用或者变更，是否适用其他规则等。调解员还应与当事人协商，确定每次调解会议的时间和地点。

在调解中,调解员应当努力协助当事人找到他们满意的纠纷解决方案,但无权强迫任何一方当事人接受某一方案。如果当事人在调解过程中不能达成和解,经所有当事人及调解员同意,调解员可以向当事人提出一个没有约束力的书面和解建议,但这只能被视为调解员寻找和解方案的合理尝试。调解员有要求当事人共同参加会议或者进行单方会见的程序性权利,如果有任何一方不予配合,则调解员可视情况决定是否终结调解。

当事人都应当参加调解。当事人应将参加调解的律师或代理人的名字和住址在第一次调解会议的 3 日之前,以书面方式告知调解员和对方当事人。如果任何一方当事人想邀请专家、顾问等其他人员参加调解,则该方当事人应将这些人员的名字和资格在第一次调解会议的 3 日之前,告知调解员和另一方当事人。

调解应不公开地秘密进行。除了当事人及其代理人、当事人邀请的其他人员和调解员外,其他人非经当事人同意不得参加调解。

当事人和调解员应当在为进行有效调解而需要披露有关文件的范围上达成一致,但调解员没有权利强迫当事人披露任何文件。调解员也应对调解过程中当事人披露的信息保密,不得向参加调解程序以外的人披露。当事人及其聘请的代理人、专家、顾问等其他人员也都应承担保密义务。对于调解会议的内容,当事人不能在以后的诉讼或仲裁中进行披露和使用,也不能在以后的程序中传唤或要求调解员作证或提供调解记录。调解过程的记录文件不应保留。

4. 调解的终结

根据《加拿大国家调解规则》第 16 条的规定,调解程序在下列情况下终结:①当事人达成调解协议;②一方或多方当事人书面宣告调解结束;③调解员书面宣告即使继续进行调解也无法解决纠纷。

如果经调解达成协议,应当以书面形式记录并由当事人或其代理人签署。书面的调解协议具有契约的法律效力,当事人履行后即产生拘束力。

如果经调解后没有达成协议,则任何一方当事人都可以书面宣告调解结束,调解员也可视情况书面宣告调解终结。在此情况下,当事人应当通过仲裁、诉讼等其他途径来寻求纠纷的解决。

第四章 调解的基本原则

第一节 调解的基本原则概述

一、调解的基本原则的含义和功能

（一）中国特色的调解制度

本章论述的调解基本原则是基于中国特色的调解制度，结合了全球调解发展趋势而对贯彻其中的综合稳定的法律原理的概括，但其中对适用于人民调解、法院调解的特有原则的筛选，则忠实于现行法律的规定。

迄今为止，像世界上大多数国家和地区一样，我国没有综合性的国家调解立法，有关调解的法律规范、规则散见于法律、行政法规、地方性法规、部门规章以及最高人民法院单独或联合国务院有关职能部门颁布的司法解释、司法文件或通知中，还有就是地方政府规章和有关调解组织、仲裁机构制定的章程、调解规则，等等。例如，《人民调解法》和《人民调解委员会组织条例》集中规定了人民调解制度；《民事诉讼法》相关司法解释和《法院调解规定》集中规定了法院调解制度；《仲裁法》以及仲裁机构规则规定了仲裁调解制度；《北京市行政调解办法》《浙江省行政调解办法》集中规定了大同小异的地方性行政调解制度；中国国际贸易促进委员会（中国国际商会）调解中心、上海经贸商事调解中心通过其机构调解规则探索规定了市场模式的商事调解制度。由此，初步形成了中国特色的调解制度，尤其是其中的人民调解制度和法院调解制度已经相当成熟。两者不仅与我国追求自然秩序和谐的特定文化背景相吻合，根植于我国自新民主主义革命以来的长期司法实践，而且合流趋势明显，都是紧紧围绕全面推进依法治国总目标，整合在深化多元化纠纷解决机制改革、完善诉讼与非诉讼相衔接的纠纷解决机制之下，统一服务于满足人民群众多元司法需求，促进经济社会持续健康发展，实现人民安居乐业、社会安定有序。

我们所说的调解，是指在中立第三方协助下进行的、当事人自主协商性的纠纷解决活动，在我国包括人民调解、法院调解、行政调解、商事调解、仲裁调解等。其中，人民调解，是指人民调解委员会通过说服、疏导等方法，促使当事人在平等协商基础上自愿达成调解协议，解决民间纠纷的活动。法院调解是指在民事诉讼中，在人民法院审判组织或者人民法院委托的特邀调解组织或者特邀调解员的主持下，双方当事人通过自愿协商，达成协议，解决民事纠纷的活动和结案方式。因为人民法院是行使司法权的机关，所以也称为司法调解，同时调解也是在诉讼程序中进行的，又称为“诉讼调解”或“诉讼上的调解”。

（二）调解的基本原则的含义

法律规范的表现形式主要是规则和原则。其中，规则指具体规定行为人的权利和义务以及具体的法律后果的准则，具有刚性（精确、具体、明确）；原则指可以作为规则的基础或本源的综合性、稳定性原理和准则，具有规则所没有的深度（广泛、模糊）。[1] 原则是有“分量”（weight）的，有些原则比另一些原则有较大的分量。[2] 于是，原则可分为基本原则（体现法的精神与价值）与具体原则（基本原则的具体化）。法律的基本原则，是在一定法律规范体系中作为法律规则的指导思想、基础或本源的综合性、稳定性原理和准则。笔者认为，调解的基本原则，或称调解法的基本原则、调解程序的基本原则，是指贯穿于调解全过程起指导作用的根本性准则。调解的基本原则是以宪法为依据，从我国实际情况出发，按照社会主义民主和法治的要求，综合调解的特点而确定的，在中国特色调解制度中居于十分重要的地位。

调解的基本原则具有根本性、抽象性、指导性。它是制定、适用、解释调解的具体制度、规则的基础，是调解法律关系主体必须遵守的基本准则；它

---

〔1〕 参见杨心宇主编：《法理学导论》（第2版），上海人民出版社2006年版，第226～236页。

〔2〕 参见［美］迈克尔·D. 贝勒斯：《法律的原则——一个规范的分析》，张文显等译，中国大百科全书出版社1996年版，第13页。

是基于对调解活动一般规律的总结概括所作出的规定，并不具体规定调解员、当事人在调解中的权利义务；它对调解法律关系主体进行调解活动具有宏观指导作用，为这些主体的调解活动指明了方向，使整个调解活动符合调解法的基本要求。

国内外调解理论一般认为，调解具有自治性、自愿性、灵活性、修复性、私密性、高效率等特征。如中国人民大学范愉教授认为，调解的主要特征有：一是在中立第三方的参与下进行的纠纷解决活动；二是以当事人自愿为前提；三是调解协议本身的建立和生效不具有国家强制性；四是具有程序的便利性和处理的灵活性与合理性。[1] 澳大利亚昆士兰大学纠纷解决学教授娜嘉·亚历山大从调解的效果角度说明了调解的主要特征：一是富有效率地解决纠纷；二是接近正义；三是当事人自治；四是治疗修复社会关系；五是私人化和反规范化。[2] 调解的基本原则是综合了上述调解主要特征而加以确定的行为准则。

（三）调解的基本原则的功能

调解的基本原则对于调解立法、调解活动具有指导性和补充性功能。首先，有关调解基本原则的思想文化由来已久，早已超越地域限制，立法者在制定和修改调解法时，必须以调解的基本原则为依据，调解法的具体规定必须与基本原则保持一致。其次，调解的基本原则指导调解员、当事人和其他调解参与人正确地理解、解释、适用调解法的具体规定，以基本原则作为行为的准则。尤其在尚未形成综合性国家调解立法的情况下，基本原则对于处理调解的程序方面的问题，包括调解员的任命、调解的启动和终止、调解的进行、调解员与其他当事方之间的通信、保密和其他程序中证据的可采性以及调解后问题，是根本性的行为准则。再次，调解具有程序灵活性，对规范的依赖性较低，国家对调解规范的供给也较为节制，调解的基本原则具有充当一般性调解规范的作用。最后，基本原则可以保证处理调解案件的调解程序的一致性。调解的多元主体决定了调解形式的五花八门，调解案

---

〔1〕 参见范愉：《关于调解的若干问题》，载乔宪志主编：《试论法院调解制度改革》（2000年内部发行），第297～298页。

〔2〕 参见［澳］娜嘉·亚历山大主编：《全球调解趋势》（第2版），王福华等译，中国法制出版社2011年版，第8～11页。

件的种类也是多种多样的，处理各种调解案件的调解程序，当然也不能够完全相同。如果不就多元主体、多种形式、多种类案件规定统一活动的标准，势必影响调解办案的速度和质量。因此，基本原则在调解实践中的一个重要的作用，就是保证不同调解主体处理调解案件的调解程序的一致性和统一性。

二、域外调解的基本原则列举及启示

（一）德国调解的基本原则

根据《德国民事诉讼法》第279条的规定，地方法院和州法院应在程序进行中努力促成双方当事人和解。为此目的，得命令当事人到案，或把他们交给受命法官或受托法官进行和解。德国的诉讼和解，以当事人自愿协商达成协议的方式解决纠纷。[1] 德国没有综合性的国家调解立法，但有国家和州一级法院对民事案件（包括家庭和破产案件）和刑事案件颁行的调解规则、可替代性纠纷解决方式提供者制定的模式和行业计划以及有限的调解判例法。[2] 德国的调解工作是诉讼之外的一种独立的解决争端的方法，其贯彻如下基本原则：一是自愿。除了小案件[3]外，当事人自愿决定开始进行调解，还自愿继续进行调解直至达成和解或决定终止调解。在调解的全过程，当事人应直接负责。二是灵活性。调解程序还可能是由当事人自负责任地安排的，因此不受到正式规定的约束。当然，如果调解程序的根据是固定的，那将是有益的。三是诚实信用。要求当事人披露所有必要的事实真相和信息，以达到公正和公平的和解。只有了解了有关事实，当事人才能为其争端达成负责的解决办法。调解员的任务是取得尽可能多的信息，同

---

〔1〕参见《德意志联邦共和国民事诉讼法》，谢怀栻译，中国法制出版社2001年版，第68页；朱丹：《法院调解制度比较研究——兼论我国法院调解制度之重构》，载乔宪志主编：《试论法院调解制度改革》（2000年内部发行），第352页。

〔2〕参见［澳］娜嘉·亚历山大主编：《全球调解趋势》（第2版），王福华等译，中国法制出版社2011年版，第422页。

〔3〕据介绍，德国联邦各州能下令将系争价值不超过1500马克的小案件、邻居间的纠纷以及承付赔偿要求等进行调解，这是受理法律诉讼的先决条件。参见［德］莱纳·庞夏伯提供：《德国的调解工作》，载乔宪志主编：《试论法院调解制度改革》（2000年内部发行），第421页。

时不给任何人以压力。四是中立。调解员应是一名中立的第三者，他在当事人进行谈判时应站在一旁，并支持他们。调解员应帮助当事人实现其真正的利益和目的，克服交流方面的问题并维持或重建相互间的信任。五是保密。为了达到相互信任，必须遵守保密原则。只有当事人同意才可使用或披露调解程序的内容。调解员不得在以后可能进行的法律诉讼中做证人、律师或者专家证人。如果调解员是律师，他就有法定特权拒绝作证。[1]

（二）美国调解的基本原则

美国的诉讼和解，以当事人自愿协商达成协议的方式解决纠纷。[2] 根据美国南得克萨斯大学法律学院著名纠纷解决学讲师肯姆伯里·K.考瓦（Kimberlee K. Kovach）撰写的报告可知，美国没有综合性的国家调解立法，但有《统一调解法》（2001 年），有 2500 多个与调解相关的法条，包括具体特定行业的调解立法和特定州的法院规则、程序立法，以及广泛的判例法和可替代性纠纷解决方式提供者制定的模式和行业计划。法院附设调解、社区纠纷解决中心、行业性全州调解组织、地方性调解组织、私营调解组织管理的调解，以及“受害人—加害人调解”（VOW）等，都遵循当事人自治原则、当事人诚信参与原则、调解员中立原则、保密原则等基本原则。[3]

（三）瑞士调解的基本原则

瑞士与法院相关的调解包括由治安法官主持的强制审前会议中的调解和解决住宅租赁纠纷的“和解法院”的调解。瑞士也没有综合性的国家调解立法，但在诉讼程序中有规定，有在家庭调解中引进法律援助条款的建议、可替代性纠纷解决方式提供者制定的模式以及某些行业计划中有关于调解的规则。人们对调解基本原则似乎有一种普遍的共识，这些原则在调解组织和机构规定的标准里得到了充分体现，具体包括：一是中立。只有当一个

---

〔1〕 参见［德］莱纳·庞夏伯提供：《德国的调解工作》，载乔宪志主编：《试论法院调解制度改革》（2000 年内部发行），第 421 页、第 424～425 页。

〔2〕 参见［美］史蒂文·苏本、玛格瑞特（绮剑）·伍：《美国民事诉讼的真谛》，蔡彦敏、徐卉译，法律出版社 2002 年版，第 206～207 页。

〔3〕 参见［澳］娜嘉·亚历山大主编：《全球调解趋势》（第 2 版），王福华等译，中国法制出版社 2011 年版，第 360～416 页、第 425 页。

人完全独立于双方当事人并且对程序结果没有任何利益时,他或她才可以担任调解员。同时,调解员需要对所有当事人抱有同情心,而不是保守或漠不关心态度意义上的中立。二是保密性。对调解程序里讨论的所有事项都要保密。三是自愿性。真正的调解必须在自愿的基础上进行。换言之,当事人必须同意调解。四是自决权。在调解过程中当事人的自决权必须始终得到保障。当事人有权决定他们要调解的事项,有权同意调解员所建议程序的每一个步骤,有权在任何时候都可以请求停止调解,只有在双方同意的情况下与调解员的单方接触才是可以接受的。[1]

(四)荷兰调解的基本原则

在荷兰,与法院相关的自愿调解已在全国范围进行成功试点,政府持续不断地鼓励调解,形成了以市场模式为主导的调解实践。荷兰同样没有综合性的国家调解立法,但存在以各行业为基础的具体调解立法、法院调解规则和程序立法以及可替代性纠纷解决方式提供者制定的模式和标准,荷兰调解协会指导全国的调解活动。荷兰调解协会的调解规则规定了以下三项基本原则:一是调解须建立在所有当事人持续、自愿同意的基础上;二是调解员须独立公正;三是所有相关当事人在调解中或调解后都须遵守保密义务。[2]

(五)联合国国际贸易法委员会的商事调解规则、示范法及公约

联合国国际贸易法委员会(United Nations Commission on International Trade Law, UNCITRAL)认识到以调解作为友好解决国际商业关系上的争端的一种方法的价值,调解或类似含义的措词相称的纠纷解决办法,在国际和国内商事实践中越来越多地用于替代诉讼,利用这种纠纷解决办法的优点显著,确保使用调解时有更大的可预测性和确定性的重要性,深信制定具有不同法律、社会和经济制度的国家都可以接受的调解规则、示范法,就和解协议的执行提供统一规则,有助于发展和谐的国际经济关系,为此分别于

---

〔1〕 参见[澳]娜嘉·亚历山大主编:《全球调解趋势》(第2版),王福华等译,中国法制出版社2011年版,第355页、第424页。

〔2〕 参见[澳]娜嘉·亚历山大主编:《全球调解趋势》(第2版),王福华等译,中国法制出版社2011年版,第268页、第423页。

1980 年、2002 年、2018 年开会审议各国政府和有关组织的意见后，通过颁布了《贸易法委员会调解规则》《贸易法委员会国际商事调解示范法》《联合国关于调解所产生的国际和解协议公约》（又称《新加坡调解公约》，2019 年 8 月 1 日起开放供各国签署）。2018 年对《贸易法委员会国际商事调解示范法》作了修正，新增了关于国际和解协议及其执行的一节，将之更名为《国际商业调解和调解所产生的国际和解协议示范法》。[1] 在调解规则、示范法中，包含了商事调解所倡导的当事人意思自治原则、当事人诚信参与调解原则、调解员独立公正原则、调解程序的灵活性原则、调解员和当事人对与调解程序有关的一切事项保密原则。

（六）启示

限于章节篇幅和我们获取资料的能力，这里仅选取介绍了德国、美国、瑞士、荷兰以及联合国有关调解的基本原则的内容，虽然有一定随机性，但这些国家或者国际组织关于基本原则的认识总结具有高度一致性，即共同认为自治或自愿、中立、诚信、保密是调解所应遵循的基本原则。我们研究我国调解的基本原则，可以适当摆脱注释法学研究基本原则的传统方法，从理论上以调解的特点和规律为依据，借鉴域外立法例和调解理论，把散见分布的有关调解的法律、法规、规章以及司法解释、司法文件和有关调解组织、仲裁机构制定的章程、调解规则等均作为归纳提炼基本原则的基础，以期完善我国调解的基本原则体系及其内容。

三、我国确立的调解的基本原则及其分类

如上文所述，我国现行的调解的规范、规则很不集中统一，有关法律、法规、规章以及司法解释、司法文件、机构规则中存在调整不同主体、不同类型调解程序的规范、规则，其中有对调解所应贯彻实行的法律原则的不同表述，于此整理列举如下：《人民调解法》中规定，人民调解贯彻当事人自愿平等原则、不违背法律法规和国家政策原则、尊重当事人的权利原则。《民事诉讼法》及有关司法解释中规定，法院调解根据诚实信用、自愿、合法、事实清楚和分清是非、不公开的原则进行。根据多个省级（如北京市、浙江省、辽

---

〔1〕 有关联合国国际贸易法委员会的商事调解的规则、示范法、公约的信息，参见 www.uncitral.org，2018 年 11 月 10 日访问。

宁省)或者地市级(如广州市、武汉市、邯郸市)人民政府颁布的规章中的规定,概括得出行政调解应当遵循自愿平等、合法正当(包含的规章表述的公平公正、合情合理,不得损害国家利益、公共利益以及公民、法人和其他组织的合法权益)、便民高效(包含的规章表述的注重效果、优先及时、及时便民)等原则。根据《仲裁法》及有关机构规则中的规定,仲裁程序应当坚持先行调解、自愿调解、独立调解、不公开调解的原则。根据中国国际贸易促进委员会(中国国际商会)调解中心、上海经贸商事调解中心、北京融商"一带一路"法律与商事服务中心暨"一带一路"国际商事调解中心等商事调解组织实行的调解规则中的规定,归纳得到调解应本着自愿、公正、诚信合作、保密的原则。

最高人民法院经调研汇总了辽宁省等地方特邀调解员的改革试点经验,积极探索多元主体、多种类型的诉讼外调解与法院调解融合发展的道路,自2016年7月1日起施行《关于人民法院特邀调解的规定》(以下简称《特邀调解规定》)。该规定中的特邀调解,是指人民法院吸纳符合条件的人民调解、行政调解、商事调解、行业调解等调解组织或者个人成为特邀调解组织或者特邀调解员,接受人民法院立案前委派或者立案后委托依法进行调解,促使当事人在平等协商基础上达成调解协议、解决纠纷的一种调解活动。明确规定了特邀调解应当遵循的原则包括:①当事人平等自愿;②尊重当事人诉讼权利;③不违反法律、法规的禁止性规定;④不损害国家利益、社会公共利益和他人合法权益;⑤调解过程和调解协议内容不公开,但是法律另有规定的除外。

另一部值得重视的司法文件是最高人民法院和司法部于2017年9月30日联合颁布的《律师调解意见》,旨在推动形成中国特色的多元化纠纷解决体系,明确规定了开展律师调解工作应当执行如下基本原则:①坚持依法调解。律师调解工作应当依法进行,不得违反法律法规的禁止性规定,不得损害国家利益、社会公共利益和当事人及其他利害关系人的合法权益。②坚持平等自愿。律师开展调解工作,应当充分尊重各方当事人的意愿,尊重当事人对解决纠纷程序的选择权,保障其诉讼权利。③坚持调解中立。律师调解应当保持中立,不得有偏向任何一方当事人的言行,维护调解结果的客观性、公正性和可接受性。④坚持调解保密。除当事人一致同意或法律另有规定的外,调解事项、调解过程、调解协议内容等一律不公开,不得泄露当事人的个人隐私或商业秘密。⑤坚持便捷高效。律师运用专业知识开展调解工作，应当注重工作效率，根据纠纷的实际情况，灵活确定调解方式方法和程序，建立便捷高效的工作机制。⑥坚持有效对接。加强律师调解与人民调解、行政调解、行业调解、商事调解、诉讼调解等有机衔接，充分发挥各自特点和优势，形成程序衔接、优势互补、协作配合的纠纷解决机制。

确定调解的基本原则的主要标准有三方面：一是效力标准，即看其是否能在调解的全过程起根本性指导作用。二是内容标准，即能在调解规范体系中体现调解的根本目的、指导思想和基本价值。三是形式标准，即基本原则要具有高度的概括性和抽象性，一般不具有普通规则的可操作性。

据此，我们根据规定基本原则的法源和适用范围的不同，将上述调解的基本原则划分为共有原则和特有原则两类。共有原则，是指根据调解制度的共同原理和规律，依照《人民调解法》《民事诉讼法》以及其他规定各种类型调解的不同效力位阶的有关规定，共同确立的基本原则。调解的共有原则由平等自愿原则、独立公正原则、诚实信用原则、保守秘密原则构成。特有原则，是指根据人民调解、法院调解自身特点和特殊要求，仅在《人民调解法》或者《民事诉讼法》中加以明确宣示的适用于人民调解或者法院调解活动的基本原则。人民调解或者法院调解的特有原则的确定，严格忠实于现行制定法的规定，由除了共有原则以外的其他为立法明示的原则构成。

第二节　调解的共有原则

一、自愿平等原则

（一）法源和含义

《人民调解法》第 3 条第 1 项规定，人民调解委员会调解民间纠纷，应当遵循在当事人自愿、平等的基础上进行调解的原则。接着在该法第 23 条落实规定了当事人在人民调解活动中享有下列权利：①选择或者接受人民调解员；②接受调解、拒绝调解或者要求终止调解；③要求调解公开进行或者不公开进行；④自主表达意愿、自愿达成调解协议。《民事诉讼法》第 8 条、第 9 条规定，民事诉讼当事人有平等的诉讼权利，人民法院审理民事案件，应当根据自愿原则进行调解。该法第 93 条重申了调解的自愿原则；第 96 条落实规定，调解达成协议，必须双方自愿，不得强迫。《仲裁法》第 4 条规定，当事人采用仲裁方式解决纠纷,应当双方自愿,达成仲裁协议。当事人自愿原则是《仲裁法》上的首要原则,仲裁调解当然实行自愿原则。《浙江省行政调解办法》等省级、地市级政府规章中,无一例外地规定,行政调解应当遵循自愿平等原则。《特邀调解规定》第 2 条规定,特邀调解应当遵循当事人平等自愿原则。《律师调解意见》第 1 条第 2 款规定,基本原则包括坚持平等自愿,律师开展调解工作,应当充分尊重各方当事人的意愿,尊重当事人对解决纠纷程序的选择权,保障其诉讼权利。以上规定是调解的自愿平等原则的处于不同效力位阶的规范性文件渊源。

笔者认为,平等自愿原则,或称自愿原则、意思自治原则,是指调解当事人在调解程序中的法律地位平等,自由地基于其意志进行调解活动,处置自己依法享有的民事权利和程序权利并承受调解结果的基本准则。该原则是调解的首要原则、基础原则,它大致相当于《民事诉讼法》上的诉讼权利平等原则和处分原则的整合形态,或者大致相对于《仲裁法》上的自愿原则,但当事人在调解中的自愿较之诉讼、仲裁中的自愿更具有自主性。

(二)理论依据

调解的平等自愿原则,是民法上的平等原则和自愿原则在调解程序上的投影,是民事法律关系的当事人平等、自愿随着民事纠纷以及其他涉及民事权利义务争议的各种纠纷,在调解程序中延伸的结果。我国明确确认了平等原则和自愿原则,而该两项原则是与社会主义市场经济的本质特征和内在要求联系在一起的,市场交易无须且自觉排斥国家权力的过度强制,只需要交易当事人相互默认对方是那些要让渡的商品的所有者,并由此当作相互独立的人来对待就可以了。可见,平等是交换的前提和基础,也是交换得以正常实现的保障,没有平等就不会有市场经济。在市场上,准入的当事人被假定为自身利益的最佳判断者,因此民事主体自愿进行的各项自由选择,应当受到法律的保障,并排除国家和他人的非法干预。[1]

(三)内容

1. 当事人的法律地位平等。在调解程序中,双方当事人在民事权利能力、调解程序地位上无高下之分。当事人法律地位的平等是通过调解程序

---

〔1〕 参见王利明主编:《民法》,中国人民大学出版社 2000 年版,第 32 页。

权利与调解程序义务的平等分配来体现的,没有平等的调解程序权利义务,法律地位的平等则无法实现。

2. 程序上的自愿。具体表现:①以调解方式解决纠纷,应出于当事人的共同意愿;②向哪个调解组织申请调解,由当事人协商选定;③调解庭的组成和调解员由当事人选择;④当事人可以约定交由调解解决的争议事项;⑤当事人可以约定调解方法等有关程序事项;⑥当事人如果愿意,可以约定准据法;⑦当事人可以接受调解、拒绝调解或者要求终止调解。

3. 实体上的自愿。具体表现在,双方当事人可以按照自己意思达成调解协议,包括撤回、放弃请求、认诺请求以及在平等协商基础上自愿达成任何涉及民事权利义务的处分方案。但是,调解协议的内容不得违反法律、法规的强制性规定,不得违反国家政策和公序良俗,不得损害国家利益、社会公共利益、他人合法权益。在调解中,调解员可以根据法律、法规和国家政策对当事人进行引导、说服教育、向当事人提出和解的建议,但不能将自己对纠纷的评价处置意见强加给当事人。双方当事人能否达成调解协议,不仅完全取决于双方当事人的自愿,而且当事人在是否同意和解意愿的表达上必须是明示的,不能采取默示的方式。

4. 履行上的自愿。自愿不仅意味着自主参与,还代表着自愿责任,即调解当事人应当尊重和承受其自主参与的程序合成的结果,因此经调解员主持下达成的调解协议,具有法律约束力,当事人应当按照约定履行。[1]

二、独立公正原则

(一)法源和含义

《人民调解法》第 14 条第 1 款、第 21 条第 1 款、第 15 条中分别规定:人民调解员应当由公道正派的成年公民担任;人民调解员调解民间纠纷,应当

---

〔1〕 如果当事人不按照约定履行,那么国际上有直接赋予调解达成的包含给付内容的和解协议以执行力的趋势,但目前国内法律上只认可经调解达成的有民事权利义务内容的调解协议,具有民事合同性质。当事人之间就调解协议的履行或者调解协议的内容发生争议的,一方当事人可以向人民法院提起诉讼。双方当事人认为有必要的,可以自调解协议生效之日起 30 日内,共同向有管辖权的人民法院申请司法确认,人民法院应当及时对调解协议进行审查,依法确认调解协议的效力,经人民法院依法确认的调解协议有效,一方当事人拒绝履行或者未全部履行的,对方当事人可以向人民法院申请强制执行。

主持公道；人民调解员在调解工作中有偏袒一方当事人、索取收受财物或者牟取其他不正当利益等行为之一的，由其所在的人民调解委员会给予批评教育、责令改正，情节严重的，由推选或者聘任单位予以罢免或者解聘。

《民事诉讼法》第6条规定，民事案件的审判权由人民法院行使，人民法院依照法律规定对民事案件独立进行审判，不受行政机关、团体和个人的干涉。人民法院独立审判民事案件的原则是指导民事诉讼的基本原则，司法公正是司法的生命和灵魂，法院调解是民事诉讼中的调解，人民法院进行调解的权力是审判权的内容和表现方式之一，所以人民法院应当根据独立公正原则进行调解。《仲裁法》第1条、第8条、第13条第1款分别规定：为保证公正、及时地仲裁经济纠纷，保护当事人的合法权益，保障社会主义市场经济健康发展，制定本法；仲裁依法独立进行，不受行政机关、社会团体和个人的干涉；仲裁委员会应当从公道正派的人员中聘任仲裁员。仲裁独立公正原则是进行仲裁的基本原则，仲裁调解当然实行独立公正原则。《北京市行政调解办法》等省级、地市级政府规章中规定，行政调解应当遵循公平公正原则，只是有的规章将之表述为合法正当原则或者合法公正原则。《律师调解意见》第1条第2款规定，基本原则包括坚持调解中立，律师调解应当保持中立，不得有偏向任何一方当事人的言行，维护调解结果的客观性、公正性和可接受性。以上规定是调解的独立公正原则的处于不同效力位阶的规范性文件渊源。

根据以上法源，笔者认为，独立公正原则，或称中立原则，是指调解庭或者调解员调解案件，不受任意干预，必须遵守最低限度的公正要求。

（二）理论依据

调解实行独立公正原则，是程序公正观念的体现和要求。我们知道，调解是一种处于私力救济型程序（如自决、和解程序）和公力救济型程序（如诉讼程序）之间的过渡型的“类法律式”程序。在“类法律式”程序中，“调解是最典型的非正式解纷方式，具有反程序的外观”，同时调解也“包含自身程序化的契机”。[1] 随着世界各国和各种社会组织越来越重视发挥调解在社会治理和多元化纠纷解决中的作用，调解立法增多了，调解的机构规则也越来越多，调解正逐步被纳入法律和规则调整之中，成为一种名副其实的规范程序。

---

〔1〕 季卫东：《程序比较论》，载《比较法研究》1993年第1期。

我们也知道,程序公正观念起源于英国,为美国继承发展,随后为两大法系各国普遍接受,经历了从自然公正观到正当程序观的演变过程,已经广泛适用于诉讼、仲裁、调解、立法、行政等法律程序中。近代以来,自然公正通常表示处理纠纷的一般原则和最低限度的公正标准,一直被牢固地确立于英国司法制度之中。其具体内容:一是任何人不能自己审理自己或与自己有利害关系的案件;二是任何一方的诉词都要被听取。后来在英国大法官丹宁(Alfred Thompson Denning)勋爵的推动下,自然公正的适用范围扩大至非司法程序。在美国法中,自然公正已被正当程序观所取代,通过《美国宪法》第五修正案的规定,把正当程序确立为一项基本原则。美国学者马丁·P.戈尔丁认为程序公正包含以下内容:①任何人不能作为有关自己案件的法官;②结果中不应包含纠纷解决者个人的利益;③纠纷解决者不应有支持或反对某一方的偏见;④对各方当事人的意见均给予公平的关注;⑤纠纷解决者应听取双方的辩论和证据;⑥纠纷解决者只应在另一方当事人在场的情况下听取对方的意见;⑦各方当事人应得到公平机会来对另一方提出的辩论和证据作出反应;⑧解决的逐项内容须应以理性推演为依据;⑨分析推理应建立于当事人作出的辩论和提出的证据之上。[1] 戈尔丁认为,只要坚持上述公正标准,就能够促进争端从心理上得到真正解决,并且还能确保各方当事人对整个法律制度产生信任,这种信任构成了法律制度存在的基础。

(三)内容

上述程序公正包含的内容,完全适用于调解员的调解活动程序,略述基本要求如下:

1. 调解员应当由公道正派的成年公民担任,这是对调解员道德品质的要求。所谓公道正派,是指为人公道,作风正派,能够客观地分析判断事务,分清是非和责任,并敢于坚持原则,弘扬正气,支持正义,面对纠纷能够作出公正的评判,能够为当事人所信服。

2. 调解组织、调解员在外部关系上应保持独立,不受司法机关、行政机关、社会团体和个人的干涉。即使司法机关、行政机关、社会团队和个人是

---

〔1〕 参见[美]马丁·P.戈尔丁:《法律哲学》,齐海滨译,生活·读书·新知三联书店1987年版,第240~241页。

调解组织的组建者、管理者、指导者，或者他们对调解组织的活动依据体制、法律、自愿等原因给予了支持指导、拨款资助，但这些均不能成为他们干预独立调解的根据。独立调解也表现在调解组织、调解员之间的相互独立。调解组织主要行使一些事务性、程序性的工作，包括案件的受理、调解庭的组成、必要时对调解员的指定和决定回避等工作，其不行使对案件的具体调解权利，也不得干预调解员对案件的调解活动。调解员也是独立的，不得与纠纷当事人存在任何利害关系。

3. 调解员在态度和言行上应当平等地对待双方当事人，无论是弱势的一方还是强势的一方，都要一视同仁，不能厚此薄彼，偏袒一方而压制另一方。

4. 调解员应当为当事人双方平等地行使调解权利创造条件，在调解程序中给予双方平等的机会、便利和手段。

5. 调解员对当事人双方提出的主张和证据应予以平等地关注，并在提出调解方案时，将双方的观点均考虑在内。

6. 调解是用互谅互让、友好协商解决当事人之间纠纷的形式，所以调解员进行调解时，必须公平合理地说服当事人双方，使当事人双方心悦诚服，才能够达成调解协议，维护调解结果的客观性、公正性和可接受性。

三、保守秘密原则

（一）法源和含义

《人民调解法》第 15 条规定，人民调解员在调解工作中有泄露当事人的个人隐私、商业秘密等行为之一的，由其所在的人民调解委员会给予批评教育、责令改正，情节严重的，由推选或者聘任单位予以罢免或者解聘。《民诉法解释》第 146 条规定，人民法院审理民事案件，调解过程不公开，但当事人同意公开的除外。调解协议内容不公开，但为保护国家利益、社会公共利益、他人合法权益，人民法院认为确有必要公开的除外。主持调解以及参与调解的人员，对调解过程以及调解过程中获悉的国家秘密、商业秘密、个人隐私和其他不宜公开的信息，应当保守秘密，但为保护国家利益、社会公共利益、他人合法权益的除外。《仲裁法》第 40 条规定，仲裁不公开进行。当事人协议公开的，可以公开进行，但涉及国家秘密的除外。最高人民法院发布的《衔接意见》在“完善诉讼活动中多方参与的调解机制”部分规定，调解过程不公开，但双方当事人要求或者同意公开调解的除外。从事调解的机关、组织、调解员,以及负责调解事务管理的人民法院工作人员,不得披露调解过程的有关情况,不得在就相关案件进行的诉讼中作证,当事人不得在审判程序中将调解过程中制作的笔录、当事人为达成调解协议而作出的让步或者承诺、调解员或者当事人发表的任何意见或者建议等作为证据提出,但下列情形除外:①双方当事人均同意的;②法律有明确规定的;③为保护国家利益、社会公共利益、案外人合法权益,人民法院认为确有必要的。《特邀调解规定》第2条、第16条、第22条、第28条分别规定:特邀调解应当遵循调解过程和调解协议内容不公开,但是法律另有规定的除外;特邀调解员不得在后续的诉讼程序中担任该案的人民陪审员、诉讼代理人、证人、鉴定人以及翻译人员等;在调解过程中,当事人为达成调解协议作出妥协而认可的事实,不得在诉讼程序中作为对其不利的根据,但是当事人均同意的除外;特邀调解员不得有泄露调解过程或调解协议内容的行为。《律师调解意见》第1条第2款中规定,基本原则包括坚持调解保密,除当事人一致同意或法律另有规定的外,调解事项、调解过程、调解协议内容等一律不公开,不得泄露当事人的个人隐私或商业秘密。以上规定是调解的保守秘密原则的处于不同效力位阶的规范性文件渊源。

笔者认为,保守秘密原则,简称保密原则,是指调解程序只允许调解员、当事人等调解程序参与人参加,不允许与本案无关的人员旁听。调解程序参与人负有法律和道德上对调解保密的义务,对所有在调解程序中为调解目的而产生的材料以及在程序中提供的不为公众知悉的其他文件、证据等,一律不得向社会和他人公开,除非双方当事人同意和存在法定的披露义务。

(二)理论依据

调解实行保守秘密原则,是由用户需求和调解程序的私人性质所决定的,[1]这也是调解这种社会救济型或者“类法律式”程序的存在,相对于法院诉讼这种公力救济型程序的竞争优势。

调解本质上是一种自愿的程序,采用调解解决争议,需要由当事人事先或者在争议产生之后同意才行。一般情况下,无论是愿意采用调解的老百

〔1〕 参见[英]艾伦·雷德芬等:《国际商事仲裁法律与实践》(第4版),林一飞、宋连斌译,北京大学出版社2005年版,第28~30页。

姓，还是商业人士，都很看重调解的保密性。在争议过程中，当事人经常宣称存在欺骗、恶意、误解、乘人之危、利用优势地位、极不公平、不具有能力、极不道德或者更加糟糕的一些情形。争议各方宁愿这种诽谤之词以及围绕利益进行的讨价还价发生在私下，而不是发生在公开场合，这是可以理解的。

在当今世界各地，法院诉讼基本上都采用公开审理主义，民众可以旁听，记者可以采访报道，法院的判决会向社会公开。法院公开审理的做法对诉讼参与人来说，变得没有秘密可言。但是，对于那些熟人社会的纠纷（共同体内部发生的、注定今后还要生活面对的诸如婚姻、继承、赡养、相邻关系、借物借钱、土地承包、轻微侵权、村务管理、劳资工伤、物业管理、医疗纠纷等）当事人，接受公开审理或许不是最佳的方案，他们并不希望涉及自己的事务，因在法院诉讼而被公开，成为今后多年里左邻右舍茶余饭后消遣的话题。对于商事主体来说，经过公开审理绝不是理想的选择，因为商业秘密（如合作伙伴的名单、运营数据、经营手法、产品设计或技术等）会因在法院诉讼而被公开，为竞争对手大开方便之门。即使争议未必涉及商业秘密，有关诉讼过程及结果被公开，也可能会对公司的声誉、生意、信贷造成影响。正像有学者观察分析仲裁保密性所指出的："仲裁比法院诉讼优胜的地方是，它源自当事方的私下协议，属私人性质，不容许无关系的第三者旁听，而后来的裁决书，属于当事方的私产，也无须向公众公开。"[1]调解虽然不是仲裁，但在不少方面与仲裁有相似性，均属于私人性质的活动程序。这种与法院诉讼的重要区别，吸引了越来越多的普通民众和商业人士选择调解、仲裁作为解决争议的方法。

（三）内容

保守秘密原则，包括如下内容：

1. 调解过程不公开，不允许无关系的第三者旁听，但双方当事人要求或者同意公开调解的除外。作为调解过程不公开性的自然延伸，保密应作为一种默示义务或者责任存在，除非双方当事人同意和存在法定的披露义务。

2. 纠纷当事人及其法定代理人或者委托代理人、从事调解的机关、组织、调解员、受邀参与调解的人员以及负责调解事务管理的工作人员、证人、

[1] 杨良宜等：《仲裁法》，法律出版社2010年版，第1074页。

鉴定人、专家辅助人、翻译人员等这些所有的调解程序参与人均负有保密义务。其中,受邀参与调解的人员,是指征得当事人同意,由从事调解的机关、组织、调解员邀请的当事人的亲属、邻里、同事等,也可以是邀请的具有专门知识、特定经验的人员或者有关社会组织的人员。负责调解事务管理的工作人员,如一般调解、诉讼调解、仲裁调解、行政调解中的书记员、记录员等。

3. 保密对象包括但不限于调解过程中获悉的国家秘密、商业秘密、个人隐私和其他不宜公开的信息。保密义务适用于调解协议内容,也适用于所有在调解程序中为调解目的而产生的材料,以及在程序中提供的不为公众知悉的其他文件、证据等。即保密义务适用于任何因调解而制作、产生、披露及提供的文件、证据以及调解协议书,而这些从调解中获得的文件及证据,只能用于该调解程序本身,不得用于与该调解程序无关的地方。所以,从事调解的机关、组织、调解员、受邀参与调解的人员以及负责调解事务管理的工作人员,不得在就相关案件进行的诉讼、仲裁中作证。如果有关法律明确赋予了这些人员的相应拒绝作证权的,应当加以援引,以达到在就相关案件进行的诉讼、仲裁中拒绝出庭、拒绝作证的效果。除非调解程序的双方当事人均同意,或者法律有明确规定,或者为保护国家利益、社会公共利益、案外人合法权益,人民法院认为确有必要的,否则任何一方当事人不得在后续的本案或者就相关案件的诉讼、仲裁等程序中将调解过程中制作的笔录、当事人为达成调解协议而作出的让步或者承诺、调解员或者当事人发表的任何意见或者建议等作为证据提出或者作为对其有利的根据。

4. 除非法律允许,主持调解程序的调解员和受邀参与调解的人员不得在后续的本案或者在就相关案件的诉讼、仲裁等程序中担任法官、人民陪审员、仲裁员、诉讼代理人、证人、鉴定人、专家辅助人以及翻译人员等。

5. 法律或者调解参与人之间,通过合同对调解参与人泄露国家秘密、商业秘密、个人隐私和其他不宜公开的信息等行为,如规定了相应法律后果或者违约责任的,应从其规定。例如,《人民调解法》第15条第4项规定,人民调解员在调解工作中有泄露当事人的个人隐私、商业秘密的行为的,由其所在的人民调解委员会给予批评教育、责令改正,情节严重的,由推选或者聘任单位予以罢免或者解聘。

四、诚实信用原则

（一）法源和含义

《人民调解法》第24条规定，当事人在人民调解活动中履行下列义务：①如实陈述纠纷事实；②遵守调解现场秩序，尊重人民调解员；③尊重对方当事人行使权利。《民事诉讼法》第13条第1款规定，民事诉讼应当遵循诚实信用原则。民事诉讼包括立案、审判、调解、执行等环节，法院调解自然实行诚实信用原则。《衔接意见》在"完善诉讼活动中多方参与的调解机制"部分规定，在调解过程中当事人有隐瞒重要事实、提供虚假情况或者故意拖延时间等行为的，调解员可以给予警告或者终止调解，并将有关情况报告委派或委托人民法院。当事人的行为给其他当事人或者案外人造成损失的，应当承担相应的法律责任。中国国际贸易促进委员会（中国国际商会）调解中心的《调解规则（2012）》第5条规定，各方当事人应当诚信合作，自觉遵守调解规则及有关法律规定，积极参与调解程序，自觉履行达成的调解协议。中国国际经济贸易仲裁委员会调解中心的《调解规则》第19条确立了诚信合作原则，规定当事人应以最大的诚意配合调解员，包括但不限于：①按照调解员的要求提供有关文件、信息、解释；②尽可能采取各种手段满足调解员听取证人及专家证言的要求；③在调解员进行实地考察时给予积极配合。当事人应当遵守其同意的及调解员确定的任何时间期限。以上规定是调解的诚实信用原则处于不同效力位阶的规范性文件渊源。

据此笔者认为，调解的诚实信用原则，有狭义和广义之分。狭义指的是当事人的诚信参与原则，即在调解中，双方当事人负有诚信参与的义务，应真诚地同调解员合作，努力按照调解员的要求，提交书面材料，提供证据和出席会议。[1] 广义指的是，在调解中，调解员、当事人以及其他调解参与人应当公正、诚实和善意地行使权利和实施调解行为。该原则是市场经济和社会生活中的伦理道德准则在调解上的反映。

（二）理论依据

诚实信用（或诚实信义）原则，起源于罗马法中的诚信契约和诚信诉讼，

---

〔1〕 参见联合国国际贸易法委员会1980年《调解规则》第11条；[澳]娜嘉·亚历山大主编：《全球调解趋势》（第2版），王福华等译，中国法制出版社2011年版，第391～393页。

原本是市民社会生活中的一种道德规范,后来上升为民法的一项基本原则。它的基本含义是,要求人们在民事活动中行使民事权利和履行民事义务时应当讲究信用,严守诺言,诚实不欺,在不损害他人的利益的前提下追求自己的利益。[1] 到20世纪30年代,诚实信用原则又发展成为公法和私法、实体法和程序法等各个法律领域的最高理念。在我国,1986年《民法通则》首开先河将诚实信用原则确立为民法的基本原则,而后制定的其他民商事单行法无不依样效仿。在民事诉讼法领域,2002年4月1日施行的最高人民法院《关于民事诉讼证据的若干规定》,在有关确定举证责任承担的规定中使用了诚实信用原则的提法,至2012年修订《民事诉讼法》将诚实信用正式确立为民事诉讼中的一项基本原则。

诚实信用原则在法律上的确立的根据,在于人类的哲学观念从个人本位到社会本位的转变。西方自由主义思想认为,社会的逻辑原点和价值原点是个人。这种观念,折射到民法上,形成以权利为中心的个人本位思想。然而,市场经济制度的种种弊端,迫使人们在法律观念上转而依靠于古代日耳曼社会的团体主义和19世纪末20世纪初产生的社会连带主义思想,于是认为,社会的原点不是个人而是团体,个人只是处于社会的共同体之中,才有其存在及价值。因此,个人参与法律生活,应当形成法律上的协同关系,而不是权利对抗关系。这种观念,在权利问题上强调权利和义务的有机统一,和权利与责任的互生对应。这种观念,尊崇国家、倾慕权力,主张个人在行使权利之际,应当意识到同时负有增进社会福祉、巩固国家安全和维持公共秩序的任务,这种观念体系,被称为社会本位。[2]

在欧美国家,从19世纪末开始,诉讼制度所具有的公共性质被日益强调,公平诉讼观、协同诉讼观逐渐取代自由主义诉讼观而居于主流地位,这种观念认为解决纠纷如同交易关系一样,应以诚实信用的原则进行交涉,法学家设想了在民事诉讼中为当事人规定一项义务,即真实义务。以1877年《德国民事诉讼法》第138条为蓝本,随后很多国家诉讼立法中均将诚实信用或真实义务作为指导性规定,用以弥补程序功能的局限,允许法官在法无明文规定时依据公平的要求进行裁判,以此及时阻止恶意诉讼行为。与诉讼相比,调解中强调公正协同、沟通交涉的观念,有过之而无不及。

---

〔1〕 参见梁慧星:《诚实信用原则与漏洞补充》,载《法学研究》1994年第2期。

〔2〕 参见张俊浩主编:《民法学原理》,中国政法大学出版社1991年版,第25页。

（三）内容

诚实信用原则既适用于当事人，也适用于调解员、其他调解参与人，对调解活动起指导作用，具体表现为：

1. 对当事人的适用。诚实信用原则要求当事人在实施调解行为时应当诚实和善意。一是真实义务，当事人在调解中应如实陈述纠纷的事实，禁止故意陈述其明知虚假的事实，或者故意隐瞒其明知真实的事实。二是禁反言，当事人参与调解的行为应前后一致，禁止前后矛盾的行为。三是禁止滥用调解权利，当事人不得违背调解权利设置的目的，借行使调解权利之名，以达到损害他人程序利益和实体利益的结果。四是调解促进义务，在调解过程中，当事人有义务推进调解进程，不得故意拖延调解，具体包括：按照调解员的要求提供有关文件、信息、解释；尽可能采取各种手段满足调解员听取证人及专家证言的要求；在调解员进行实地考察时给予积极配合；应当遵守其同意的及调解员确定的任何时间期限。

2. 对调解员的适用。诚实信用原则要求调解员调解案件时应当意图善良、诚实不欺，根据立法本意行使调解主持沟通的权利，按照现实有利原则采取调解方法，适时履行调解员的义务，促进所有参与人的诚实和坦诚行为，真诚尊重当事人的权利，公正合理地提出调解方案。

3. 对其他调解参与人的适用。诚实信用原则要求其他调解参与人实施参与调解的行为时，应当诚实和善意。例如，证人不得作虚假证言，鉴定人不得出具与事实不符的鉴定意见，委托代理人不得滥用代理权，不得越权代理，等等。

第三节 人民调解的特有原则

我国人民调解制度的原则经历了发展变化，不同时期所贯彻的原则同中有异，在制定法直接规定的原则中，自愿原则一直都有，有关调解与规范的关系的原则，经历了从"依据法令政策"到"不违背法令政策"的内容变化，有关调解与诉讼的关系的原则，发展为尊重当事人的权利原则。中华人民共和国成立初期，全国没有统一的有关人民调解制度的法律，但通过各省、自治区和直辖市颁布的有关人民调解工作的条例、规程和办法等，已经确立了人民调解制度的三大原则，即当事人自愿原则、调解依照法律、政策进行的原则和调解不是诉讼必经程序的原则。[1] 1954 年 3 月 22 日,原中央人民政府政务院颁行的《人民调解委员会暂行组织通则》统一了人民调解制度的性质、组织、任务、原则、纪律和工作方法。其中在第 6 条规定:"调解工作必须遵守的原则:一、必须遵照人民政府的政策、法令进行调解;二、必须取得双方当事人同意,不得强迫调解;三、必须了解调解不是起诉必经的程序,不得因未经调解或调解不成而阻止当事人向人民法院起诉。"但遗憾的是,接下来 20 多年的大多数时间里,由于连续受到频繁的政治运动、"文化大革命"的影响,我国的经济社会发展几近停滞甚至倒退,制度建设遭到破坏,人民调解也被作为"阶级调和"的产物而被彻底砸烂。党的十一届三中全会以后,国家发展开始步入正轨,1980 年 7 月 1 日重新公布了《人民调解委员会暂行组织通则》,人民调解制度获得了新的生机。为了适应人民调解发展的新形势,国务院于 1989 年 5 月 5 日通过了《人民调解委员会组织条例》,其中第 6 条明确规定:"人民调解委员会的调解工作应当遵守以下原则:(一)依据法律、法规、规章和政策进行调解,法律、法规、规章和政策没有明确规定的,依据社会公德进行调解;(二)在双方当事人自愿平等的基础上进行调解;(三)尊重当事人的诉讼权利,不得因未经调解或者调解不成而阻止当事人向人民法院起诉。"该条例规定的 3 个原则,经技术性调整和完善后,又被规定在我国 2011 年 1 月 1 日起施行的《人民调解法》第 3 条中:"人民调解委员会调解民间纠纷,应当遵循下列原则:(一)在当事人自愿、平等的基础上进行调解;(二)不违背法律、法规和国家政策;(三)尊重当事人的权利,不得因调解而阻止当事人依法通过仲裁、行政、司法等途径维护自己的权利。"较之《人民调解委员会组织条例》的规定,自愿平等原则位次得到提前,有关调解与规范的关系的原则采用了否定性表述,尊重当事人权利原则中的"权利"范围有所扩展。

人民调解是中国特色调解制度的主要的方式之一。但是,它相对于法院调解、行政调解、商事调解、仲裁调解等,有其自身一定的特殊性。例如,在调解组织的性质上,人民调解委员会是基层群众性自治组织;在调解程序

---

[1] 例如,1953 年 6 月 30 日,武汉市人民政府在《关于建立健全调解委员会加强调解工作的通知》中指出:调解工作必须遵守的原则:①必须按照人民政府的政策法令进行,不得无原则地调解;②必须出自双方当事人完全自愿;③调解不是起诉的必经程序,不得因未经调解或调解不成而阻止当事人向人民法院起诉。

的启动上,人民调解委员会可以主动介入调解,等等。人民调解的特殊性,更是集中体现在调解所贯彻的原则方面。所谓人民调解的特有原则,是指除了调解的共有原则以外,法律所确立的专门适用于人民调解的原则。根据《人民调解法》的规定,笔者认为,人民调解的特有原则包括不违背法律、法规和国家政策原则和尊重当事人的权利原则。

一、不违背法律、法规和国家政策原则

(一)法源和含义

《人民调解法》第 3 条第 2 项规定,人民调解委员会调解民间纠纷,应当遵循不违背法律、法规和国家政策原则。这是不违背法律、法规和国家政策原则的正式、直接的制定法渊源。作为对这一原则的落实,《人民调解法》在第 21 条中规定了人民调解员调解民间纠纷的工作要求,其中包括应当坚持原则,明法析理,主持公道。在第 22 条中规定了调解方法,即人民调解员根据纠纷的不同情况,可以采取多种方式调解民间纠纷,充分听取当事人的陈述,讲解有关法律、法规和国家政策,耐心疏导,在当事人平等协商、互谅互让的基础上提出纠纷解决方案,帮助当事人自愿达成调解协议。在第 29 条中规定了调解协议书载明事项,其中包括纠纷的主要事实、争议事项以及各方当事人的责任。另外,《民法典》第 10 条规定,处理民事纠纷,应当依照法律;法律没有规定的,可以适用习惯,但是不得违背公序良俗。调解民间纠纷,也是一种处理民事纠纷的方式。

根据以上法律渊源,笔者认为,不违背法律、法规和国家政策原则,是指人民调解委员会调解民间纠纷的程序、方法以及促成当事人达成的调解协议,不得违背法律、法规的强制性规定、公序良俗和国家政策的有关规定。

(二)理论依据

人民调解实行不违背法律、法规和国家政策原则的根据,首先在于调解的范围限于民间纠纷。人民调解制度自产生以来,调解的范围基本上是公民与公民之间的婚姻、继承、赡养、邻里关系、小额债务、轻微侵权等一般民事纠纷。随着经济社会的发展变化,人民调解的范围,从纠纷主体到纠纷内容,都有了较大的拓展和变化,如因土地承包、村务管理、征地拆迁、环境污染、劳资工伤、物业管理、医疗纠纷、催讨欠薪等社会热点、难点等引发的矛

盾纠纷不断增多。根据近年的实践,一般认为,凡是发生在公民与公民之间、公民与法人或者其他组织之间,涉及当事人有权处分的人身、财产权益的纠纷,都属于民间纠纷,都可以通过人民调解来处理。[1] 但法律、行政法规规定应当由专门机关管辖处理的纠纷或者禁止采用调解方式解决的纠纷除外。也可以理解为,符合《宪法》及有关法律对人民调解的规定,也是人民调解区别于其他纠纷解决机制的明显特点。

民间纠纷一般是因为违反法律规范而引起的,因此,人民调解解决民间纠纷需要引用和参照民事等法律规范和有关国家政策。世界纷纷扰扰,纠纷无处不在,而纠纷往往危及社会安定,为此需要建构有效的社会机制来管控不利的社会纠纷,旨在消减社会纠纷及其引发的负面影响。其中,法律机制最为有效,也是人们的一种理性选择。法律对社会纠纷的管控,是通过利益法律化的方式,即将意义重大的利益以权利义务的形式规定于法律规范之中,以国家强制力保障法律规范的实现,从而以利益分配的合法化来实现利益分配的合理化和公平化。因此,被法律化的社会纠纷,即法律纠纷,一般是因为违反法律规范而引起的,通常表现为社会主体对其他社会主体法律权利的侵害,这往往是该社会主体违反其法律义务所致的。民间纠纷,作为社会纠纷、法律纠纷的一种,一般是因为违反民事法律规范而引起的,是民事主体违反民事法律义务规范侵害了他人的民事权利,由此产生的以民事权利义务为内容的争议。[2] 国家政策是国家为实现一定的政治、经济、文化等目标任务而确定的行动指导原则与准则,具有普遍性、指导性、灵活性,其调整范围与法律的调整范围有的是共同的、交错的,有的是有区别的。国家也依有关规定的程序,制定有关于民事经济行政社会领域的政策,违反法律规范的行为,也可能同时违反国家政策的有关规定,即使有的行为不违反法律规范,但也可能是违反国家政策的。人民调解作为一种民间纠纷解决机制,人民调解员在调解过程中需要引用和参照民事等法律规范和有关国家政策进行说服、疏导和评估,促使当事人在平等协商基础上自愿达成调解协议,所以人民调解应当遵循不违背法律、法规和国家政策原则。

---

[1] 司法部2002年9月26日颁布的《人民调解工作若干规定》第20条规定,人民调解委员会调解的民间纠纷,包括发生在公民与公民之间、公民与法人和其他社会组织之间涉及民事权利义务争议的各种纠纷。实际上,民间纠纷几乎都是民事纠纷。

[2] 参见江伟主编:《民事诉讼法学原理》,中国人民大学出版社1999年版,第1~2页。

人民调解实行不违背法律、法规和国家政策原则的根据，还在于全面推进依法治国。中国共产党第十八届四中全会审议通过的《中共中央关于全面推进依法治国若干重大问题的决定》指出："依法治国，是坚持和发展中国特色社会主义的本质要求和重要保障，是实现国家治理体系和治理能力现代化的必然要求，事关我们党执政兴国，事关人民幸福安康，事关党和国家长治久安。"所以，必须全面推进依法治国。为此，要推进法治社会建设，健全包括调解在内的依法维权和化解纠纷机制，强化法律在维护群众权益、化解社会矛盾中的权威地位，引导和支持人们理性表达诉求、依法维护权益，解决好群众最关心最直接最现实的利益问题；要提高社会治理法治化水平，推进基层治理法治化，加强基层法治机构建设，强化基层法治队伍，建立重心下移、力量下沉的法治工作机制。人民调解委员会是依法设立的调解民间纠纷的群众性自治组织，人民调解是基层共建共治共享社会治理的重要方式，推进法治社会建设、提高社会治理法治化水平的任务，决定了人民调解应当遵循不违背法律、法规和国家政策原则。

（三）内容

不违背法律、法规和国家政策原则，包括如下内容：

1. 人民调解的程序，不得违背法律、法规的强制性规定、公序良俗和国家政策的有关规定。调解程序的灵活性和能够根据每个案件的情节和当事人的愿望调整程序，被认为具有至关重要性。这种灵活性导致了一种普遍观点，认为这种程序如此依赖于当事人的意愿，所以不必从立法上加以规定。的确，人们确信立法规则将会不适当地限制和损害调解过程，但是，调解程序仅凭当事人的约定未必能满足当事人的需要，调解程序不可能在法律的真空下运行，必须依赖于一定的法律背景。于是，包括我国在内的许多国家，始终意识到需要维护调解的灵活性，但也通过了关于调解的法律。我国《人民调解法》专设调解程序一章，主要对调解的开始方式、指定选择人民调解员、邀请社会人士参与调解、调解工作要求、调解方法、调解权利义务、采取预防措施、调解终止、调解情况记录和归档等作出规定。每个案件的调解程序可以依据法律对程序的这些安排进行，在当事人对调解程序有约定时，应当按照约定进行，但是无论如何从最低限度上说，当事人对调解程序的约定和人民调解员决定采用的调解具体程序，不得违背法律、法规的强制性规定、公序良俗和国家政策的有关规定。例如，当事人约定，调解程序一旦开始，任一方不得要求终止调解。这一约定内容，从根本上违反了调解自愿原则，也违反了《人民调解法》有关当事人享有的调解权利的规定。

2. 人民调解的方法，不得违背法律、法规的强制性规定、公序良俗和国家政策的有关规定。其实，调解方法应该属于调解程序的范畴，所以调解方法同样具有灵活性。但是在调解程序中，“调解方法”或者“调解方式”表达的不仅是如何调解的技术性具体措施的意思，更是类似于民事诉讼的“开庭审理”的概念，它是人民调解的中心环节，是人民调解委员会调解民间纠纷的必经阶段，调解的基本原则和具体制度都要在调解方法中得到贯彻和体现，因此有加以强调的必要。

在学理上，理解调解方法应注意以下两点：一是调解应当采取口头形式。口头形式是相对于书面形式而言的，它是指调解中，各调解法律关系主体的调解行为都必须以口头语言的方式进行。以口头形式对话并当场陈述，信息传达简捷便利，对当事人及人民调解员反映直接，便于立即澄清争议。二是调解应当采取不公开形式。调解的方法应以不公开进行为原则，以公开进行为例外。要求调解不公开进行或者公开进行是当事人的权利；在没有当事人合意要求公开进行的情况下，不公开进行调解，是人民调解委员会和人民调解员的职责。

在实体法上，《人民调解法》第22条对调解方法作出了明确规定：“人民调解员根据纠纷的不同情况，可以采取多种方式调解民间纠纷，充分听取当事人的陈述，讲解有关法律、法规和国家政策，耐心疏导，在当事人平等协商、互谅互让的基础上提出纠纷解决方案，帮助当事人自愿达成调解协议。”

3. 人民调解促成当事人达成的调解协议，不得违背法律、法规的强制性规定、公序良俗和国家政策的有关规定。人民调解员促成当事人达成调解协议，不仅要公平、合理，还要符合法律、法规。在最低限度上，对调解协议合乎规范性的要求是，不得违背当事人的自愿，而且综合《人民调解法》第3条第2项、《民事诉讼法》第195条和《民诉法解释》第360条的规定来看，调解协议的内容，即协议的标的、数量、质量、价款或者报酬、履行期限、地点和方式、违约责任等有关当事人权利义务的具体约定，还不得违反法律、法规的强制性规定，损害国家利益、社会公共利益、他人合法权益以及违背公序良俗和国家政策。

二、尊重当事人的权利原则

(一)法源和含义

《人民调解法》第3条第3项规定,人民调解委员会调解民间纠纷,应当遵循尊重当事人的权利原则,不得因调解而阻止当事人依法通过仲裁、行政、司法等途径维护自己的权利。这是尊重当事人的权利原则的正式、直接的制定法渊源。为了落实这一原则以及明确当事人在人民调解活动中享有的主要权利的范围,《人民调解法》第23条规定:"当事人在人民调解活动中享有下列权利:(一)选择或者接受人民调解员;(二)接受调解、拒绝调解或者要求终止调解;(三)要求调解公开进行或者不公开进行;(四)自主表达意愿、自愿达成调解协议。"

《人民调解委员会组织条例》有关尊重当事人权利的规定,还不是很明确和坚定,更多地表现为继受之前有关调解与诉讼的关系原则的产物,所以其用语是"尊重当事人的诉讼权利",表述的意思是尊重当事人的起诉权,旨在要求人民调解委员会、人民法院不得以未经调解或者调解不成为借口,而阻止当事人向人民法院起诉,不得以未经调解或者调解不成当作人民法院拒绝受理案件的托词。或是意识到,在作为非诉讼的调解程序中规定尊重当事人的诉讼权利并将之原则化,存在不妥之处,到了《人民调解法》,则将原本限于调解与诉讼之间关系含义的原则发展为尊重当事人权利原则。

据此笔者认为,尊重当事人的权利原则,是指人民调解委员会在调解程序中,应当保障和尊重当事人依法享有的程序权利和实体权利,不得因调解而阻止当事人依法通过仲裁、行政、司法等途径维护自己的权利。

(二)理论依据

人民调解制度的自治性、自愿性决定了人民调解实行尊重当事人的权利原则。人民调解制度是一种群众自治性的纠纷解决制度,具有自治性、群众性、自愿性、民主性等特征。[1] 其中,自治性主要体现在组织性质和工作方法上。人民调解委员会属于群众性自治组织,而非行政机关或者司法组

〔1〕 参见谭世贵主编:《中国司法制度》(第4版),法律出版社2016年版,第396~397页。

织;人民调解的工作方法主要基于群众的自我教育、自我管理和自我约束,而不依赖于国家强制力。调解本质上是当事人合意解决纠纷,所以自愿性是人民调解工作的基本要求,自愿性主要体现在调解程序的启动、调解工作、达成协议、协议履行上。人民调解工作的启动,一般源于当事人向人民调解委员会申请调解,即便人民调解委员会主动调解,也是以当事人同意认可为前提的;整个调解工作必须在当事人自愿的基础上进行;当事人达成调解协议是一种自愿的合意行为;调解协议当然也要依靠当事人自觉按照约定履行。这决定了人民调解中,人民调解委员会和当事人之间是自治组织和群众之间的平等关系,人民调解委员会没有可以干预、强制当事人私权和意思自治的能力和机会,人民调解委员会的存在、调解程序甚至调解协议的合法性、正当性的基础,就在于对当事人权利的尊重。

人民调解实行尊重当事人的权利原则的根据,还在于上位法的规定。尊重和保障人民群众合法权益,是建设中国特色社会主义法治体系、建设社会主义法治国家的基本原则。因此,我国《宪法》确立了保障公民人身权利和财产权利的原则,宪法的精神和原则必须在《人民调解法》中予以体现和落实。通过制定《人民调解法》,完善人民调解制度,人民调解工作遵循尊重当事人的权利原则就是要加强对民事主体合法权益的保护,更好地维护人民群众的切身利益。

(三)内容

尊重当事人的权利原则,包括如下内容:

1. 人民调解委员会在调解程序中,应当保障和尊重当事人依法享有的程序权利。《人民调解法》第 23 条集中规定了当事人在人民调解活动中享有的主要权利,包括选择人民调解员的权利、接受人民调解员的权利、接受调解的权利、拒绝调解的权利、要求终止调解的权利、要求调解公开进行的权利、要求调解不公开进行的权利、自主表达意愿的权利、自愿达成调解协议的权利。除此之外,《人民调解法》还在其他条文中也隐含规定了当事人在调解程序中享有的其他权利。如第 17 条规定中包含的申请调解的权利;第 20 条规定中包含的接受邀请有关人员或者社会组织参与调解的权利、拒绝邀请有关人员或者社会组织参与调解的权利;第 22 条规定中包含的要求根据纠纷的不同情况采取某种具体调解方式的权利、要求充分听取己方陈述的权利、要求提出证据材料的权利、要求讲解有关法律、法规和国家政策的权利,等等。可见,当事人在调解活动中享有广泛的程序权利。人民调解是人民调解委员会参与促成当事人解决民间纠纷的活动,人民调解委员会、人民调解员和当事人之间的关系构成了调解法律关系的主轴甚至全部,在这样的程序法律关系中,如果当事人享有权利,那么人民调解委员会或者人民调解员就处在义务主体的地位,负有保障和尊重当事人的程序权利的职责。

2. 人民调解委员会在调解程序中,应当保障和尊重当事人依法享有的实体权利。人民调解委员会主管的民间纠纷,有轻微刑事违法、民事违法行为引起的纠纷,但主要是一般民事纠纷。实体法律关系发生纠纷,进入调解程序中,当事人的实体权利义务地位并不因之受到剥夺、影响。《人民调解法》作为程序法,调整的是程序问题,规定了当事人的程序权利,但是有些程序权利裹挟着实体权利,两者无法截然分开,如自愿达成调解协议的权利,当事人行使该程序权利实际上也行使了实体处分权。《民法典》第 5 条规定,民事主体从事民事活动,应当遵循自愿原则,按照自己的意思设立、变更、终止民事法律关系。《民事诉讼法》第 13 条第 2 款规定,当事人有权在法律规定的范围内处分自己的民事权利和诉讼权利。可见,当事人依法享有人身权利、财产权利以及其他合法权益,并得根据自愿原则进行某种处分,即使在调解程序、民事诉讼中,当事人依然可以行使这种属于其自己的实体处分权,任何介入当事人之间民事纠纷的第三者,包括人民调解委员会、人民调解员均不得侵犯,相反地,还应当保障和尊重当事人依法享有的实体处分权。

3. 人民调解委员会不得因调解而阻止当事人依法通过仲裁、行政、司法等途径维护自己的权利。调解、仲裁、行政、司法等途径,都是当事人维护自身合法权益的有效途径,各具优势和特点。选择哪种途径主张权利、维护利益是当事人的权利。运用人民调解,采用说服、协商、疏导等办法,及时解决矛盾纠纷,在预防和减少纠纷、增进团结、促进和谐上发挥了重要的基础性作用。但是,这项制度本身的优势建立在尊重当事人权利、自愿平等的基础上,而不是把人民调解作为所有纠纷的解决机制。这是人民调解的性质和功能定位决定的,是人民调解获得社会公信力的重要保障。面对纷繁复杂的矛盾纠纷,需要健全完善多种纠纷解决方式有机结合的机制,整合多种资源,既突出人民调解化解矛盾的基础性作用,又畅通其他权利救济渠道的衔接配合,最终达到化解矛盾、维护稳定、促进和谐的目的。

第四节 法院调解的特有原则

一、法院调解的特有原则概述

我国法院调解制度的原则一路伴随经济社会的发展和民事诉讼制度的改革,在立法及政策的表述和司法操作上经历着变化,不同时期所贯彻的原则同中有异,在制定法直接规定的原则中,一直承认和执行自愿、合法原则。发生反复的是有关诉讼外调解和民事诉讼、民事诉讼中法院调解与审判之间的关系内容方面的认知,但法院调解和诉讼外调解衔接合流的方向基本明确下来。我国法院调解制度发端成型于革命战争时期根据地的"马锡五审判方式",中华人民共和国成立后被确立为我国民事诉讼的一项最具特色的基本原则和制度。这种解决矛盾纠纷的方式与我国特定的文化背景相吻合,根植于我国的长期司法实践,并因其具有诸多优势而被国际司法界称为"东方经验"。1956 年 10 月,最高人民法院通过的《关于各级人民法院民事案件审判程序总结》确立了法院调解的自愿、合法、非必经程序三项基本原则,[1]同时又提出"调查研究、调解为主、就地解决"的十二字方针,将调解作为解决民事纠纷的主要方式,这一做法一直延续到 20 世纪 70 年代后期。1979 年 2 月,最高人民法院颁布的《人民法院审判民事案件程序制度的规定(试行)》规定:"处理民事案件应坚持调解为主。凡可以调解解决的,就不要用判决,需要判决的,一般也要先经过调解。"1982 年制定的《民事诉讼法(试行)》第 6 条规定:"人民法院审理民事案件,应当着重进行调解;调解无效的,应当及时判决。"第 97 条规定:"人民法院受理的民事案件,能够调解的,应当在查明事实、分清是非的基础上进行调解,促使当事人互相谅解,达成协议。"据此,民事诉讼中正式确定了"着重调解"原则。随后至 20 世纪 90 年代以前,全国人民法院的调解结案率一直高达 80% 以上。这一时期,尽管

[1] 该总结第二部分审理案件前的准备工作之下第(四)部分"试行调解"中提出:"对那些案情已经明确而又有调解可能的案件(不是所有的案件),为增进人民内部团结以利发展生产,受理这种案件的审判人员可以试行调解,当事人也可以随时请求调解。但是,除婚姻案件外,调解不是诉讼必经程序,不是不经调解就不能审判。调解可以在人民法院内进行,也可以在人民法院外进行。调解必须出于双方当事人的自愿,必须遵守政策、法律、法令。"

法院调解的自愿、合法原则始终得到承认,但由于对“着重调解”存在片面理解,加之法律规范供给短缺,法官职业能力不强等因素,部分人民法院往往过度依赖调解结案,民事案件中久调不决、强制调解现象相当严重,由此影响了人民法院形象,也贬低了法院调解本身的功能和价值。于是,1991 年正式公布实施的《民事诉讼法》第 9 条规定:“人民法院审理民事案件,应当根据自愿和合法的原则进行调解;调解不成的,应当及时判决。”第 85 条规定:“人民法院审理民事案件,根据当事人自愿的原则,在事实清楚的基础上,分清是非,进行调解。”[1] 据此,民诉法学界和实务部门多数人认为,法院调解应当贯彻自愿、合法、查明事实和分清是非的三项原则。20 世纪 90 年代末,随着人民法院推进以强化举证责任和庭审功能为核心的民事经济审判方式改革,法院调解在民事诉讼中的地位开始受到质疑,从有关统计数据上看,法院调解结案率开始以明显的速度下降,仅两三年之后迅速滑落至 30% 左右。2004 年 8 月最高人民法院发布《法院调解规定》,进一步细化了确保法院调解自愿的规定,并强调了法院调解的各种优势和价值,提出坚持“能调则调、该判则判,调判结合、案结事了”的审判原则。[2] 随后,在现行法规定的法院调解的原则不变的情况下,最高人民法院又陆续通过发布了《关于进一步发挥诉讼调解在构建社会主义和谐社会中积极作用的若干意见》(以下简称《诉讼调解意见》)(2007 年 3 月)、《衔接意见》(2009 年 7 月)、《关于进一步贯彻“调解优先、调判结合”工作原则的若干意见》(2010 年 6 月)、《多元纠纷解决意见》(2016 年 6 月)、《特邀调解规定》(2016 年 6 月)等司法政策文件,就人民法院进一步深化多元化纠纷解决机制改革、完善诉讼与非诉讼相衔接的纠纷解决机制作出引领部署,主要目的在于:畅通纠纷解决渠道,引导当事人选择适当的纠纷解决方式;合理配置纠纷解决的社会资源,完善调解、仲裁等非诉讼与诉讼有机衔接、相互协调的多元化纠纷解决机制;充分发挥司法在多元化纠纷解决机制建设中的引领、推动和保障作用,为促进经济社会持续健康发展、全面建成小康社会提供有力的司法保障。

如上所述,根据《民事诉讼法》第 93 条的规定,总结得出法院调解中的

---

〔1〕 现行《民事诉讼法》经过 2007 年、2012 年、2017 年三次修订,该条文序号已变为第 93 条。

〔2〕 参见《开创人民法院调解工作新局面——最高人民法院副院长黄松有答记者问》,载《人民法院报》2004 年 9 月 17 日。

查明事实、分清是非原则,是一个主流观点。在理论上也有观点认为,既然调解是当事人之间通过相互协商、让步的方式解决纠纷,而不是通过判决解决纠纷,那么就无须查明事实、分清是非;同时从节约司法成本、提高调解成功率的角度上,主张在法院调解中取消查明事实、分清是非原则。所以,有的民诉法学教科书上就不把查明事实、分清是非原则作为法院调解实行的原则对待。[1] 这或是民诉法学界对法院调解性质有不同认识所致。

法院调解是中国特色的调解制度的组成部分,但相对于人民调解、行政调解、商事调解、仲裁调解等,有其自身一定的特殊性。例如,法院调解是一种诉讼活动,主持者是审判人员,必须依照民诉法有关规定进行,达成的调解协议或制作的调解书生效后具有确定力、执行力等。法院调解的特殊性,更是集中体现在调解所贯彻的原则方面。所谓法院调解的特有原则,是指除调解的共有原则外,法律所确立的专门适用于法院调解的原则。根据《民事诉讼法》的规定,笔者认为,法院调解的特有原则包括合法原则和查明事实、分清是非原则。

二、合法原则

(一)法源和含义

《民事诉讼法》第 9 条规定:人民法院审理民事案件,应当根据自愿和合法的原则进行调解;调解不成的,应当及时判决。这是法院调解的合法原则的正式、直接的制定法渊源。作为对这一原则的落实,《民事诉讼法》第 96 条强调规定了调解协议的内容不得违反法律规定。

根据以上法律渊源,笔者认为,法院调解的合法原则,是指人民法院主持的调解活动应当按照法定程序进行,双方当事人达成的调解协议的内容不得违反法律、法规的禁止性规定或者损害国家利益、社会公共利益、他人合法权益。

(二)理论依据

法院调解实行合法原则,首先是由法院调解的性质决定的。对法院调

[1] 参见田平安主编:《民事诉讼法学》(第 3 版),中国政法大学出版社 2008 年版,第 36 ~ 37 页;常怡主编:《民事诉讼法学》,中国法制出版社 2008 年版,第 325 ~ 326 页;江伟主编:《民事诉讼法学》(第 2 版),高等教育出版社 2004 年版,第 123 ~ 124 页。

解的性质，我国民诉法学界有不同认识，归纳为以下三种观点：第一种为司法行为说，认为它是人民法院对民事案件行使审判权的一种诉讼活动，而且是结案的一种方式。[1] 第二种为公权私权结合说，认为它是人民法院对民事案件行使审判权和当事人对自己的民事诉讼权利和民事权利行使处分权的结合。[2] 第三种为自治行为说，认为它尽管是在人民法院主持下进行的，但不同于人民法院运用审判权以判决方式解决民事案件的活动，它本质上是当事人在人民法院的指导下自律地解决纠纷的活动。[3] 笔者赞同第二种观点。因为民事诉讼本身就是人民法院行使审判权和当事人行使诉权交互作用的场合，民事诉讼中的调解也应该受到两种不同性质的权利或权力的影响。法院调解是在法官主持下进行的，调解活动是人民法院的案件审理的有机组成部分，生效调解书、调解笔录与生效判决书具有同等法律效力。从这个方面来看，可以认为调解是人民法院对民事案件行使审判权的一种方式，也是人民法院审结民事案件的一种方式。但是，从另一方面说，调解必须始终建立在当事人自愿的基础之上，当事人同意接受人民法院主持、说服、疏导而作出一定妥协让步后达成调解协议的，是当事人在民事诉讼中依据处分原则，对其民事程序权利和民事实体权利所作的处分。因此，法院调解的过程又是当事人行使处分权的过程。无论如何，法院调解的性质包含了职权运作和干涉的色彩，自然要奉行法律遵从主义。诉讼外调解往往允许适用多种社会规范，也允许当事人进行较大的自主处分，在某种意义上，法律规则的存在仅仅是作为一种参考系数，而不是处理性的结论。但是，法院调解则被看作人民法院职权的一项延伸服务，即使调解被委托转交给外部的特邀调解员进行时，也由人民法院承担费用，在达成调解协议时，特邀调解员应当向人民法院提交调解协议，由人民法院审查并制作调解书

---

〔1〕 参见《民事诉讼法学》编写组：《民事诉讼法学》，高等教育出版社 2017 年版，第 194 页；张卫平：《民事诉讼法》（第 3 版），法律出版社 2013 年版，第 298 页。

〔2〕 参见常怡主编：《民事诉讼法学》，中国法制出版社 2008 年版，第 316 页。

〔3〕 参见李浩：《论调解不宜作为民事审判权的运作方式》，载《法律科学》1996 年第 4 期。

结案,或者达成调解协议后,当事人申请撤诉的,人民法院依法作出裁定。[1] 所以对于法院调解,法律在其中的作用相较于诉讼外调解则更具规范性,需要对照法律规则体系进行内容和形式两方面的审查。

法院调解实行合法原则的根据还在于制度性框架下调解员的法官角色。法院调解的活动存在于民事诉讼过程中,调解员一般是承办案件的法官,或者是受托的特邀调解组织或者特邀调解员,尤其是前者,之后与听审此案的法官为同一法官。调解不成的,会进入由原来的调解员作为审判者进行的诉讼听审,这种情况很可能使当事人不愿意进行充分和坦诚的交流,但这又是法院调解程序不可缺少的组成部分。法官促成和解的活动必定与司法的总体目标相一致,亦即他要为当事人找到法律上的解决方案。因此,即使是在发挥促成和解的作用,法官仍被要求引导当事人向与相关法律规定一致的解决方案靠拢。而法官之外的调解员则没有这样的职责要求,不但如此,他们还可以鼓励当事人考虑以非法律规则作为和解的基础。

(三)内容

法院调解应遵守合法性原则,包括程序合法与实体合法两个方面:

1. 在程序方面,法院调解应当按照《民事诉讼法》以及最高人民法院有关调解程序的规定进行。即法院调解的适用案件范围、启动及其时机、审判组织、邀请协助调解的对象范围、调解前主持调解人员和书记员以及是否申请回避等有关诉讼权利和诉讼义务的告知、当事人和证人到庭的通知、当事人处分权范围、自愿的真实性、委托授权的范围及代理人资格、调解方式、步骤、调解期限及其延长、调解协议的达成与调解书的制作、不制作调解书的情形、送达,均应当符合法律规定,不能为追求调解结案而省略若干程序。

2. 在实体方面,根据《民事诉讼法》第 96 条、第 201 条以及《法院调解规定》第 12 条的规定,调解协议的内容不得违反法律、法规的禁止性规定或者损害国家利益、社会公共利益、他人合法权益。法院调解过程中,主持调解

---

〔1〕 根据《特邀调解规定》的有关规定,特邀调解中的委托调解是人民法院立案后委托特邀调解组织或者特邀调解员依法进行的调解,并且该规定第 20 条进而规定"委托调解达成调解协议,特邀调解员应当向人民法院提交调解协议,由人民法院审查并制作调解书结案。达成调解协议后,当事人申请撤诉的,人民法院应当依法作出裁定"。据此,并基于委托的一般原理,笔者认为,委托调解应是法院调解的一种特殊表现形式。

的审判人员应当认真审查，引导当事人合法正确地达成调解协议，如果调解协议内容违反法律、法规的禁止性规定、公序良俗或者损害国家利益、社会公共利益、他人合法权益的，或者内容不具有确定性和履行可能性的，即使是出于当事人的自愿而达成的，也应当不予确认。

三、查明事实、分清是非原则

（一）法源和含义

《民事诉讼法》第93条规定，人民法院审理民事案件，根据当事人自愿的原则，在事实清楚的基础上，分清是非，进行调解。这是法院调解的查明事实、分清是非原则的正式、直接的制定法渊源。作为对这一原则的落实，《民事诉讼法》第97条第1款规定，调解达成协议，人民法院应当制作调解书，调解书应当写明诉讼请求、案件的事实和调解结果。而根据《民诉法解释》第142条的规定，[1]从径行调解适用条件的角度表达了查明事实、分清是非原则在法院调解中的地位。

根据以上法律渊源，笔者认为，法院调解的查明事实、分清是非原则，是指法院调解应当在事实清楚、是非分明的基础上进行。

（二）理论依据

法院调解实行查明事实、分清是非原则，如实行合法原则的根据一样，首先，是由法院调解的性质决定的。兹不赘述。

另外，法院调解实行查明事实、分清是非原则的根据，还存在于当事人和人民法院利用民事诉讼制度的目的之内。当事人将民事纠纷起诉至人民法院的目的在于保护民事权利，解决纠纷，即使进行调解，只有查明事实、分清是非，才能使当事人对纠纷发生的事实、产生的责任有正确的认识，才能起到解决纠纷的作用。查明事实、分清是非可以使侵权或者违约一方当事人明确自己的错误，促使其让步，提高调解成功率，也有利于促进当事人主动履行生效调解书中的给付义务，避免启动执行程序。法院调解是人民法院行使审判权的形式，而审判权的最终目的是保障当事人的权利实现，只有

---

〔1〕 该条内容是：人民法院受理案件后，经审查，认为法律关系明确、事实清楚，在征得当事人双方同意后，可以径行调解。

在查明事实、分清是非的基础上，人民法院才可以确定当事人的权利状态和法律关系，同时使受益一方当事人清晰地了解对方在调解中作出的让步，有利于维持将来的关系。

（三）内容

法院调解应遵守查明事实、分清是非原则，包括两方面内容：

1. 查明事实、分清是非，是促使当事人达成调解协议的重要手段。如果当事人双方在案件事实和是非判断上认识不清，就不可能对事实引起的法律后果有正确的理解，就难以对实体权利义务分配提出令人接受的方案。同时，只有查明案件事实，分清是非，才能使主持调解的审判人员抓住当事人争议的焦点，找准解决纠纷的切入点，实施合理的调解措施，为正确进行调解、达成调解协议提供依据。

2. 查明事实、分清是非，尤其是案件事实应当写明在调解书上，这是衡量调解结果正当与否的基础。法院调解不是无原则的"和稀泥"，应当以事实为根据，以法律为准绳，达成的调解协议内容，应能体现对社会公平正义的追求。当然，调解中没有进行法律推理的任务，其结果对事实的要求远不如判决那样严格和全面，而形成判决的过程是法官在查明事实、分清是非的基础上适用法律的过程，法官在判决书中必须写明判决认定的事实、理由和法律依据。凡是判决书中认定的事实，按照证据裁判原则的要求，都必须有确实充分的证据支撑，这些被采信的证据不仅本身必须符合真实性、关联性、合法性的标准，而且必须经过举证、质证、认证的法定程序来合成和验证。

第五章 调解的主体

调解主体是在调解过程中起组织、指挥作用的人或组织。在我国，根据调解主体及调解解决纠纷的性质不同，主要有人民调解（既包括传统的人民调解又包括拓展后的各类社会调解）、行政调解、仲裁调解和法院调解四种类型。在调解方式日益完善的今天，我国调解主体也呈现出多元化的发展趋势。

第一节　调解的实施主体

在我国，调解的实施主体呈现出多元化的特点，不仅包括人民调解委员会、仲裁机构等社会组织，还包括行政机关及法律法规授权的组织和人民法院。

一、人民调解委员会

人民调解委员会是人民调解组织的基本形式，是在基层人民政府和基层人民法院指导下，对民间纠纷进行调解的基层群众性自治组织。近年来，随着人民调解组织的社会化发展，人民调解的主体既包括传统的人民调解组织，又包括目前拓展型的各类社会调解组织。

（一）人民调解委员会的设立与发展

中华人民共和国成立后，作为人民调解的实施主体，人民调解委员会的发展主要经历了以下几个关键阶段。

1. 人民调解委员会独立法律地位的确立

我国中央人民政府政务院于1954年通过了《人民调解委员会暂行组织通则》,对全国的人民调解组织工作进行了规范性统一,规定了人民调解组织的性质、名称、设置以及任务、工作原则、组织纪律和活动方式,明确规定了人民调解委员会为群众自治性组织,确立了人民调解在社会主义法治建设中的地位和作用。这一规定标志着人民调解制度以及人民调解委员会法律地位的正式确立,使人民法院的诉讼调解从人民调解中分离出来,从而形成人民调解与司法调解并存的局面,人民调解委员会也向制度化、规范化方向前进了一大步。

2. 人民调解委员会的曲折发展

自1957年后,人民调解委员会的发展受到挫折,调解工作逐渐被调处组织和调处工作所替代。[1] 到了1961年,人民调解组织和调解工作得到恢复发展,重新遵循《人民调解委员会暂行组织通则》的规定运行。然而,“文化大革命”期间人民调解委员会陷入瘫痪,人民调解制度与其他法律制度一样,受到了极为严重的破坏。

3. 人民调解委员会的恢复与重建

党的十一届三中全会以来,随着我国社会主义民主和法治建设的逐步加强,人民调解组织得到迅速恢复和重建。1979年,司法部逐步在城乡设置司法助理员,随后颁布实施了两个有关人民调解组织的规定,即《人民调解委员会暂行组织通则》(1980年重新公布)和《司法助理员工作暂行规定》(1981年),确立了人民调解委员会接受基层人民法院业务指导和监督,受司法行政部门直接领导和管理的模式。1982年《宪法》明确将人民调解委员会定位为专门调解民间纠纷的群众性自治组织,并规定在居民委员会、村民委员会设置人民调解委员会,至20世纪80年代中期,全国形成了农村人民调解组织、城市居民人民调解组织的三级网络体系。1989年国务院审议通过了由《人民调解委员会暂行组织通则》修订而来的《人民调解委员会组织条例》,规定了人民调解委员会是村民委员会和居民委员会下设的调解民间纠纷的群众性组织,在基层人民政府和基层人民法院指导下进行工作,工作任

---

〔1〕 调处与调解属于不同性质的范畴,其重点不是调解民间纠纷,而是约束、处理和改造不良分子,所以调处的性质和任务与群众性组织是不相适应的。参见姜小川主编:《调解实务教程》,中国法制出版社2011年版,第70~71页。

务为调解民间纠纷,并通过调解工作宣传法律、法规、规章和政策,教育公民遵纪守法,尊重社会公德。这些规定极大地推动了我国人民调解委员会的组织和业务建设的完善。

4. 人民调解委员会在社会转型期的改革与完善

2004 年最高人民法院颁布的《法院调解规定》第 3 条明确规定:"人民法院可以邀请与当事人有特定关系或者与案件有一定联系的企业事业单位、社会团体或者其他组织,和具有专门知识、特定社会经验、与当事人有特定关系并有利于促成调解的个人协助调解工作。"这意味着,经各方当事人同意,人民调解委员会可以接受人民法院的邀请,人民调解和法院调解的对接尝试开始。随着"大调解"联动机制的部署实施,人民调解组织的发展又发生了新的变化,开始走上社会化、专业化的发展道路。

第一,人民调解组织的社会化发展。一直以来,人民调解委员会受行政机关领导,并不完全依附于国家政权。随着实践中"人民调解室"的设立,人民调解组织开始向社会化发展。人民调解组织的社会化主要是指人民调解组织利用社会机构、社会组织、社会力量化解矛盾纠纷,政府作为行政管理部门,采取经济的、行政的各种手段,积极扶持、资助人民调解工作,从而形成了良好、规范、有序的社会自律机制。[1]

在上海,自 2003 年起各街道开始成立"人民调解工作室",其中,"李琴人民调解工作室"实行社团化运作,于 2004 年注册民办非企业,成为独立的社团法人,由政府每年根据业绩购买其服务。人民调解工作室作为民间组织加以运作,吸收体制内外的资源发展,使人民调解组织的形式和运行模式获得了重构,在实际运行中承担街道人民调解委员会的主要职责,从而改变了街道层面人民调解委员会虚设的局面,整合了居委会的调解力量。[2] 2006 年,上海市人民调解协会选举产生了完全由专职人民调解员担任理事的人民调解协会。至此,司法行政干部已全面退出人民调解行业组织,彻底改变了以往调解协会依附于行政机关的状况,成为一个真正的行业性协会,并探索出协会负责日常管理的人民调解工作社会化管理道路。此外,人民调解室逐步实现了与治安调解、司法调解、信访调解的对接,拓宽了其人民

〔1〕 参见陆春萍:《转型期人民调解机制社会化运作》,中国社会科学出版社 2010 年版,第 63 页。

〔2〕 参见陆春萍:《转型期人民调解机制社会化运作》,中国社会科学出版社 2010 年版,第 24 页。

调解工作的范围。

除带有政府主导特点的人民调解工作室外，全国各地还出现了自发、自治的民间调解队伍，例如，北京景阳胡同居民自治自发成立了民间调解服务队，作为民间自治调解组织，虽然其调解结果不具有法律约束力，但充分调动了居民的能动性。各地区的各类义务调解团队都在社区整合中发挥了社区道德和传统伦理规范建设的重要作用。

第二，建设行业性、专业性人民调解委员会。我国最早的行业性调解委员会是1995年经司法行政部门批准的，由上海浦东新区个体劳动者协会、私营企业协会成立的调解委员会。近年来，行业性、专业性人民调解委员会的建设获得了大力推动，成为人民调解工作创新发展的重点和亮点。司法部于2011年发布《关于加强行业性、专业性人民调解委员会建设的意见》，要求建立行业性、专业性人民调解组织，这一部署提高了人民调解队伍的社会化、专业化水平，使人民调解员队伍结构更加合理，调解能力进一步提高。

随后，为了进一步推进行业性、专业性人民调解委员会的建设，司法部于2014年9月30日印发了《关于进一步加强行业性、专业性人民调解工作的意见》，全国各地认真贯彻落实意见要求，积极与有关行业管理部门、社会团体或其他组织沟通联系，在矛盾纠纷易发多发、适合人民调解方式的行业、专业领域，特别是在医疗卫生、道路交通、劳动争议、物业管理、环境保护等社会热点纠纷领域建立行业性、专业性人民调解组织，及时有效化解行业、专业领域矛盾纠纷。2016年1月5日司法部、中央综治办、最高人民法院及民政部印发了《关于推进行业性、专业性人民调解工作的指导意见》，要求每个行业性、专业性人民调解委员会一般应配备3名以上专职人民调解员，人民调解工作室应当配备1名以上专职人民调解员。

以上举措给人民调解组织的发展带来了新的活力，据统计，截至2015年年底，全国共有798417个人民调解组织，人民调解员3911220名，共调处纠纷9331047件，调解成功率达到98.2%，[1]并且基本实现了调解组织网络的立体多层次、平面宽领域、社会全覆盖。

（二）人民调解委员会的设置

1989年《人民调解委员会组织条例》规定了3种人民调解组织形式：村

〔1〕 参见《中国法律年鉴(2015年)》，中国法律年鉴社2015年版，第221~222页。

民委员会下设的人民调解委员会、居民委员会下设的人民调解委员会，以及企事业单位根据需要设立的人民调解委员会。[1] 2002年《人民调解工作若干规定》颁布实施后，在以上人民调解组织基础上增添了新的组织形式——人民调解小组、乡镇（街道）人民调解委员会以及区域性、行业性、专业性的人民调解委员会。总体来说，我国现有的人民调解主体主要有以下四类。

1. 村、居（社区）人民调解委员会

农村村民委员会和城市（社区）居民委员会都是公民自我管理、自我教育、自我服务的基层群众性自治组织，实行民主选举、民主决策、民主管理、民主监督，其主要职责是管理本村、本区域的公共事务，调解民间纠纷，协助维护社会治安等。而村、居（社区）人民调解委员会是人民调解委员会最主要的组织形式，是人民调解的主体和基础。[2] 截至2015年年底，全国共有798417个人民调解组织，其中，村（居）人民调解委员会为675194个，乡镇（街道）人民调解委员会为318830个，企事业单位人民调解委员会为48036个，社会团体和其他组织人民调解委员会为72807个。[3] 可以看出，村、居（社区）人民调解委员会数量占全国人民调解组织总数的84.6%，比例最高。这是由于村民委员会和居民委员会是除家庭以外最基本的社会单位，是解决民间纠纷、化解社会矛盾最为便捷的组织。

村民委员会、居民委员会的人民调解委员会委员由村民会议或者村民代表会议、居民会议推选产生。另外，根据《人民调解工作若干规定》第12条的规定："村民委员会、居民委员会和企业事业单位的人民调解委员会根据需要，可以自然村、小区（楼院）、车间等为单位，设立调解小组，聘任调解员。"

2. 企事业单位人民调解委员会

在我国，社会构成的单位除了传统的行政区划以外，企事业单位也是一个重要的组成部分。企事业单位人民调解委员会是企事业单位内部通过选

[1] 1989年《人民调解委员会组织条例》第2条第1款规定："人民调解委员会是村民委员会和居民委员会下设的调解民间纠纷的群众性组织，在基层人民政府和基层人民法院指导下进行工作。"第15条规定："企业、事业单位根据需要设立的人民调解委员会，参照本条例执行。"

[2] 参见廖永安主编：《中国调解学教程》，湘潭大学出版社2015年版，第87页。

[3] 参见《中国法律年鉴（2015年）》，中国法律年鉴社2015年版，第221～222页。

举产生的调解民间纠纷的群众性组织，与村、居（社区）人民调解委员组织网络体系建立相比，企事业单位人民调解组织的建立相对较晚。企事业单位人民调解委员会委员由职工大会、职工代表大会或者工会组织推选产生，其具体任务是：①调解职工、家属之间有关人身、财产权益和其他日常生活中发生的民间纠纷，预防矛盾激化；②调解或协同有关部门的调解组织联合调解本单位职工与其他单位职工、街邻之间的纠纷；③通过调解工作宣传法律、法规、规章和政策，宣传厂规、厂纪，教育职工和家属遵纪守法，遵守劳动纪律，尊重社会公德；④协助调解本单位职工之间在生产、经营中发生的纠纷；⑤向本单位领导反映民间纠纷及调解工作情况，反映群众意见、要求和建议；⑥指导下属调解组织和调解人员的工作。

3. 乡镇（街道）人民调解委员会

乡镇（街道）人民调解委员会也是人民调解委员会极为重要的组织形式。由于经济的发展促使民间纠纷的形成和类型都发生了巨大变化，许多纠纷涉及主体较多并超出了地域的限制，单纯依靠村、居（社区）人民调解委员会已很难满足解纷的需要，于是2002年《人民调解工作若干规定》提出，建立乡镇、街道人民调解委员，以调解更为复杂的，或涉及两个以上村、居（社区）人民调解委员会的民间纠纷。

乡镇（街道）人民调解委员会是由乡镇分管领导、司法所、派出所、信访、民政、土地、妇联等部门负责人、部分村、居（社区）调解主任、具有法律专长、热心人民调解的辖区公民组成的齐抓共管、集中调解、配套联动的基层调解组织。[1] 具体由以下三类人员组成：①本乡镇、街道辖区内设立的村民委员会、居民委员会、企业事业单位的人民调解委员会主任；②本乡镇、街道的司法助理员；③在本乡镇、街道辖区内居住的懂法律、有专长、热心人民调解工作的社会志愿人员。

乡镇（街道）人民调解委员会的主要职责是：①受理和调解村民委员会、居民委员会或者企业事业单位的人民调解委员会调解不了的疑难、重大矛盾纠纷；②调解跨乡、村、单位的民间纠纷；③负责本辖区群体性事件的预防和处理工作；④负责制定乡（镇）重大矛盾纠纷排查办法和综合整治措施并认真组织实施，全力防止矛盾纠纷激化；⑤结合矛盾纠纷调处，开展各种形式的法治宣传活动，提高公民的道德水平和法律素质；⑥指导和协助村、居

---

〔1〕 参见姜小川主编：《调解实务教程》，中国法制出版社2011年版，第118页。

(社区)人民调解委员会工作,抓好村、居(社区)人民调解委员会的组织建设和培训工作;⑦指导和协助村、居(社区)、单位做好刑释解教人员和一般违法人员的安置帮教工作;⑧及时向党委、政府和司法行政部门反映本辖区内重大矛盾纠纷的调处情况,为党委、政府的决策提供依据;⑨积极参与与人民调解有关的社会治安综合治理工作。

4. 区域性、行业性、专业性的人民调解委员会

区域性、行业性的人民调解委员会是人民调解组织向社会自律性组织发展的有效形式之一,2002年《人民调解工作若干规定》赋予了区域性、行业性人民调解委员会合法地位,但并未对其人员组成进行规定。区域性人民调解委员会是指在特定的行政区域,特定的生产、生活地区建立的人民调解组织,例如,在流动人口聚居区、集贸市场、经济开发区、流动人口聚居地以及行政接边地区等建立的人民调解组织。所谓行业性、专业性人民调解委员会,指行业、社团组织建立的人民调解委员会,都是由政府认可或行业认可的非营利的社会服务机构,本质上属于民间自治团体。例如,较早探索行业性、专业性人民调解平台建设的上海市浦东新区,经多年实践,至2017年共搭建涉及医疗纠纷、物业管理纠纷、交通事故纠纷、知识产权纠纷、消费者权益纠纷、妇女权益保护、劳动纠纷、工伤纠纷、涉校纠纷等领域的调解组织35家,经过注册的民办非企业调解工作室11家,专业性、行业性调解机构陆续建立,调解领域不断延伸。[1] 区域性、行业性、专业性的人民调解委员会,既能帮助解决行业纠纷,也扩大了人民调解的工作面,为人民调解发挥作用提供了广阔的舞台。

二、行政机关及法律、法规授权的组织

行政机关或法律、法规授权的组织是行政调解的主体,行政调解是在以上主体的主持或主导下,以自愿、合法为原则,以相关法规和政策为依据,通过说服、教育和疏导,促使争议各方平等协商、化解矛盾的纠纷解决方式。[2] 行政调解是国家行政机关行使行政权的重要内容之一,是非强制行政的一种方式,通过协商民主的方式化解一般的民事纠纷及轻微的刑事纠

〔1〕 参见上海市浦东新区司法局课题组:《专业性人民调解平台建设若干问题研究——基于上海市浦东新区专业性人民调解中心实践》,载《中国司法》2017年第1期。

〔2〕 参见王伟民主编:《行政调解概论》,安徽人民出版社2016年版,第4页。

纷,例如,治安纠纷、城市房屋拆迁纠纷、消费者权益争议等,对于稳定社会、建设法治政府、转变政府职能、密切党和政府与人民群众的关系具有重要意义。

近年来,随着我国社会主义法治和服务政府建设的推进,行政机关开展行政调解成为预防和化解社会矛盾的重要措施。2004 年国务院印发的《全面推进依法行政实施纲要》指出:“充分发挥调解在解决社会矛盾中的作用。对民事纠纷,经行政机关调解达成协议的,行政机关应当制作调解书;调解不能达成协议的,行政机关应当及时告知当事人救济权利和渠道。”2010 年国务院出台的《关于加强法治政府建设的意见》,对健全社会矛盾纠纷调解机制作出了重要部署,“要把行政调解作为地方各级人民政府和有关部门的重要职责,建立由地方各级人民政府负总责、政府法制机构牵头、各职能部门为主体的行政调解工作体制,充分发挥行政机关在化解行政争议和民事纠纷中的作用。完善行政调解制度,科学界定调解范围,规范调解程序”。以上文件特别强调了发挥行政调解功能的重要性以及建立行政调解工作体制,完善行政调解制度的迫切性。目前,我国行政调解的主体主要是行政机关和法律、法规授权的组织两大类。

(一)行政机关主持调解

行政调解是行政主体所主持的化解纠纷的活动,是行政主体行使职权的方式,因此,行政调解的主体首先包括依法享有行政调解职权的国家行政机关。[1] 行政机关是按照国家宪法和有关组织法的规定设立的,代表国家依法行使行政权、组织和管理国家行政事务的国家机关,是国家权力机关的执行机关。行政调解是国家行政机关对经济活动和社会生活执行管理和监督的一种方式。

行政机关利用行政资源以调解的方式解决在公共行政过程中遇到的纠纷,其在行政调解中充当中间人、调解人的角色,使行政相对方主动、自愿地参与到纠纷解决中,因不受行政主体的强制干预,双方将会为共同的目标而努力,并以积极的心态去履行行为要求,以促进行为效益的最大化。就我国目前而言,行政机关在行使行政管理的职能过程中遇到的纠纷基本都可以进行调解,其中最主要的行政机关调解主体有以下三类。

---

〔1〕 参见湛中乐等:《行政调解、和解制度研究》,法律出版社 2009 年版,第 37 页。

1. 地方人民政府

国家通过法律、行政法规赋予了地方人民政府协商解决争议纠纷的权力。例如,我国《水法》赋予了县级以上地方人民政府水事纠纷的调解权。《水法》第 57 条规定:“单位之间、个人之间、单位与个人之间发生的水事纠纷,应当协商解决;当事人不愿协商或者协商不成的,可以申请县级以上地方人民政府或者其授权的部门调解,也可以直接向人民法院提起民事诉讼。县级以上地方人民政府或者其授权的部门调解不成的,当事人可以向人民法院提起民事诉讼。”又如,《土地管理法》第 16 条明确规定:“土地所有权和使用权争议,由当事人协商解决;协商不成的,由人民政府处理。单位之间的争议,由县级以上人民政府处理;个人之间、个人与单位之间的争议,由乡级人民政府或者县级以上人民政府处理。”

2. 基层人民政府

基层人民政府是行政调解主体的重要组成部分,自我国新民主主义革命时期开始,各个革命根据地的基层人民政府都负有调解民事纠纷和轻微刑事案件的职责。1990 年《民间纠纷处理办法》赋予了基层人民政府调解各类民间纠纷的权力。《民间纠纷处理办法》第 3 条规定,基层人民政府处理民间纠纷的范围,为《人民调解委员会组织条例》规定的民间纠纷,即公民之间有关人身、财产权益和其他日常生活中发生的纠纷。民间纠纷包括一般民事纠纷和轻微刑事纠纷两大类。例如,基层人民政府可以依法调处当事人之间的土地承包经营纠纷,《农村土地承包法》第 55 条第 1 款规定:“因土地承包经营发生纠纷的,双方当事人可以通过协商解决,也可以请求村民委员会、乡(镇)人民政府等调解解决。”

县乡镇人民政府和街道办事处的司法助理员是基层人民政府的司法行政工作人员,具体负责处理调解民事纠纷和轻微刑事案件,此外,司法助理员还担负着指导人民调解委员会的工作和法制宣传的职责。

3. 政府机关

政府机关运用非强制性、契约式行政调解,化解了大量的民事和行政争议,对社会的和谐发展发挥了重要作用,[1] 主要包括公安机关、卫生行政机关、婚姻登记机关、专利管理机关等。

---

〔1〕 参见王伟民主编:《行政调解概论》,安徽人民出版社 2016 年版,第 16 页。

(1)公安机关

公安机关依据《治安管理处罚法》和《道路交通安全法》等规定,对部分治安和交通事故案件进行调解。根据《治安管理处罚法》第 9 条的规定,对于因民间纠纷引起的打架斗殴或者损毁他人财物等违反治安管理的行为,情节轻微的,公安机关可以调解处理。经调解未达成协议或者达成协议后不履行的,公安机关应当依照本法的规定对违反治安管理行为人给予处罚,并告知当事人可以就民事争议依法向人民法院提起民事诉讼。公安机关对达成协议的不予处罚,这一规定体现了鼓励协商调解建立和谐社会的立法倾向。对于交通事故案件,《道路交通安全法》第 74 条规定:“对交通事故损害赔偿的争议,当事人可以请求公安机关交通管理部门调解,也可以直接向人民法院提起民事诉讼。经公安机关交通管理部门调解,当事人未达成协议或者调解书生效后不履行的,当事人可以向人民法院提起民事诉讼。”

(2)卫生行政机关

卫生行政主管部门根据《医疗事故处理条例》的规定进行调解。国务院于 2002 年发布了《医疗事故处理条例》,赋予卫生行政部门调解医疗事故赔偿纠纷的权力。《医疗事故处理条例》第 48 条规定:“已确定为医疗事故的,卫生行政部门应医疗事故争议双方当事人请求,可以进行医疗事故赔偿调解。调解时,应当遵循当事人双方自愿原则,并应当依据本条例的规定计算赔偿数额。经调解,双方当事人就赔偿数额达成协议的,制作调解书,双方当事人应当履行;调解不成或者经调解达成协议后一方反悔的,卫生行政部门不再调解。”

(3)婚姻登记机关

婚姻登记机关依据我国《民法典》的相关规定,对婚姻双方当事人的离婚纠纷进行调解。我国《民法典》第 1079 条规定,夫妻一方要求离婚的,可以由有关组织进行调解或者直接向人民法院提出离婚诉讼。此外,男女双方自愿离婚的,应同时到婚姻登记机关申请。

(4)专利管理机关

专利管理机关依据我国《专利法》的相关规定,对侵犯专利权的赔偿数额进行调解。《专利法》第 60 条规定:“未经专利权人许可,实施其专利,即侵犯其专利权,引起纠纷的,由当事人协商解决;不愿协商或者协商不成的,专利权人或者利害关系人可以向人民法院起诉,也可以请求管理专利工作的部门处理。管理专利工作的部门处理时,认定侵权行为成立的,可以责令侵权人立即停止侵权行为，当事人不服的，可以自收到处理通知之日起十五日内依照《中华人民共和国行政诉讼法》向人民法院起诉；侵权人期满不起诉又不停止侵权行为的，管理专利工作的部门可以申请人民法院强制执行。进行处理的管理专利工作的部门应当事人的请求，可以就侵犯专利权的赔偿数额进行调解；调解不成的，当事人可以依照《中华人民共和国民事诉讼法》向人民法院起诉。"

（二）法律、法规授权的组织主持调解

除了国家机关以外，各国法律、法规不断授权非国家行政机关组织行使一定的行政职能，使之成为行政主体。法律、法规授权的组织是指依具体法律、法规授权而行使特定行政职能的非国家机关组织。[1] 在实践中，许多社会组织因法律、法规授权成为行政主体，常常基于法律、法规的授权，调解其职权内的各种社会纠纷。

我国并未明确规定被授权组织的条件，根据行政法基本原则和一般法理，法律、法规可以授权其行使一定行政职能的组织应当具备以下条件：第一，相应组织应与所授权行使的行政职能无利害关系；第二，相应组织应为具有了解和掌握与所行使行政职能有关的法律、法规和有关技术知识的工作人员；第三，相应组织应具备所授行政职能形式所需要的基本设备和条件；第四，对于某些特别行政职能，被授权组织还应具备某些特别的条件，如保密、安全、技术、经验以及工作人员的特殊素质要求等。[2] 此外，行政授权还必须符合法定的形式，有时法律、法规直接授予职权，有时法律、法规规定由特定的行政机关授予职权等。

在我国，有权主持行政调解的法律、法规授权的组织主要分为两类：一类是法律、法规授权的行政机关内部机构、派出机构以及临时机构；另一类是法律、法规授权的企事业单位、社会组织、团体、行业协会、基层群众性自治组织等其他社会公共组织。[3] 前者如，环保主管部门在履行环保监督管

---

〔1〕 参见姜明安主编：《行政法与行政诉讼法》，北京大学出版社、高等教育出版社 2015 年版，第 112 页。

〔2〕 参见姜明安主编：《行政法与行政诉讼法》，北京大学出版社、高等教育出版社 2015 年版，第 113 页。

〔3〕 参见王伟民主编：《行政调解概论》，安徽人民出版社 2016 年版，第 17 页。

理的行政职权时，可以对环境领域的纠纷进行调处；后者如，消费者协会对消费领域纠纷进行的调解。调解消费者纠纷的消费者协会是我国《消费者权益保护法》授权进行社会监督的行政主体，根据《消费者权益保护法》第36条的规定，消费者协会是依法成立的对商品和服务进行社会监督的保护消费者合法权益的社会组织。该法第39条规定："消费者和经营者发生消费者权益争议的，可以通过下列途径解决：（一）与经营者协商和解；（二）请求消费者协会或者依法成立的其他调解组织调解；（三）向有关行政部门投诉；（四）根据与经营者达成的仲裁协议提请仲裁机构仲裁；（五）向人民法院提起诉讼。"

三、仲裁调解的主体

"仲裁中的调解"作为首创于我国仲裁实践的"东方经验"，随后为越来越多的国外及国际仲裁机构所采纳，引起了世界范围的理论关注和实践探索。仲裁与调解相结合的程序具有极大的灵活性，仲裁机关受理案件后，在查清事实、分清是非的基础上，在双方当事人自愿的前提下，对双方当事人进行说服教育，促使双方解除分歧，达成协议，解决争议。值得注意的是，调解不是所有仲裁案件都必须经过的程序，是否采用调解方式解决，取决于案件的具体情况和双方当事人的态度。另外，仲裁调解并无单独的调解规则，而是与仲裁结合进行。

仲裁调解的调解主体是仲裁机构。仲裁委员会是独立、公正、高效地解决平等主体（公民之间、法人之间、其他组织之间，以及上述主体相互之间）合同纠纷和其他财产权益纠纷的常设仲裁机构。根据我国有关规定，仲裁调解的主体主要有民商事仲裁机构、劳动人事争议仲裁机构、农村土地承包经营纠纷仲裁机构、国际经济贸易及海事争议仲裁机构等。

（一）民商事仲裁机构

民商事仲裁调解是指在仲裁委员会仲裁庭的主持下，仲裁当事人在自愿协商、互谅互让基础上达成协议，从而解决民商事纠纷的方式。因此，民商事仲裁调解的主体是仲裁委员会，具体承办组织为仲裁庭。不同于人民调解组织的产生方式，仲裁调解组织需要通过推选程序，最大限度地符合民主和自治的要求。

一般而言，仲裁调解组织与仲裁组织是一致的。根据《仲裁法》第10条的规定,仲裁委员会可以在直辖市和省、自治区人民政府所在地的市设立,也可以根据需要在其他设区的市设立,主要由该市人民政府组织有关部门和商会统一组建。具体行使仲裁权的主体是仲裁庭,其组成形式有两种,即合议仲裁庭和独任仲裁庭。仲裁庭在作出裁决前,可以先行调解。当事人自愿调解的,仲裁庭应当调解。若调解达成协议的,仲裁庭应当制作调解书或者根据协议的结果制作裁决书,调解书与裁决书具有同等法律效力。

除《仲裁法》对仲裁调解进行了规定外,各地仲裁机构基于自身实践对仲裁调解进行了规范,例如,天津仲裁委员会、广州仲裁委员会、北京仲裁委员会、武汉仲裁委员会等都先后围绕仲裁调解作出了专门规定。

另外,当前为了鼓励仲裁组织以调解的方式化解纠纷,一些地方还专门成立了仲裁调解组织,例如,2010 年长沙总商会成立了仲裁调解中心,其职责为,在已经发生的合同争议案件中,若未订立仲裁条款或者仲裁条款无效的,促使双方当事人达成仲裁协议,将争议提交总商会仲裁调解中心进行仲裁、调解。并可以根据长沙仲裁委员会的授权范围,受理和调解经济纠纷,制作长沙仲裁委员会调解书。

(二)劳动人事争议仲裁机构

随着市场经济体制改革的进一步深化,我国的劳动关系和人事关系逐步呈现出复杂化和市场化,从而导致了劳动人事争议纠纷的多样化,加强劳动人事争议调解工作有利于经济的发展和社会的和谐稳定。仲裁程序是劳动人事争议案件处理的前置程序,可以有效化解大量事实清楚、争议不大的劳动争议纠纷,起到纠纷繁简分流的作用。我国的劳动人事争议仲裁机构是劳动人事争议仲裁委员会,前身为劳动争议仲裁委员会,随着劳动和社会保障局与人事局的合并,为了便于工作,由劳动争议仲裁委员会与人事争议仲裁委员会合并成立劳动人事争议仲裁委员会。

劳动人事争议仲裁调解主要是指在劳动人事争议仲裁委员会仲裁庭的主持下,仲裁当事人在自愿协商、互谅互让基础上达成协议,从而解决纠纷的一种方式。[1] 实践中,劳动人事争议仲裁调解主要采取劳动人事争议仲裁委员会自行调解和劳动人事争议仲裁委托调解两种方式。

---

〔1〕 参见王伟民主编:《行政调解概论》,安徽人民出版社 2016 年版,第 6 页。

1. 劳动人事争议仲裁委员会自行调解

2017年人力资源和社会保障部公布的《劳动人事争议仲裁组织规则》规定，劳动人事争议仲裁委员会是国家授权依照有关法律规定由人民政府确定设立的，代表国家行使仲裁权的国家仲裁机构。劳动人事争议仲裁委员会由干部主管部门代表、人力资源社会保障等相关行政部门代表、军队文职人员工作管理部门代表、工会代表和用人单位方面代表等组成，负责管辖本区域内发生的劳动人事争议，主要包括：①企业、个体经济组织、民办非企业单位等组织与劳动者之间，以及机关、事业单位、社会团体与其建立劳动关系的劳动者之间，因确认劳动关系，订立、履行、变更、解除和终止劳动合同，工作时间、休息休假、社会保险、福利、培训以及劳动保护，劳动报酬、工伤医疗费、经济补偿或者赔偿金等发生的争议；②实施公务员法的机关与聘任制公务员之间、参照公务员法管理的机关（单位）与聘任工作人员之间因履行聘任合同发生的争议；③事业单位与其建立人事关系的工作人员之间因终止人事关系以及履行聘用合同发生的争议；④社会团体与其建立人事关系的工作人员之间因终止人事关系以及履行聘用合同发生的争议；⑤军队文职人员用人单位与聘用制文职人员之间因履行聘用合同发生的争议；⑥法律、法规规定由劳动人事争议仲裁委员会处理的其他争议。[1]

仲裁庭在查明事实的基础上，首先要做调解工作，努力促使双方当事人自愿达成协议。根据《劳动争议调解仲裁法》第42条的规定，仲裁庭在作出裁决前，应当先行调解，调解达成协议的，仲裁庭应当制作调解书。

《劳动人事争议仲裁办案规则》第68条、第69条规定，仲裁委员会处理争议案件，应当坚持调解优先，引导当事人通过协商、调解方式解决争议，给予必要的法律释明以及风险提示。而对于未经调解、当事人直接申请仲裁的争议，仲裁委员会可以向当事人发出调解建议书，引导其到调解组织进行调解。当事人同意先行调解的，应当暂缓受理；当事人不同意先行调解的，应当依法受理。

2. 劳动人事争议仲裁委托调解

在仲裁开庭之前，经双方当事人同意，仲裁庭还可以委托调解组织或者其他具有调解能力的组织、个人进行调解，经调解组织调解达成调解协议的，双方当事人可以自调解协议生效之日起15日内，共同向有管辖权的仲

[1] 参见2017年人力资源和社会保障部公布的《劳动人事争议仲裁办案规则》第2条。

裁委员会提出仲裁审查申请。仲裁委员会经审查认为调解协议的形式和内容合法有效的,应当制作调解书。

(三)农村土地承包仲裁机构

采取调解方式解决农村土地承包权纠纷,一方面有利于当事人和平解决纠纷,另一方面更有利于迅速、及时、低成本地解决纠纷。为解决农村土地承包经营纠纷,我国于2009年通过的《土地承包经营纠纷调解仲裁法》规定,各地在人民政府指导下设立农村土地承包仲裁委员会,由当地人民政府及其有关部门代表、有关人民团体代表、农村集体经济组织代表、农民代表和法律、经济等相关专业人员兼任组成,其中农民代表和法律、经济等相关专业人员不得少于组成人员的1/2。由此可见,农村土地承包仲裁委员会是国家授权依照有关法律规定由人民政府确定设立的,因此属于国家授权,代表国家行使仲裁权的国家仲裁机构。根据《土地承包经营纠纷调解仲裁法》第11条的规定,仲裁庭对农村土地承包经营纠纷应当进行调解。调解达成协议的,仲裁庭应当制作调解书;调解不成的,应当及时作出裁决。

(四)国际经济贸易及海事争议仲裁机构

目前,我国专门受理国际经济贸易及海事争议调解案件的机构有中国国际经济贸易仲裁委员会、[1]中国海事仲裁委员会、中国国际贸易促进委员会(中国国际商会)调解中心和中国海事仲裁委员会海事调解中心。涉外仲裁机构运用调解方式解决国际经济贸易和海事争议是中国国际经济贸易仲裁委员会与中国海事仲裁委员会在仲裁活动中的创举,因而也是中国国际经济贸易及海事仲裁的一大特点。[2]

国际经济贸易及海事争议仲裁调解的主体可以分为两类:一类是仲裁机构,例如,中国国际经济贸易仲裁委员会和中国海事仲裁委员会;另一类是专门调解机构,例如,中国国际贸易促进委员会(中国国际商会)调解中心和中国海事仲裁委员会海事调解中心。

---

〔1〕 2000年,中国国际经济贸易仲裁委员会同时启用"中国国际商会仲裁院"的名称。

〔2〕 参见常怡主编:《中国调解制度》,法律出版社2013年版,第213页。

1. 仲裁机构调解

中国国际经济贸易仲裁委员会前身为对外贸易仲裁委员会，是 1954 年基于原中央人民政府政务院通过的《关于在中国国际贸易促进委员会内设立对外贸易仲裁委员会的决定》而成立的；中国海事仲裁委员会则是基于 1958 年国务院通过的《关于在中国国际贸易促进委员会内设立海事仲裁委员会的决定》而设立。中国国际经济贸易仲裁委员会和中国海事仲裁委员会是民间社会团体，调解的争议主要是国际或涉外争议案件，以及涉及我国香港特别行政区、澳门特别行政区及我国台湾地区的争议案件，因此，中国国际经济贸易仲裁委员会和中国海事仲裁委员会调解是一种国际民间调解或区际民间调解。在具体案件的调解时，上述仲裁机构调解组织形式又因仲裁程序是否开始而不同。若在仲裁程序开始前，双方当事人同意以调解的方式解决纠纷，由于仲裁庭尚未组成，则由仲裁委员会的办事机构进行调解；若在仲裁程序开始后，双方当事人同意用调解方式解决争议，则由仲裁庭主持调解。

2. 专门调解机构调解

中国国际贸易促进委员会（中国国际商会）调解中心及其各分会的调解中心前身为 1987 年成立的北京调解中心，是以调解的方式，独立、公正地解决中外当事人的商事、海事等争议的常设调解机构。自成立以来，顺应中国的改革开放和完善社会主义市场经济的需要，不断发展壮大，现已在全国各省、市、自治区及一些重要城市设立分会调解中心共 42 家，形成了庞大的调解网络。各调解中心使用统一的调解规则，在业务上受总会调解中心的指导。调解员由中国国际贸易促进委员会总会或其分会聘请经济、贸易、金融、证券、投资、知识产权、技术转让、房地产、工程承包、运输、保险以及其他商事、海事领域里及/或法律领域里具有专门知识及/或实际经验的、公道正派的人士担任，该调解中心制定了《调解员守则》，进一步明确了调解员的责任、义务，保证调解的公正、有效进行。[1]

中国海事仲裁委员会海事调解中心是在中国海事局的大力支持下，经中国国际商会批准成立的。2006 年，首个试点单位上海海事调解中心正式

---

〔1〕 参见《中国国际贸易促进委员会（中国国际商会）调解中心简介》，载 http://adr.ccpit.org/CH/AboutUs/edbd1deb-509a-4f78-a1e3-6b4f3efa528f.html，2018 年 10 月 10 日访问。

成立,该中心主要负责处理海上事故纠纷,通过海事纠纷调解与仲裁相结合的方式,最大限度地发挥民间调解的独立公正性。2006 年年初,中国国际贸易促进委员会和中国海事局一致通过了《中国海事仲裁委员会海事调解中心调解规则》和《中国海事仲裁委员会海事调解中心调解员办案守则》。并且,上海海事局推荐了部分仲裁员和调解员,海事调解员名册包括原上海地区的仲裁员共 59 人。2009 年经中国国际商会批准,对仲裁规则中的调解规则进行了修改,使当事人在指定调解员时获得了更大的自主权,即当事人可以选定调解员名册外所信任的人士处理调解争议,这一修改促使当事人更加放心地选择在中国海事仲裁委员会海事调解中心解决争议。

四、人民法院

从我国调解的发展历史来看,人民法院一直是调解的主导者和推动者,其代表国家,以国家的名义通过在诉讼过程中,促进双方当事人就他们之间发生的民事争议、部分刑事以及行政赔偿争议自愿而平等地协商,在互谅互让的基础上达成协议,从而解决争议纠纷并结束案件。法院调解的具体调解行为一般由法官实施。近年来,随着司法改革的深入和诉讼调解机制的创新,人民法院开始借助社会力量调处民事纠纷,一方面,创立了委派调解、委托调解等新型调解模式;另一方面,引入社会力量参与和协助人民法院进行调解。

(一)法官主持调解

在民事诉讼中,在双方当事人自愿的基础上,在中立法官(调解人)的主持下,当事人互谅互让,达成协议,一直是我国解决民事纠纷的途径之一,我国法官主持调解有其所特有的产生背景、功能及发展趋势。

1. 法官主持调解的确立和发展

法官积极主动地说服、教育、劝导当事人,促使他们达成协议解决纠纷,在抗日民主政权时期即成为根据地人民法院处理民事和部分刑事争议的主要方式。在倡导审判与调解结合的"马锡五审判方式"的基础上,我国确立了"调解为主,审判为辅"的司法方针。中华人民共和国成立后至改革开放之前,这一方针被不断修正,法院基本贯彻的是"调解为主"的民事审判方针,即法官审理案件应当尽量采用调解方式,以调解结案。1982 年《民事诉讼法(试行)》第 6 条将"调解为主"方针改为"着重调解",1991 年《民事诉讼法》则又将“着重调解”改为“根据自愿和合法的原则进行调解”。自此,法官启动和主持调解必须遵循当事人的意愿,同时在法律规定的范围内进行,调解不成,应当及时判决,不能久调不决。2008 年,为了适应我国经济和社会全面协调可持续发展,切实落实司法为民的要求,最高人民法院确立了“调解优先、调判结合”的工作原则,法官主持调解在实践中重新得到了倡导和重视。经过长期的审判实践,我国逐渐形成了调解主导型的“调审合一”的纠纷解决模式。

事实上,自 20 世纪 90 年代中后期的民事审判方式改革时起,“调审合一”的程序构造开始受到一系列追问和质疑。基于调解和审判两种纠纷解决机制在本质上的不同,有学者提出应当设置“调审分离”的民事审判方式,并且,一些人民法院在规范和完善诉讼调解中开始积极地尝试“调审分离”模式。[1] 2016 年最高人民法院发布的《多元纠纷解决意见》,提出了建立案件调解与裁判在人员和程序方面适当分离的机制,规定立案阶段从事调解的法官,原则上不参与同一案件的裁判工作,在案件审理过程中,双方当事人仍有调解意愿的,从事裁判的法官可以进行调解。这一规定有效地推动了我国人民法院“调解与裁判适当分离”的民事审判方式的确立。

2. 法官主持调解的组织形式

法官(审判人员)是调解行为实施的主体,在法院调解中,当事人达成协议必须在法官的主持下进行,如果没有法官的主持,即使当事人在诉讼中就争议的民事法律关系达成了协议,也不是法院调解,而是诉讼上的和解。根据我国《民事诉讼法》的规定,法院调解可以根据不同情况采取不同的组织形式:

(1)审判员一人主持调解。在案件立案之后、移送审判业务庭之前,人民法院的立案部门对法律关系明确、争议不大的民商事案件,在征得双方当事人同意后,对有可能经过调解(法律、法规禁止调解的除外)解决的民事案件,由立案庭的法官主持双方当事人通过自愿协商达成协议。对于基层人民法院及其派出法庭审理简单的一审民事案件,适用简易程序,采用独任制

---

[1] 从人民法院的改革实践来看,有 4 种调审分离的模式:①人民法院附设人民调解的分离模式;②立案调解的分离模式;③法官助理调解的分离模式;④专设调解庭的分离模式。参见李浩:《调解归调解,审判归审判:民事审判中的调审分离》,载《中国法学》2013 年第 3 期。

的审判组织形式,在调解时也是由审判员一人独任主持。虽然经当事人同意,法官助理等审判辅助人员受人民法院指派也可以调解案件,但不得由其单独一人调解。

(2)合议庭主持调解。符合立案调解条件的案件,除独任审判员主持调解外,应由审判员和人民陪审员、人民调解员共同组成合议庭来进行调解。一审案件的调解,除适用简易程序外应当组成合议庭,经当事人同意,合议庭的组成可以由审判员、法官助理等审判辅助人员等组成;而二审案件的调解均应组成合议庭。调解上述一审和二审案件时,应当由负责审理的合议庭主持。

3. 人民法院专职调解员

专职调解员是人民法院在诉讼服务中心等部门配备的,由擅长调解的法官或者司法辅助人员担任,由人民法院直接管理的内部人员。专职调解员从事调解指导工作和登记立案后的委托调解工作,专职调解员在诉前调解、分流案件方面发挥着重要作用,各级人民法院应当选择具备良好的政治素质和业务素质且擅长调解纠纷的人员担任。《多元纠纷解决意见》第18条规定了"建立法院专职调解员制度",人民法院可以在诉讼服务中心等部门配备专职调解员,由擅长调解的法官或者司法辅助人员担任,从事调解指导工作和登记立案后的委托调解工作。

(二)社会力量协助法院调解

协助调解是人民法院引入社会力量参与调解的重要形式,是指人民法院在审理案件的过程中,为了更好地促成当事人进行调解,邀请诉讼外的调解人参与诉讼调解,以促进纠纷解决的方式。[1] 协助调解在性质上仍然是法院调解,是以人民法院为主体的调解,案外调解人参与诉讼调解的前提是法官的邀请,不会主动参与调解。另外,社会力量在协助法院调解中起到帮助和辅助作用,人民法院对调解的开始、调解的进行、调解方案的形成、调解协议的审查和批准、调解书的制作等起主导作用并负有责任。

《民事诉讼法》第95条规定:"人民法院进行调解,可以邀请有关单位和个人协助。被邀请的单位和个人,应当协助人民法院进行调解。"关于具体哪些有关单位和个人可以被邀请协助人民法院调解,《法院调解规定》第3

---

〔1〕 参见廖永安主编:《中国调解学教程》,湘潭大学出版社2016年版,第91页。

条进行了明确,即与当事人有特定关系或者与案件有一定联系的企业事业单位、社会团体或者其他组织,和具有专门知识、特定社会经验、与当事人有特定关系并有利于促成调解的个人协助调解工作。被邀请的有关单位和个人应当积极协助人民法院进行调解,不应推托。有关单位和个人一般了解案情或者为当事人所信任,他们参加调解工作,对当事人进行说服、疏导,不仅可以帮助人民法院做当事人的工作,而且可以帮助人民法院出主意、想办法,提出有助于解决纠纷的方案,以顺利解决当事人之间的纠纷,促使双方当事人达成协议。

从我国各地人民法院协助调解的实践来看,人民法院邀请协助调解的主体主要为以下人员。

1. 人民调解组织的成员

人民调解委员会是对民间纠纷进行调解的基层群众性自治组织,担负着调解民事纠纷的职责。人民调解委员会已从村民委员会、居民委员会等自治组织中发展至乡镇街道、企事业单位和行业、社会团体组织中,人民调解员不仅熟悉当事人的情况,而且也熟悉纠纷的情况,由他们协助人民法院进行调解,往往能取得较好的效果。

2. 工会、妇联、消费者协会等组织

工会、妇联、消费者协会等组织是劳动者、妇女及消费者等主体合法权益的代表者和维护者,其以保护劳动者、妇女及消费者等主体的权益为基本职责。近年来,不少人民法院邀请工会、妇联、消费者协会等组织协助调解劳动争议纠纷、妇女权益保护及消费者权益纠纷等案件,有效地保障了当事人的合法权益。例如,2017 年广州市中级人民法院与市总工会揭牌成立了劳动争议诉调对接工作室,由广州市中级人民法院指派工作人员、市总工会派驻律师共同组成,立案后协助调解为该工作室调解劳动争议纠纷的重要形式之一。[1]

3. 相关行政机关

在我国,有关行政机关或法律、法规授权的组织,担负着通过协商民主的方式化解一般的民事纠纷及轻微的刑事纠纷的职责。例如,公安机关依据《治安管理处罚法》和《道路交通安全法》等规定,有权对部分治安和交通

---

〔1〕 参见《法院工会联手,无偿解决劳动纠纷》,载 http://news.163.com/17/1208/01/D53M2NKC00014AEE.html,2018 年 10 月 2 日访问。

事故案件进行的调解;又如,卫生行政主管部门根据《医疗事故处理条例》的规定对医疗事故赔偿纠纷进行调解。因此,这些担负着行政调解职能的行政机关,对发生在其管理范围内的民事纠纷,不但有着专业知识方面的优势,而且在长期处理该领域民事纠纷的过程中也积累了丰富的经验,因此,人民法院在调解特定领域中的民事案件时,可以邀请相关行政机关参与调解。

4. 人大代表、政协委员

人大代表和政协委员均来自于基层,是公民通过选举产生的人民权利的代表,在选区内有一定的知名度、认可度和号召力、说服力,因此,他们在参与纠纷解决时具备一定的角色优势。另外,他们平时工作在各行各业,对基层纠纷当事人的世俗民情了如指掌,邀请他们协助法院调解既符合民事诉讼法的制度规定,也与民事调解制度之价值相契合。邀请人大代表和政协委员协助法院调解,一方面,人民法院基于调解纠纷、化解矛盾的需要,能够利用人大代表、政协委员的社会影响力帮助人民法院做调解工作;另一方面,人民法院邀请人大代表、政协委员协助诉讼调解,也是人大代表、政协委员履行其职责的一个全新方式,有助于人大代表、政协委员协助宪法和法律的实施,以及了解人民法院的审判工作,便于对人民法院审判工作进行监督。

5. 专业人士

专业人士是相关领域的业务权威,当诉讼案件是某类专业性很强的纠纷时,有专业知识的人参与纠纷的处理能够帮助人民法院正确地认定案件事实,又能够协助人民法院做好调解工作。对专家们提出的意见,当事人也容易接受。所以,在那些需要专业知识才能够解决的纠纷中,人民法院往往邀请相关领域的专家参与法院的调解。实践中比较多见的是,人民法院在调解医患纠纷时,邀请与案件没有利害关系的医学专家参与调解。[1]

6. 当事人的亲属

当事人的亲属与当事人存在紧密的社会关系,更容易把握利益的关键所在。同时,由于当事人对其亲属更为信赖,更易听从其亲属的意见,人民法院邀请当事人的亲属参与调解,往往会收到非常好的效果。实践中,不少

---

〔1〕 参见李浩:《法院协助调解机制研究》,载《法律科学(西北政法大学学报)》2009年第4期。

人民法院通过充分借助当事人亲属的力量，有效化解了婚姻家庭及其他各种矛盾纠纷。法官充分发挥其主观能动性，在形成调解合力的基础上，更加注重在当事人中间有威望的亲属参与案件调解，不但为法庭节省了司法资源，而且对矛盾的化解起到了事半功倍的效果。

7. 律师

在诉讼案件中，人民法院在进行调解时，往往也会请代理诉讼的律师帮助法官做当事人的调解工作，由于律师是当事人自己聘请的，当事人一般都很信任自己的律师，所以当律师帮助法官进行调解时，通常能取得积极的效果。例如，北京市第一中级人民法院于2009年颁布的《关于律师在民事诉讼中协助调解、主持和解工作的规定》，规定在案件审理过程中，可商请当事人的代理律师协助调解，在正式开庭或谈话后，对有可能达成调解协议的案件，法官应及时与各方律师进行沟通，建议其就案件协商解决做当事人的相关协调工作，在一定时限内，努力促成当事人达成调解协议。并且北京市第一中级人民法院还与北京市律师协会签订了《关于律师在民事诉讼中协助调解、主持和解工作的协议》，协议约定凡是在北京市第一中级人民法院审理的，当事人各方均聘请了代理律师的民事案件，在当事人自愿的前提下，律师能够在法官指导下积极协助调解或主持和解，而达成的相应调解、和解协议，经法官对协议的合法性和当事人是否自愿进行严格审查后确认其效力，并制作民事调解书、撤诉裁定书。

但是，律师作为协助人，是指并非代理本案的律师接受人民法院的邀请参与案件的调解，也就是说，律师是以案外人的身份协助法院调解。[1] 那么律师是否可以成为协助调解的协助人？答案应该是肯定的。2017年最高人民法院、司法部联合印发的《律师调解意见》明确了律师调解的四种工作模式，肯定了律师专业法律服务与调解这一中国特色替代性纠纷解决机制相结合的重要意义，因此，律师协助法院调解也应当值得肯定。

（三）接受特邀的其他社会组织调解

人民法院是矛盾纠纷的聚集地，要发挥涉诉矛盾纠纷分流、调度和协调的“枢纽”作用。近年来，我国各地人民法院纷纷邀请与案件相关的单位和个

---

〔1〕 参见李浩：《法院协助调解机制研究》，载《法律科学》（西北政法大学学报）2009年第4期。

人等社会力量协助调解,或者干脆委托这些社会力量进行调解。这些做法已不再是传统意义上的法院调解,而是充分利用和依靠社会力量的参与。法官不再垄断法院调解权力,而只是作为调解主体之一,甚至完全脱离调解过程。

最高人民法院于2007年颁布的《诉讼调解意见》第11条规定,人民法院可以根据法律以及司法解释的规定,建立和完善引入社会力量进行调解的工作机制。人民法院可以引导当事人选择办案法官之外的有利于案件调解的人民调解组织、基层群众自治组织、工会、妇联等有关组织进行调解,也可以邀请人大代表、政协委员、律师等个人进行调解。根据上述规定,法院调解的主体来源逐步扩大,已不再局限于仅由法官主持。

2016年最高人民法院公布实施的《特邀调解规定》,明确规定了特邀调解是指人民法院吸纳符合条件的人民调解、行政调解、商事调解、行业调解等调解组织或者个人成为特邀调解组织或者特邀调解员,接受人民法院立案前委派或者立案后委托依法进行调解,促使当事人在平等协商基础上达成调解协议、解决纠纷的一种调解活动。在特邀调解过程中,由人民法院外的特邀调解组织或特邀调解员参与调解工作,人民法院退出调解,进而由社会力量主持进行,调解的真正主体是社会力量。然而,在特邀调解工作中,人民法院仍然承担着重要职责和功能。

第一,指导当事人先行调解。人民法院可以邀请符合条件的调解组织加入特邀调解组织名册,可以邀请人大代表、政协委员、人民陪审员、专家学者、律师、仲裁员、退休法律工作者等符合条件的个人加入特邀调解员名册。对适宜调解的纠纷,人民法院负责立案登记的工作人员应指导当事人选择名册中的调解组织或者调解员先行调解。

第二,指导特邀调解组织和特邀调解员开展工作。除指导调解程序外,人民法院还须承担提高特邀调解员综合素质、调解技能等方面的工作。

第三,管理特邀调解案件流程并统计相关数据。在纠纷进入人民法院的初始阶段,人民法院需要甄别出适宜调解的纠纷,指导当事人选择名册中的特邀调解组织或者特邀调解员先行调解;在纠纷进入特邀调解程序后,人民法院还要负责管理特邀调解案件流程并统计相关数据,完善登记、流转等相关制度,跟踪委派、委托调解案件的进展情况。[1]

---

〔1〕 参见李少平主编:《最高人民法院多元化纠纷解决机制改革意见和特邀调解规定的理解与适用》,人民法院出版社2017年版,第377页。

第四,达成调解协议后的程序。委派调解达成的调解协议,当事人可以依照《民事诉讼法》《人民调解法》等法律申请司法确认。当事人申请司法确认的,由调解组织所在地或者委派调解的基层人民法院管辖。委托调解达成调解协议,特邀调解员应当向人民法院提交调解协议,由人民法院审查并制作调解书结案。达成调解协议后,当事人申请撤诉的,人民法院应当依法作出裁定。

第五,提供必要场所、办公设施等相关服务。人民法院应为特邀调解组织、特邀调解员以及参与特邀调解的当事人提供良好的调解环境,充分发挥特邀调解的重要作用,方便当事人接受特邀调解,促进和谐解决纠纷。

第六,组织特邀调解员进行业务培训和开展特邀调解业绩评估工作。特邀调解员的业务培训应当包括入册培训和任职培训,人民法院应当为本院的特邀调解员提供相应的培训学习,例如,调解技巧、调解员职业伦理等内容。另外,人民法院应当建立特邀调解组织和特邀调解员业绩档案,组织对特邀调解组织和特邀调解员的评估工作。除提供必要补贴外,人民法院应根据调解工作的实际情况向特邀调解员发放误工、交通等补贴,并对表现突出的特邀调解组织和特邀调解员给予物质或荣誉奖励。

第二节 调解员及其职业素养

虽然说各类调解组织是拥有调解权力的主体,但是调解组织本身并不能实施具体的调解活动,而只能依赖于调解组织内部的单个调解员。所以,调解员作为调解活动的组织者和落实者,在整个调解过程中发挥着重要的作用。调解员职业道德的好坏、责任心的强弱、专业水平的高低,直接决定着调解过程是否能够顺利进行,影响着双方当事人对待调解的态度和行为,以及调解最后的成功。随着我国社会经济的进一步发展,社会关系和利益追求日趋多元化,民事纠纷的内容也呈现出复杂化的态势,这些对调解员的职业素养、角色定位和调解能力的运用提出了更高的要求。为了保证人民调解制度能够继续发挥维护社会和谐稳定的“第一道防线”作用,就必须建立一支能够兼顾到法、理、情、道德的高素质调解队伍,而这一切则有赖于各类调解员选任、培训、待遇等制度的完善。

一、调解员的产生

根据《人民调解法》、中共中央办公厅、国务院办公厅转发的最高人民法院、司法部《关于进一步加强新时期人民调解工作的意见》和《人民调解工作若干规定》,结合多年的基层人民调解工作实践,人民调解制度的具体组织形式可以总结出以下几种:一是城市居民委员会、农村村民委员会设立的调解组织;二是街道、乡镇设立的调解组织;三是根据需要企事业单位设立的调解组织;四是因区域性、行业性的需要设立的调解组织,典型的如医患纠纷调解委员会、中证中小投资者服务中心的调解、基层工会、妇联、消协等行业组织的调解、民间非政府组织的调解、律师调解等。除人民调解外,我国还存在诉讼调解、仲裁调解和行政调解,他们都有赖于具体的法官、仲裁员和公务人员实施。这意味着,我国现阶段的调解组织正在步入一种多样性的发展趋势,与之相对应,调解人员的选任工作也变得复杂起来。

(一)人民调解的调解员

1. 人民调解员选任的一般规定

由于人民调解员肩负着预防和调解民间纠纷的职责,调解工作能否顺利有效地开展,与人民调解员的素质关系极大。人民调解工作往往依赖于调解员发挥个人主观能动性,一名调解员如果具备优秀的个人能力、过硬的职业素养、良好的群众基础和严格的纪律意识,纠纷化解就有了极大的保障。人民调解员这一岗位突出群众自我服务的特性,在与当事人地位平等的情况下,人民调解员不仅需要获得群众的信任,还要具备专业技能。法律、法规为了保障人民调解员产生的广泛性、群众性、专业性,对人民调解员的范围作出了较为宽松的规定。

根据《人民调解法》《人民调解工作若干规定》的规定,人民调解员由人民调解委员会委员和人民调解委员会聘任的人员担任。其中,人民调解委员会委员可由下列人员担任:①本乡镇、街道辖区内设立的村民委员会、居民委员会、企事业单位的人民调解委员会主任;②本乡镇、街道的司法助理员;③在本乡镇、街道辖区内居住的懂法律、有专长、热心人民调解工作的社会志愿人员。

其他的人民调解员有如下产生方式:①一般由本村民区、居民区或者企事业单位的群众选举产生,也可以由村民委员会、居民委员会或者企事业单位聘任；②乡镇、街道人民调解委员会委员由乡镇、街道司法所（科）聘任；③区域性、行业性的人民调解委员会委员，由设立该人民调解委员会的组织聘任。

当然，在人民调解员的选任和聘用上，良好的群众基础是十分必要的，纵观全国人民调解工作记录，最终被评选为全国或各省市模范的人民调解员，在一方都是“人人称道”，一些民族地区都有本民族优秀的人民调解员，他们能够屡获赞誉，大多由于他们来自基层，关心群众，熟悉掌握本地区、本民族的基本情况，在一定范围内享有良好的声誉，因此，能够深得百姓信任。人民调解员的选任聘任，应当注重百姓的声音，广泛听取群众意见，在百姓眼里，只有人民调解员“行得正直”“管得真诚”，百姓才会觉得他“说得在理”“办得漂亮”，人民调解员才能真正成为群众的“和事佬”、热心人。[1]

人民调解员不能履行职务时，由原选举单位或者聘任单位补选、补聘。补选的程序，与人民调解委员会换届选举的程序相同。人民调解员严重失职或者违法乱纪的，由原选举单位或聘任单位撤换。对有上述行为的人民调解委员，原选举单位有权根据选民或选民代表的多数意见予以撤换，并及时进行补选。

2. 人民调解员选任的特殊要求

毋庸置疑，既有立法规范对调解人员群众性基础的强调，在一定程度上确实可以起到增加调解成功率的效果。但是，不可否认的是，这一较为宽松的准入门槛设置，也在无形中拉低了调解人员的整体素质。因为保障人民调解员群众性基础的最佳途径，就是从基层中大量选拔人民调解员或专业调解人员。现实的情况是，受特定历史条件的制约，绝大部分来自基层调解员的综合素质普遍较低，现有调解人员的学历文化水平始终处于一个比较低的水平就是明证。

随着国内经济、社会的发展，人员流动和经济交往均愈加频繁，社会生活改变了单一化的情形，出现了丰富多彩的局面。同时，随着人们追求生活多样化和维权意识的增强，社会矛盾与问题日益凸显，需要化解的纠纷不但数量大为膨胀，而且花样繁多，民间纠纷日益复杂化。人民调解所受理的纠纷数量与类别都大量增长，人民调解业务领域的拓展是必然的。在此背景下，对于一些内容复杂、专业化程度较高的民事纠纷，单单凭借调解人员的

---

〔1〕 参见苏东主编：《人民调解一本通》，中国民主法制出版社 2015 年版，第 44 ~ 46 页。

威望、热情，而不借助于法律规则的运用，是很难达到有效化解纠纷效果的。为保证调解的效果，使调解人员与多元化、复杂化的社会发展相适应，有必要在原有选任标准基础上增加一些特殊的选任标准。

虽然《人民调解法》第14条规定中对人民调解员的个人素质提出了要求，但是我们并不能据此得出有关调解人员的细化选任入职标准。不过，正是选任基准的模糊性，为适当拔高调解人员选任条件提供了解释论上的空间。尤其是立法在规定了聘任调解员路径的同时，并没有就如何聘任作进一步细化，意味着已经将如何选聘的权利留给了各类调解组织。也就是说，各类调解组织在进行调解员聘任的过程中，完全可以根据实际情况设置一些特殊的要求。

有鉴于此，本书的观点是，可以先由各地司法行政机关根据本辖区的现实状况，统一设定聘任调解员时的参照性条件，在学历、专业、经验等方面把好关，然后再由各类调解组织在此基础上加以取舍。而对于行业性调解员的选拔，可以优先考虑录用已经参加过专门性纠纷解决课程或培训的人员，从而确保这些调解员具有良好的理论和专业基础，以便满足这些行业领域内主体的特殊要求。以之为前提，对于数量相对匮乏的专业性或区域性调解人员，可以考虑建立一个"资源库"，供一定区域内的调解组织共享，并根据实际情况作出调配和支援。

（二）行政调解的调解员

目前，我国行政法律、法规仅仅规定了具体行政机关从事行政调解的职能，相关法律、法规一般采取行政权力和地域管理相配置的模式，仅仅笼统地规定了某个部门行使调解权，没有对管辖机关、业务人员作出进一步细化规定，特别是对行政调解中的调解员的资格、职权、产生办法等没有具体的规定。从现代纠纷的专业性来看，行政调解民事纠纷中，有相当一部分涉及特定的专业知识，解决这些纠纷的过程，除了需要具备较高的法律知识外，还要求参与解决纠纷的第三方精通相关专业领域的知识，而行政机关本身就是负责相关领域监管的，其对于涉及专业性知识的民事纠纷的调解，具有专业知识的优势。

但是，与管理职能相比，行政主体的调解职能属于行政主体的附带职能，行政主体多数不设专门机构，没有配备专门人员负责调解工作。由于行政主体没有专门的调解人员，对于调解技能的专业培训工作又不够重视，导致行政调解的调解员的素质参差不齐，调解的专业性和独立性明显不强。

各级政府部门为提高行政调解运作的效率和公信力，有必要在各行政系统设置专门的行政调解机构，配备专门的行政调解人员，努力推进行政调解向专门化、职业化的方向发展。[1] 目前，已有行政机关开始重视行政调解员的队伍建设，比如北京市西城区公安局、天津市北辰区公安局等成立了专门的治安调解中心和调解室，由若干具有专门法律知识和丰富调解经验的警察担任专职的调解员。

（三）仲裁调解的调解员

仲裁调解是指在仲裁过程中，经仲裁双方当事人的请求或同意，在仲裁机构或仲裁庭的主持下，由双方当事人自愿协商、互谅互让，达成协议，以解决争议的活动过程。仲裁中的调解程序完全由有关仲裁机构和仲裁法庭控制，并在其主持下进行。调解达成的协议必须经有关仲裁机构和仲裁法庭批准，并由其制作成调解书，终结仲裁程序。通过仲裁过程中的调解制作成的调解书与裁决书具有同等的法律效力。

据此可知，仲裁调解中的调解员是由仲裁员充任的，意味着调解员的选任与仲裁员的选任在事实上是重合的。仲裁员是受聘于仲裁委员会，根据需要对案件进行仲裁的人员。《仲裁法》第 13 条规定："仲裁委员会应当从公道正派的人员中聘任仲裁员。仲裁员应当符合下列条件之一：（一）通过国家统一法律职业资格考试取得法律职业资格，从事仲裁工作满八年的；（二）从事律师工作满八年的；（三）曾任法官满八年的；（四）从事法律研究、教学工作并具有高级职称的；（五）具有法律知识、从事经济贸易等专业工作并具有高级职称或者具有同等专业水平的。仲裁委员会按照不同专业设仲裁员名册。"

根据《仲裁法》第 13 条的规定，仲裁委员会按照不同专业设置仲裁员名册。各个仲裁机构都会印制自己的仲裁员名单，记载本机构聘任的仲裁员的基本信息，例如，仲裁员的姓名、年龄、专业特长等，供当事人选择时使用。而且我国实行的是仲裁员强制名册制，当事人或者仲裁委员会主任在指定仲裁员时，只能在仲裁员名册中指定。

被记载在某一仲裁机构的仲裁员名册上，只是表明该仲裁员获得了仲

---

[1] 参见刘建明主编：《调解技能与实践》，浙江工商大学出版社 2014 年版，第 26 ~ 27 页。

裁机构的认可。在我国,要成为具体案件的仲裁员,还需要经过当事人委任或者仲裁机构的指定。具体的程序是:仲裁机构受理仲裁申请后,仲裁当事人有权选择是由3名仲裁员组成仲裁庭,还是由1名仲裁员组成仲裁庭。如果约定由3名仲裁员组成仲裁庭的,则当事人各自选定1名或者各自委托仲裁委员会主任指定1名仲裁员,第三名仲裁员由双方当事人共同选定或者共同委托仲裁委员会主任指定,第三名仲裁员任首席仲裁员。当事人约定由1名仲裁员成立仲裁庭的,应当由双方当事人共同选定或共同委托仲裁委员会主任指定。当事人未在仲裁规则规定的时间内约定仲裁庭的组成方式的,由仲裁委员会主任指定;当事人未在仲裁规则规定的时间内选定或委托仲裁委员会主任选定仲裁员的,由仲裁委员会主任代为指定,所指定的所有的仲裁员必须是名册上已有记载的。[1]

(四)诉讼调解的调解员

在诉讼调解中,主持调解的人员通常为审理案件的审判组织成员。适用普通程序审理的案件,既可以由合议庭主持调解,也可以由审判长指派合议庭成员之一主持调解;适用简易程序审理的案件,由独任审判员主持调解。此外,为了提高调解工作效率,减轻审判人员的工作负担,最高人民法院提倡有条件的人民法院可以探索建立专门的庭前调解组织,也可以探索试行法官助理等审判辅助人员开展庭前调解工作。

可见,对于诉讼调解,原则上应当由负责处理诉讼案件的审判人员担任诉讼调解的调解员,由其对调解进行指挥、主持、监督。从我国《人民调解法》对人民调解员的基本要求来看,人民调解员的准入门槛相对较低。相比较而言,《法官法》对法官的准入门槛明显高过人民调解员的要求。因此,诉讼调解中由审判人员担任调解员是没有任何问题的。

在我国民事诉讼调解中,审判人员具有双重身份:一方面是调解员,组织当事人双方进行调解,进而达成纠纷解决的合意;另一方面又是诉讼指挥者和案件裁判者,在纠纷双方不愿意调解或无法达成调解协议时,及时对案件进行裁判。由于调解贯穿于诉讼始终,决定了无法对审判人员在诉讼中的两种角色进行区分,这可能会对调解结果产生影响。因为在与当事人形

〔1〕 参见袁发强主编:《中国商事仲裁机构现状与发展趋势研究》,复旦大学出版社2011年版,第100页。

成的诉讼法律关系中,法官居于主导地位,即使当事人不愿意调解,也往往碍于法官的面子而接受调解,甚至一些法官为了追求调解率,会在诉讼中使用一些暗示性调解用语,强迫当事人接受调解。诉讼调解的本质特征是双方当事人自由合意,调解程序的启动和调解协议的内容完全取决于当事人的合意。以法官主导调解为主的诉讼调解模式,极其容易异化和影响以自愿为本质特征的调解程序。从这一点来看,诉讼调解的调解员专业化和专职化是有一定价值和必要的。

除审判人员主持调解外,近年来,各地人民法院在实践中不断探索新的调解模式,其中委托调解与协助调解已经得到最高人民法院的充分肯定。根据相关规定,在案件受理后、裁判作出前,经当事人同意,人民法院可以委托有利于案件调解解决的人民调解、行政调解、行业调解等有关组织或者人大代表、政协委员等主持调解,也可以邀请有关单位或者技术专家、律师等协助人民法院进行调解。调解人员可以由双方当事人共同选定,也可以经双方当事人同意,由人民法院指定。经各方当事人同意,人民法院委托前述单位或者个人对案件进行调解,达成协议后,人民法院应当依法予以确认。

二、调解员的素养

调解人员作为调解工作的具体实施者,其素质的高低将直接关系到调解工作的成败,尤其是关系到能否筑牢人民调解作为纠纷解决“第一道防线”的作用。因此,对调解员的专业素养进行探讨有较大的必要性。需要注意的是,由于诉讼调解、仲裁调解、行政调解的调解员分别由法官(助理法官)、仲裁员、公务人员担任,这些主体都是国家通过严格的程序选拔出来的,无论是在专业素养方面,还是在职业道德层面,相较于其他人员都有优势,由他们负责调解事宜的实施完全没有问题,无须再对这一类群体增加额外要求。所以,本部分就调解员专业素养问题的探讨,主要限于人民调解员的范围内,而不涉及诉讼调解、仲裁调解、行政调解的调解员之素养问题。

(一)人民调解员的基本素养

根据《人民调解法》《人民调解工作若干规定》《人民调解委员会组织条例》的相关规定,人民调解员应当具备以下基本条件。

1. 公道正派、诚实守信。为人公道、作风正派、诚实守信是对人民调解员的基本要求。人民调解员应当具备一定的原则性和是非观,在纠纷面前能够客观公正地判断分析矛盾，敢于坚持原则、秉公办事、不偏不倚、平等对待双方当事人。人民调解员在生活、工作中，应当诚实守信、言行一致、得人信任、受人尊敬，这样才能在调解工作中得到群众的支持，树立人民调解员的威信。群众寻求调解的目的在于"找可信之人主持公道"，公正的评判才能够获得当事人的信服和认可，真正将纠纷化解，案结事了。

2. 热心服务人民。用心、耐心、细心、真心，一个"心"字道出了人民调解工作的核心，人民调解员在调解工作中与当事人地位平等，能够为当事人调停斡旋，都源于他们的一片热心。在人民调解工作中，不少调解员用个人的奉献感动了矛盾的双方，一番推心置腹往往唤起了当事人对对方的理解和宽容，这样受人称颂的社会责任感和服务意识才是干戈化玉帛的锦囊。

3. 有一定的文化水平、政策水平和法律知识。除了道德素养外，人民调解员必须具备一定的工作能力，包括一定的文化水平、政策水平和法律知识，能够在人民调解工作中熟练运用以上知识。由于地区、民族、习俗、政策的差异性，各地人民调解工作具有相应的本地域、本民族特征，对此，无法用统一的标准进行衡量。此外，人民调解员必须具备相应的法律知识，人民调解工作中遇到的纠纷，往往需要人民调解员依法分析，以法服人，法律是划分是非黑白的红线，人民调解员只有具备了相应的法律知识，才能在调解工作中有理有力，维护当事人的合法权益。

4. 成年公民。在我国，成年公民指年龄达 18 周岁的具有中华人民共和国国籍的公民。人民调解工作要求调解员具备完全民事行为能力，对矛盾纠纷具有一定的判断认知能力，能够胜任更为复杂、讲求技巧的人民调解工作。[1]

（二）人民调解员的专业素养

在新时期下，社会矛盾纠纷日趋多元化、多样化和复杂化，这就要求各类调解工作要主动适应新形势的需要，在维护社会政治稳定中发挥新的、更大的作用。在此背景下，势必要对人民调解员的素质提出新的、更高的要求。

1. 知识储备

随着依法调解、科学调解成为新时期人民调解工作发展的新趋势，调解员应当及时优化自身的知识结构，一方面要加强法律知识的学习，另一方面

---

〔1〕 参见苏东主编：《人民调解一本通》，中国民主法制出版社 2015 年版，第 48 ~ 50 页。

要加强对社会学、心理学知识的学习。调解固然强调以当事人的合意为基础化解纠纷,消除矛盾,但是这种合意的达成不能以违反法律、法规为代价,当然也不能有损国家利益、社会公共利益以及第三人利益。这就要求调解员应当具备一定的法律素质,对一些基本的实体性法律和程序性法律有所掌握,并能够灵活地运用它们来化解矛盾纠纷,做到心中有法,手中有据,以保证调解结果合理合法。

调解员应当具备一定法律知识储备的另一个考虑,在于促进最终调解结果的达成。因为调解的过程,也是双方当事人博弈的过程,任何一方都不愿意遭受无故的损失。如果当事人觉得调解结果会造成利益分配失衡,进而引发己方遭受损失的话,那么其肯定会对调解产生抗拒心理。而判断调解结果合理与否的依据,主要是现行的实体法规定。然而,多数情况下,纠纷当事人都可能是因为对法律不了解才引起的争执。所以,调解员在组织双方进行调解时,如若能够运用自己掌握的法律知识,向当事人明晰权利义务分配的应然状态,为其权衡利弊提供实体法上的基准,则可以降低调解协议达到的难度。这种晓之以理、动之以情的调解策略,显然比一味地进行道德说教有效。

另外,需要注意的是,调解工作的对象是人,人与人交往的过程是心理活动相互作用的过程,人与人之间的矛盾,背后有大量的心理因素在起作用。调解既是澄清事实、化解矛盾的过程,也是当事人的认识、情绪、态度等一系列心理活动发生转变的过程。如果不了解当事人的心理,一味地就事论事,往往难以发现导致矛盾的内在症结,也难以从根本上解决问题。相反,如果能根据当事人的认识心理以理服人,根据当事人的情绪态度以情感人,根据当事人的行为心理以行导人,由内而外,往往能快速、彻底地解决问题。因此,科学的心理学知识、良好的心理观察技巧、正确的心理干预方法,都是新时期人民调解员必备的素养。

2. 沟通能力

较强的沟通能力和协调能力同样是调解员不可或缺的素养。调解员的工作对象每天都在发生变化,其中,既有普通的劳动者,也有特殊行业的从业者,他们年龄不同,文化程度不一,具有不同的性格,调解员要使双方当事人消除对立,化解纠纷,做好当事人的心理疏导工作是关键。因此,这有赖于较强的社交能力和协调人际关系的能力,即调解员的沟通能力,也表现为善于与各种各样的人接触。良好的沟通能力是建立在语言表达能力和总结归纳能力基础上的,二者缺一不可。

优秀的调解员一定善于交流,能够通过语言表达的方式向当事人了解情况,及时传递信息,并在此基础上进行劝解斡旋,实施调解活动。语言得体、表达清楚,这是对调解员的语言表达能力的基本要求。虽然调解的对象基本上都是普通百姓,但是他们往往来自各行各业,相应地,纠纷的内容也涉及日常生活和社会交往的方方面面,增加了调解的复杂性程度。对此,欲增加调解的效果,则需要调解员按照接受调解对象和内容的不同,使用不同的调解语言。比如,面对一些性格直爽的主体,调解员可以开门见山,直接陈述利弊并提出调解建议;反之,则需要运用一些委婉的表达。总之,人民调解员要具有较强的语言表达能力,能够用大众化、明朗化、通俗化的语言,充分表达调解意图,使当事人能够心领神会,感到调解员可亲可近,为调解成功打下良好的基础。

与语言表达能力一样,调解员的总结归纳能力也非常重要。总结归纳能力首先要求调解员善于聆听,并根据纠纷双方的表述收集、筛选有价值的信息,以了解案情。其次,还可以视情况询问当事人,以收集第一手资料,对不清楚的事务予以明晰。最后,对在调解过程中获取的案件资料进行分析归纳,从而对纠纷作出准确的判断。在此基础上,再回过头以语言表达的方式向纠纷双方传递信息,明晰利弊,促使双方达成共识,直至达成协议。

3. 掌控能力

在纠纷解决结果的达成上,调解与和解在本质上并无两样,均有赖于当事人的合意。只不过,纠纷双方由于存在直接的利益冲突,所以极易谈崩。而此时,如果能有第三方介入以统筹全局,对双方进行斡旋,则可以避免出现这种情况,这也是调解制度存在的意义。正因如此,欲充分发挥调解制度在纠纷化解中的作用,要求调解员必须不为一时一事的得失所困惑,而能够在各种错综复杂的情况下,善于排解各种干扰、控制局势,把握主要矛盾,从中找出处理问题的最佳方案。

调解员既要让当事人充分表达自己对案件的感受,又要保证交流的气氛是积极的、流畅的。首先,调解员应通过倾听、观察和交流,预见纠纷当事人对调解的心理反应和接受能力,适时发表调解意见。其次,人民调解员要通过现象看本质,迅速掌握和区分纠纷中的是非曲直,预见纠纷当事人的心理反应,作出正确的判断,准确把握当事人的心理活动,并根据当事人不同的心理特点进行调解。最后,调解员要善于审视调解条件的成熟程度,权衡时机，找准调解切入点，善于排除干扰，把准调解发展的脉搏，使其向有利于调解的方向发展。

4. 良好的心理素质

每一种职业都会对从业者的心理素质提出一些具有职业特性的要求，调解职业也不例外。人民调解员作为专职的矛盾纠纷解决者，在整个职业生涯中需要面对形形色色不同个性的当事人，以及在他们之间发生的内容繁杂的民事纠纷，这对调解员的心理素质提出了更高的要求。

一是态度上要耐心、热心。调解员在调解过程中，不仅会接触各种各样的事物和信息，而且会每天重复地接触它们，久而久之，难免会在心底产生抵触情绪。而且因为各纠纷当事人个体素质上的差异，会对纠纷本身进行夸大表述或者遗漏表述，甚至在调解过程中喋喋不休，容易给调解员带来压力。因此，调解员要始终保持一种良好的情绪状态，始终保持清醒和冷静，能够独立于纠纷之外，情绪稳定，有较强的自控力，不被周围的人和情绪所左右，沉着应对，及时作出正确的分析判断。

二是在自我认识方面，要有一定的自信心。在现实当中，并非每一次调解都能促成矛盾解决，也不是每一位当事人都会对调解员的工作给予肯定。调解充其量只是一种社会救济，并没有严格的规范可供遵循，而且调解结果本身并无强制执行力，所以不能百分之百促成矛盾解决并不奇怪。即使是作为公力救济典范的民事诉讼，也不能保证每一个当事人都对其处理结果满意。当遇到调解失败和当事人的否定时，调解员不能产生自我怀疑、自我否定的心理暗示，否则会导致在调解过程中优柔寡断，无形之中会降低自己的威信，难以胜任中间人的角色，从而延缓矛盾的解决。换言之，调解员自信程度的强弱将会直接影响调解工作的进程以及调解效果，因此调解员在工作中一定要保持良好的心态。

三是在意志方面，要有决心和恒心。调解工作本身就是一项迎难而上的工作，因此在工作中遇到困难和挫折是常有的事，尤其是碰到一些积怨已久的当事人，他们之间的矛盾极易激化，多数情况下会陷入僵局。当这种情形发生时，作为一名调解员，不能简单地认为这起纠纷不可能调解成功以及放弃调解或放弃第二次调解，而应该想方设法再一次尝试化解这一矛盾纠纷。调解员的新一轮调解斡旋往往能起到柳暗花明的效果，这就需要调解员具备坚定不移的决心和坚持不懈的恒心，以较强的意志在调解矛盾纠纷中取得胜利。

（三）人民调解员的特殊素养

人民调解被西方学者称为“东方经验”，又名“东方一枝花”。它在我国社会矛盾纠纷调解体系中起着基础性作用，在维护社会稳定，构建和谐社会中具有不可替代的重要作用。然而，在社会转型期，原有的人民调解组织形式、工作方式、队伍结构已不能完全适应新形势的需要，如何推进人民调解工作的行业性、专业性，以更好地适应新形势要求，已成为当前人民调解工作中必须面对的重要课题。当前人民调解工作面临的一系列问题，要求人民调解工作必须走上行业性、专业性的发展之路。

首先，传统的调解领域和方法已不能适应矛盾纠纷化解需要。传统人民调解主要是针对个体型的家庭、婚姻、邻里关系等民事纠纷进行化解。在新形势下，人民调解已演变成为化解个体型与群体型共存矛盾纠纷的形式，已扩展到交通、医患、劳动、消费、土地拆迁、劳动争议、环境、企业改制、物业受理等多个领域，如果仍采用传统的调解方法已经不能有效地化解纠纷。

其次，人民调解的组织形式及设置已不能适应社会发展需要。传统的人民调解组织主要是村（居）调解委员会和企事业调解委员会，设置在基层农村、社区和企事业单位，这种设置已不能覆盖全部纠纷领域，而村（居）调解委员会对行业性、专业性领域发生的矛盾纠纷较为陌生，调解时力不从心。

最后，人民调解队伍不能适应现实工作需要。村（居）调解委员会人员基本由村（居）书记或治保主任兼任。这些人员往往兼职过多，无法专门从事调解工作，同时缺乏专业知识，且队伍不稳定，不能娴熟地运用调解技巧和专业知识来化解行业性和专业性的矛盾纠纷。

综上所述，在社会分工日益细化、利益诉求日趋多元化的现实情况下，推动行业性、专业性人民调解发展进程已经成为人民调解改革和发展的必由之路。2015 年 4 月 9 日，上海经贸商事调解中心作为最高人民法院司改办多元纠纷解决机制课题项目单位，受邀参加全国人民法院多元化纠纷解决机制改革工作推进会。这是我国首个民非商事调解中心，由上海市现代服务业联合会发起，上海市社团管理局批准，上海市商务委员会作为主管机关，由专家、学者、律师、退休法官等组成的专业化商事调解员队伍。为推动“形成有上海特色的人民调解工作”，同年 7 月 28 日，上海市司法局召开会议，由 12 个院、委、办、局联合发文部署《关于完善本市人民调解、行政调解、司法调解联动工作体系，进一步加强人民调解工作的意见》，将上海人民调解工作从2.0 版提升到4.0 版。这次人民调解工作的亮点在于行业性、专业性，面向“8 + N”领域：治安案件、道路交通事故民事损害赔偿纠纷、物业纠纷、劳动人事争议、医患纠纷、涉校纠纷、民事案件及刑事和解 8 个方面，N 目前为自贸区、金融、知识产权、人民调解信访代理等。

权威性是行业协会调解发展的一大基础。行业协会的专门化提高了行业协会及其调解的权威性。行业是随着社会分工日渐细化后进行的职业分类，分类越细化，专业性越强，属于该行业的规则会区别于其他行业，如金融业、IT 行业等。专业性的存在，要求在解决纠纷过程中尊重专业知识和专业规则，行业协会的调解组织拥有、熟悉这些知识和规则，在解决纠纷过程中可转化成权威性使纠纷主体服从。

行业协会作为职业群体，专业权威性在制约与被制约中产生，“职业群体作为国家和个体之间的次级组织，在现代社会既要对其成员组织给予必要的约束，形成职业伦理和职业道德，同时自身也要受到国家的监控和个人行动自由的制约”。这种权威性与其他纠纷解决途径比较优势更明显：与传统的人民调解委员会相比，行业协会专注于本行业的类型化纠纷调解，而非“创可贴、万金油”，其是由行业资深人士等具有专业知识的人组成的专业机构；与人民法院审判庭相比，行业协会调解组织的法律专业可以通过邀请退休法官、律师解决，同时本行业的专业优势是人民法院所无法超越的。

三、调解员的职业道德

职业道德，是指从业人员在职业活动中应当遵守的道德规范和应当具有的道德观念、道德情操和道德品质。顾名思义，调解员的职业道德，就是指调解人员在履行职责的过程中，在与当事人的日常接触交往中，所应遵循的道德规范和行为准则。调解员既是法律、法规、政策的义务宣传员，又是社会主义道德教育和社会道德调节的执行者之一，是司法队伍和道德宣传教育工作队伍的补充和特殊部分，决定了调解人员必须遵循良好的职业道德规范。关于调解人员应当遵循的职业道德准则，既有法律法规涉及甚少，仅仅在司法部制定的《人民调解若干工作规定》中有零散的规定。[1] 除此之外,中国国际贸易促进委员会/中国国际商会调解中心也曾在调解员守则中就调解员的职业道德作出要求,如"调解员不代表任何一方当事人、调解员必须按照调解规则规定的程序办理案件、调解员应当严格保守秘密"等。[2] 只不过,由于没能上升到法律法规的高度,所以该规则并不具有普遍的指导意义。我国欠缺完善、系统的调解员职业道德准则,实践中也尚未形成严密的职业道德评价和约束机制。因此,为加强调解员的职业道德教育,提高调解员队伍的素质,维护调解员和调解机构的良好形象,亟待制定和完善调解系统的调解员职业道德准则和完备的调解员职业道德评价和约束机制。

(一)尊重当事人的意思自治

作为一种社会救济,调解是以当事人的自愿为制度基础的。调解的启动与否,以及调解协议的最终达成,都取决于纠纷双方的合意。《人民调解法》第22条明确规定:"人民调解员根据纠纷的不同情况,可以采取多种方式调解民间纠纷,充分听取当事人的陈述,讲解有关法律、法规和国家政策,耐心疏导,在当事人平等协商、互谅互让的基础上提出纠纷解决方案,帮助当事人自愿达成调解协议。"调解虽然有第三方的参与,但在本质上,第三方提供的仅是一个促进自我解决纠纷的平台,或者只是起到帮助双方沟通的作用。人民调解员在调解过程中,基本上是从道德的高度进行说教,促使双方达成合意。如果纠纷当事人无法形成纠纷解决的一致看法,人民调解员无论如何都不能强制进行调解,只能向双方明晰法律政策,陈述利弊,进行说教。正因如此,调解在本质上是一种缺乏强制性的纠纷解决机制。

当然,即便对当事人不具有强制性作用,也丝毫没有影响调解的纠纷解决功能。因为调解赖以发挥作用的基础是当事人自治,其所追求的目标是让当事人在纠纷解决过程中始终居于核心地位,依赖于纠纷当事人的协商、

---

[1] 《人民调解若干工作规定》第18条第2款规定:"人民调解员履行职务,应当坚持原则,爱岗敬业,热情服务,诚实守信,举止文明,廉洁自律,注重学习,不断提高法律、道德素养和调解技能。"

[2] 王秋兰等:《我国调解的立法、理论与实践问题研究》,中国政法大学出版社2014年版,第106页。

让步达到化解纠纷的目的。在此过程中，调解人员的主要作用是适时为双方提供对话的机会和场合，激发当事人积极参与调解。至于冲突双方是否愿意就实体问题作出让步，以及作出多大的让步，都属于当事人处分权的范围。所以，一个称职的人民调解员，应当有一颗为当事人做好服务、搭好桥梁的心，而不能试图代替纠纷当事人作出决定。

（二）中立公平

调解员的中立与公平具体是指调解员在调解过程中应始终公平、公正、无偏见地对待双方当事人，以中立者的身份引导双方达成合意。一般而言，中立公平是司法审判人员的基本操守，这与司法公正的要求相契合。调解员虽然与法官有本质上的区别，但是其归根结底不是一方当事人的代理人，所以不能偏向一方，而应当保持起码的中立。调解虽然在本质上要求根据当事人的意志化解纷争，但是并不能否认调解员在纠纷解决过程中的作用。很多时候，在调解陷入停滞时，调解员的一次恰当引导就有可能会扭转整个局势，进而促成调解结果的达成。可见，一名合格的调解员在具体的调解程序中是何其的重要。而判断调解员合格与否的核心标准，应当是调解过程中的"中立公平"。

我国《民事诉讼法》和《人民调解法》均没有对调解员的中立公平进行明确而详细的规定，但是在《人民调解法》关于人民调解员的惩戒中可以看出对人民调解员中立公平原则的间接规定。《人民调解法》第15条规定："人民调解员在调解工作中有下列行为之一的，由其所在的人民调解委员会给予批评教育、责令改正，情节严重的，由推选或者聘任单位予以罢免或者解聘：1. 偏袒一方当事人的；2. 侮辱当事人的；3. 索取、收受财物或者牟取其他不正当利益的；4. 泄露当事人的个人隐私、商业秘密的。"

需要注意的是，除上述因素外，调解员自身如果与案件有利害关系的话，也会影响调解员的中立公平。对此，本书认为可以参照民事诉讼法中的回避制度设定予以规避。调解人员有下列情形之一的，应当自行退出，当事人有权用口头或者书面方式要求他们退出：1. 是本案当事人或者当事人的近亲属；2. 与本案有利害关系，如其近亲属与本案有利害关系；3. 与本案当事人、诉讼代理人有其他关系，可能影响对案件公正审理的。例如，接受本案当事人及其受托人宴请，或者参加由其支付费用的活动的，以及索取、接受本案当事人及其受托人财物或者其他利益的。

（三）为当事人保密

在整个多元化纠纷解决机制体系中，调解结果因为不具有强制执行的效力，与仲裁和诉讼的解纷机制相比较而言，除成本低廉外，似乎并没有多大的优势。但是，在成本优势之外，调解还具有很好的保密作用，这无形中增加了调解的吸引力。调解中的保密原则通常包括两层含义：一是调解过程保密，即调解员作为调解程序的主持人有权拒绝社会大众旁听，拒绝新闻媒体对调解过程的采访。二是调解信息保密，即所有调解主体包括调解员、当事人、其他调解参与人均不得向外界披露调解信息，不得就调解信息出庭作证。

我国《人民调解法》对调解保密职责并没有作出明确规定，但在诉讼调解中，通过最高人民法院的司法解释也逐步为调解员保守职业秘密提供了法律依据。最高人民法院《衔接意见》明确规定："调解过程不公开，但双方当事人要求或者同意公开调解的除外。从事调解的机关、组织、调解员，以及负责调解事务管理的法院工作人员，不得披露调解过程的有关情况，不得在就相关案件进行的诉讼中作证，当事人不得在审判程序中将调解过程中制作的笔录、当事人为达成调解协议而作出的让步或者承诺、调解员或者当事人发表的任何意见或者建议等作为证据提出。但下列情形除外：1. 双方当事人均同意的；2. 法律有明确规定的；3. 为保护国家利益、社会公共利益、案外人合法权益，人民法院认为确有必要的。"[1]

（四）调解员的勤勉尽责

忠于职守、勤勉尽责是调解员应当遵守的职业操守和道德品质。勤勉尽责，就是以调解员理应具备的知识、技能和经验积极努力地履行职责，督促双方当事人遵守调解规则；勤勉尽责是调解员称职的基本要求，是一种积极义务。根据《民事诉讼法》和《人民调解法》的有关规定，调解员勤勉尽责包括但不限于以下内容：

1. 准确掌握当事人的基本信息，包括但不限于当事人的姓名、性别、住址、职业、婚姻状况。对当事人基本信息的准确掌握，一方面有助于调解员区分不同的对象，选择适用合适的调解策略；另一方面有助于调解书的送达

---

〔1〕 参见刘建明：《调解技能与实践》，浙江工商大学出版社 2014 年版，第 31 页。

和签收,保证调解结果的及时生效。至于当事人基本信息的获取路径,原则上应当由纠纷双方提供,在例外情况下可由调解员主动调查。

2. 及时受理当事人的调解申请,并通知当事人。当事人的申请是调解程序得以启动的原因,在条件允许的情况下都应当以书面的方式进行。这主要是考虑到书面形式有助于申请人更完整地表达出自己的诉求,同时也方便调解组织将申请内容明确无误地告知对方当事人。当然,如果申请人确实没有能力提供书面申请,也可以口头的方式进行,调解组织应当予以登记,并及时通知对方当事人。

3. 告知当事人在调解活动中享有的权利及承担的义务。调解程序开始后,调解员应当就调解过程中以及调解结果达成后,当事人所享有的权利及承担的义务加以说明。调解以当事人的自愿为基础,意味着当事人在调解程序中享有充分的处分权,包括对实体性权利的处分以及对程序性权利的处分。《人民调解法》第 23 条规定:“当事人在人民调解活动中享有下列权利:(一)选择或者接受人民调解员;(二)接受调解、拒绝调解或者要求终止调解;(三)要求调解公开进行或者不公开进行;(四)自主表达意愿、自愿达成调解协议。”紧接着在第 24 条规定:“当事人在人民调解活动中履行下列义务:(一)如实陈述纠纷事实;(二)遵守调解现场秩序,尊重人民调解员;(三)尊重对方当事人行使权利。”另外,参照《民事诉讼法》的相关内容,纠纷当事人还应当享有陈述权、辩论权、提供证据的权利、向法院申请确认调解协议等一系列权利。与此同时,当事人的义务还应当表现为如期履行已生效调解书所记载的内容。

4. 调解场所的安排有利于保障当事人的安全,也有利于调解信息的保密。调解不像仲裁和诉讼那样,对程序进行的场所有着严格的要求。只要当事人双方愿意,调解可以在任何场所展开,而不必局限于专门的调解场地。例如,可以在任何一方当事人住所进行调解,也可以在调解委员会办公地点进行,甚至还可以在饭店的包厢展开调解活动。不管在什么地方进行调解,都应当以利于保障当事人的安全为首要考量因素。如果纠纷双方冲突较为激烈的话,一般都应当在村委会或者居委会这些专门的调解场地进行。调解内容涉及纠纷双方秘密和隐私的,同样应当在一些密闭性较好的空间进行。

5. 调解员在调解工作中应当耐心听取当事人、代理人的陈述及辩论意见。作为一种纠纷解决机制,调解的终极目标是解决民间纠纷,促进社会和谐。为了更加有效地解决纠纷,调解员需要在调解过程中耐心听取双方的陈述,以获取有价值的信息,用以纠纷的最终解决。在此基础上,调解员还要努力扮演好聆听者的角色,为当事人提供怨气宣泄的渠道,促使纠纷的彻底化解。

6. 认真详细审阅当事人提交的全部证据及材料。调解不要求严格依照实体法的规定处理民事纠纷,当事人的合意相较于法律法规往往发挥着更加关键的作用,意味着事实的查明程度可以适当降低,但这并不是说调解员就因此可以不对相关案件材料和证据加以审查。反之,在调解过程中要认真详细审阅当事人提交的全部证据及材料。唯有如此,才能保证最终的调解结果有理有据,当事人也才愿意自觉履行之。

7. 严格遵守办案程序,不得徇私舞弊,滥用职权。调解程序一旦开始,调解员就应当严格遵守办案程序,为当事人双方提供最基本的程序保障。《人民调解法》在第四章中专门就人民调解的程序规则作了规定,内容涉及调解程序的启动方式、调解员的选择、调解策略采用、矛盾激化的预防、调解不成的处理等方方面面。尤其需要注意的是,对于调解不成的纠纷,应当终止调解,并依据有关法律、法规的规定,告知当事人可以依法通过仲裁、行政、司法等途径维护自己的权利。调解员切忌以直接或间接的方式强迫当事人继续调解,否则就是对调解自愿原则的违背。

8. 文书档案管理制。根据《人民调解法》第 27 条的规定,人民调解员应当记录调解情况,人民调解委员会应当建立调解工作档案,将调解登记、调解工作记录、调解协议书等材料立卷归档。人民调解委员会调解纠纷,一般应当制作调解卷宗,一案一卷。对于纠纷过程简单或者达成口头调解协议的,也可多案一卷,定期集中组卷归档。保管期限分为短期、长期和永久 3 种,其中,短期卷保管期限可设为 5 年,长期卷保管期限可设为 10 年。人民调解委员会应根据纠纷类型、协议内容和当事人实际情况等综合确定卷宗保管期限。

四、调解员的培训

人民调解是在继承和发扬我国民间调解优良传统的基础上发展起来的一项具有中国特色的法律制度,是公共法律服务体系的重要组成部分,在矛盾纠纷多元化解机制中发挥着基础性作用。人民调解员是人民调解工作的具体承担者,肩负着化解矛盾、宣传法治、维护稳定、促进和谐的职责使命。

加强人民调解员队伍建设,对于提高人民调解工作质量,充分发挥人民调解维护社会和谐稳定“第一道防线”作用,推进平安中国、法治中国建设,实现国家治理体系与治理能力现代化具有重要意义。党的十八大以来,习近平总书记多次对人民调解工作作出重要指示批示,为做好人民调解工作和加强人民调解员队伍建设指明了方向。

当前,中国特色社会主义进入新时代,社会主要矛盾已经转化为人民日益增长的美好生活需要和不平衡不充分的发展之间的矛盾。人民不仅对物质文化生活提出了更高要求,而且在民主、法治、公平、正义、安全、环境等方面的要求也日益增长。党的十九大强调,要加强预防和化解社会矛盾机制建设,正确处理人民内部矛盾。这些都对人民调解、行业专业调解和调解员队伍建设提出了新的更高要求。各地各有关部门一定要充分认识加强人民调解员队伍建设的重要性、紧迫性,切实增强责任感和使命感,采取有效措施,大力推进人民调解员队伍建设,不断提高人民调解工作水平,全力维护社会和谐稳定。

目前,人民调解员的文化程度、法律政策水平和调解技能普遍难以适应新形势下人民调解工作的需要。只有大力提高人民调解员的素质,培养和造就一支懂法律、懂政策、热爱人民调解工作、熟悉调解工作程序和方法的人民调解员队伍,才能保证人民调解工作的质量和社会公信力,推动人民调解工作健康、顺利地发展,充分发挥人民调解制度在维护社会稳定中的重要作用。根据司法部《关于加强人民调解员培训工作的意见》的内容,人民调解员培训的方式与分工包括如下方面:

第一,建立人民调解员岗位培训制度。岗位培训是人民调解员的任职培训,新选聘的人民调解员,必须经过岗位培训合格。岗位培训的主要任务是帮助新选聘的人民调解员学习、掌握人民调解工作有关的法律、法规、规章和政策,了解人民调解工作制度、工作程序和方法,初步具备开展人民调解工作的业务素质。岗位培训应当集中进行,时间一般不少于5日。

第二,积极开展人民调解员年度培训。年度培训是对在岗人民调解员进行的知识更新和技能强化培训,主要任务是帮助人民调解员及时了解有关人民调解工作的新法规、新政策,把握人民调解工作的新形势、新要求,交流人民调解工作的新经验、新做法,强化调解方法和技能训练,不断适应人民调解工作发展的需要。年度培训一般累计不少于10日。

人民调解员培训的主要内容是:人民调解组织的性质、任务、工作原则;

人民调解组织的设置和组成，人民调解员的条件和选任办法；人民调解工作制度、工作程序、基本方法和调解技巧；人民调解员职业道德和工作纪律。调解常见、多发或疑难民间纠纷所依据的法律、法规、规章和有关政策知识等。

需要注意的是，除了上述内容外，还应注重人民调解员形象塑造的培训。如果人民调解员不能建立起公正、廉洁、守法、奉公的形象，就必然无法取信于人民。当纠纷发生时，人民就不会选择人民调解的方式来解决纠纷，如此，人民调解机制的建立就流于形式。因此，人民调解员培训的内容至少还要包括以下几点：第一，举止言行的培训。基层人民调解员与居民接触较多，其日常言行都会被左邻右舍看在眼里，记在心里，如果调解员不注重日常举止言行，说话不公道，做事不讲理，必然引起村民、居民对其调解素养的怀疑。第二，法律知识的培训。应结合基层生活实际，加强农村宅基地、相邻关系、土地承包、劳动合同、侵权责任、建筑施工等方面的法律知识的培训，培训应主要采取实例的方式进行，透析法理。[1] 第三，调解技巧的培训。民间纠纷类型是千差万别的，不同类型的纠纷有不同的特点，同一类的纠纷又有不同的情况。做好调解工作，首先要讲究调解语言的技巧。在调解工作中，语言技巧对调解人员来说是调解成败的关键。调解人员要运用适当的语言进行说服、教育、批评、劝导。一句话出自不同的时间、地点、不同的人之口，会产生不同的效果。这就要求，调解纠纷时要抓住适当的时机，把话说到当事人的心里，点到症结上，调解才能有力，而这些技巧的获取，都可以通过培训的方式进行。

《人民调解法》第5条规定："国务院司法行政部门负责指导全国的人民调解工作，县级以上地方人民政府司法行政部门负责指导本行政区域的人民调解工作。基层人民法院对人民调解委员会调解民间纠纷进行业务指导。"这说明，岗位培训、年度培训由县（市、区）和地区（市、州、盟）司法行政机关组织开展。地区（市、州、盟）司法局（处）主要负责培训辖区内大中型企业、区域性、行业性、乡镇、街道人民调解委员会主任、骨干调解员；县（市、区）司法局主要负责培训辖区内人民调解委员会主任、骨干调解员，指导和组织司法所培训辖区内人民调解员。培训后，组织培训的司法行政机关应当对参训人员进行考试或者考核。成绩合格的，由司法行政机关颁发证书

---

[1] 参见靳凤娣：《村级人民调解员的选任和培训》，载《商丘职业技术学院学报》2011年第1期。

并作出评定,作为人民调解员评比及奖励的重要依据;成绩不合格的,应继续培训并补考,补考仍不合格的,应建议原选举聘任单位予以撤换。

为了从组织方式、培训方法、学习内容等方面为基层提供模式和样板,省(自治区、直辖市)司法厅(局)可以组织开展示范性培训。示范性培训的主要任务是学习、理解新颁布的有关人民调解工作的规范性文件,研究、探索人民调解员培训工作规律,总结、交流培训工作经验,为各地开展培训工作培养师资和骨干。其培训对象主要是各级司法行政机关人民调解管理干部、模范人民调解员代表。示范培训一般每年举行一次,具体安排由省(自治区、直辖市)司法厅(局)根据本地人民调解工作发展与实际需要确定。

五、调解员的待遇

《人民调解法》第 16 条规定:“人民调解员从事调解工作,应当给予适当的误工补贴;因从事调解工作致伤致残,生活发生困难的,当地人民政府应当提供必要的医疗、生活救助;在人民调解工作岗位上牺牲的人民调解员,其配偶、子女按照国家规定享受抚恤和优待。”

(一)误工补贴

误工补贴是指对调解员因调解矛盾纠纷而直接造成的经济损失给予的补偿,包括因调解纠纷产生的误工费、误餐费、交通费、通讯费等。《人民调解法》第 6 条规定:“国家鼓励和支持人民调解工作。县级以上地方人民政府对人民调解工作所需经费应当给予必要的支持和保障,对有突出贡献的人民调解委员会和人民调解员按照国家规定给予表彰奖励。”第 12 条规定:“村民委员会、居民委员会和企业事业单位应当为人民调解委员会开展工作提供办公条件和必要的工作经费。”结合《人民调解法》第 6 条和第 12 条的规定,对人民调解员误工补贴的保障主体,应理解为县级以上地方人民政府和设立人民调解委员会的村民委员会、居民委员会、企业事业单位等,以县级以上地方人民政府财政保障为主,设立单位保障为辅,二者互为补充。补贴的认定以人民调解员从事调解工作直接造成的经济损失和人民调解员开展工作中的必要经济开支为限度。[1]

---

〔1〕 参见国务院法制办公室编:《中华人民共和国人民调解法注解与配套》(第 2 版),中国法制出版社 2011 年版,第 24 页。

地方财政根据当地经济社会发展水平和财力状况，适当安排人民调解员补贴经费。人民调解员补贴经费的安排和发放，应考虑调解员调解纠纷的数量、质量、难易程度、社会影响大小以及调解的规范化程度。补贴标准由县级以上司法行政部门会同同级财政部门确定，明令禁止兼职取酬的人员，不得领取人民调解员补贴。对财政困难地区，省级要统筹现有资金渠道，加强人民调解工作经费保障。人民调解委员会设立单位和相关行业主管部门，应依法为人民调解员开展工作提供场所、设施等办公条件和必要的工作经费。省（区、市）司法行政部门或人民调解员协会应通过报纸、网络等形式，每半年或一年向社会公开人民调解经费使用情况和工作开展情况，接受社会监督。

司法行政部门应当会同有关部门做好政府购买人民调解服务工作，完善购买方式和程序，积极培育人民调解员协会、相关行业协会等社会组织，鼓励其聘请专职人民调解员，积极参与承接政府购买人民调解服务。

（二）医疗、生活救助

医疗、生活救助是指对调解员因从事调解工作致伤致残，生活发生困难的，当地人民政府给予的医疗、生活救助。既包括医疗纠纷调解员在开展调解工作过程中致伤、致残，也包括其他情形，如因前往调解现场的途中遭遇交通事故等意外致伤致残，或调解结束后被不法分子打击报复致伤致残等。救助实施的主体是县、市两级人民政府。这种救助责任并非赔偿或补偿责任，是在医疗纠纷调解员无法通过其他合理渠道获得赔偿、救助时，政府给予的必要的医疗、生活救助，是一种补充性的最低救助责任。

司法行政部门应及时了解掌握人民调解员需要救助的情况，协调落实相关政策待遇。符合条件的人民调解员因从事调解工作致伤致残，生活发生困难的，当地人民政府应当按照有关规定提供必要的医疗、生活救助。对需要给予医疗、生活救助的医疗纠纷调解员，司法部门应核实情况后向上级司法行政机关报告，由司法行政机关按照有关规定，协调民政等部门履行审批手续，给予落实。

（三）抚恤优待

抚恤优待是指对在人民调解工作岗位上牺牲的医疗纠纷调解员的配偶、子女按照国家规定进行抚恤和优待的一项政策。这里所指“在人民调解工作岗位上牺牲”，既包括在开展医疗纠纷人民调解工作中被不法分子故意或过失伤害致死的情形，也包括在医疗纠纷人民调解工作岗位上遭遇意外牺牲的情形。对在人民调解工作岗位上牺牲的医疗纠纷调解员，司法部门应立即向上级司法行政机关报告。上级司法行政机关核实情况后，对符合烈士或见义勇为条件的，由司法厅（局）报民政厅（局）或公安厅（局）等部门审批。

享受抚恤和优待的是牺牲的人民调解员的配偶、子女。实施的主体是民政部门，由民政部门按照国家相关规定确定抚恤和优待的具体内容。如符合烈士标准的，应追授烈士称号，其配偶、子女享受烈属待遇；符合见义勇为情形的，应授予见义勇为先进个人，并给予相应的抚恤金。[1]

（四）人身安全保障

人民调解员依法调解民间纠纷，受到非法干涉、打击报复或者本人及其亲属人身财产安全受到威胁的，当地司法行政部门和人民调解员协会应当会同有关部门采取措施予以保护，维护其合法权益。各地政府应探索建立人民调解员人身保障机制，鼓励人民调解委员会设立单位和人民调解员协会等为人民调解员购买人身意外伤害保险。

---

〔1〕 参见国务院法制办公室编：《中华人民共和国人民调解法注解与配套》（第2版），中国法制出版社2011年版，第24页。

第六章 调解的程序

调解程序，是指各种调解主体对民事纠纷进行调解时所依据的方法、步骤。调解作为一种柔性的纠纷解决方式，是私法自治原则及程序自治的体现，[1]使调解程序具有规范性兼具灵活性的特征。调解程序的设置和规则关系到调解制度功能的发挥和当事人权益的保障，因此，2016 年最高人民法院发布的《多元纠纷解决意见》要求完善调解的程序安排。我们在长期的调解工作实践中，可以总结出一套带有规律性并能普遍适用的、较为规范又灵活多样的工作程序。一般而言，调解的程序大致包括以下四个部分：调解的启动程序、调解前准备程序、调解的进行及调解的终结。

第一节　调解案件的来源

调解程序的启动方式灵活多样，但都必须以当事人自愿启动为前提，不得强行受理，这是调解自愿原则的必然要求和题中应有之义。根据我国立法相关规定和司法实践的情况，调解案件的主要来源包括当事人申请、人民法院委托以及诉讼程序调解组织主动调解、法院的特邀和分流自诉讼程序、调解程序等。

一、当事人申请

纠纷当事人向人民调解委员会提出调解申请是民间纠纷受理的主要途径，也是贯彻调解自愿原则的体现。

[1] 参见洪冬英：《论调解的功能》，载《华东政法大学学报》2007 年第 6 期。

(一)法律依据

《人民调解工作若干规定》第23条规定:“人民调解委员会根据纠纷当事人的申请,受理调解纠纷;当事人没有申请的,也可以主动调解,但当事人表示异议的除外。”《人民调解法》第17条也规定,当事人可以向人民调解委员会申请调解。[1] 另外,为保障调解程序的顺利启动,人民法院应建立纠纷解决告知程序。人民法院在登记立案前对诉讼风险进行评估,对于常见性、多发性的简单民事纠纷,在当事人起诉时或立案前,可以告知并引导当事人通过人民调解解决矛盾纠纷,[2]并为当事人提供纠纷解决方法、心理咨询、诉讼常识等方面的释明和辅导。

(二)申请条件

纠纷当事人在向人民调解委员会提出申请时应当具备以下条件:

第一,有明确的被申请人。纠纷当事人申请时,应当说明与其发生纠纷的对方当事人,即被申请人的情况,包括姓名、性别、住址、工作单位等,如果被申请人是法人或其他社会组织的,则应当说明其单位地址、法定代表人姓名等基本情况。[3]

第二,有具体的调解要求。当事人申请时应当说明请求调解所要解决的问题和达到的目的,例如,要求对方履行法定或约定义务、请求确认所有权、要求被申请人返还财物等。另外,调解要求一定要具体、明确,涉及财产赔偿的,要注明请求赔偿的数额。

第三,有提出调解申请的事实依据。申请人应当提出申请调解所依据的事实,即纠纷的事实,包括纠纷发生时的情况及相应的证据。

第四,纠纷属于调解委员会的受理范围。《人民调解法》第2条规定了

---

〔1〕《人民调解法》第17条规定:“当事人可以向人民调解委员会申请调解;人民调解委员会也可以主动调解。当事人一方明确拒绝调解的,不得调解。”

〔2〕参见最高人民法院、司法部于2007年8月23日发布的《关于进一步加强新形势下人民调解工作的意见》(司发〔2007〕10号)。

〔3〕参见刘江江主编:《人民调解法治新论》,中国政法大学出版社2009年版,第11~12页。

人民调解主要解决的是民间纠纷,[1]关于民间纠纷的界定可以从正反两个方面理解。一方面,根据《人民调解工作若干规定》第20条的规定,人民调解委员会调解的民间纠纷,包括发生在公民与公民之间、公民与法人和其他社会组织之间涉及民事权利义务争议的各种纠纷。根据实践情况,一般认为,凡是发生在公民与公民之间、公民与法人或者其他组织之间,涉及当事人有权处分的人身、财产权益的纠纷,都属于民间纠纷,都可以通过人民调解来处理。近年来,随着矛盾纠纷的复杂化和多样化加剧,在各地的司法实践中,人民调解的范围又突破了这一规定,已经渗透到法人、社会组织之间纠纷的化解中。另一方面,《人民调解工作若干规定》第22条以排除的方式规定了人民调解委员会不得受理的纠纷:第一,法律、法规规定只能由专门机关管辖处理的,或者法律、法规禁止采用民间调解方式解决的;第二,人民法院、公安机关或者其他行政机关已经受理或者解决的。

另外,实践中,部分地区已有对人民调解参与轻伤害类可公诉可自诉案件调解的探索,例如,2006年上海市高级人民法院、上海市人民检察院、上海市公安局、上海市司法局联合发布的《关于轻伤害案件委托人民调解的若干意见》规定,在受理、立案侦查、审查起诉、审判阶段,公安机关、人民检察院、人民法院等办案机关根据双方当事人申请,可以将符合条件的轻伤害案件委托人民调解委员会进行调解。由此可见,民间纠纷是指公民、法人和其他组织之间因涉及民事权利义务争议或轻微刑事违法行为以及违反社会公德而引发的纠纷。[2]

第五,向有管辖权的人民调解委员会提出。民间纠纷,由纠纷当事人所在地(所在单位)或者纠纷发生地的人民调解委员会受理调解。

(三)申请方式及提交的材料

当事人申请调解纠纷没有形式上的要求,当事人可以书面申请,也可以口头申请。①若采取书面申请的方式,当事人应当填写“人民调解申请书”,“人民调解申请书”既可以由申请人本人填写,也可以由他人代写,由申请人签名后递交人民调解委员会。调解申请书的主要内容包括:申请人、被申请

[1] 《人民调解法》第2条规定:“本法所称人民调解,是指人民调解委员会通过说服、疏导等方法,促使当事人在平等协商基础上自愿达成调解协议,解决民间纠纷的活动。”

[2] 参见常怡主编:《中国调解制度》,法律出版社2013年版,第115页。

人的基本情况、调解的请求、事实和理由。同时，也可提交能够证明纠纷发生时情况的证据。②人民调解委员会是群众性自治组织，其主要任务是民间纠纷的调解以及群众矛盾化解，这决定了人民调解委员会应当遵循便民、利民的原则。鉴于有些民间纠纷的当事人文化水平较低、年龄较大，提出书面申请存在一定的困难，因此，允许当事人口头提出申请，这样既便利了当事人，也有利于及时解决纠纷，防止矛盾激化。[1]

无论是当事人提出的口头申请还是书面申请，调解员都应当进行纠纷登记，记明收到纠纷的日期、当事人姓名、性别、年龄、工作单位、家庭住址、事由，记录人签名或盖章，并填写记录日期。

（四）审查和受理

人民调解委员会在收到申请后，首先要进行审查，审查纠纷是否属于其受案和管辖范围，以及当事人的申请是否符合条件。《人民调解工作若干规定》第 24 条规定，当事人申请调解纠纷，符合条件的且无法律、法规禁止性事由的，应当及时受理，对于不符合受理范围的纠纷，应当依法向当事人解释，并告知其按照相关部门要求处理。对于随时有可能激化的，应当在采取必要的缓解、疏导措施后，及时提交相关部门处理。

对于受理的纠纷，人民调解委员会应当填写“人民调解受理登记表”，登记当事人姓名、依申请受理的时间、纠纷类型和纠纷简要情况等。（见图 6－1）

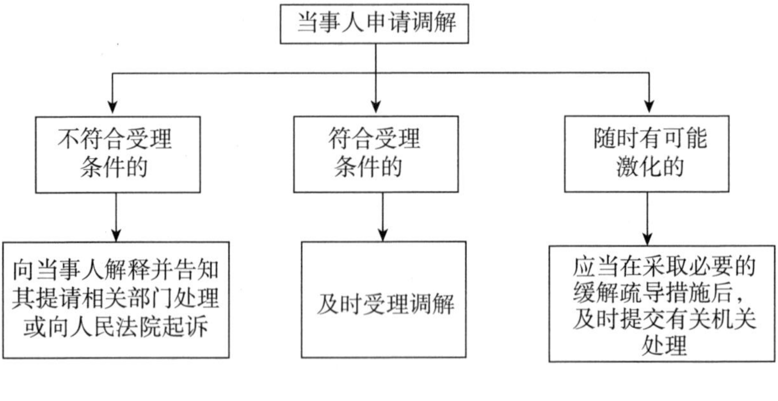

图 6－1 当事人申请调解的审查处理

---

〔1〕 参见刘道龙、廖永安主编：《人民调解经典案例评析》，湘潭大学出版社 2016 年版，第 16 页。

二、人民调解组织主动调解

一般而言,只有纠纷当事人主动找到人民调解委员会要求解决纠纷,人民调解委员会才可以介入,但是由于人民调解还担负着预防纠纷的职责,因此,当调解员发现某一纠纷可能会进一步激化或者不介入将会引发重大群体性事件时,人民调解委员会可以根据《人民调解工作若干规定》第23条以及《人民调解法》第17条的规定,主动调解。

主动调解是指人民调解委员会在没有当事人申请的情况下,主动为当事人调解纠纷。人民调解组织主动介入民间纠纷的调解,是"人民调解组织发挥作用的有效途径和方法,也是人民调解有别于其他纠纷解决机制的一大特色和优势"。[1] 人民调解委员会根据群众反映、有关部门或单位的转告、纠纷信息员报告以及人民调解委员会在民间纠纷大排查中发现的矛盾纠纷,可以主动及时登门调解。具体来说,人民调解委员会可以通过以下几种渠道发现矛盾纠纷:①群众发现矛盾纠纷可以向人民调解委员会反映,人民调解委员会认为适宜调解的可以主动调解;②基层人民法院、公安部门或者政府有关部门发现适宜通过人民调解方式解决的矛盾纠纷,可以及时告知人民调解委员会,由人民调解委员会主动介入调解纠纷;③人民调解委员会在工作中发现矛盾纠纷时,可能发现相关联的其他矛盾纠纷,此时人民调解委员会可以主动调解此纠纷;④人民调解委员会可以定期排查群众间的矛盾纠纷,发现纠纷及时化解,防止矛盾纠纷激化升级。[2]

但应当注意的是,虽然人民调解委员会主动、积极地解决争议与贯彻调解自愿原则并不相悖,前者是人民调解工作态度与方式的体现,后者则是人民调解工作的原则和根本要求。但即使属于人民调解委员会可以主动介入的情形,如果当事人一方明确拒绝调解的,也不得强行调解,此时应当尊重当事人的意愿,不得限制当事人以其他形式解决纠纷的权利。只要当事人双方不表示反对,人民调解组织是可以主动进行调解的,这也是遵循和贯彻当事人双方自愿调解原则的体现。主动调解与人民调解自愿原则有机结合,才能顺利完成人民调解的工作任务,避免民间纠纷的激化。

---

〔1〕 常怡主编:《中国调解制度》,法律出版社2013年版,第127页。

〔2〕 参见廖永安主编:《中国调解学教程》,湘潭大学出版社2016年版,第96页。

三、法院的特邀

近年来,我国人民法院在构建“多元纠纷解决机制”的过程中,对《民事诉讼法》关于法院调解制度进行了创新,创立了特邀调解的新模式。2009 年 7 月,最高人民法院发布的《衔接意见》,规定了人民法院可以在立案前委派、立案后委托行政机关、人民调解组织、商事调解组织或者其他具有调解职能的组织进行调解。[1] 随后,全国部分人民法院开始试点特邀调解工作。

特邀调解是指人民法院吸纳符合条件的人民调解、行政调解、商事调解、行业调解等调解组织或者个人成为特邀调解组织或者特邀调解员,接受人民法院立案前委派或者立案后委托依法进行调解,促使当事人在平等协商基础上达成调解协议、解决纠纷的一种调解活动。就性质而言,特邀调解属于人民法院附设调解,人民法院通过遴选,将符合一定条件的特邀调解组织和特邀调解员,设立并管理特邀调解组织名册和特邀调解员名册。通过特邀调解可以有效解决非诉讼解纷方式权威性不足的问题,从而促进非诉讼解纷方式的权威性。

对于当事人起诉到人民法院的适宜调解的案件,特邀调解主要通过两种方式实现,一种是人民法院在立案前委派调解,另一种是立案后委托调解。《特邀调解规定》第 11 条规定:“对适宜调解的纠纷,登记立案前,人民法院可以经当事人同意委派给特邀调解组织或者特邀调解员进行调解;登记立案后或者在审理过程中,可以委托给特邀调解组织或者特邀调解员进行调解。”

在纠纷范围和案件类型上,近年来,各地基层人民法院进行了有益探索,例如,对家事纠纷、相邻关系、小额债务、消费者权益保护、交通事故、医

---

[1] 《衔接意见》第 14 条规定:“对属于人民法院受理民事诉讼的范围和受诉人民法院管辖的案件,人民法院在收到起诉状或者口头起诉之后、正式立案之前,可以依职权或者经当事人申请后,委派行政机关、人民调解组织、商事调解组织、行业调解组织或者其他具有调解职能的组织进行调解。当事人不同意调解或者在商定、指定时间内不能达成调解协议的,人民法院应当依法及时立案。”第 15 条第 1 款规定:“经双方当事人同意,或者人民法院认为确有必要的,人民法院可以在立案后将民事案件委托行政机关、人民调解组织、商事调解组织、行业调解组织或者其他具有调解职能的组织协助进行调解。当事人可以协商选定有关机关或者组织,也可商请人民法院确定。”

疗纠纷、物业管理等适宜调解的纠纷，在征求当事人意愿的基础上，引导当事人在登记立案前由特邀调解组织或者特邀调解员先行调解。另外，对于一些专业性较强、市场化程度较高的类型化纠纷，如金融、保险、电子商务、知识产权纠纷等，由于这些领域的相关协会等自治组织已发育较为成熟，因此，也将其引入了调解前置程序，使其化解矛盾的积极作用得到了充分发挥，实现了纠纷双方的和解共赢。

（一）法院委派调解

1. 委派调解的含义和性质

委派调解是指人民法院对于适宜调解的当事人起诉到人民法院的案件，在登记立案之前，经各方当事人同意后，委派给特邀调解组织或特邀调解员进行的调解。[1] 由于委派调解是特邀调解组织、特邀调解员受托所进行的诉讼前的调解，因此具有非诉讼调解的性质。

对当事人起诉到人民法院的适宜调解的案件，登记立案前，人民法院可以委派特邀调解组织、特邀调解员进行调解。具体来说，在当事人来院立案之时，立案人员应仔细审查案件，判断案件的性质、复杂程度以及是否有调解的可能。对法律关系基本清楚、事实争议不大、法律责任比较明确的一审民商事案件，立案法官应该充分行使释明权，主动宣传人民调解工作的特点、优势，告知进入诉讼程序后的利弊，建议当事人首先选择诉前调解，并征求、询问当事人是否愿意进行诉前调解。如果当事人愿意，则应暂缓立案，由法官将案件转至立案庭内设置的人民调解工作室，由立案法官协助人民调解员通知当事人到人民法院立案庭进行调解。

2. 调解的后果

人民法院委派调解的案件，调解期限为30日，但双方当事人同意延长调解期限的，不受此限。委派调解达成协议的，自双方当事人签名、盖章或者捺印后生效，特邀调解员应当将调解协议送达双方当事人，并提交人民法院备案，当事人可以依法申请司法确认。当事人申请司法确认的，由调解组织所在地或者委派调解的基层人民法院管辖。当事人明确拒绝调解或委派调解未达成调解协议的，特邀调解员应当将当事人的起诉状等材料移送至

---

〔1〕 参见李少平主编：《最高人民法院多元化纠纷解决机制改革意见和特邀调解规定的理解与适用》，人民法院出版社2017年版，第260页。

人民法院，当事人坚持诉讼的，人民法院应当依法登记立案，由人民法院的审判庭进行审理。

（二）法院委托调解

1. 委托调解的含义

“委托调解”最早出现在2004年《法院调解规定》中，2009年《衔接意见》明确了委托调解的含义，[1]2016年《多元纠纷解决意见》则进一步完善了委托调解的启动时间、调解后果等相关内容。

委托调解，是指人民法院在民事案件登记立案后或者在审理过程中，对于适用调解的案件，经各方当事人同意，委托给特邀调解组织、特邀调解员或人民法院专职调解员进行的调解。[2] 人民法院对于进入诉讼程序（登记立案后或者在审理过程中）的民事案件，认为适宜调解的，在征得当事人的同意后，可以委托人民调解组织等特邀调解组织、特邀调解员或者由人民法院专职调解员对案件进行调解。人民法院对刑事自诉案件和其他轻微刑事案件，可以根据案件实际情况，参照民事调解的原则和程序，尝试推动当事人和解，尝试委托人民调解组织调解。委托调解达成协议的，经法官审查后依法出具调解书。

2. 委托调解的性质

委托调解发生在纠纷登记立案之后，诉讼进行过程中，是诉讼中的调解，由特邀调解组织、特邀调解员或人民法院专职调解员受人民法院之托进行。并且，调解成功后，人民调解委员会应将调解协议送至委托机关，加盖委托单位的印章。因此，委托调解具有准司法的性质。由于委托调解仍然处于诉讼中，无论是法官还是参与调解的社会组织或者个人，必须要遵循《民事诉讼法》或者相关司法解释规定的调解程序和制度机理。[3]

---

〔1〕《衔接意见》第15条规定：“经双方当事人同意，或者人民法院认为确有必要的，人民法院可以在立案后将民事案件委托行政机关、人民调解组织、商事调解组织、行业调解组织或者其他具有调解职能的组织协助进行调解。当事人可以协商选定有关机关或者组织，也可商请人民法院确定。”

〔2〕参见李少平主编：《最高人民法院多元化纠纷解决机制改革意见和特邀调解规定的理解与适用》，人民法院出版社2017年版，第260页。

〔3〕参见李少平主编：《最高人民法院多元化纠纷解决机制改革意见和特邀调解规定的理解与适用》，人民法院出版社2017年版，第409～410页。

3. 委托调解的调解主体

法院委托调解的调解主体经历了一系列发展和变化。在最初，人民法院可以委托进行调解的主体主要是与当事人或与案件有特定关系的单位和个人，具体来说，根据2004年《法院调解规定》第3条的规定，经各方当事人同意，人民法院可以委托与当事人有特定关系或者与案件有一定联系的企业事业单位、社会团体或者其他组织，和具有专门知识、特定社会经验、与当事人有特定关系并有利于促成调解的个人对案件进行调解，达成调解协议后，人民法院应当依法予以确认。随后，进一步扩大至办案法官之外的有利于案件调解的组织和个人，根据2007年《诉讼调解意见》第11条的规定，人民法院可以引导当事人选择办案法官之外的有利于案件调解的人民调解组织、基层群众自治组织、工会、妇联等有关组织进行调解，也可以邀请人大代表、政协委员、律师等个人进行调解。2010年最高人民法院《关于进一步贯彻"调解优先、调判结合"工作原则的若干意见》将行政调解、行业调解等有关组织均纳入人民法院可以委托调解的调解主体中，同时重申了可以委托人大代表、政协委员主持调解。至2016年《多元纠纷解决意见》的发布，第28条规定委托调解的调解主体是特邀调解组织、特邀调解员和人民法院专职调解员。

目前，我国试点人民法院和示范人民法院均建立了特邀调解制度。例如，深圳市福田区人民法院为建立特邀调解制度发布公告公开招募特邀调解员；[1]上海市浦东新区人民法院建立了特邀调解组织名册和特邀调解员名册；北京市西城区人民法院制定了《特邀调解员名册管理办法》《特邀调解组织名册管理办法》，从而确立了特邀调解员及特邀调解组织的选任办法、工作职责、职业道德和工作流程。[2]

特邀调解组织包括人民调解、行政调解、商事调解、行业调解或者其他具有调解职能的组织。特邀调解员是人民法院吸纳进入特邀调解组织和特邀调解员名册的人员，包括人大代表、政协委员、人民陪审员、专家学者、律

---

〔1〕 参见《深圳市福田区人民法院特邀调解组织、特邀调解员招募公告》，载《深圳特区报》2017年3月7日，第A10版。

〔2〕 参见李少平主编：《最高人民法院多元化纠纷解决机制改革意见和特邀调解规定的理解与适用》，人民法院出版社2017年版，第165页。

师、仲裁员、退休法律工作者等具备条件的个人。[1] 特邀调解员的业务培训由人民法院组织，确保特邀调解员的素质符合人民法院对特邀调解工作的要求，保质保量地完成委派或委托调解工作任务。有培训资源的培训组织或机构也可以接受人民法院的委托开展培训工作，由人民法院对调解员培训进行管理和监督。

4. 委托调解协议的确认

根据《衔接意见》第 15 条第 2 款的规定，委托调解结束后，有关机关或者组织应当将调解结果告知人民法院。达成调解协议的，调解员应当向人民法院提交调解协议，当事人可以申请撤诉、申请司法确认，或者由人民法院经过审查后制作调解书。调解不成的，人民法院应当及时审判。

人民法院在审查调解协议时主要审查以下几个方面：协议是否违反了法律、行政法规的强制性规定，是否侵害国家利益和社会公共利益；协议内容是否属于当事人处分权的范畴；当事人争议的法律关系是否涉及案外人的权益；协议指定转移的财产上是否存在案外人权利；协议内容是否符合善良风俗和公共道德；调解是否存在明显违反当事人真实意思的情形等。[2] 对于调解协议存在以下情形之一的，人民法院将不予确认：第一，侵害国家利益、社会公共利益的；第二，侵害案外人利益的；第三，违背当事人真实意思的；第四，违反法律、行政法规禁止性规定的。[3]

四、分流自诉讼程序、调解程序

我国的调解主体可以根据法律、法规的规定，将案件移送至其他调解主体调解或接受其他机关或组织移送的调解案件。司法机关、行政机关可以将适宜调解的民间纠纷主动告知当事人申请人民调解，移交人民调解委员会调解，或者联合调解，例如，我国《人民调解法》第 18 条规定："基层人民法院、公安机关对适宜通过人民调解方式解决的纠纷，可以在受理前告知当事人向人民调解委员会申请调解。"

[1] 参见 2016 年《特邀调解规定》（法释〔2016〕14 号）第 6 条。

[2] 参见《诉讼调解意见》第 14 条。

[3] 参见《法院调解规定》第 12 条。

（一）司法机关移交调解

近年来，我国人民法院受理的一审案件逐年递增，人民法院担负着非常艰巨的审判任务，为了处理国家司法资源有限与社会纠纷多元化之间的矛盾，也为了切实减轻当事人的诉累，最高人民法院开始部署和推动案件繁简分流、先行调解、速裁等工作，加强了与人民调解委员会以及行政机关的联系。

例如，人民法院对于民商事简易纠纷案件，指派专职或兼职程序分流员进行繁简分流，根据最高人民法院于2017年印发的《繁简分流规程（试行）》的规定，人民法院对当事人起诉的民商事纠纷，在依法登记立案后，应当告知双方当事人可供选择的简易纠纷解决方式，释明各项程序的特点，程序分流员认为适宜调解的，在征求当事人意见后，应当出具先行调解告知书，转入调解程序。民商事简易纠纷案件的先行调解可以通过人民法院调解和委托第三方调解的方式进行。若当事人选择委托第三方调解，人民法院应当在3日内移交相关材料，委托调解达成协议的，调解人员应当在3日内将调解协议提交人民法院，由法官审查后制作调解书或者准许撤诉裁定书。

除移交人民调解机构外，人民法院还加强了与行政机关的联系，在立案前或立案后引导当事人选择行政调解，将适宜由行政机关调解的纠纷导入行政解纷渠道解决，调解不成的，依法及时登记立案，调解成功的，依法给予司法保障。

（二）行政机关移交调解

行政机关对于一些适宜通过调解解决的纠纷，可以通过移交或转交人民调解组织调解的方式进行化解。

1. 公安机关探索“警民联调”机制

一直以来，公安派出所每天都要应对大量的非警务纠纷，已经成为困扰基层工作的一大难题，在一定程度上影响了刑事打击和治安管理的效能。近年来，为积极化解民事纠纷，防止纠纷转变为治安、刑事案件，全国很多地方的公安机关越来越意识到多种渠道化解民间纠纷的必要性，纷纷创设了“警民联调”机制。具体而言，公安派出所利用日常接处警先期受理这一优势，将矛盾纠纷引发的案件进行甄别、分流。对于治安案件和轻微刑事案件由公安派出所调解，并邀请人民调解员参加或协助；对于民事纠纷由人民调解组织调解,可邀请民警参加或协助;对于突发性群体性矛盾纠纷,则由公安派出所、司法所和人民调解组织发挥各自职能共同处置。通过在派出所和社区警务室设立人民调解工作室,实现了人民调解与治安调解的有机结合,最大限度地发挥基层人民调解员在社会维稳工作中的"第一道防线"作用。

例如,深圳罗湖公安分局早在2004年6月就率先在其辖区的派出所设立了"人民调解委员会警民联调工作室",主要采取的运作方式有三种:(1)独立调解,将民间纠纷交给调解员独立主持,调解结束后三方签订人民调解协议书;(2)参与调解,对于矛盾尖锐、可能升级的民间纠纷,调解员邀请民警参与,共同主持化解纷争;(3)合作调解,对于邻里纠纷引起的治安案件,民警和调解员分别就治安部分和赔偿部分进行调解。[1]

2. 信访部门与人民调解联合

在我国经济发展和社会转型过程中,征地拆迁、劳资矛盾、商铺纠纷等信访问题不断出现,新老矛盾交织,信访矛盾面临上行的压力。目前,我国许多地方将信访工作与人民调解工作结合起来,实行解决信访问题调解优先,推动信访事项"案结事了"。在各地的探索中,信访工作与人民调解工作的结合采取不同的方式,有的组建人民调解机构派驻信访部门,有的设立信访事项人民调解组织,还有的在公共法律服务中心、公共法律服务站设立人民调解参与信访矛盾化解接待窗口,主动参与信访积案化解,通过优化、整合调解资源,实现优势互补,有效形成化解合力。

除了公安机关和信访部门与人民调解委员会已经探索出联合调解的新解纷模式外,其他职能部门的行政调解也与人民调解相结合,如城建部门、房管部门、国土部门等,从而有效地化解了大量矛盾纠纷,极大地改善了政府与群众之间的关系,维护了社会稳定。

第二节 调解前的准备

调解前的准备程序是整个调解程序的重要组成部分,充分的准备工作是提高调解效率的重要手段。调解前的准备程序是指,在调解程序启动之

[1] 参见盛永彬、刘树桥主编:《人民调解实务》,中国政法大学出版社2010年版,第61~62页。

后，为了保证调解主体程序有效开展而进行的准备活动。调解前的准备主要包括发送调解通知、确定调解员、初步会谈、确定调解形式和规模以及案件调解的可行性评估几项工作。

一、发送调解通知

调解组织在正式接受案件后，有义务与当事人进行沟通联系，将调解有关的事项告知当事人，包括调解时间、地点等相关事宜。

在考虑何种场地适宜作为调解地的时候，应当首先考虑调解员是否能够控制调解程序，以及所选择的调解地能否使双方当事人更容易达成调解协议。2007 年最高人民法院、司法部《关于进一步加强新形势下人民调解工作的意见》作出了创新人民调解工作方法的部署，提出可以根据矛盾纠纷的性质、难易程度以及当事人的具体情况，充分利用“村头”“地头”“街头”“炕头”调解等适应基层特点的、群众喜闻乐见的方式，综合运用教育、协商、疏导等办法，因地制宜、不失时机地开展人民调解工作。因此，调解地点的选择应根据原则性与灵活性相结合的原则，原则上调解地点可以选择固定的调解组织所在地，这是由于固定场所可以给当事人信任感和安全感，有利于调解组织或人民法院等委托调解主体提供更多的指导与服务，同时对调解过程进行管理。在当事人行动不便或者在外地无法到达现场进行调解等特殊情形下，调解地点也可根据当事人的情况以及申请，决定是否到当事人住所上门调解或者利用即时通信工具进行远程调解等。[1] 此外，由于调解是一种旨在寻求当事人合作的纠纷解决方式，在空间上需要尽可能“去对抗性”，营造和谐的气氛，所以无论是调解室在背景的布置上，还是在人员位置的安排上，都应当不同于审判庭。[2]

除了将调解时间、地点等通知当事人以外，出于纠纷一次性解决的必要，调解员还可以根据情况通知与案件有利害关系的案外人参与调解，同时还可以保护有利害关系的第三人，避免出现恶意调解、虚假调解等情形。但若当事人明确表示拒绝，则调解员不应通知其他人参与调解，这主要是基于

〔1〕 参见李少平主编：《最高人民法院多元化纠纷解决机制改革意见和特邀调解规定的理解与适用》，人民法院出版社 2017 年版，第 419 页。

〔2〕 参见李浩：《调解归调解，审判归审判：民事审判中的调审分离》，载《中国法学》2013 年第 3 期。

调解保密性原则的要求。

二、确定调解员

调解员是进行调解活动的人员，是帮助当事人化解纠纷的助手，人民调解委员会在受理案件后，应当尽快确定调解的主持人和调解的组成人员。人民调解员由人民调解委员会委员和人民调解委员会聘任的人员担任，既可以兼职，也可以专职。目前，全国兼职人民调解员有 317.2 万人，占总数的 86.5%；专职人民调解员 49.7 万人，占总数的 13.5%。[1] 行业性、专业性人民调解委员会应有 3 名以上专职人民调解员，乡镇（街道）人民调解委员会应有 2 名以上专职人民调解员，有条件的村（居）和企事业单位人民调解委员会应有 1 名以上专职人民调解员，派驻有关单位和部门的人民调解工作室应有 2 名以上专职人民调解员。[2]

（一）确定方式

调解员的年龄、资历、性别、经验、文化程度等都会对诉讼调解产生一定的影响，应根据争议事项以及当事人的特殊性并结合调解员的专长确定调解人员。人民调解员的确定方式经历了从人民调解委员会指定到“指定＋选择”双重模式的发展变化：2002 年《人民调解工作若干规定》第 25 条规定，人民调解委员会调解纠纷，应当指定 1 名人民调解员为调解主持人，根据需要可以指定若干人民调解员参加调解；2011 年《人民调解法》第 19 条则改变了单一的指定形式，规定人民调解委员会根据调解纠纷的需要，可以指定 1 名或者数名人民调解员进行调解，也可以由当事人选择 1 名或者数名人民调解员进行调解。因此，目前人民调解员的确定方式有两种，分别为人民调解委员会指定和当事人自主选择。

1. 由人民调解委员会指定调解员

人民调解委员会在指定调解员时，主要采取“谁接待，谁调解”的原则，同时还可以根据纠纷的需要具体指定调解员。其一，根据案件类型指定适

---

〔1〕 参见蔡长春：《司法部有关负责人就〈关于加强人民调解员队伍建设的意见〉答记者问》，载《法制日报》2018 年 4 月 28 日，第 3 版。

〔2〕 参见 2018 年 4 月中央政法委、最高人民法院、司法部、民政部、财政部、人力资源和社会保障部联合发布的《关于加强人民调解员队伍建设的意见》。

合的人民调解员。民间纠纷的种类有很多,针对不同的类型指定不同的人民调解员调解,可以取得事半功倍的效果。例如,对于婚姻家庭继承类的纠纷,一般由已婚的、善于此类纠纷的女性调解员进行调解较为合适。其二,根据纠纷的特点指定适宜的人民调解员。例如,在少数民族人民发生的纠纷中,由本民族的调解员进行调解更为有效。[1] 其三,根据当事人的身份特点指定人民调解员。纠纷当事人有男有女、有老有少、有汉族有少数民族,考虑当事人的这些特点指定适宜的人民调解员进行调解,有助于纠纷的圆满解决。

根据以上原则,人民调解委员会可以综合考虑各种因素指定人民调解员,而在以下三种情形下应当指定调解员:第一,人民调解委员会主动调解时指定人民调解员,纠纷发生后,当事人尚未向人民调解委员会申请调解,人民调解委员会为了及时解决民间纠纷,消除不安定因素,维护社会和谐稳定,主动指定人民调解员调解;第二,当事人申请调解时未指定人民调解员,由人民调解委员会指定;第三,当事人就选择的人民调解员未达成共识时,由人民调解委员会指定调解员,当事人对指定的调解员没有明确表示拒绝的,人民调解员都可以进行调解。[2]

2. 当事人自主选择人民调解员

选择人民调解员是当事人自己的意志决定的,当事人可以选择 1 名人民调解员进行调解,也可以选择数名人民调解员进行调解。当事人一般根据人民调解委员会提供的人民调解员名录、名册或专家库,了解调解员的姓名、年龄、工作单位、专业优势等信息,通过协议选择、独自选择、委托选择等方式选择调解员。通过自主选择的方式选定的调解员,易于取得当事人的信任,也便于调解工作的顺利进行。

另外,我国相关规定也赋予了当事人双方协商确定调解员的权利。例如,《特邀调解规定》第 12 条规定:“双方当事人应当在名册中协商确定特邀调解员;协商不成的,由特邀调解组织或者人民法院指定。当事人不同意指定的,视为不同意调解。”

---

〔1〕 参见刘道龙、廖永安主编:《人民调解经典案例评析》,湘潭大学出版社 2016 年版,第 18 页。

〔2〕 参见常怡主编:《中国调解制度》,法律出版社 2013 年版,第 129 页。

（二）调解员的数量

根据《人民调解工作若干规定》第 25 条和《人民调解法》第 19 条的规定，人民调解委员会根据调解纠纷的需要，可以指定 1 名或者数名人民调解员进行调解，也可以由当事人选择 1 名或者数名人民调解员进行调解。根据纠纷的复杂程度和调解员的专长和业务水平综合确定调解员的数量，对于简单的民间纠纷，可以由 1 名调解员单独进行调解，而对于复杂的民间纠纷，可由多名调解员共同调解或联合调解。在数名调解员共同调解时，由其中 1 人担任调解主持人。

特邀调解一般由 1 名调解员进行，对于重大、疑难、复杂或者当事人要求由两名以上调解员共同调解的案件，可以由两名以上调解员调解，并由特邀调解组织或者人民法院指定 1 名调解员主持。

（三）调解员的回避

在确定调解人员时，还要遵守有关回避的规定以维护人民调解的公正性。调解员的回避主要有两种方式，自行回避和申请回避。一方面，人民调解委员会工作人员存在特定情形时应当自行回避；另一方面，当事人对调解主持人提出回避要求的，人民调解委员会应当予以调换。回避的情形主要包括以下三个方面：①与纠纷当事人一方有近亲属关系；②与本纠纷有直接利害关系；③与纠纷当事人一方有其他关系，可能影响纠纷的公正调处。当事人提出回避申请的，应说明其理由，回避申请可在调处前提出，也可在调处时提出。被申请回避人员在当事人提出回避申请后，应暂停本纠纷的调处工作。遇有回避情形的，人民调解委员会应另行指定调解人员，或由当事人提名、双方均同意的调解员主持。

（四）调解员的更换

当事人的信任是调解成功的基础，若当事人有正当理由是否有权要求更换调解员？这一问题的答案是肯定的。在有正当理由的情况下，赋予当事人更换调解员的申请权，有助于当事人选择适当的调解组织或信赖的调解员调处纠纷。《特邀调解规定》第 13 条规定，当事人有正当理由的，可以申请更换特邀调解员。但对于正当理由如何界定并未明确，而是将审查的权力赋予人民法院或调解组织自由裁量，即由人民法院或调解组织对当事人的理由进行初步审查后，决定是否予以重新选定或重新指定调解员。对于申请更换调解员的次数问题，我国法律也并未明确规定，调解组织可以结合案件以及当事人的情况决定是否允许。

三、初步会谈和调查

调解组织受理纠纷后，被确定的具体调解人员应与当事人进行初步会谈，目的在于调查核实纠纷，弄清纠纷的发生和纠纷涉及的有关事实，辨别纠纷的焦点、难点和矛盾，判明纠纷性质和是非曲直。通过初步会谈确认纠纷的真实情况，是正确、圆满调解纠纷的前提，也是做好调解工作和达成调解协议的基础。根据《人民调解工作若干规定》第26条的规定，在初步会谈中，人民调解委员会应当分别向双方当事人询问纠纷的事实和情节，了解双方的要求及其理由，根据需要向有关方面调查核实，做好调解前的准备工作。会谈的主要内容应包括纠纷发生的原因、发展的过程、争议的焦点、目前所处的程度以及证据和证据来源、当事人个性特征和当事人对纠纷的态度等。在与当事人会谈时，应耐心听取双方当事人的陈述，了解纠纷的过程和他们的真实思想和要求。

初步会谈的重点在于弄清纠纷症结和事实真相的关键情节，因此，必要时还应当开展相应的调查工作。除了与当事人会谈，调解员还可以向知情人和周围的群众了解情况，以印证双方当事人的陈述，也可以到纠纷发生的现场进行调查，甚至到当事人所在单位了解情况，必要时可求得单位领导和有关人员的支持。在遇到一些疑难的人身伤害纠纷时，调解员还须请有关部门进行伤情检查鉴定，以查明伤害程度。在初步会谈和案件调查过程中，调解人员应当对调查情况作出详细的记录，必要时还可以请被调查人提交书面材料。

四、案件调解的可行性评估

调解人员在分析、判断纠纷事实和证据材料的基础上，应对纠纷调解的可行性进行评估并制定调解方案。一般而言，调解员在评估后认为案件适宜调解的，纠纷调解成功具有可行性的，应建立调解可选方案。在建立可选方案时应当遵循以下原则：第一，所建立的可选方案不得违背法律、行政法规的强制性规定；第二，要注意衡平各方当事人之间的利益关系；第三，要尽量考虑到所有情况，制订出多种可选方案；[1]第四，调解方案内容不局限于当事人的请求，应灵活对待，无须严格受制于当事人的请求。

调解方案大致应包括以下内容和因素：1. 纠纷概况，即矛盾双方当事人发生纠纷的具体情况；2. 争执的焦点，即双方当事人的主要矛盾；3. 调解要达到的目的，即调解双方都接受的一致意见；4. 调解所具体涉及的法律、法规、规章、政策条款；5. 调解过程中可能出现的问题及对策，要站在双方当事人的立场设计调解方案，提出对策，以便顺利解决问题；6. 具体的工作方法和工作重点，根据双方矛盾的焦点，确定工作方法，在重点问题上给予调解；7. 对调解可能达成的协议的基本设想。[2]

调解人员应根据案件的实际情况制订调解方案，并在调解时根据情况的变化，灵活、有效地按照事先拟订的调解方案调解，把握调解活动的进程。对于疑难、复杂和易出现反复的纠纷，经调解委员会集体讨论、集思广益，可以制订多套调解方案，并事先做好多次调解的准备。

五、确定调解形式和规模

人民调解组织召开的调解会议，纠纷双方当事人必须按照其通知的时间、地点出席，调解会议一般由1~3名人民调解员组织进行，小型纠纷可由1名调解员组织，比较大的复杂纠纷，可由2~3名调解员组织。由2名以上调解员组织的，应由调解小组或调解委员会明确指定1名调解员主持调解会议。

根据《人民调解法》第22条的规定，人民调解员根据纠纷的不同情况，可以采取多种方式调解民间纠纷。调解采用何种方式即调解是采用“面对面”还是“背靠背”方式的问题。“面对面”的调解，是指在调解过程中，调解员通过与当事人双方面对面的沟通，直接了解双方的态度、利益分歧的焦点所在以及达成合意的可能性等，以方便其对调解程序作出有效的管理。当然，这一调解方式可能存在以下问题，即由于纠纷的发生已经使双方关系趋于紧张，或因利益主张分歧过大，难以有效地交换意见和进行沟通，人民法院主持下双方协商的程序结构，可能并不是一个好的调解程序构造。[3] 此

---

[1] 参见廖永安主编：《中国调解学教程》，湘潭大学出版社2016年版，第111~112页。

[2] 参见盛永彬、刘树桥主编：《人民调解实务》，中国政法大学出版社2010年版，第65页。

[3] 参见唐力等：《诉讼调解合意诱导机制研究》，厦门大学出版社2016年版，第142页。

时为避免当事人直接见面产生情绪对立的局面，可以选取"背靠背"的调解方式，由调解员分别了解双方各自的权利诉求、合意的"底线"，帮助双方传递和沟通信息并进行说服工作。"背靠背"的调解模式可能引发双方对调解员甚至对调解解纷的信任危机。由于双方并不通过面对面讨论的方式交换意见，可能对调解员传递的对方意思产生怀疑，从而可能产生调解合法性和正当性的问题。

因此，两种方式各有其特点，也各有侧重。鉴于"背靠背"具有调解员为了达到调解成功的目的，采用操纵信息的方法，使当事人基于不准确、不真实的信息接受调解员提供的调解方案的弊端，宜以"面对面"的调解为原则以及调解合意形成的基本模式。"即使是双方当事人都同意采用'背靠背'的方式，调解人也应当在双方当事人同时在场的情况下预测本案可能的判决结果"，[1]并且将各方当事人的真实意思和主张全部地、"不失真"地传递给对方，不能为了达到调解目的而隐瞒不利于和解的信息。

关于调解的规模，法律、法规并未作限制，实践中既可以是一名调解员调处纠纷，也可以由多位能够影响纠纷当事人和调解工作进行的调解活动参加者参与，比如在征得当事人的同意后，邀请当事人的亲属、邻里、同事等参与，也可以邀请具有专门知识、特定经验的人员或者有关社会组织的人员参与。具体而言，对于那些比较简单的纠纷或涉及隐私、不宜公开调解的纠纷，可以由调解员主持，仅限于纠纷当事人参加；对于一些家庭纠纷，如婆媳不和、夫妻吵架、兄弟矛盾，以及赡养、继承、财产之类的纠纷，可由人民调解员主持，在家庭范围内进行调解，必要时可以邀请他们的亲友、邻居参加以协助调解；对于一些影响较大的案件，如打架斗殴、遗弃、虐待、侵占、伤害、损害名誉等纠纷，还可以将参加调解会的人员扩大至村民小组、居民小组、楼院、车间等范围。[2] 无论采取何种方式和规模，重点在于实现解决纠纷的目的。

---

[1] 李浩：《调解归调解，审判归审判：民事审判中的调审分离》，载《中国法学》2013年第3期。

[2] 参见盛永彬、刘树桥主编：《人民调解实务》，中国政法大学出版社2010年版，第66页。

第三节　调解的进行

我国现有的各类调解虽然调解主体不同,但其遵循的程序基本相同,一般而言,调解的进行程序须包含以下主要步骤:第一,告知当事人权利义务及调解规则;第二,当事人陈述案件事实及主张;第三,总结当事人观点;第四,促进当事人的沟通;第五,寻求解决方案。调解员在调解过程中,应当把情、理、法有机结合起来,通过摆事实、讲道理、析法律,以理动人、以情感人、以法服人,促成纠纷双方达成调解协议。[1]（见图6－2）

图6－2　调解的进行程序

调解的开场,让调解员与当事人各方互相认识,知晓彼此在接下来的调解过程中所担任的角色及作用,同样影响调解程序能否顺利进行。在开始调解前,调解员应当进行自我介绍,并申明自己立场的中立性和公正性,表明自己只是调解程序的推动者,当事人自己才是调解方案的决定人,以此消除当事人对调解员可能存在的怀疑和不信任。如果纠纷的缘起是由于人身伤害、意外死亡等令人沉痛事件的发生,调解员应当向当事人表达自己的同理心。[2]

“大家好,很高兴各位选择调解程序,我是上海经贸商事调解中心的调解员某某。我接受过专业调解技能培训,拥有商事调解员资格,参与调解过多件纠纷,今天由调解中心指定我为本次纠纷调解员。请问各方对此是否有异议?

“本次调解程序非公开进行,调解过程所涉及的信息均保密。我作为调

[1] 参见汪世荣等:《人民调解的“福田模式”研究》,北京大学出版社2017年版,第181页。

[2] 参见廖永安等编著:《如何当好调解员:美国调解经典案例评析》,湘潭大学出版社2013年版,第21页。

解员与调解中心签订有保密协议，而各位参加调解的当事人，对于调解过程中获取的信息也应遵守保密义务。各位是否清楚？

"作为调解员，我与本纠纷的各方均无利益关系，与本次纠纷的处理结果也无利害关系，我将坚持中立立场，公正进行调解。"[1]

以上是上海经贸商事调解中心的调解员在每一件纠纷调解程序之初的开场白，寥寥几句，体现了调解员的中立性及同理心。

一、告知当事人权利义务及调解规则

在调解程序开始时，主持调解的调解员应当向当事人释明调解的性质、法律效果与原则，告知双方当事人在调解活动中享有的权利、承担的义务、调解员回避条件、司法确认制度，宣布当事人应当遵守的纪律和注意事项，这对那些既缺乏法律知识又未经历过调解的当事人尤为重要。尤其应当特别告知调解员或调解庭的组成人员，向当事人询问是否申请回避，如果调解达不成协议可以向人民法院起诉或者通过其他途径主张自己的权利。以下以人民调解为例将告知事项加以列举。

1. 人民调解的性质。人民调解是在人民调解委员会主持下，通过说服、疏导等方法，促使当事人在平等协商基础上自愿达成调解协议，解决民间纠纷的活动。人民调解委员会是调解民间纠纷的群众性组织。

2. 人民调解的效力。经人民调解委员会调解达成的、有民事权利义务内容，并由双方当事人签字或者盖章的调解协议，具有民事合同的法律约束力。当事人应按照约定履行自己的义务，不得擅自变更或者解除调解协议。

3. 人民调解遵循的原则：①依据法律、法规、规章和政策进行调解，法律、法规、规章和政策没有明确规定的，依据社会主义道德进行调解；②在双方当事人自愿、平等的基础上进行调解；③尊重当事人的诉讼权利，不得因调解不成而阻止当事人通过仲裁、行政、司法等途径维护自己的权利；④人民调解委员会调解民间纠纷，不收取任何费用。

4. 在人民调解活动中，纠纷当事人享有下列权利：①自主决定接受、不接受或者终止调解；②要求有关调解人员回避；③不受压制强迫，表达真实意愿，提出合理要求；④自愿达成调解协议。

5. 在人民调解活动中，纠纷当事人承担下列义务：①如实陈述纠纷事

---

[1] 蒋丽萍：《调解员职业道德的内涵与规范》，载《人民法院报》2015年5月15日，第5版。

实,不得提供虚假证明材料;②遵守调解规则;③不得加剧纠纷、激化矛盾;④自觉履行人民调解协议。

6. 人民调解委员会有下列情形之一的,纠纷当事人有权以口头或书面的形式申请,要求调解员回避:①与纠纷当事人有近亲属关系的;②与本纠纷有直接利害关系的;③与纠纷当事人有其他利害关系,可能影响对案件公正调解的;④有其他正当理由的。

7. 司法确认制度。经人民调解委员会调解达成调解协议后,双方当事人认为有必要的,可以自调解协议生效之日起30日内,共同向人民法院申请司法确认,人民法院应当及时对调解协议进行审查,依法确认调解协议的效力。人民法院依法确认调解协议有效,一方当事人拒绝履行或者未全部履行的,对方当事人可以向人民法院申请强制执行。

二、当事人陈述案件事实及主张

双方当事人对案件事实及主张进行陈述,是调解的必经阶段。调解必须在查明事实的基础上进行,各方的陈述如同庭审中的法庭调查,可以通过陈述复原纠纷产生的过程,整理双方的争议点,发现影响纠纷解决的分歧点等。在双方当事人都同意调解,且明确表示已经知晓调解过程中自己的权利、义务之后,调解员应当积极、耐心地引导当事人进一步讲清纠纷的事实情况。

当事人对案件的陈述主要包括案件事实的发生经过、当事人的具体主张、相关证据等。当事人对案件事实及主张的陈述主要有以下两个基本特征:其一,真实性较强。因为当事人是有关法律关系的直接参加者,他们对权利义务关系的发生、变更或者消灭的事实情况比其他任何人都了解,并且知道得最清楚。因此,他们的陈述可以为调解员提供真实的事实材料。其二,当事人对案件事实往往只作利己性陈述。因为有关当事人往往会从自身的利害得失出发,凡有利于自己的就说,凡不利于自己的就不说,甚至有可能会有意或者无意地对有关事实情况加以夸大。

调解员要积极、耐心地引导当事人讲清事实真相,并在此过程中进一步查明事实,分清责任。为了使纠纷的解决有序进行,人民调解员应主导调解程序,确定当事人陈述的先后顺序。实践中,一般先由申请调解的一方进行陈述,然后由被申请一方针对事实提出自己的意见和看法。

双方当事人将对纠纷进行陈述并提出证据,以表达各自对纠纷责任的看法和解决纠纷的具体意见。调解员则应在当事人陈述的过程中进一步查清事实，分清双方责任，并由双方当事人就纠纷事实和责任的认定交换意见。对于个别当事人在陈述过程中故意歪曲事实、无理取闹的，调解员应当及时制止和纠正。[1]

三、总结当事人观点

在双方当事人陈述案件事实和自己的主张后，调解员应找准双方争议的焦点，并分阶段对纠纷争议的焦点、双方的分歧点进行及时归纳总结。只有这样，才能抓住重点，对症下药，确立明确的调解思路，掌握调解中的主动权。

调解的过程从本质上说是一个当事人利益发现的过程。[2] 当事人陈述事实和主张后，调解员应当及时提炼出当事人的观点和意见，特别是确定双方意见的共同之处，发现共同利益之所在。现实中纠纷之所以发生，是由于利益之间的博弈往往非常复杂，除突发性或偶然性外，当事人之间一般存在大量的和解机会，实现“双赢”既是各方的最佳选择，也是调解工作取得的最佳结果。调解人员应当善于捕捉契机，通过总结当事人的观点和主张帮助当事人寻找共同点，将解决现实纠纷与实现长远利益结合起来，教育当事人规范日后的行为，促成双方为了长远利益而自愿和解。例如，在债权债务纠纷的调解中，债权人在本金或利息上作出一定的让步，换取债务人的尽快履行，这种方案可谓“以时间换金钱”“以让步换履行”，由于对双方均有利，往往容易被双方当事人接受，促使双方化干戈为玉帛以达到“双赢”的社会效果。[3]

在总结当事人观点时，调解人员还应注意始终坚守中立的立场。作为一名调解员，在遇到事件复杂、矛盾激化的纠纷时，调解员坚定的中立信念常常受到影响，从而使其在不知不觉中丧失中立。实际上，即使是最理性的调解员，也很难在面对合法权益遭受侵害的社会弱者时，不产生一丝同情怜悯之心。但基于当事人的信任，调解员不应当将这种情绪带到调解过程中，在形式上必须树立中立的形象，遇到复杂、矛盾易激化的纠纷，更应坚守中

---

〔1〕 参见王恒勤主编：《人民调解理论与实务》，中国政法大学出版社2011年版，第183页。

〔2〕 参见冀宗儒：《论民事调解的技术要素》，载《法律适用》2005年第9期。

〔3〕 参见沈志先主编：《诉讼调解》，法律出版社2014年版，第93页。

立,沉着应对。有时,面对当事人的不尊重、不理解,调解员更应秉持中立、公正的第三方身份,向当事人指出争议焦点,提出可行性强的解决方案。

四、促进当事人的沟通

为了了解和掌握案件的真实情况,调解员应当促进双方当事人之间的沟通,鼓励当事人说出自己内心的真实想法,这样有助于调解员更加精准地把握案件调解的进度。当事人虽然不是专门从事调解的人员,也不一定精通法律,但是作为案件的当事人,他们很可能在进行调解之前已经在内心确立了解决纠纷的几种方案,在一些情况下,当事人可能将某种方案作为自己的底线,一旦该方案没有得到对方的同意,便会转而通过诉讼解决纠纷。[1] 因此,在总结当事人观点后,调解员应当采取一定的措施促进双方当事人进行沟通,主要通过设定调解目标,运用不同的调解方法和各种技巧层层梳理,促进双方一致意见的达成。

(一)设定调解目标,层层梳理

有些纠纷和诉求交织在一起,首先要设定调解目标,层层梳理。调解的目标是多层次的,有对一方当事人而言最为有利的一种目标,称为顶线目标;也有对双方当事人而言必须通过调解达到的底线目标;还有调解双方最有可能实现的目标,称为可接受目标。可接受目标一般是介于顶线目标和底线目标中间的一个值点,这个点具有很大的弹性,让谈判者始终围绕其谈判利益讨价还价的,正是这个可接受的目标。[2] 在结合双方的主张和证据设定调解目标后,还需要对其进行层层梳理。

例如,浦东新区某街道人民调解工作室调处的一起因拆除承重墙引发安全隐患的纠纷,主要案情为,某小区一幢居民楼底层的一户居民家里装修时,将承重墙拆除,楼上居民因担忧承重墙的拆除会造成安全隐患,双方争执不下,楼上一户居民提出如下诉求:①修复承重墙;②请有资质的单位来检测;③家里的墙壁裂缝要修复;④其间家里人在酒店住宿的费用由底层房主承担。另一楼上的居民除同意以上诉求外,还要求拆除底层居民多年前在一楼院子里搭建的雨棚。底层居民虽有抵触但还是无奈地承认了敲承重

〔1〕 参见廖永安主编:《中国调解学教程》,湘潭大学出版社 2016 年版,第 112 页。

〔2〕 参见范愉主编:《多元化纠纷解决机制》,厦门大学出版社 2005 年版,第 295 页。

墙的错误行为，并表示愿意就给楼上居民带来安全隐患一事进行道歉，对恢复承重墙、请有资质的单位来检测的要求没有异议，但对在这期间要承担较多的住宿费和拆除院子里的雨棚提出了异议。[1] 在这件纠纷中，调解员首先设定调解目标，认为对拆除承重墙引发安全隐患的担忧和墙壁开裂是一个问题，在院子里搭建雨棚是另一个问题，应分开梳理、分别调解。调解员通过对当事人的多项主张进行分别调解，层层梳理，最终实现了纠纷的解决，取得了事半功倍的效果。

（二）运用不同的调解方法

调解方法主要是指调解的途径、步骤和手段。运用不同的调解方法对于纠纷的调解来说非常重要，我国法律、法规中对调解的一般方法作出了规定。例如，1989 年《人民调解委员会组织条例》第 8 条规定，人民调解委员会调解纠纷，应当在查明事实、分清是非的基础上，充分说理，耐心疏导，消除隔阂，帮助当事人达成协议。再如，2002 年《人民调解工作若干规定》第 31 条规定，人民调解委员会调解纠纷，应当在查明事实、分清责任的基础上，根据当事人的特点和纠纷性质、难易程度、发展变化的情况，采取灵活多样的方式方法，开展耐心、细致的说服疏导工作，促使双方当事人互谅互让，消除隔阂，引导、帮助当事人达成解决纠纷的调解协议。

但是，由于民间纠纷种类众多，不同种类的纠纷各具特点，对于不同的纠纷不可能千篇一律地采取相同的调解方法。实践中，调解员为了顺利完成调解工作，解决不同类型的矛盾纠纷，应当根据纠纷的不同情况，综合运用各种不同的调解方法调处纠纷。

第一，换位思考法。换位思考，适当让步，是调解成功的关键。针对一些固执己见、争强好胜的纠纷当事人，调解员可以采取换位思考法，促使当事人设身处地地站在对方的立场上体验和思考问题，体察对方的感受，形成与对方在情感上的交流，从而理解对方并改变自己的观点、态度和做法，使问题得到圆满解决。一方面，调解员应当站在纠纷当事人双方的立场和角度，促使当事人全面解决纠纷；另一方面，引导当事人之间换位思考，启发纠纷当事人相互站在对方的立场上考虑问题。[2]

---

〔1〕 参见调解案例编写组：《上海市人民调解案例汇编（2017）》，第 11 页。

〔2〕 参见盛永彬、刘树桥主编：《人民调解实务》，中国政法大学出版社 2010 年版，第 107 页。

例如,来沪农民工王某在建筑工地粉刷外墙时,意外被水泥板砸中头部,造成颅骨骨折及危重型颅脑外伤,送医院医治无效后死亡。死者家属带领40多名亲友赶到上海要求用工单位赔偿,上海市普陀区某街道人民调解委员会的调解员调解了此件工伤死亡赔偿案件,调解组织召集了三次面对面协调会,通过运用换位思考的方法顺利解决了此次纠纷。在调解期间,一方面,调解员设身处地地为死者家属着想,竭力缓解当事人的情绪,防止矛盾激化。调解员耐心听取当事人的诉求,能考虑到的问题,都想在先、做在前,并迅速找到了矛盾的症结,让死者家属及时得到法律援助,维护了自己的合法权益。另一方面,调解员引导用工单位站在受害者的角度考虑问题,无论是出于同情,还是出于人道,都应该不遗余力地帮助家属们尽快恢复正常生活。用工单位在调解员的调解下,勇于承担责任,并拿出诚意协助调解,不在赔偿款上斤斤计较,最终有效化解了这起重大的人身伤害纠纷案件。[1]

第二,明法析理法。明法析理法是指调解员在调解时"以法为基础,以理为主线,充分注重情",通过综合运用基本法理、社会公德、情感关系实现纠纷的化解。以法为基础,就是调处民间矛盾纠纷时,先根据基本的法理原则进行事实判断,再进行价值判断,即先搞清楚矛盾纠纷的时间、地点、人物、起因、经过和结果等基本事实要素,再判断谁有道理,谁有过错,应当如何调解。厘清情况后,再告知当事人相关的法律条文,让其明确法律底线和大致方向,同时为在调解不成后当事人通过司法诉讼维权打下基础。以理为主线,就是在不违反法律强制性规定的前提下,结合基层实际情况,将社会公德、村规民约及公序良俗作为人民调解的进一步依据,提醒当事人解决矛盾纠纷要符合以上社会标准,否则将对自身造成负面效应。不仅会使自己处于不利的舆论环境当中,日后与邻里相处、处理生活事务都可能受到负面影响。充分注重情,对当事人动之以情,使其明白亲情、爱情、友情是维系其各种社会活动的纽带,没有各种情感的支撑,生活质量也将大打折扣,甚至在社会中也难以生存,反之,良好的情感关系,可以帮助当事人大大提高生活质量,获得更多经济、精神收益,以此化解当事人心中最后的隔阂。

第三,重点突破法。重点突破法是指抓住纠纷中的主要矛盾、关键人物等重点,作为解决纠纷的突破口,采取逐个击破的方法进行调解。调解员在

[1] 参见调解案例编写组:《上海市人民调解案例汇编(2017)》,第58~62页。

调解时,可以抓住纠纷发展过程中起决定作用的矛盾进行调解,也可以首先说服、劝解纠纷当事人中起关键作用的人物,形成初步调解结果,从而带动其他纠纷当事人接受该调解结果。这一方法特别适宜复杂的群体性纠纷的调解,群体性纠纷往往存在千丝万缕的多个矛盾,并且多个纠纷当事人中可能存在对纠纷性质和发展并不起太大影响的某些当事人,抓住主要矛盾、关键人物进行调解,往往更容易实现整个群体性纠纷的解决。

例如,租客李某过失引起火灾,致使整栋居民楼中 11 户居民财产受到不同程度的损失,正常生活受到影响,受灾居民向李某提出索赔,赔偿费用逾 25 万元。由于涉事租客已被公安机关控制,无法联系,调解员首先联系出租房屋的房东,安排其与两户受损相对较轻的居民进行协商并达成调解协议,房东答应先行赔付这两户居民的损失,经过调解员的不懈努力,终于使双方达成一致,剩余的 9 户居民均得到赔偿。[1]

第四,巧借外力法。巧借外力法是指在调解过程中,除了依靠人民调解员自身的力量进行调解外,还需要取得当事人的亲友、专业人士、舆论媒体等社会力量给予支持和帮助,从而完成调解的方法。调解员可以借助当事人亲友的力量进行调解,由于其与当事人的关系较为密切,彼此之间存在一定的信任基础,借助他们进行调解,容易为当事人所接受,也因为他们熟悉当事人的状况,更容易抓住问题的症结,对症下药。调解员也可以借助专业人士的力量进行调解,一些专业性强的案件调解起来难度较大,专家基于其具备的专业知识所发表的意见,更易被当事人所接受。调解员还可以借助媒体的力量进行调解,给当事人造成一种压力,使纠纷当事人放弃自己不正当的要求,促成双方合意的达成。

例如,患者 Y 某于 2015 年在甲医院做某项美容手术,术后创面不断渗血,血压下降,甲医院抢救无效即主动联系"120"转往其他医院救治,最终病情稳定并康复。患者 Y 某与甲医院发生纠纷,该纠纷通过多种媒体近 1 年时间的报道,已成为社会关注的热点之一。上海市浦东新区某人民调解中心调解员,在调查清楚此件医疗纠纷的经过之后,通过借助卫视媒体报道,宣传了该调解组织简便、经济、快捷、公平、公正调解医疗纠纷的特征,为社会输入了正能量,调解员本人也取得了医患双方的信任。借专家咨询明确了医患之间的责任,为制定该纠纷的调解方案奠定了基础。调解员抓住

〔1〕 参见调解案例编写组:《上海市人民调解案例汇编(2017)》,第 40 ~41 页。

与患者亲属沟通的机会,借机传达调解信息,并影响患者与其母亲对本案的处理态度,取得了较好的效果。当医方领导出现权限受限时,再借卫生工作者协会有关人员的力量,打破僵局,最终使调解成功。借司法确认使人民调解协议书的法律效力增强,解除了医患双方的后顾之忧,最终促使当事人之间达成了调解协议。调解员通过巧借外力使调解达到事半功倍之效。[1]

(三)运用各种技巧进行调解

调解员在调解时除了综合运用不同的调解方法外,还应根据纠纷的具体情况采用不同的调解技巧,包括语言技巧、方法技巧等,掌握纠纷当事人的心理特征,对症下药。不同于调解方法的宏观性和战略性,调解技巧主要体现为在调解过程中运用的一些巧妙的技能,更加注重微观性和战术性。在调解工作的实践中,调解员掌握和运用的调解技巧很多,在此介绍几种常见的调解技巧。

第一,摸准纠纷原因。在调解过程中,调解员要摸透、摸准引发纠纷的原因。对于一起看似简单的民间纠纷而言,可能直接原因与间接原因同在,远因与近因共存,而直接原因和近因往往隐藏在表象原因之后,很难查明。例如,一些婚姻纠纷由于涉及隐私问题,当事人可能避开真正的原因,把纠纷的产生归结到经济、家务等表面原因上。此时,调解员一方面要深入实际做艰苦细致的调查工作,另一方面要细致耐心地做当事人的工作,让他们说出实情,否则调解成功的概率会很低。

第二,把握调解时机。调解员应在调解过程中抓住机会,在适当的时候解决问题。此时,双方当事人已陈述了纠纷事实,当事人对纠纷以及对方的观点有了基本认识,已经可以较为理智、客观地对待纠纷,从而增强了调解的可能性。纠纷事实特别是关键事实已经明确,调解人员要重点宣讲有关法律规定,让当事人对照有关法律、法规,想想自己在此纠纷中的对错是非,当事人心中有了底就可以为调解打下有利基础。[2] 而自当事人申请调解纠纷开始,至调解结束,调解员均应当时刻把握调解的关键时机。例如,受理当事人纠纷调解申请时,当事人在首次申请调解纠纷时,一般都抱着能在这里解决纠纷的期待,但大多数对纠纷处理的结果都没有足够的思想准备,

---

〔1〕 参见调解案例编写组:《上海市人民调解案例汇编(2017)》,第25~29页。

〔2〕 参见姜小川主编:《调解实务教程》,中国法制出版社2011年版,第207页。

对相关事实的陈述往往还处在“第一时间”,比较真实、可靠。此时,如果双方当事人同意调解,在事实上又没有多大分歧,调解很容易成功。再如,制作调解协议时,此时双方各自的权利义务已明确,调解员应当抓紧制作调解协议书,抓住这一时机及时促成双方当事人达成调解协议并签名。

第三,合理运用语言。语言是表达和传播思想感情的工具,在民间纠纷调解过程中,至关重要。广义的语言包括言语语言和体态语言。调解员在运用言语语言时,不仅表达的内容要明确有逻辑,还要注意通过运用语调、语气、音量等拉近与当事人的距离。譬如,在调解过程中,调解员在表现平稳、沉郁、失望、悲哀的情绪时,应该运用慢节奏;相反,在表现紧张、欢快、愤怒、生气的情绪时,应该运用快节奏,这样可以牵动当事人的情绪和思路,引导当事人接受调解方案。[1] 体态语言,也称肢体语言,是借助面部表情和身体的各种动作进行表达并进而实现沟通和交流的。调解员在调解纠纷时,也应当注重体态语言的表达,保持面部表情严肃中有温和,庄重而真诚,灵敏而真实,给当事人以公平公正的感觉。在主持调解会议时,坐姿应当自然、大方,腰背挺直,目光直视当事人,姿势随着当事人的情感变化而适度变化,有利于增强当事人对调解员的信任感。

第四,营造轻松氛围。气氛可以影响人们的行为过程,创造一种好的氛围,可以让人心态趋于平和,达到改善行为进程和结果的目的。调解员促进当事人沟通时,肯定会面临当事人情绪激动、互相争执不下的局面,此时,应该采取措施化解紧张气氛。例如,调解员可以真诚地与当事人聊聊家常,通过一些轻松、愉快的话题来活跃气氛,转移双方的注意力,让当事人将情绪平复后,再针对焦点问题进行调解。另外,若当事人由于自身的固有观念或者好胜心理导致双方僵持不下,甚至有时候当事人本人心中已经认识到自身的问题,却由于“面子”问题拒绝妥协,此时,调解员应当以幽默的方式为当事人寻找台阶,帮助当事人作出退让,从而促使双方停止争论,寻求下一步的解决方案。

五、寻求解决方案

调解是一种合意型纠纷解决机制,程序的目标是取得双方当事人对纠纷解决方案的认同,引导当事人自主探寻解决纠纷的方案或者说服当事人

---

〔1〕 参见盛永彬、刘树桥主编:《人民调解实务》,中国政法大学出版社 2010 年版,第 149 页。

接受调解员提出的调解方案,是调解的重点,也是“调解列车的终点站”。

(一)调解合意形成的两种形式

其一,双方在调解人的主持下形成合意,双方当事人就调解协议协商一致。当事人是自身最佳利益的判断者,他们通常最清楚案件事实的真相,更容易认清彼此间争议的焦点和利害关系之所在,当事人经利弊权衡后所提出的调解方案,往往更符合各方当事人利益最优化的诉求,也更容易得到当事人的“虔诚”信守和自动履行。[1]

其二,共同认可调解员提出的调解方案。在利益分歧比较大的情况下,双方很难自行协商达成共识,此时调解员在进行调解时,要尽量减少双方当事人的对立情绪,营造理性交流和对话的气氛,通过劝说、引导、提示、沟通、协商等方法,结合之前初步掌握的案件事实,衡平双方当事人之间的利益,找到双方当事人都满意的或者至少双方都能够接受的纠纷解决方案。

(二)调解方案的择优和完善

一个案件能否调解成功,在很大程度上取决于调解方案是否科学,是否有利于双方当事人实现“双赢”。在建立了多种可选方案并经过了几轮的调解工作之后,调解员应该利用自身多年的实践经验以及对法律、法规的熟悉程度,在兼顾各方利益、考虑多方面的基础上,根据当事人的实际情况,对多套调解方案进行研究、分清利弊、择优选用。[2]

首先,调解员应引导当事人交换提议,由当事人提出自己设想的解决方案。其次,调解员应缩小争议范围。基于各自利益的考虑,当事人均会在有利于自己的角度提出调解案件的方案,因而双方当事人对于问题的解决方案不可避免地存在差距。调解员需要认真分析双方当事人提出的解决方案,比较不同方案的异同,尽量耐心细致地寻找方案间的共同点,及时提炼出一致的意见、看法,从而缩小双方当事人争议的范围。当事人对于调解的分歧是在不断调和中缩小的,调解员需要尽量引导,及时总结,并通过一定的方式进行巩固。最后,如果此时双方当事人已经具备了达成调解协议的思想基础,调解员应抓住时机,促使双方当事人达成调解协议。

---

〔1〕 参见赵钢、王杏飞:《我国法院调解制度的新发展》,载《法学评论》2005 年第 6 期。

〔2〕 参见沈志先主编:《诉讼调解》,法律出版社 2014 年版,第 117 ~ 118 页。

根据纠纷的具体情况，调解的进行程序应体现出一定的灵活性，对一些较为复杂、矛盾冲突较大的纠纷，调解员可能需要组织多次“面对面”协调会或“背对背”个别谈话，才能实现最终的纠纷调解。为了保障调解程序的合法性，调解员还应该做好人民调解调查记录，人民调解调查记录是人民调解委员会向有关人员访问了解纠纷情况时所做的文字记录。人民调解调查记录作为人民调解委员会调解案件卷宗收录的一部分，不仅可以反映人民调解委员会案件受理与调解的情况，还能有效地帮助调解员了解案情，以便根据法律作出公平公正的调解结果。[1] 同时，为规范和督促人民调解工作，调解员还应当做好人民调解记录。人民调解记录是人民调解委员会对当事人进行说服教育、疏导规劝，促使当事人达成协议的过程的文字记录。人民调解记录也是检验人民调解委员会是否坚持公正、依法、自愿调解的重要依据。[2]

另外，虽然调解是解决纠纷的重要途径，纠纷各方当事人通过协商、谈判消除分歧达成共识，但不排除一些当事人恶意串通，利用调解这一救济和解纷程序损害第三人的合法权益。在调解过程中，若调解员发现双方当事人存在虚假调解的可能，应当终止调解，对于人民法院特邀调解的，特邀调解员应当向人民法院或特邀调解组织报告，人民法院或者特邀调解组织在接到报告后，应当及时进行审查，并依据相关规定作出处理。

第四节　调解的终结

调解的终结是调解的最后一个程序，主要包括三种情形：第一，当事人双方达成合意，签订调解协议；第二，当事人双方未达成调解协议，调解组织应告知当事人通过其他方式解决；第三，对于委托调解、诉讼调解的案件，当事人双方未达成调解协议的，应当由人民法院或仲裁机构作出判决。

一、达成调解协议，调解程序终结

经人民调解委员会调解达成调解协议的，可以制作调解协议书。当事

[1] 参见《人民调解工作法律实务丛书》编写组：《人民调解文书法律知识及卷宗制作案例示范》，中国法制出版社 2017 年版，第 35 页。

[2] 参见《人民调解工作法律实务丛书》编写组：《人民调解文书法律知识及卷宗制作案例示范》，中国法制出版社 2017 年版，第 49 页。

人认为无须制作调解协议书的，可以采取口头协议方式，人民调解员应当记录协议内容。

我国有关人民调解的法律、法规对调解协议的形式和内容均作出了规定。例如，《人民调解工作若干规定》第 35 条规定，调解协议应当载明下列事项：①双方当事人基本情况；②纠纷简要事实、争议事项及双方责任；③双方当事人的权利和义务；④履行协议的方式、地点、期限；⑤当事人签名，调解主持人签名，人民调解委员会印章。《人民调解法》第 29 条规定，调解协议书可以载明下列事项：①当事人的基本情况；②纠纷的主要事实、争议事项以及各方当事人的责任；③当事人达成调解协议的内容，履行的方式、期限。

调解协议书自各方当事人签名、盖章或者按指印，人民调解员签名并加盖人民调解委员会印章之日起生效。调解协议书由当事人各执一份，人民调解委员会留存一份。经人民调解委员会调解达成的调解协议，具有法律约束力，当事人应当按照约定履行。人民调解委员会应当对调解协议的履行情况进行监督，督促当事人履行约定的义务。经人民调解委员会调解达成调解协议后，当事人之间就调解协议的履行或者调解协议的内容发生争议的，一方当事人可以向人民法院提起诉讼。

人民法院委托调解达成调解协议的，根据《法院调解规定》第 3 条第 2 款及第 12 条的规定，人民法院在审查后认为不存在侵害国家利益、社会公共利益，或案外人利益，或违背当事人真实意思，或违反法律、行政法规禁止性规定的，应当依法予以确认。特邀调解员应当向人民法院提交调解协议，由人民法院审查并制作调解书结案。达成调解协议后，当事人申请撤诉的，人民法院应当依法作出裁定。人民法院委派调解达成调解协议的，特邀调解员应当将调解协议提交人民法院备案，当事人依法申请司法确认的，人民法院应当依法受理。

二、未达成调解协议，告知当事人通过其他方式解决

对于调解不成，未达成调解协议的，调解员应当进行登记和记录，并告知纠纷当事人调解终结后的法律救济途径和权利。例如，可以告知当事人依法通过仲裁、行政、司法等途径维护自己的权利。对于法院调解中，当事人拒绝继续调解而未达成调解协议的，人民法院应当对案件继续审理，并及时作出判决。

实践中,未达成调解协议有可能存在以下两种情形:第一种情形,当事人拒绝调解、不配合调解、提前终止调解或当事人未能就调解协议达成一致。这种情况主要是由于以下因素造成的:当事人一方态度消极,没有耐心进行协商,或者斤斤计较,或者恶意借此拖延纠纷解决的过程,导致调解程序的滥用;调解组织本身力量的薄弱和局限,或者调解员解决纠纷的能力有限;当事人对最终结果寄予较高的希望,使协议难以达成;当事人自身的素质原因等。[1] 第二种情形,纠纷不属于人民调解的范围。在纠纷调解受理后,发现纠纷不属于可以调解的范围,则应当终止调解。例如,由于民间纠纷的具体内容是发展变化的,且不同地区的矛盾纠纷表现也不同,当事人希望通过人民调解组织解决的纠纷,有可能并不属于人民调解的受理范围,此时,应告知当事人通过其他方式解决。

三、未达成调解协议,由法院或仲裁机构作出判决

法院特邀调解或仲裁机构委托调解终止后,调解组织或调解员应当与人民法院或仲裁机构进行工作交接。法院委派调解未达成调解协议的,调解员应当将当事人的起诉状等材料移送至人民法院;当事人坚持诉讼的,人民法院应当依法登记立案。而委托调解未达成调解协议的,人民法院应当及时转入审判程序审理。《特邀调解规定》第26条规定,当一方当事人撤回调解请求或者明确表示不接受调解,或特邀调解员认为双方分歧较大且难以达成调解协议的,或其他导致调解难以进行的情形出现时,调解员应当终止调解,向委派、委托的人民法院书面报告,并移送相关材料。在未达成调解协议转入审判或仲裁程序后,应特别注意调解员角色冲突和证据限制两个方面的问题。

(一)调解员角色冲突的解决

由于调解员的调解行为具有一定的准司法性,且双方未达成调解协议将导致后续诉讼或仲裁程序的继续进行,从而可能产生角色混同所带来的混乱。

为保证调解和后续诉讼或仲裁程序的公正与公平,调解员在参与调解工作后,不得再作为本案的人民陪审员、当事人的诉讼代理人、证人、鉴定人

---

〔1〕 参见常怡主编:《中国调解制度》,法律出版社2013年版,第136页。

以及翻译人员参与到审判程序或仲裁程序中。例如，探索“一带一路”商事调解的上海经贸商事调解中心，于2012年制定了上海经贸商事调解中心《调解员守则》，该守则第9条规定：“若调解不成，在其后的仲裁、诉讼程序中，该案的调解员不得担任任何一方当事人的代理人，也不得担任本案的仲裁员、证人，但法律另有规定的除外。”2016年《特邀调解规定》第16条也作出了类似的规定：“特邀调解员不得在后续的诉讼程序中担任该案的人民陪审员、诉讼代理人、证人、鉴定人以及翻译人员等。”

在调解员是否存在角色冲突的具体判定时，应当考虑程序是否关联、案件是否关联以及身份是否重合三个因素。以法院特邀调解为例，当调解程序与后续的诉讼程序有时间上的先后关联时，已担任过本案特邀调解员的，就无法再次担任诉讼程序中本案的其他人员，如陪审员、诉讼代理人、证人、鉴定人、翻译人员等。这里值得注意的是，不同于陪审员、诉讼代理人、鉴定人和翻译人员，证人具有不可替代性的特征，在民事诉讼中属于不适用回避制度的人员，但在特邀调解中，证人若经过双方当事人的同意成为本案的特邀调解员主持或参加调解活动的，那么其就无法继续担任本案的证人。

（二）对不利证据的限制

关于调解过程中作出妥协所认可的事实能否在后续诉讼或仲裁程序中作为证据加以认定的问题，答案是否定的。在民事诉讼程序中，当事人为达成调解协议或者和解协议作出妥协而认可的事实，不得在后续的诉讼中作为对其不利的根据，但法律另有规定或者当事人均同意的除外。[1]

同样，为了消除当事人在调解中因承认案件事实所可能带来的在后续诉讼过程及结果对其不利的顾虑，《特邀调解规定》第22条将限制当事人不利证据规定的适用范围，扩展至人民法院立案前的调解和立案后案件审理前的调解，该条规定：“在调解过程中，当事人为达成调解协议作出妥协而认可的事实，不得在诉讼程序中作为对其不利的根据，但是当事人均同意的除外。”

四、调解材料的立卷和归档

调解结束时，调解人员应当严格遵循文书档案管理制度的要求，将调解

---

〔1〕 参见2015年《民诉法解释》第107条。

过程中所形成的纠纷登记原始记录、调查笔录、调解记录、调解卷宗、调解协议等文件材料进行归档，以便备用。调解文书的立卷要求一事一卷，每卷的内容须符合要求，文书种类要齐全，各种材料齐全后，应当装订成册，注明立卷时间、立卷人姓名，根据纠纷具体情况、履行协议期限等因素确定保管期限，一般保管期限为3年。[1]

五、回访当事人

在调解协议履行过程中，调解组织要做好回访工作，特别是对那些容易反复和履行内容较为复杂的纠纷，应当及时回访，了解调解协议的执行情况，以巩固调解工作成果。回访，是指在人民调解委员会主持达成调解协议后，指派工作人员及时掌握和追踪调解协议的履行情况，听取当事人的意见，确保调解协议履行和巩固调解成果的一项重要的调解制度。[2]

（一）回访的对象

《人民调解工作若干规定》第36条第2款规定："人民调解委员会应当对调解协议的履行情况适时进行回访，并就履行情况做出记录。"回访的对象主要是当事人和知情人，听取他们的意见，特别是履行调解协议的关键人以及有可能反悔的人。同时要注意收集群众的反映，以便全面了解情况。

（二）回访的方式

回访分为定期回访和针对性回访两种。一方面，人民调解委员会对调处的复杂纠纷，如涉及双方当事人、有激化或反复可能、时间跨度大的纠纷要指派专人及时进行回访，并在调解协议履行期间或调解后的一段时间定期回访，以巩固调解成果。另一方面，对于履行调解协议的关键人、有可能反悔的人以及有利于履行协议的调停、斡旋的人进行针对性回访。

（三）回访的内容

第一，在纠纷回访过程中，要注意及时发现、纠正调解工作中的错误，改

---

〔1〕参见盛永彬、刘树桥主编：《人民调解实务》，中国政法大学出版社2010年版，第32页。

〔2〕参见刘道龙、廖永安主编：《人民调解经典案例评析》，湘潭大学出版社2016年版，第22～23页。

进工作，听取群众的意见和要求，以巩固调解成果；第二，了解调解协议的执行情况以及影响协议履行的隐患；第三，了解当事人的思想动态，继续进行法治宣传与道德教育等思想工作，督促双方履行协议；第四，在结束调解后，对未能达成调解协议的，人民调解员也应主动上门回访纠纷当事人，了解矛盾纠纷解决与否及发展动态，劝告当事人冷静、理智、正确对待，依法办事，不可感情用事，扩大纠纷事态，以防止纠纷扩大、激化或转化。

（四）回访的记录

人民调解委员会对每次回访必须有详细的回访记录并存档。记录内容包括：回访时间、地点、人民调解员姓名、当事人基本情况、纠纷现状、有无反复或扩大、激化、转化苗头、人民调解员或委员会处理方案、人民调解委员会主任签名、人民调解委员会盖章。

第七章 调解的履行

第一节 调解的履行

一、调解履行的基本要求

未来的调解格局是一个互相协调、互相贯通的调解体系，纠纷当事人按照纠纷主体地位、纠纷管理权，充分行使私权自治的原则，可以从调解格局中选择符合纠纷特点、符合自身需要的调解主体和调解方式进行调解，解决纠纷。当事人可以、有必要进行选择的前提是，该调解的格局包含的各类调解必须是有区别的，是优势互补、各有长短，差异性决定不同调解的生存基础和发展空间。通常而言，行政调解、民间调解（或者说社会调解）、司法调解是"大调解"中三种不同性质的调解。行政调解，是指在国家行政机关的主持下，以当事人双方自愿为基础，由行政机关主持，以国家法律、法规及政策为依据，以自愿为原则，通过对争议双方的说服与劝导，促使双方当事人互让互谅、平等协商，以解决有关争议而达成和解协议的活动。最常见的行政调解是基层人民政府的调解。调解民事纠纷和轻微刑事案件一直是中国基层人民政府的一项职责，这项工作主要是由乡镇人民政府和街道办事处的司法助理员负责进行的。司法调解，又称法院调解、诉讼调解，法律规定法院调解的原则、调解的程序、调解书和调解协议的效力等，是当事人用于协商解决纠纷、结束诉讼、维护自己的合法权益，审结民事案件、经济纠纷案件的制度。司法调解是人民法院和当事人进行的诉讼行为，其调解协议一经人民法院确认，即具有等同于人民法院判决的效力。而以《人民调解法》为依据的人民调解则由人民调解委员会主持，人民调解委员会一般是在乡镇或街道办事处下设的调解民间纠纷的群众性自治组织（也可在农村村民委员会、城市/社区居民委员会设立人民调解委员会；企业事业单位根据需要设立的人民调解委员会；根据需要设立的区域性、行业性的人民调解委员会）。人民调解委员会在基层人民政府和基层司法行政部门指导下工作，经调解后达成的调解协议具有民事合同的性质，经人民法院司法确认后具有强制执行力。2016 年年初，司法部、中央综治办、最高人民法院、民政部联合印发了《关于推进行业性、专业性人民调解工作的指导意见》，由此，各类行业调解趁势发展，如金融业、知识产权，包括一直以来的医患纠纷调解等纷纷兴起，改变了人们和社会关于以人民调解为主的社会调解较为低层次的印象，社会调解获得了区别于以往的发展的路径，在社会治理和纠纷解决中发挥着重要作用。2017 年 9 月，最高人民法院和司法部联合颁布了《律师调解意见》，正式明确了律师、依法成立的律师调解工作室或者律师调解中心作为中立的第三方主持调解，协助纠纷各方当事人通过自愿协商达成协议解决争议。2018 年 9 月，上海市杨浦区正诚律师调解中心成立，开启了律师和律师组织作为调解主体的活动。

上述的调解尤其是社会调解，其成功的标志，一方面在于解决纠纷，另一方面在于当调解某种特定类型的纠纷达到一定程度时，也可能对该类纠纷解决提供思路和规则。但无论如何，解决纠纷始终是各类调解的共同目标。或者说，调解的最终目标不是调解协议的达成，而是将当事人之间经调解确定的言语或书面的权利义务，落实成现实中的权利义务履行，即将以口头形式或者书面形式达成的生效调解协议所确定的权利义务落实。而在调解协议的履行过程中，会涉及方方面面的问题，其中，首要问题就是履行的方式。

（一）调解协议的主动履行

主动履行是调解协议最主要的履行方式。主动履行，指调解协议中负有义务的一方当事人，不需要在调解组织的督促和享有权利的一方当事人的催促下，自觉主动地按照协议中确认应尽的义务事项和具体要求一一办理，使协议得以实现。调解协议虽然没有强制执行力，但是其是在调解组织主持下，双方当事人协商制作的，其内容是经过双方当事人同意的，是具有一定权威性和社会约束力的调解文书。而且，当事人一般都在达成协议时就履行问题作了切实可行的安排。因此，调解协议达成后的主动履行率很高，纠纷当事人一般都能自觉信守协议，主动履行。

一般而言,调解协议的主动履行需要遵守以下几项原则:一是实际履行原则,即当事人按照协议约定的行为完成协议义务的原则。一方面,协议约定的行为不能用其他行为代替。例如,协议约定的是"更换",义务人应当进行"更换",而不能以"修理"等要求进行代替。另一方面,义务人不得随意以违约金或赔偿金等代替履行行为。义务人支付违约金或赔偿金的行为并不能免除协议履行的义务。二是全面履行原则,又称适当履行原则,指当事人按照协议约定的标的、数量及质量,由适当的主体在适当的履行期限、履行地点,以适当的履行方式,全面完成协议义务的原则。适当履行在实际履行的基础上提出了更高的要求,不仅要求义务人实际履行,交付标的物或者提供服务,还要求交付的标的物或者提供的服务符合法律和协议的规定。三是协作履行原则。调解协议的履行不是当事人各自履行,而是应当注重积极配合,共同完成,这是指当事人不仅应适当履行自己的义务,还应积极主动协助对方当事人履行义务,是诚实信用原则在主动履行中的体现。具体而言,其一,一方当事人因不可抗力或者其他原因不能履行或者不能按时履行时,应及时将有关情况通知对方,双方应采取适当措施避免损失造成或防止损失扩大。其二,接受履行的一方当事人应当以适当的方式接受履行,并为义务人的履行创造条件。其三,一方当事人在履行协议中,对于对方当事人的商业机密或者个人隐私,不得向他人泄露。

(二)调解协议的担保履行

虽然调解协议达成后,大部分当事人都能积极主动地履行义务,但在实践中,不乏出现当事人拒绝履行调解协议的行为,也会使调解的优势荡然无存。为此,法律规定了调解协议的担保履行,最早出现于2004年《法院调解规定》中。

《法院调解规定》指出,"调解协议约定一方提供担保或者案外人同意为当事人提供担保的,人民法院应当准许"。这就确立了担保履行的两种方式,一是当事人自行提供担保,二是由案外人提供担保。因此,从性质上说,调解担保属于诉讼担保的范畴,是指人民法院对民事案件进行调解的过程中,经双方当事人协商达成调解协议的,约定由一方当事人提供担保或者案外人同意为当事人提供担保,并经人民法院认可,以保证调解协议有效履行的制度。调解协议的担保履行作为主动履行的补充,对激励当事人主动履行调解协议、充分发挥诉讼调解的优势具有重要的意义。

无论是哪一种担保履行方式,担保都应当符合我国《担保法》规定的条件。其中,由案外人提供担保的,人民法院制作的调解书应当列明担保人,并将调解书送交担保人。调解书经当事人签收生效,担保人不签收调解书的,不影响调解书的生效。

关于担保方式,调解协议的担保履行与债权担保不同,虽然法律、法规并未对担保方式加以具体规定,但从各种担保方式的特征和适用条件来看,留置和定金显然不适合调解协议的担保履行,因此担保方式一般为保证、质押和抵押。关于担保履行的效力,当担保条款的条件成就时,当事人可以申请人民法院强制执行,即调解担保的内容具有强制执行效力,而财产保全、先予执行和暂缓执行中的担保,不产生强制执行的效力。

当然,我国调解协议的担保履行尚存在诸多需要完善之处。例如,协调调解担保与调解书的生效时间、明确调解担保的书面形式、规范调解担保人的利益保障以及进一步明确调解担保的效力等内容,均值得进一步的理论研究和立法落实。

(三)调解协议的公证

我国通过特定程序强化调解协议的效力,主要是通过人民法院的司法确认裁定或者仲裁机构的裁决赋予调解协议强制执行力。但在实践中,当事人还可以通过《公证法》等相关规定实现其强制效力。

调解协议的公证程序主要是为了赋予其强制执行力,法律、司法解释以及司法意见中均涉及相应的依据。例如,《公证法》第 37 条第 1 款明确规定:"对经公证的以给付为内容并载明债务人愿意接受强制执行承诺的债权文书,债务人不履行或者履行不适当的,债权人可以依法向有管辖权的人民法院申请执行。"此外,《衔接意见》第 12 条再次明确规定,经人民调解组织、商事调解组织、行业调解组织或者其他具有调解职能的组织对民事纠纷调解后达成的具有给付内容的协议,当事人可以按照《公证法》的规定申请公证机关依法赋予强制执行效力。债务人不履行或者不适当履行具有强制执行效力的公证文书的,债权人可以依法向有管辖权的人民法院申请执行。

通过申请公证机关对调解协议赋予强制执行力,具有简易、迅速的便利,其不经诉讼程序直接申请强制执行是大陆法系国家立法成功的经验,法国、德国和日本都有类似的规定。这对于规范民事经济活动、维护正常的法律秩序和保护当事人的合法权益具有重要的作用。

实践中，如果债务人不按经公证机关赋予强制执行力的调解协议履行义务时，债权人不能直接向人民法院申请强制执行，而是应当向公证机关申请"执行证书"。对于符合法律规定的，由公证机关签发"执行证书"。公证机关签发的"执行证书"中应注明被执行人、执行标的和申请执行的期限；对于债务人已经履行的部分，应在"执行证书"中予以扣除；因债务人不履行或者不完全履行而发生的违约金、利息、滞纳金等，公证机关也可以一并列入执行标的。当事人凭原经公证的调解协议及"执行证书"可向有管辖权的人民法院申请强制执行。

（四）调解协议的司法确认

因为调解解决纠纷的有效性不尽如人意，人们将其归结为调解协议仅具有民事合同的效力影响了纠纷的彻底解决，调解协议的司法确认是在此情况下出台的非讼特别程序，赋予经司法确认的调解协议强制执行力。本章将展开介绍。

二、作为履行对象的调解协议

按照前文所述，作为履行对象的调解协议，必须是一份生效的协议。根据法律规定和社会共识，调解协议是当事人依据自愿合法的原则所达成的协议，其性质是"民事合同"。既然如此，只要满足了民事实体法中规定的生效条件，调解协议即生效。而根据《民法典》中的相关条款，一份有效的调解协议至少要满足如下条件：

（一）调解协议的主体包括自然人、法人和其他组织（非法人组织）

《民法典》第 464 条规定："合同是民事主体之间设立、变更、终止民事法律关系的协议。婚姻、收养、监护等有关身份关系的协议，适用有关该身份关系的法律规定；没有规定的，可以根据其性质参照适用本编规定。"这意味着，得以签订调解协议的主体，包括自然人、法人和其他组织。需要说明的是，这里的自然人包括中国人、外国人和无国籍人。《民法典》第 58 条规定："法人应当依法成立。法人应当有自己的名称、组织机构、住所、财产或者经费。法人成立的具体条件和程序，依照法律、行政法规的规定。设立法人，法律、行政法规规定须经有关机关批准的，依照其规定。"法人分成营利法人、非营利法人和特别法人。

关于"其他组织",在各个单行法中有不同表述,《民事诉讼法》称为其他组织。对此,《民诉法解释》在第 52 条规定中予以细化,将《民事诉讼法》第 48 条规定的"其他组织"定义为"合法成立、有一定的组织机构和财产,但又不具备法人资格的组织",包括:①依法登记领取营业执照的个人独资企业;②依法登记领取营业执照的合伙企业;③依法登记领取我国营业执照的中外合作经营企业、外资企业;④依法成立的社会团体的分支机构、代表机构;⑤依法设立并领取营业执照的法人的分支机构;⑥依法设立并领取营业执照的商业银行、政策性银行和非银行金融机构的分支机构;⑦经依法登记领取营业执照的乡镇企业、街道企业;⑧其他符合《民诉法解释》第 52 条规定条件的组织。与《民事诉讼法》不同,《民法典》称为"非法人组织",即"不具有法人资格,但是能够依法以自己的名义从事民事活动的组织",包括个人独资企业、合伙企业、不具有法人资格的专业服务机构等。非法人组织的财产不足以清偿债务的,其出资人或者设立人承担无限责任,法律另有规定的,依照其规定。应该说,两部法律规定的主体在本质上是一致的,只是由于立法时期不一,认识不一,才造成了称呼的不同。

(二)调解协议达成过程中应遵循的原则

一般而言,调解的原则为自愿原则和合法原则。但除此之外,个案中调解协议的达成,还应当符合相关法律的规定。《民法典》第 4 条规定,民事主体在民事活动中的法律地位一律平等;第 5 条规定,民事主体从事民事活动,应当遵循自愿原则,按照自己的意思设立、变更、终止民事法律关系;第 6 条规定,民事主体从事民事活动,应当遵循公平原则,合理确定各方的权利和义务;第 7 条规定,民事主体从事民事活动,应当遵循诚信原则,秉持诚实,恪守承诺。作为一种特殊的民事合同,当事人在达成调解协议时,显然也要遵循上述原则,即平等原则、意思自治原则、公平原则,以及诚实信用原则。

除了这些基本原则外,《民法典》还在第 8 条规定,民事主体从事民事活动,不得违反法律,不得违背公序良俗。这强调了民事调解合同的合法性。只要没有违背上述原则和规定,同时满足法律规定的基本生效要件,调解协议即告生效。根据《民法典》第 465 条的规定,依法成立的合同,"受法律保护","对当事人具有法律约束力"。据此,双方当事人一旦达成调解协议,通常情况下都要受其约束,谓之"民事调解合同的约束力"。

(三)关于合同主体的权利能力和行为能力

关于民事权利能力,《民法典》规定得较为简单,即始于出生,终于死亡,且自然人的民事权利能力一律平等。相较于民事权利能力,民事行为能力则稍显复杂。《民法典》将民事行为能力的年龄界限定在18周岁,规定只有年满18周岁的成年人才具有完全民事行为能力,可以独立实施民事法律行为。作为例外,16周岁以上的未成年人,以自己的劳动收入为主要生活来源的,同样被视为完全民事行为能力人。除了完全民事行为能力外,《民法典》还在第19条、第22条规定了两种限制民事行为能力人的情形,一种是8周岁以上的未成年人,另一种是不能完全辨认自己行为的成年人为限制民事行为能力人。如果主体既不是完全民事行为能力人,又不是限制民事行为能力人,那么就是无民事行为能力人。根据《民法典》第20条、第21条的规定,不满8周岁的未成年人,以及不能辨认自己行为的成年人,均为无民事行为能力人。当主体是无民事行为能力人或限制民事行为能力人时,应当由其法定代理人代理实施民事法律行为或者经其法定代理人同意、追认,但是可以独立实施纯获利益的民事法律行为或者与其年龄、智力、精神健康状况相适应的民事法律行为。无民事行为能力人、限制民事行为能力人的监护人是其法定代理人。《民法典》第24条还对无民事行为能力人、限制民事行为能力人的认定程序作了规定,即不能辨认或者不能完全辨认自己行为的成年人,其利害关系人或者有关组织,可以向人民法院申请认定该成年人为无民事行为能力人或者限制民事行为能力人。被人民法院认定为无民事行为能力人或者限制民事行为能力人的,经本人、利害关系人或者有关组织申请,人民法院可以根据其智力、精神健康恢复的状况,认定该成年人恢复为限制民事行为能力人或者完全民事行为能力人。

在此基础上,当纠纷一方或双方存在无民事行为能力或限制民事行为能力的情况时,则必须通过代理制度完成调解协议的签订。一是法定代理。对于限制民事行为能力人和无民事行为能力人,在民事纠纷处理过程中,由法定代理人代为调解并签订协议,法定代理人享有全部被代理人的民事权利,承担全部被代理人的民事义务,即法定代理人的行为视为被代理人的行为。二是委托代理。民事纠纷当事人和法定代理人可以委托代理人进行纠纷的协商与解决。

（四）调解协议的内容

《民法典》第470条规定了合同的必要条款："合同的内容由当事人约定，一般包括下列条款：（一）当事人的姓名或者名称和住所；（二）标的；（三）数量；（四）质量；（五）价款或者报酬；（六）履行期限、地点和方式；（七）违约责任；（八）解决争议的方法。当事人可以参照各类合同的示范文本订立合同。"

《人民调解法》第29条规定："调解协议书可以载明下列事项：（一）当事人的基本情况；（二）纠纷的主要事实、争议事项以及各方当事人的责任；（三）当事人达成调解协议的内容，履行的方式、期限。调解协议书自各方当事人签名、盖章或者按指印，人民调解员签名并加盖人民调解委员会印章之日起生效。调解协议书由当事人各执一份，人民调解委员会留存一份。"

总体而言，再简单的调解协议，也必须包括主体、纠纷解决的权利义务、期限（包括权利义务履行期限和订约期限）。

第二节　调解协议的效力

调解协议的效力，是纠纷双方当事人经调解达成协议后，该协议对他们具有何种程度的拘束力。调解协议的效力是调解制度的关键内容，直接关系到该类调解的实际效用。一直以来，众多理论与实践的分析认为，调解协议缺乏应有的效力，造成对当事人没有严肃的约束，致使调解的作用力大打折扣。尽管调解所具有的增强凝聚力、传承道德价值以及协调法律与公序良俗的特殊作用是仲裁、判决所不能替代的，但这种作用的发挥是调解以有效的纠纷解决作为载体的，然而，在现实中却因缺乏相应的效力，尤其是法律强制力而使调解的作用弱化。因为"在法治社会中，诸如调解等非诉讼纠纷解决机制能够发挥有效的作用，很大程度上是由于诉讼及其暴力强制的有效存在"。[1] 在调解机制中，司法的作用主要在于其对司法调解以外的调解协议的效力折射。换言之，诉讼外调解所达成的协议经司法程序审查，对其效力进行确认或者解决有关的争议，则构成了如何使诉讼和调解两种纠纷解决方式能够顺利对接的一个重要问题。[2]

---

〔1〕 马新福、宋明：《现代社会中的人民调解与诉讼》，载《法制与社会发展》2006年第1期。

〔2〕 参见王亚新：《诉调对接和对调解协议的司法审查》，载《法律适用》2010年第6期。

司法是社会正义的最后一道防线。调解协议效力的司法审查,应当包含正反两个方面:一是赋予调解协议司法效力;二是将已具有一定效力的调解协议确认为无效或是变更、撤销。这种正反两方面的司法审查,体现了在充分尊重当事人对民事权利的处分权的同时,必须限制和干预当事人假借行使处分权侵害社会公共利益、他人利益。德国学者耶林曾指出:“法律是根据人们欲实现某些可欲的结果的意志而有意识地制定的……每条法律规则的产生都源于一种目的,即一种实际的动机。”〔1〕通过对调解协议的正反双向司法审查的制度构建,规范人们对民事权利的合法处分。同时,“在更多的时候,对法学家而言,重要的不是逻辑思维,而是进行目的理性的思维。法学家面临的多数问题涉及解决方法的合理性,实质公正性或者合目的性,因此不能简单用对或错来评价的”。〔2〕考察调解协议效力司法审查制度,其根本目的是要通过赋予调解协议合理的效力以保证“案结事了”,同时对社会、对公民个人都是合理的、公正的。由此,诉调对接的真正价值才能得到真正体现。

一、司法审查的法律依据

我国最高人民法院向来重视调解协议的司法审查,并为此出台了相当数量的司法解释。依据这些司法解释,人民法院得以对调解协议进行审查,进而作出调解协议有效、无效的判断,抑或是经双方及相关利益人、法律监督者要求,对调解协议进行变更、撤销。由于具有较强的可操作性,这些司法解释中的部分内容已经被《民事诉讼法》和《人民调解法》所吸收,开始以立法的形式对实践进行指导。

1. 2004年8月出台的《法院调解规定》第12条规定:“调解协议具有下列情形之一的,人民法院不予确认:(一)侵害国家利益、社会公共利益的;(二)侵害案外人利益的;(三)违背当事人真实意思的;(四)违反法律、行政法规禁止性规定的。”该司法解释虽然是关于司法调解的,但这条关于司法确认的条款显然也涉及在诉讼过程中的当事人自行达成和解协议时要求人民法院的确认,也包括人民法院的对外委托调解确认。此四个方面的内容,

---

〔1〕[美]E.博登海默:《法理学——法律哲学与法律方法》,邓正来译,中国政法大学出版社1999年版,第109页。

〔2〕[德]伯恩·魏德士:《法理学》,丁小春、吴越译,法律出版社2003年版,第134页。

仔细分析比较,其实是涵盖了《调解协议审理规定》中关于人民调解协议的无效及可变更、可撤销的内容。

2. 2007 年颁布的《诉讼调解意见》第 14 条规定,当事人达成和解协议或者调解协议后申请人民法院制作调解书的,人民法院应当依法对调解协议或者和解协议进行审查。审查内容包括:协议是否违反了法律、行政法规的强制性规定,是否侵害国家利益和社会公共利益;协议内容是否属于当事人处分权的范畴;当事人争议的法律关系是否涉及案外人的权益;协议指定转移的财产上是否存在案外人的权利;协议内容是否符合善良风俗和公共道德;调解是否存在明显违反当事人真实意思的情形等。从规定中我们可以比较发现,较之上两个司法解释,尽管《诉讼调解意见》从文件形式上不是司法解释,但属于包含着司法政策指向或具有倡导性的文件,对人民法院的具体工作同样具有约束力,对于调解协议的确认审查中,增加了关于当事人处分权内容及涉及案外人权益的事项,这是因为诉讼实践中频现双方当事人"手拉手"打官司,利用法院调解书侵害案外人权益的现象。虽然这是关于诉讼调解的规定,显然也对诉讼外调解有影响。

3. 2009 年 7 月发布的《衔接意见》,与该文件的名称相一致,前三个规范文件对于人民调解与司法调解分两条线进行规定,即使人民法院在实践中有诉前调解,有委托调解,但是均没有明文的法律规定,而该文件的出台意味着诉调对接进入了实质性阶段。虽然《衔接意见》也是个"若干意见",但其具有的司法政策决定力与司法解释不相上下,对于此后的立法等也有决定意义。《衔接意见》第一部分第 2 条规定了要充分发挥审判权的规范、引导和监督作用,完善诉讼与仲裁、调解等的衔接机制。第四部分为"规范和完善司法确认程序",规定了经行政机关、人民调解组织、商事调解组织、行业调解组织或者其他具有调解职能的组织调解达成的具有民事合同性质的协议,经调解组织和调解员签字盖章后,当事人可以申请有管辖权的人民法院确认其效力。当事人请求履行调解协议,请求变更、撤销调解协议或者请求确认调解协议无效的,可以向人民法院提起诉讼。该部分还具体规定了确认程序的管辖法院、适用简易程序,其中第 24 条还规定了不予确认调解协议效力的情形,除上述三个规范文件涉及的情形以外,又补充规定:涉及是否追究当事人刑事责任的;内容不明确,无法确认和执行的;调解组织、调解员强迫调解或者有其他严重违反职业道德准则行为的及其他情形。应该说,这是一个相对完整的关于调解协议司法审查的规定,涉及从管辖到执行的具体程序设计，也规定了不予确认的实体规定。对 2002 年以来推进调解的成果作了总结与明确，也为以后的诉调对接立法与实践提供了基础。

4. 2010 年 8 月颁布，2011 年 1 月 1 日起施行的《人民调解法》第 33 条第 1 款、第 2 款规定："经人民调解委员会调解达成调解协议后，双方当事人认为有必要的，可以自调解协议生效之日起三十日内共同向人民法院申请司法确认，人民法院应当及时对调解协议进行审查，依法确认调解协议的效力。人民法院依法确认调解协议有效，一方当事人拒绝履行或者未全部履行的，对方当事人可以向人民法院申请强制执行。"这意味着，通过司法程序确认人民调解协议的效力并赋予确认书具有执行力的司法确认制度，已经在法律中得到了规定。

5. 2011 年 3 月出台的《司法确认规定》(3 月 30 日施行)生效，该司法解释的内容比较具体，分别规定了案件管辖、申请所提交的材料、受理条件、案件审理的具体要求、不予确认的情形(与前《衔接意见》大致相当)、案外人的救济等，具有很强的可操作性，但该规定没有明确司法确认程序适用何种程序，是诉讼还是非诉讼。需要明确的是，《人民调解法》及《司法确认规定》针对人民调解协议的司法确认，事实上，根据我国现行规定，尤其是《衔接意见》，人民法院对调解协议的司法确认不局限于人民调解。《司法确认规定》第 13 条规定："经人民法院建立的调解员名册中的调解员调解达成协议后，当事人申请司法确认的，参照本规定办理……"

6. 2012 年修正的《民事诉讼法》(虽经 2017 年修订，但该部分未有变化)第 194 条和第 195 条规定了司法确认程序："申请司法确认调解协议，由双方当事人依照人民调解法等法律，自调解协议生效之日起三十日内，共同向调解组织所在地基层人民法院提出。人民法院受理申请后，经审查，符合法律规定的，裁定调解协议有效，一方当事人拒绝履行或者未全部履行的，对方当事人可以向人民法院申请执行；不符合法律规定的，裁定驳回申请，当事人可以通过调解方式变更原调解协议或者达成新的调解协议，也可以向人民法院提起诉讼。"这两条是将 2011 年颁布的《司法确认规定》升格为《民事诉讼法》的规定，其效力增强，影响力也加大，意在提升调解协议的效力，以加强调解解纷的功效。

7. 在《民事诉讼法》的基础之上，《民诉法解释》对调解协议的司法确认程序作了更加细致的规定。相关条款规定如下：

第353条规定:“申请司法确认调解协议的,双方当事人应当本人或者由符合民事诉讼法第五十八条规定的代理人向调解组织所在地基层人民法院或者人民法庭提出申请。”该条规定了申请确认程序的主体,强调了“共同申请”,这也体现了调解的自愿原则,表现为对调解协议实现的“合意”。

第354条规定:“两个以上调解组织参与调解的,各调解组织所在地基层人民法院均有管辖权。双方当事人可以共同向其中一个调解组织所在地基层人民法院提出申请;双方当事人共同向两个以上调解组织所在地基层人民法院提出申请的,由最先立案的人民法院管辖。”本条是关于调解协议司法确认案件共同管辖的规定。

第355条规定:“当事人申请司法确认调解协议,可以采用书面形式或者口头形式。当事人口头申请的,人民法院应当记入笔录,并由当事人签名、捺印或者盖章。”这是关于司法确认申请的形式,既可以是书面形式,也可以是口头形式,但口头形式,需要人民法院记入笔录,即司法确认程序的便民性与司法程序的严谨性进行有机的结合。

第356条规定:“当事人申请司法确认调解协议,应当向人民法院提交调解协议、调解组织主持调解的证明,以及与调解协议相关的财产权利证明等材料,并提供双方当事人的身份、住所、联系方式等基本信息。当事人未提交上述材料的,人民法院应当要求当事人限期补交。”第354条至第356条规定了申请调解协议的程序条件,包括管辖权和申请提交材料的具体要求。这是对司法确认程序案件质量的必要保证,因为司法确认是非讼性的审查程序,为了满足司法确认案件书面审查的基本要求,本条规定了申请司法确认时必须提交的相关材料。

第357条规定:“当事人申请司法确认调解协议,有下列情形之一的,人民法院裁定不予受理:(一)不属于人民法院受理范围的;(二)不属于收到申请的人民法院管辖的;(三)申请确认婚姻关系、亲子关系、收养关系等身份关系无效、有效或者解除的;(四)涉及适用其他特别程序、公示催告程序、破产程序审理的;(五)调解协议内容涉及物权、知识产权确权的。人民法院受理申请后,发现有上述不予受理情形的,应当裁定驳回当事人的申请。”此条规定了人民法院受理司法确认程序的范围:一是关于人民法院的主管限制;二是关于受诉人民法院管辖权限制;三是关于不适宜进行调解的案件;四是关于不适宜进行调解的程序;五是关于物权、知识产权确权的案件,该类案件的权属不仅仅是由当事人的处分权决定的。

第358条规定:"人民法院审查相关情况时,应当通知双方当事人共同到场对案件进行核实。人民法院经审查,认为当事人的陈述或者提供的证明材料不充分、不完备或者有疑义的,可以要求当事人限期补充陈述或者补充证明材料。必要时,人民法院可以向调解组织核实有关情况。"这是在调解程序中,赋予人民法院必要的调查权。

第359条规定:"确认调解协议的裁定作出前,当事人撤回申请的,人民法院可以裁定准许。当事人无正当理由未在限期内补充陈述、补充证明材料或者拒不接受询问的,人民法院可以按撤回申请处理。"此条规定是关于当事人对确认程序的程序处分权。

第360条规定:"经审查,调解协议有下列情形之一的,人民法院应当裁定驳回申请:(一)违反法律强制性规定的;(二)损害国家利益、社会公共利益、他人合法权益的;(三)违背公序良俗的;(四)违反自愿原则的;(五)内容不明确的;(六)其他不能进行司法确认的情形。"此条是关于司法确认过程中的合法原则的强调。

另外,涉及调解协议效力的相关规定不止于此。调解协议可以经双方当事人同意后进行公证,相关债权可以在公证书中赋予强制执行效力,部分劳动争议调解协议可以向人民法院申请支付令。[1]

综上所述,我国现阶段的调解协议效力确定及实现途径见表7-1。

表7-1 各种调解协议的效力及确认程序

调解协议类型及内容	效力	效力提升及确定	效力实现
人民调解及其他调解协议	民事合同	司法确认	1. 自动履行 2. 向人民法院申请强制执行
具有债权内容的调解协议	民事合同	经公证赋予强制执行力或司法确认	
劳动争议中部分调解协议	对双方当事人具有约束力	向人民法院申请支付令或司法确认	

[1] 《劳动争议调解仲裁法》第16条规定:因支付拖欠劳动报酬、工伤医疗费、经济补偿或者赔偿金事项达成调解协议,用人单位在协议约定期限内不履行的,劳动者可以持调解协议书依法向人民法院申请支付令。人民法院应当依法发出支付令。

二、对调解协议争议的处理

（一）当事人对调解协议争议的处理

《衔接意见》第 20 条规定，“当事人请求履行调解协议、请求变更、撤销调解协议或者请求确认调解协议无效的，可以向人民法院提起诉讼”。结合双方合意申请确认的程序，实际上，该规定是初步建立了一个分别从非讼和诉讼两种程序对调解协议加以确认的制度框架。非讼程序与诉讼程序构成司法确认调解协议效力的两个层次，分别对应当事人合意和存在争议的不同情形。

在当事人达成调解协议后，一方若未能按协议履行，那么权利人可以据此向人民法院提出给付之诉，要求对方履行。此时原告提出的诉讼请求依据是调解协议，而非原有的民事纠纷，人民法院的审理范围应当以调解协议为限，因为调解协议是双方合意的结果，除非是重大误解、显失公平等原因造成，否则不得撤销。即使被告以调解协议的撤销或无效事由抗辩时，也要提出足够的证据，但诉讼标的不再改变。当具有法定撤销事由时，当事人可向人民法院提出撤销调解协议的请求。

当然，调解协议争议还可能发生在调解协议经过司法确认之后。一般认为，司法确认裁定书具有消极的既判力，司法确认裁定作出以后，当事人不得就同一事实再次起诉，人民法院也不得受理。这既是基于司法确认制度设立目的之考虑，也是对当事人合意以及人民法院司法公信力的尊重。因此，在既判力的约束之下，当事人无法对自愿申请司法确认的调解协议本身提出异议。

（二）案外人对调解协议的异议处理

所谓案外人，实质上是指除当事人以外，其法律上的权益因执行行为而可能受到侵害的人。如果双方当事人达成的调解协议侵害了案外人的合法权益，其应当如何保护自身权益呢？《法院调解规定》第 12 条规定，侵害案外人利益的调解协议，人民法院不予确认；《诉讼调解意见》第 14 条规定，人民法院对于当事人达成调解协议时申请制作调解书的，应当审查协议内容是否属于当事人处分权的范畴、当事人争议的法律关系是否涉及案外人的权益、协议指定转移的财产上是否存在案外人的权利等；《衔接意见》则在第

24 条把“侵害案外人合法权益”规定为不予确认调解协议效力的事由之一。从司法解释理解适用的角度看,应当说,后面 3 个解释具体针对案外人的权益保护,是对“以合法形式掩盖非法目的”的具体化,尤其是《诉讼调解意见》列举了三种涉及案外人权益的情形,要求在审查过程中予以重视。

依据这些规定,调解协议在涉及案外人时有两种可能:一是双方当事人的调解协议在提请人民法院司法确认时,人民法院发现涉及案外人权益,〔1〕则当然不予确认,双方当事人的调解协议也归于无效。对此,各地人民法院在予以司法确认时,均作出规定,要求协议双方当事人作出承诺。〔2〕二是双方当事人的调解协议已获人民法院确认,案外人未及时阻止。〔3〕综合相关司法解释,案外人对于侵害自身合法权益之调解协议,可通过以下方式寻求救济:

1. 对双方达成的调解协议,起诉至人民法院,提出确认无效之诉。案外人作为原告提起确认无效之诉,以调解协议双方当事人作为被告,诉讼请求的事由是“侵害案外人合法权益”,人民法院审理时应当以此为审理范围。如果调解协议双方当事人就调解协议向人民法院提起诉讼,案外人加入,则案外人处于有独立请求权第三人的诉讼地位。

2. 向人民法院申请撤销对调解协议的司法确认。《司法确认规定》第 10 条规定,案外人认为经人民法院确认的调解协议侵害其合法权益的,可以自知道或者应当知道权益被侵害之日起 1 年内,向作出确认决定的人民法院申请撤销确认决定。上海市高级人民法院同时规定,案外人申请时,还必须

---

〔1〕 包括人民法院审查时发现,也包括案外人及时向人民法院报告。

〔2〕 如上海市高级人民法院《关于民事调解协议司法确认程序的实施细则》第 3 条规定:“当事人申请确认民事调解协议的,除应提交《司法确认程序规定》第三条规定的材料外,还应提交双方当事人签署的承诺书。必要时,人民法院可要求双方当事人亲自到法院签署承诺书。承诺书应载明以下内容:1. 双方当事人出于解决纠纷的目的自愿达成协议;2. 没有恶意串通、规避法律;3. 没有损害国家利益、社会公共利益及集体和他人的合法权益;4. 若因民事调解协议内容给他人造成损害的,愿意承担相应的法律责任。”第 6 条规定:人民法院收到司法确认申请后,应加强立案审查,并积极引导当事人自觉履行民事调解协议。同时还应通过案件信息查询系统,核查申请人是否存在关联诉讼、执行等事项,避免民事调解司法确认影响关联案件的审判、执行。

〔3〕 根据现行法律规定,人民法院在审查时,发现双方当事人以合法形式掩盖非法目的的、侵害案外人合法权益的,人民法院不予确认。但亦不能排除人民法院在审查时遗漏。

提交证明人民法院确认的民事调解协议内容违反法律规定,侵害其合法权益;或对民事调解协议确定的标的物具有权利等的相关证据。法律没有规定后续的程序,即人民法院针对此,是否要开庭审理?如果人民法院经审查后不予撤销,则案外人如何救济?是否只有等到执行程序中再主张权利?如果双方当事人自动履行后,没有执行程序,案外人该如何?此问题值得进一步探讨。

3. 申请再审。最高人民法院《关于适用〈中华人民共和国民事诉讼法〉审判监督程序若干问题的解释》第 5 条第 1 款规定,案外人对生效裁判、调解书确定的执行标的物主张权利,且无法提起新的诉讼解决争议的,可以向上一级人民法院申请再审。

关于案外人是否可以提起第三人撤销之诉,《民诉法解释》第 297 条已明确排除。由于《民诉法解释》第 380 条已明确排除当事人申请再审的救济方式,因此案外人同样不得申请再审。关于案外人是否可以提起执行异议之诉,《民事诉讼法》第 227 条规定了判决、裁定作为执行根据时的情形。至于是否可以提起,须结合《民诉法解释》第 305 条规定的条件判断。笔者认为,案外人应当"有明确的排除对执行标的执行的诉讼请求,且诉讼请求与原判决、裁定无关"。因此,案外人在满足相关条件的情况下,可以提起执行异议之诉。

(三)检察院对调解及调解协议的法律监督

检察院是国家的法律监督机关,根据《民事诉讼法》的规定,检察院对人民法院在民事诉讼中是否依法行使审判权进行监督。民事检察监督应当包括民事实体和程序法律监督两方面;监督的范围是民事主体的守法活动和诉讼主体的诉讼活动两方面。因 2012 年修改前《民事诉讼法》相关条文将民事检察监督的范围限定为对人民法院生效裁判的抗诉,故多数人认为民事监督仅限于抗诉,这是一种事后监督,且只针对人民法院的裁判,调解被排除在外。随着 2012 年修改后《民事诉讼法》的生效,这种观点显然有失妥当。因为立法不仅规定检察机关可以通过抗诉的方式对裁判结果进行事后监督,而且还通过赋予检察机关以检察建议的方式允许对审判活动进行事中监督。除此之外,检察监督权还可以在强制执行程序阶段得以行使。

现行的检察监督是一种全方位、多层次的监督。笔者认为,检察院有权依据民事检察权对人民调解协议司法确认非讼程序实行检察监督。检察机关作为我国的法律监督机关,《民事诉讼法》第14条对法律监督权作出了明确规定。[1] 此处的监督应理解为广义的监督,既包括对民事诉讼程序的监督,也包括对民事非讼程序的监督。

当然,检察院对调解及调解协议的法律监督应当限于损害国家利益、社会公共利益之情形。当检察院发现当事人双方的调解协议有损国家利益或社会公共利益时,除提出再审检察建议、进行抗诉外,还可以以民事公诉的方式提出公益诉讼,要求确认调解协议无效。检察院作为公益诉讼的原告,将会有效地遏制那些有损国家和社会利益的调解协议达成并实现,也可有效地遏制利用调解协议这一合法形式掩盖非法目的的行为,包括利用法院调解的虚假诉讼。

第三节　调解协议强制执行力的获取

一、调解协议效力的司法确认程序思考

调解协议效力的确认,是指经过人民法院的司法程序,经审查确认赋予其强于民事合同的效力,这种效力主要体现在强制执行力上。[2] 其原理既区别于法院生效判决,也区别于法院调解书。人民法院的生效判决具有拘束力、执行力、形成力及确定力。[3] 其中,实质上的确定力又被称为既判力,即"确定的终局判决所裁判的诉讼标的对当事人和法院的强制性适用力"。[4]既判力的概念包括两个方面的内容:一方面,从当事人的处分权与个案的正当性的角度考虑,对于判决所确认的权利或法律关系,当事人和人民法院必须尊重其内容,当事人和人民法院不得提出相异主张或作出相矛盾的判决;另一方面,从维护公共利益与法的安定性考虑,为限制当事人滥

---

[1] 《民事诉讼法》第14条规定:"人民检察院有权对民事诉讼实行法律监督。"一改旧法对检察机关仅有权对"民事审判活动"进行法律监督之规定。

[2] 上文所提及《人民调解法》第33条,《司法确认规定》第9条规定:人民法院依法作出确认决定后,一方当事人拒绝履行或者未全部履行的,对方当事人可以向作出确认决定的人民法院申请强制执行。

[3] 参见常怡主编:《民事诉讼法学》,中国政法大学出版社2010年版,第338~339页。

[4] [日]兼子一、竹下守夫:《民事诉讼法》,白绿铉译,法律出版社1995年版,第156页。

用诉讼制度，应禁止当事人和人民法院就既判事项再行起诉和重复审判。可以说，既判力是对当事人和人民法院的终局确定力。[1]

法院调解书是否具有既判力，一直以来是学者争论不休的问题，主要有既判力肯定说、既判力否定说、既判力限制说、部分既判力说及既判力限缩说。[2] 考虑到法院调解具有终结诉讼的效力，本书倾向于赞同部分既判力说。“法院调解是人民法院审结案件的方式之一。法院调解生效后，诉讼程序即告终结，人民法院不得对同一案件进行审理或另行作出裁判，当事人也不得提出上诉。”[3]“法院调解生效后，即表明当事人之间实体权利义务不得就同一诉讼标的和同一诉讼理由再向人民法院提起诉讼，也不允许当事人对调解提起上诉。”[4]这些，均充分肯定了法院调解具有终结诉讼的效力。这一效力也在司法解释中得到了充分体现，《法院调解规定》第10条规定，调解协议约定一方不履行协议，另一方可以请求人民法院对案件作出裁判的条款，人民法院不予准许。

不同于诉讼调解，经人民法院确认的人民调解协议显然不具有上述效力。“和解为当事人自主解决纠纷的方式，因而以当事人的合意为核心，法院不过加以斡旋，且就和解的内容作形式上的审查而已，并未令当事人就和解是否存在有瑕疵提出充分的攻击防御方法后作出诉讼上的判断，故不能承认诉讼上和解有既判力以遮断当事人瑕疵之主张。”[5]此虽是针对诉讼上和解而言，其实质也类似于调解协议的司法确认。立法及司法解释将更多的注意力放于“强制执行力”上，人民法院出具的相应文书应是“裁定”，其法律效力仅仅表现为执行力。

---

[1] 江伟教授的表述：所谓既判力，是指确定判决在实体上对于当事人和法院所具有的强制性通用力，表现为判决确定后，当事人不得就判决确定的法律关系另行起诉，也不得在其他诉讼中就同一法律关系提出与本案诉讼相矛盾的主张，同时，法院亦不得作出与该判决所确定的内容相矛盾的判断。参见江伟主编：《民事诉讼法专论》，中国人民大学出版社2005年版，第77页。

[2] 参见廖永安、胡军辉：《论法院调解的既判力》，载《烟台大学学报》2009年第1期。

[3] 江伟主编：《民事诉讼法》，中国人民大学出版社2007年版，第269页。

[4] 章武生：《民事诉讼法新论》，法律出版社2002年版，第265页。

[5] 骆永家：《既判力之研究》，台北，三民书局1981年版，第171页。

二、司法确认的具体程序规则

（一）调解协议司法确认的申请主体及时间

1. 申请主体

向人民法院申请调解协议司法确认，即赋予调解协议强制力。根据字面含义，提起者当然是纠纷主体。有疑问的是，究竟应当由一方还是双方共同向人民法院提出申请？《衔接意见》第22条规定，当事人应当共同向有管辖权的人民法院以书面形式或者口头形式提出申请。而《人民调解法》第33条规定，经人民调解委员会调解达成调解协议后，双方当事人认为有必要的，可以自调解协议生效之日起30日内共同向人民法院申请司法确认，人民法院应当及时对调解协议进行审查，依法确认调解协议的效力。无疑，规定双方当事人共同申请，是强调了调解的正当性基础，即双方当事人的合意、处分。

因此，在人民调解协议司法确认程序的启动环节，应当由双方当事人共同申请启动。从《人民调解法》的相关规定来看，人民调解协议司法确认的启动，须由双方当事人共同申请。但是学界争议的焦点在于，是否允许一方当事人在未经对方同意之下启动司法确认程序？有学者从法学理论层面论证双方申请的合理性，"如果说法院判决获得正当性的逻辑是只要纠纷的处理经过了以辩论主义为基础的对抗过程并由依法设立的公正、中立和独立的法院作出了判决，该判决就是公正的、符合正义的；那么，诉讼外调解协议获得正当性的逻辑就是只要调解过程自愿合法，调解结果是双方当事人合意达成的，调解结果就应当是正当的、符合正义标准的"。"依法确认调解协议的效力。无疑，规定双方当事人共同申请，强调了调解的正当性基础，即双方当事人的合意。"[1]

也有学者则站在实际操作的可行性角度提出了反对意见："……只有允许一方或者双方当事人都可以申请司法确认程序，才能够极大地发挥司法对于人民调解协议的法律监督，有利于诉讼和非诉讼机制的有力衔接。""换言之，要求双方申请无疑提高了确认程序的门槛。更重要的是，这种制度安排似乎又给了一方当事人特别是债务人极大的反悔空间，是对债务人的过

---

〔1〕 潘剑锋：《论司法确认》，载《中国法学》2011年第3期。

度宽容甚至是纵容。在对方当事人不同意的前提下,对申请方当事人特别是作为债权人的申请方来说乃是一个极大的打击和不公平。”“其中的‘共同’二字尤为不妥。这使得任何一方当事人不能单独申请司法确认。同然,这样立法设置提升了当事人申请司法确认的门槛,但也抑制了当事人申请司法确认的积极性,大大削弱了诉外调解协议的司法确认的威慑性。因此,规定允许任何一方当事人或双方当事人共同申请司法确认,不仅能够有利于诉讼与非诉讼的有效衔接,也有利于发挥司法机制对调解协议的法律监督职能,进而最大限度地发挥调解组织的功效。”

本书认为,调解协议双方当事人意思自治,是确认裁定书正当性的来源。人民调解委员会通过说服、疏导等方法,促使当事人在平等协商基础上自愿达成调解协议,解决民间纠纷。调解协议是双方当事人合意的结果,也是当事人行使处分权的结果。申请司法确认赋予强制力更是双方当事人对该调解结果的进一步确定,通过程序处分权的行使来固定实体权利和义务,这也应当是双方当事人合意的过程和结果。故现行法律规定需要双方共同申请是有法理根据的,并进一步在《司法确认规定》第 5 条规定中得到了体现,即在人民法院作出是否确认的决定前,一方或者双方当事人撤回司法确认申请的,人民法院应当准许。

需要注意的是,关于“当事人应当共同向有管辖权的基层人民法院提出确认申请”,其表现形式不是唯一的。司法实践中,双方当事人共同申请,与一方当事人申请而另一方当事人同意情形均存在。绝大多数案件是一方当事人向人民法院提出司法确认申请,由人民法院征求另一方当事人的意见,另一方当事人表示同意即可。作为例外,极少数部分的案件是双方当事人“手拉着手”一起申请确认的。为了更灵活地适用司法确认程序,笔者认为,一方当事人提出申请而另一方表示同意的,可以视为共同提出申请。因此,“共同申请”可以理解为包括双方当事人共同申请,以及一方当事人申请而另一方当事人同意两种情形。

如果人民法院对于调解协议的签订、内容等有疑虑,双方当事人到场的情况下可以直接审核,也便于查知当事人的真实意思。但是,如果严格要求当事人本人必须到场,又可能对当事人申请司法确认带来不便。因此,法律规定当事人既可以本人到场申请司法确认,也可以委托代理人申请,但必须向人民法院提交由委托人签名或盖章的授权委托书,且受托人必须符合《民事诉讼法》第 58 条之规定。

2. 申请时间

根据《人民调解法》相关规定，调解协议达成后，双方当事人申请司法确认的，应当在调解协议生效之日起30日内，共同向有管辖权的基层人民法院或人民法庭提出申请。调解协议书自各方当事人签名、盖章，并由调解员签名或者调解组织盖章之日起生效。口头调解协议自各方当事人达成协议之日起生效。规定当事人申请司法确认的时间为30日，有利于促使当事人及时行使申请权。

当事人申请司法确认调解协议的，既可以采用书面形式，也可以采用口头形式。与口头形式相比，书面形式能较好地固定当事人的请求及理由，便于人民法院审理。但是，考虑到我国社会经济发展存在地区差异和城乡差异，有些地方律师较为紧缺，而且有的当事人经济能力可能较低，请不到或者请不起代理律师，甚至部分当事人文化程度较低，一律规定采用书面形式，就会限制部分当事人的诉讼权利，这与人民法院司法为民的宗旨相违背。口头形式有利于当事人，尤其是文化程度低、经济能力差的当事人申请司法确认。但口头形式较为随意，而且不易固定，今后核查无据。为了固定当事人提出的确认申请，确保该申请出自当事人的自愿，口头申请的人民法院应当记入笔录，并由当事人签名、捺印或者盖章。如此一来，就把确认程序的便民性与司法程序的严谨性进行了有机结合。口头提出申请是一项灵活的规定，是对书面形式的补充。这也是为了鼓励当事人选择非诉讼的调解方式解决自身纠纷，促进多元化纠纷解决机制建设。当事人可以采用口头形式提出申请，在一定程度上方便了基层人民群众对调解协议提出司法确认，保护自身的权益。这里应当注意，当事人对人民法院所做的笔录要签名、捺印或者盖章，这三种方式可以选择适用，并具有同等效力。原则上，有公章的单位申请司法确认应当加盖公章；有签名能力的自然人应当签署姓名；不会写字的当事人，也可以捺印。

此外，法律并没有规定，当事人只有在书写申请书确有困难的情况下才可以提出口头申请，而是可以自行选择申请形式，这与《民事诉讼法》第120条规定的情形不同。一言以蔽之，当事人提出司法确认申请，究竟采取书面形式还是口头形式，当事人享有选择权，人民法院本身不得干预。

为便于人民法院审查，当事人申请确认调解协议，应当向人民法院提交司法确认申请书、人民调解协议和身份证明、资格证明，以及与调解协议相关的财产权利证明等证明材料，并提供双方当事人的送达地址、电话号码等联系方式。委托他人代为申请的,必须向人民法院提交由委托人签名或者盖章的授权委托书。当事人申请时,原则上应当提供调解协议书。如果当事人达成的是口头调解协议,则应当提供已经达成调解协议的有效证明,如人民调解委员会制作的调解工作记录。对于当事人提交材料不齐全的,人民法院应当向当事人作适当释明,一次性告知当事人限期补齐,不能因为当事人未按规定提交申请材料,就一拒了之。在确定当事人补齐材料的期限时,应当综合考虑当事人住所离人民法院的距离、交通等各方面因素,既要给当事人留够充足的时间,又不宜因补齐材料等问题耽误过多时间,影响诉讼效率。如果当事人超过限期未补充提交相关材料,属于申请不适格,反映出当事人对申请司法确认的意愿不强,人民法院应当对其按照撤回申请处理。

人民法院收到当事人司法确认申请的,应当在3日内决定是否受理。人民法院决定受理的,应当编立"调确字"案号,确定案由为"申请确认调解协议效力",[1]并及时向当事人送达受理通知书。双方当事人同时到人民法院申请司法确认的,人民法院可以当即受理并作出是否确认的裁定。

双方当事人同时到人民法院申请司法确认的,人民法院可以当即受理。一方当事人到人民法院申请司法确认的,人民法院应当通知另一方当事人到场,并询问其意见,然后决定是否受理确认申请。对于当事人申请司法确认案件的审查部门,实践中大多数人民法院都是由基层人民法院的立案部门负责审查的。但从方便双方当事人的角度以及便利与调解组织之间联系的角度考虑,也可以由人民法庭受理当事人的司法确认申请案件,这也符合最高人民法院《关于全面加强人民法庭工作的决定》第9条"经基层人民法院同意,人民法庭可以直接受理案件"的规定。

关于申请司法确认是否收费的问题,《民事诉讼法》和《民诉法解释》对此均未作出规定,《司法确认规定》指出,人民法院办理人民调解协议司法确认案件,不收取费用。随着多元化纠纷解决机制的发展,该条规定适用的范围可以拓展到人民调解协议以外的其他所有非诉讼调解协议。司法确认案件不收费的主要目的是鼓励当事人通过非诉讼方式解决纠纷,这体现了司法确认程序便民利民和降低成本的特点。

---

〔1〕 根据《民事诉讼法》和《民诉法解释》的规定,案由应当确定为"申请确认调解协议效力"。这类案件应当在特别程序中单独列出,便于人民法院掌握处理此类案件的基本状况。

（二）调解协议司法确认的管辖法院

管辖是程序中的重要环节，对于调解协议司法确认的管辖法院，除规定为基层人民法院外，具体有不同的规定。《衔接意见》第21条规定，当事人可以在书面调解协议中选择当事人住所地、调解协议履行地、调解协议签订地、标的物所在地基层人民法院管辖，但不得违反法律对专属管辖的规定。当事人没有约定的，除《民事诉讼法》第34条规定的情形外，由当事人住所地或者调解协议履行地的基层人民法院管辖。经人民法院委派或委托有关机关或者组织调解达成的调解协议的申请确认案件，由委派或委托人民法院管辖。而《司法确认规定》第2条规定，当事人申请确认调解协议的，由主持调解的人民调解委员会所在地基层人民法院或者它派出的法庭管辖。人民法院在立案前委派人民调解委员会调解并达成调解协议，当事人申请司法确认的，由委派的人民法院管辖。很明显，两个文件中的内容存在较大差异：第一，前者规定了协议管辖制度，允许当事人可以在调解协议中进行选择约定；第二，法律直接规定的管辖法院有区别，前者侧重于当事人的住所地及调解协议履行地，而后者则强调人民调解委员会所在地。就效力而言，前者是司法政策、指导性文件，后者是具体的司法解释；就颁布的时间而言，前者较早于后者，究竟应当适用哪个？

本书认为，针对目前“大调解”机制的需要，《衔接意见》的规定更合理。首先，两者的适用范围是有区别的。《衔接意见》是最高人民法院立足于诉调对接而发布的具有司法指导意义的政策性文件，强调的是对“大调解”的对接，故其规定的是可对“经行政机关、人民调解组织、商事调解组织、行业调解组织或者其他具有调解职能的组织调解达成的具有民事合同性质的协议”进行司法确认；而《司法确认规定》仅指向人民调解协议。就诉调对接的效果而言，无疑当事人住所地或是调解协议履行地更直接。一般而言，《人民调解法》所规定的人民调解委员会均设置在村民委员会、居民委员会，还有企事业单位。但值得注意的是，设置人民调解委员会的企事业单位通常有一定规模，且极有可能分散在不同区域（如总公司与分公司、连锁企业等）。因此，以人民调解委员会所在地基层人民法院为管辖法院不能达到方便当事人的目的。更何况，在“大调解”格局下，行业组织也有设立人民调解委员会，如2011年6月14日，上海市人民政府发布了《关于开展医患纠纷人民调解工作的若干意见》，提出在全市范围内推进医患纠纷人民调解工作。

如果行业性的人民调解委员会相对集中，那么当事人住所地及调解协议履行地基层人民法院管辖更为合理。其次，《衔接意见》规定的协议管辖制度，更能体现调解协议司法确认的正当性基础，即充分尊重双方当事人的意愿，允许当事人就管辖法院进行合意选择，这是以调解解决纠纷的精髓所在。

最高人民法院在制定《司法确认规定》时，所涉纠纷多为婚姻家庭、继承纠纷、相邻关系纠纷以及比较简单的民事合同纠纷和侵权责任纠纷，而且人民调解委员会和当事人通常在同一个村或者同一个街道。因此，对于人民调解协议案件的管辖，没有必要规定若干个选择项供当事人选择，直接规定由调解委员会所在地的基层人民法院及其派出法庭管辖即可。这既方便当事人申请确认，也方便人民法院开展必要的审查工作。

《民事诉讼法》修改过程中，关于该问题也存在较大的争议，主要存在两种意见：一是由调解组织所在地的基层人民法院管辖；二是遵守《民事诉讼法》关于专属管辖的规定，即不动产标的物的司法确认案件，应当由不动产所在地管辖。最终，立法采纳了第一种意见，这符合“两便原则”。此外，基层人民法院的派出法庭作为其重要组成部分，也应当审理相关的简单案件。

此外，《民诉法解释》还涉及调解协议司法确认案件共同管辖的规定。司法确认的共同管辖，是指依照法律规定两个或两个以上的人民法院对同一司法确认案件都有管辖权。由于《民事诉讼法》仅规定了调解协议司法确认案件由调解组织所在地的基层人民法院及其派出法庭管辖，而在实践中存在由几个调解组织联合调处纠纷的情况，如果这几个调解组织不在同一个基层人民法院的辖区，就会发生共同管辖的问题。

关于共同管辖冲突问题，《民事诉讼法》第35条规定根据立案的先后顺序解决地域管辖的冲突问题。参照该处理原则，在两个以上人民法院对同一司法确认案件都有管辖权的情况下，有两种处理方式：一是双方当事人可以共同向其中一个调解组织所在地的基层人民法院提出申请，由收到申请的人民法院管辖；二是双方当事人共同向两个以上调解组织所在地的基层人民法院提出申请，由最先立案的人民法院管辖。诉讼程序中，解决管辖权冲突最主要的办法便是赋予原告以选择权，原告可以向其中任何一个人民法院提起诉讼。如果原告向两个以上有管辖权的人民法院起诉，由最先立案的人民法院管辖。同理，申请司法确认的案件，如果双方当事人共同向两个以上调解组织所在地的基层人民法院提出申请，由最先立案的人民法院管辖。

审判实践中,如果发生几个都有管辖权的人民法院立案先后时间无法区分的情形,应当由这几个人民法院共同协商,确定其中一个人民法院行使管辖权。如果这几个人民法院经协商,未能确定具体由哪个人民法院行使管辖权,则由这几个人民法院报请共同的上一级人民法院指定管辖。

(三)调解协议的司法确认程序

从宏观上讲,调解协议的司法确认程序具有以下功能:第一,有效整合并合理配置司法资源。司法确认制度作为根据我国调解制度现状及国情设立的一项创新制度,一方面,调解工作人员通过组织民事案件调解,强化了业务素质,提升了调解工作水平,实现了案件社会效果与法律效果的有机统一。另一方面,司法确认有利于减少诉讼成本,缩短纠纷解决周期,实现诉讼效益与司法价值的最大化,可谓有效整合配置了司法资源。第二,提升非讼纠纷解决机制的优越性。非讼纠纷解决机制较之诉讼本身具有低成本、高效率的优势所在,只是在法律约束力与强制执行力方面略有不足。而司法确认程序大大地弥补了调解制度的局限性,使执行过程中调解协议确定的民事权利义务更容易实现,在一定程度上解决了调解协议"执行难"的问题,提升了调解制度的优越性。第三,实现当事人一定实体权益的处分。司法确认程序通过赋予调解协议以强制执行力,减少了达成调解协议之后的纠纷发生率,对当事人的权益予以进一步保障。调解协议一旦经司法机关依法确认,其性质将从私权利属性的民事合同上升为公权力属性的司法文书,当事人的意思自治范围受到限制,需要接受调解协议的强制约束。因此,司法确认程序实现了当事人一定实体权益的处分。

司法确认程序是民事诉讼中的非讼程序,或者说属于特别程序的一种。根据《衔接意见》和《司法确认规定》的具体规定,现行的司法确认程序为非讼程序。王亚新教授认为"两个关键"决定了其性质为非讼:一是达成调解协议的双方当事人必须共同提出确认协议效力的申请,二是人民法院对调解协议的确认采用"决定"的裁判形式。从裁判采用决定形式这一点,还可推断出当事人对这种裁判不得上诉,此亦为非讼程序的表现之一。这种程序的非讼性质与关于当事人可依据调解协议申请支付令的另一程序设计,也能够相互支撑和印证。[1]

---

〔1〕 参见王亚新:《诉调对接和对调解协议的司法审查》,载《法律适用》2010年第6期。

应当说,目前人民法院对该程序的适用是谨慎的。例如,上海市高级人民法院《关于民事调解协议司法确认程序的实施细则》第8条规定的不予受理的包括:①主持调解的人民调解委员会或人民调解员未依法向所在辖区人民法院通报的;②调解组织调解的纠纷不属于该调解组织管辖范围的;③纠纷性质依法不能进行调解的;④协议内容不需要强制执行的;⑤协议内容影响关联案件的审判、执行的;⑥具有债的给付或物权得失变更内容的民事调解协议所涉标的额超5万元的;⑦其他不属于司法确认范围的。

上述不予受理的第1项强调了诉调对接的体制管理规范,第2、3、6项涉及调解的案件范围,其中5万元的标准与上海试行的小额诉讼程序对应,亦即此类确认案件应纳入小额诉讼案件或是传统的简单民事案件,第4、5项涉及司法确认的效力,第4项的表述表明司法确认效力的重心是强制执行力,而第5项的描述则对司法确认的其他效力表现出审慎态度。

现行相关法律和司法解释中关于当事人申请人民法院司法确认的后果,只有确认与不予确认的决定之分,没有规定对人民法院该决定行为的救济途径。如果人民法院不予确认决定作出,那么当事人之间达成的调解协议是否自然撤销?最高人民法院制作的关于适用《司法确认规定》统一文书样式中的"不予确认决定书"中规定:人民法院对申请人达成的调解协议效力不予确认的,当事人可以通过人民调解方式变更原调解协议或达成新的调解协议,也可以就相关纠纷向有管辖权的人民法院提起诉讼。由此可以得知,此规定完全是站在人民法院解决纠纷的立场上作出的,亦即当事人要么重新达成协议向人民法院申请司法确认,要么起诉至人民法院,而忘却了当事人在人民法院不予确认时可以自动履行了结纠纷。2011年《人民调解法》从立法上明确了人民调解协议的效力,规定了调解协议具有法律约束力,当事人应当按照约定履行。随后的《关于人民调解协议司法确认程序的若干规定》对程序及效力等作出明确规定。2012年《民事诉讼法》修改时,进一步吸收和巩固司法改革成果,增加了调解协议司法确认案件的内容,从诉讼法层面上为多元化纠纷解决机制的发展提供了充分的法律依据。至2015年颁布的《民诉法解释》,更是对该程序诸多方面内容进行了具体解释。

这里有几个问题需要重点探讨。第一,有关调解协议司法确认案件受理申请的规定。很显然人民法院收到申请后,无非作出予以受理或不予受理的裁定。首先,关于受理条件。参照《民事诉讼法》第119条诉讼案件受理的有关规定,至少包括:主体上,申请人和被申请人均与本案有利害关系,双方当事人主体均应适格;审查内容上,申请人须有具体的请求、标的和理由;程序上,符合主管和管辖方面的规定。其次,关于不予受理的情形,《民诉法解释》予以了细化:一是不属于人民法院受理范围。二是不属于收到申请的人民法院管辖。这两条分别涉及主管问题和管辖问题。三是申请确认身份关系无效、有效或者解除的。这是因为身份关系变动不仅对当事人本人而且对其他社会关系都具有重要影响,当事人应当慎重处理(通过诉讼或者其他法定方式解决)。四是涉及适用其他特别程序、公示催告程序、破产程序审理的,这些相并列的非讼程序自然没有适用的可能性。五是调解协议内容涉及物权、知识产权确权的。物权确权问题涉及当事人的重大利益,不适宜通过此类简单程序处理,物权确认之诉性质上应当属于诉讼程序,而知识产权的确权问题专业性较强,须由有权机关根据法律的规定确认权利的存在及其效力。

第二,有关司法审查的形式和内容。人民法院对调解协议的审查采取形式审查和有限的实体审查相结合的方式,即书面审查和到庭审查相结合的方式。主要原因在于,单纯的程序性审查不足以排除一些违法或者违背社会公序良俗的调解协议,也不利于调解工作的健康发展。当然,如果每个司法确认案件都投入大量的司法资源进行实质审查,也不利于提高司法确认案件的效率,更不符合设立司法确认程序便捷高效解决纠纷的初衷。因此,如此折中灵活的审查形式可谓考虑到多方面的因素。而司法审查的内容同样也包括形式审查与实质审查两个方面。形式审查主要围绕"不予受理"的几项情形,符合条件的,裁定不予受理。实质审查的内容主要围绕"裁定驳回申请"的几项情形,主要包括:协议内容是否违反法律的强制性规定;协议内容是否损害国家利益、社会公共利益、他人合法权益;协议内容是否违背公序良俗;调解协议是否违反自愿原则;调解协议的内容是否明确等。

第三,须明确司法确认案件的法律文书形式。一直以来,法律文书形式不统一,决定书、确认书、调解书和裁定书随意适用,造成司法实践中的混乱。最终,法律统一规定法律文书的形式为"裁定书",而非其他文书。主要原因有:①当事人申请确认调解协议效力,并未申请确认其无效,人民法院直接确认无效,不符合司法被动性的要求;②未经当事人申请直接确认无效的话,将使当事人不能就有关事项充分表达意见,诉讼权利难以得到有效保障;③由人民法院直接确认无效,意味着人民法院需要进行更多的实体审查,而在司法确认程序中人民法院不宜对当事人提出的实体抗辩进行审查,过多实质审查实际上与司法确认程序属于非讼程序的性质和特点不符，不利于发挥其简便快捷的优势；④人民法院裁定驳回申请后，当事人对调解协议尚有补救措施，实际上以“裁定书”的方式处理司法确认案件，也是为当事人预留了下一步解决纠纷的空间。

第四，关于司法确认裁定的效力。司法确认裁定书具有法律上的强制执行力，已为法律所肯定，但是否具有既判力，一直以来争议较大。一般认为，司法确认裁定书不具有积极意义上的既判力，即司法确认裁定不对后诉中法官的判断产生拘束力。理由如下：①司法确认的程序保障程度较弱。司法确认程序以双方当事人合意为前提，审查程序相对简便快捷，主要以书面审查为主，当事人之间很少进行辩论。这种弱化对抗、强调合作、简便快捷的程序，无法确保司法确认的内容完全是纠纷的本来面目。②司法确认并不要求调解协议恪守法律规定，只要求协议内容不违法就行。一些有地域特色的乡规民约或者风俗习惯，只要不违法都可作为调解规范。在这种规范下被确认的调解协议，显然不适合对所有的纠纷产生普遍约束力。③司法确认的绝大多数调解协议，都是双方当事人相互让步的结果，一般不会追究本案事实的真实面目，在此基础上产生的确认裁定书，自然不适合对后诉的审判产生预决效力。如果赋予确认裁定书积极意义上的既判力，不利于司法确认制度目的的实现。但是，司法确认裁定应当具有消极意义上的既判力，即人民法院对调解协议内容确认后，当事人不得就相关内容再行起诉，人民法院也不得受理相关内容的起诉。主要原因有：①司法确认制度本身具有化解纠纷的制度性效力。司法确认制度设立的主要目的，是方便民众简便、快捷、经济和彻底地解决纠纷，并促进调解的发展，使其在纠纷解决方面发挥更大的作用。如果作为司法确认程序成果的裁定书不具有消极意义上的既判力，就意味着当事人在确认程序结束之后，依然可以就同一纠纷再次起诉，这除了增加强制执行力以外，与普通合同无异，当事人之间的纠纷并未彻底得到解决，这显然与司法确认制度设置的目的背道而驰。②司法确认中当事人程序保障的自我责任。尽管司法确认程序并不具有普通审判程序一般的程序保障，但依然存在当事人自我责任的基础，即双方当事人的合意。既然当事人自愿达成调解协议，且共同向人民法院申请确认，就应当承认裁定书并自觉接受约束。这是民事处分原则的应有之义，也是诚实信用原则的基本要求。综上所述，司法确认裁定书不具有积极意义上的既判力，但具有消极意义上的既判力。

第八章 调解与诉讼的对接

调解作为现代社会纠纷解决过程中的重要一环，不仅在过往的一段时期发挥了重要的作用，而且势必会在未来继续发挥着不可替代的作用。但是，在社会日益多元化的今天，我国民事纠纷的数量和复杂性均远超从前，单独的调解显然无法满足纠纷化解的需求，因而必须重视与不同纠纷解决机制，尤其是诉讼的对接和配合。详言之，一方面，调解能够及时有效地化解矛盾，利于主体间关系的维持，具有独立存在的价值；另一方面，调解又不是最终的解纷手段，当事人没有达成或者虽然已经达成调解协议的，仍然有寻求诉讼救济的权利。关于调解与诉讼的对接，常被实务部门和学界简称为“诉调对接”，但是就其本身的含义，理论上仍然存在争议。为了帮助读者更加全面地了解调解与诉讼的对接问题，本章拟就调解与诉讼对接的概念、发生的原因、种类及具体表现形式等问题展开讨论。

第一节　调解与诉讼对接概述

一、调解与诉讼对接的概念

关于调解与诉讼的对接，在司法实践和理论研究中常被简称为“诉调对接”。不过，由于欠缺立法的明文规定，就“诉调对接”的具体含义，学者们又有着不同的看法。其中，有将“诉调对接”理解为法院调解与法院外其他组织调解衔接的；有将“诉调对接”解释为法院诉讼与法院外的人民调解和行政调解的衔接；还有将“诉调对接”作诉讼调解与判决相衔接理解的。显然，上述种种定义是建立在对诉讼和调解不同理解的基础之上，而且多数情况下都对调解作了狭义的理解，这相较于本书对调解的定义，在范围上小了很多。从内容上看,认为“诉调对接”是法院诉讼与法院外的人民调解和行政调解衔接的观点,与本书对调解的认识最为接近。然而,该观点将诉讼调解排除出“诉调对接”的范畴之外,有失周延。从本质上看,法院调解与其他类型的调解并无二致,只不过是主持调解的主体不同而已。虽说我国现行《民事诉讼法》将诉讼调解和判决都作为人民法院行使审判权的方式,生效的调解书与判决书具有相同的强制执行力,但调解和判决毕竟是两种不同的纠纷解决方式,不能将之混为一谈。法院调解与诉讼实际上也存在对接,只是这种对接是内含于人民法院制作调解书的过程中,不像人民调解或行政调解与诉讼对接时那样明显。

出于周延性考虑,本书认为调解与诉讼的对接,即法院诉讼与法院调解、人民调解、行政调解的衔接,简称“诉调对接”。有人指出,因为调解在先,诉讼基本上都在后,所以应该称为“调诉结合”。但由于“诉调对接”起初是从人民法院的立场或角度出发提出的口号,而人民法院的基本定位是审判及诉讼,因而称为“诉调对接”亦无不可。需要注意的是,“诉调对接”虽然既包括法院诉讼与法院外的人民调解和行政调解的衔接,也包括诉讼调解与判决的衔接,但重点是前者,特别是与人民调解的衔接。[1]

其实,调解与诉讼的对接在我国历来有之,并不算是新鲜事物。早在清代时期,就存在一种既不同于非正式的村社宗族调解,又不同于官方正式的审判,而是由村社宗族和官方互动产生的“第三领域”。[2] 这种被称作官方与民间解决纠纷的互动机制,[3]实际上就是“诉调对接”机制的雏形。抗日根据地时期,同样可以在解放区的相关规范性文件中,找到人民调解与诉讼对接的内容。典型的如《陕甘宁边区民刑事案件调解条例》第 11 条规定,系属法庭之案,得由法庭以职权依本条例之规定进行调解,或指定双方当事人之邻居、亲友或民众团体在外从事调解。[4] 在中华人民共和国成立后,开始有更多的法律、法规对人民调解与诉讼的关系加以界定,并逐步形成了人

---

〔1〕 参见范愉:《纠纷解决的理论与实践》,清华大学出版社 2007 年版,第 465 页。

〔2〕 参见黄宗智:《清代的法律、社会与文化:民法的表达与实践》,上海书店出版社 2007 年版,第 111 页。

〔3〕 参见梁治平:《清代习惯法:社会与国家》,中国政法大学出版社 1996 年版,第 10 页。

〔4〕 参见中国社会科学院法学研究所民法研究室民诉组、北京政法学院诉讼法教研室民诉组合编:《民事诉讼法参考资料》(第 1 辑),法律出版社 1981 年版,第 301 页。

民法院和人民调解委员会之间具有指导与被指导、监督与被监督关系的模式。[1] 但是,就调解与诉讼的衔接问题,此一阶段的法律和法规涉及的不多。

2002 年 9 月 16 日,最高人民法院颁布了《调解协议审理规定》(已失效),同年,司法部发布了《人民调解工作若干规定》。这些司法解释和规章有条件地赋予了人民调解协议书民事合同的效力,在有限的程度上实现了人民调解制度与诉讼制度的对接,推动了人民调解和诉讼的良性互动。在人民调解与诉讼对接机制的探索过程中,为满足人民法院更有效地解决纠纷的需要,最高人民法院于 2004 年出台了《法院调解规定》。该司法解释不仅完善了协助调解制度,而且创设了"诉调对接"机制中的委托调解制度。《法院调解规定》第 3 条第 2 款规定:"经各方当事人同意,人民法院可以委托前款规定的单位或者个人对案件进行调解,达成调解协议后,人民法院应当依法予以确认。"2009 年 8 月,最高人民法院发布了《衔接意见》,其核心思想在于运用多元化的纠纷解决方式。但是,此文件不是正式的规范性法律,也不是司法解释,仅是一项具有司法指导意义的重要文件。在此基础上,于 2010 年 8 月 28 日公布的《人民调解法》在第 33 条规定了对人民调解协议的司法确认制度,赋予了人民调解真正的法律效力及公信力,从而确保了人民调解的有效实施。紧接着,2011 年 3 月 21 日,最高人民法院审判委员会第 1515 次会议通过了《司法确认规定》,这些规定都对完善人民调解与诉讼对接制度奠定了立法基础。[2]

值得一提的是,2012 年 8 月 31 日全国人大常委会通过的《民事诉讼法》修正案,对"诉调对接"纠纷解决机制做了两个方面的完善:一是增加了先行调解的规定,加强了调解在纠纷解决中的作用;二是增加了民诉法和人民调解相衔接的规定,规定经司法确认的调解协议具有强制执行力。"诉调

---

[1] 1982 年《民事诉讼法(试行)》第 14 条第 1 款、第 3 款规定:"人民调解委员会是在基层人民政府和基层人民法院指导下,调解民间纠纷的群众性组织。""人民调解委员会调解案件,如有违背政策法律的,人民法院应当予以纠正。"第 99 条规定:"人民法院进行调解,根据案件需要,可以邀请有关单位和群众协助。被邀请的单位和个人,应当协助人民法院进行调解。"1989 年,《人民调解委员会组织条例》也明确规定,人民法院和人民调解委员会之间具有指导与被指导、监督与被监督的关系。

[2] 参见王秋兰等:《我国调解的立法、理论与实践问题研究》,中国政法大学出版社 2014 年版,第 228 页。

对接”纠纷解决机制首次在正式的立法文件中得到表述。

二、调解与诉讼对接的原因

从表面上看,“诉调对接”是国家构建和谐社会过程中的产物。当前,我国正处于全面建成小康社会、加快推进社会主义现代化建设新的历史时期,而和谐稳定的社会环境既是全面建成小康社会的重要目标,又是全面建成小康社会的重要保障。随着社会主义市场经济体制的建立和发展,以及各种利益关系的调整,出现了许多新的社会矛盾纠纷,矛盾纠纷的主体、内容日益多样化、复杂化。许多纠纷如果不能及时疏导化解,有可能发展成为群体性事件,甚至激化为刑事犯罪案件,严重干扰党和政府的中心工作,影响社会稳定和经济的持续发展。人民调解制度是在党的领导下,继承发扬我国民间调解的传统,经历了革命、建设和改革各个历史阶段的实践,不断发展和完善起来的一项社会主义法律制度。进一步做好新时期人民调解工作,对维护社会稳定,加强社会主义民主法治建设,实现国家的长治久安,具有重要的作用。正因如此,中央才要求把调解贯穿于立案、审判和执行的各个环节,贯穿于一审、二审、执行、再审、申诉、信访的全过程,以充分发挥调解与裁判两种手段的作用,有效化解矛盾纠纷,促进社会和谐,定分止争,实现法律效果与社会效果的有机统一。

需要注意的是,来自国家层面的支持无论如何都只是外部原因,并不足以对“诉调对接”形成理论上的支撑。实际上,“诉调对接”之所以在我国有如此强大的生命力,归根结底还是在于其与国内的经济文化现状相契合,顺应了纠纷解决的规律。为了与外部原因形成区分,姑且可称为内部原因,详述如下。

(一)社会纠纷的多元化发展趋势

改革开放以来,我国的经济进入了快速发展的轨道,大大推动了社会的转型以及社会结构的变化,社会主体得以不断开展各种经济活动,这反过来又促进了主体的多元化。在此背景下,大量的纠纷开始产生并呈现出多元化的趋势。由于发生冲突的主体、冲突的性质、形式以及激烈程度的不同,必然要求纠纷解决方式、手段的多样性。也就是说,在当下社会,仅仅依靠单一的民事诉讼是无法应对数量众多且多元的民事纠纷的,而是必须构建一套与之相对应的多元化纠纷解决机制体系。又考虑到民事纠纷总是处于动态的发展过程中,为更加合理地配置资源,以在整体上降低纠纷解决的成本,有必要对各种纠纷解决机制予以协调,进而形成良性的循环。“诉调对接”作为连接调解和诉讼的技术手段,在法院诉讼和以人民调解为代表的各种调解形式之间设置了一个缓冲平台,为当事人解决自身纠纷提供了新的救济方式,兼顾了当事人双方以及社会整体的利益,能最大限度地使扭曲的社会关系及时恢复到最佳状态,有利于社会和谐。

(二)冲突主体的纠纷解决观和内在需要

以人民调解为代表的调解制度和民事诉讼制度,是一个向国民提供解决纠纷服务的体系,这种体系的存在价值取决于,现实的利用者乃至潜在的利用者,也即一般市民,是否更理解、更愿意利用以及更为信赖这种制度。[1] 作为法治秩序中一个重要环节,民事纠纷处理机制的构筑不仅应当充分发挥纠纷解决者的积极性,还要迎合纠纷当事人的需求,因为当事人合法权益的保护才是制度运行的初衷。对于当事人的需求,在个案中会受到各种因素的影响而千差万别。例如,同一当事人面对两个不同的纠纷,如果其中一个是有关权利义务的争议,另一个涉及利益平衡问题,那么对于前者,当事人往往只要求解决争议即可,对于后者,除了要解决争议外,当事人还会追求双方的“共赢”。另外,纠纷双方间的社会关系、涉案标的额的大小、债务人的履行能力、引发纠纷的原因、事实查明程度等因素,都会对纠纷当事人的解纷需求产生影响。所以,在矛盾发生后,当事人的程序主体地位应当被充分地尊重,表现之一就是由国家向其提供合适的纠纷解决途径,包括调解、仲裁、诉讼等。

众所周知,世界上的事物都是在不断发展变化的,没有一种事物是一成不变的,纠纷亦然。在冲突进入纠纷阶段以后,随着第三方的介入以及解纷程序的推进,双方对相关因素的认识会逐步深入,加之纠纷构成要素本身的发展变化,纠纷当事人的纠纷需求必然也会随之发生改变。当事人不仅是自己利益最好的法官,也是自己利益最好的执行者。人们总是期望有多种可供选择的纠纷解决方式。因此,冲突主体的内在需求决定了纠纷解决方式的多元化状态。“诉调对接”充分发挥了当事人在纠纷解决中的自主性和

---

〔1〕 参见[日]新堂幸司:《新民事诉讼法》,林剑锋译,法律出版社 2008 年版,第 2 页(代译序)。

功利主义的合理性,采取常识化运作程序,尽量接近情理地解决纠纷,并节约纠纷解决的成本,追求效益最大化,从而成为大多数当事人解决纠纷的首要选择。[1]

(三)调解和诉讼实现功能互补的最佳途径

调解和诉讼虽然都是纠纷解决机制的重要组成部分,共同承担着解决纠纷、维护当事人合法权益的任务,但是它们的差异也很显著,尤其是人民调解和诉讼之间的差异。一方面,调解具有低成本、高效率、自愿自主性等特征,能够弥补法律适用的不足,利于纠纷双方关系的维持。然而,与诉讼相比,人民调解的法律地位和效力均过低,加上调解人员的素质不高、调解程序缺位等问题,极大地削弱了其纠纷解决机制的作用。诉讼调解具有与生效判决相同的效力,但同样为人所诟病,如理论界一直争议的调审部分、程序设置不合理,以及办案任务的繁重制约了法官对调解工作的投入。[2]另一方面,诉讼是一种国家审判机关解决社会纠纷的方式,它注重对抗性,程序复杂、成本高,能够最大限度地实现程序正义。但是,诉讼解决机制也有自身不能克服的缺陷,即"合法不合理"以及诉讼压力过大时不得不实行的"粗放司法"。这样一来,不仅严重影响当事人和社会对诉讼解决机制的认可,而且削弱了法院诉讼价值优势的发挥。因此,欲兼顾纠纷的合理有效化解和司法权威的维持,充分发挥司法在社会治理中的作用,"诉调对接"可谓是目前最佳的途径。

三、调解与诉讼对接的基本内容

(一)诉调对接的主体

"诉调对接"是指调解和诉讼两种不同纠纷解决机制的有机衔接与整合,意味着在此过程中会有当事人、调解组织以及人民法院三方主体参加。与常规的纠纷解决机制相比,"诉调对接"制度中会同时存在两种解纷主体,并且都会在特定阶段扮演着重要的角色。正因为参与主体的多元,所以需

---

[1] 参见孙赟峰主编:《如何做好调解工作——调解实务技巧与案例》,中国法制出版社 2013 年版,第 74 页。

[2] 参见姚蔚薇:《论人民调解与诉讼调解的制度衔接》,载史德保主编:《纠纷解决:多元调解的方法与策略》,中国法制出版社 2008 年版,第 163 ~ 164 页。

要对调解组织和人民法院在“诉调对接”机制中予以正确定位，以弄清各自的权利界线，发挥彼此的优势，从而更好地解决纠纷。

首先，调解组织应当在纠纷解决过程中承担基础性的工作，是化解纠纷的排头兵。尤其是人民调解，由于分布广泛，与基层联系密切，素有社会纠纷“第一道防线”之称。因此，在社会转型期，我们应当加强调解工作，充分发挥调解在促进人际关系和谐、维护社会关系稳定中的作用。当然，对调解的强调，并不能以牺牲和剥夺当事人的诉权为代价，而是要在充分尊重当事人的程序选择权的基础上，与当事人就纠纷的处理方式进行充分地沟通、协商。

其次，诉讼是社会纠纷的“最后一道防线”。诉讼代表着国家司法权的行使，属于一种公共性的纠纷解决机制。诉讼提供的是一份标准法律答案，是其他纠纷解决方式的参考标准。对于人民法院来说，一方面，只有在其他纠纷解决机制无法解决纠纷时，才由人民法院作出终局性判断，使案件得到最终解决；另一方面，人民法院享有对其他解纷机制的指导、监督权力。因此在现代法治国家，诉讼在“诉调对接”机制中占据重要的核心地位。人民法院通过审核人民调解协议，可以大大提升人民调解的效能，有利于人民调解的发展；对于诉前调解前置的案件，人民法院建议当事人选择调解方式解决，可以分流案件，解决司法资源短缺与供需平衡；通过人民法院的委托调解，让社会人士参与到纠纷解决程序和过程中，对于改善司法和社会治理的效果具有极其重要的意义。[1]

（二）诉调对接的对象

根据当前的法律、法规及指导性文件，国家并未对可得适用“诉调对接”的案件范围作出限制。换言之，目前司法实践中所遇到的所有案件类型，都有进行“诉调对接”的可能。然而，出于纠纷化解效果之考虑，本书倾向于将“诉调对接”受案范围的重心放在如下几类矛盾纠纷中：一是家庭类纠纷，包括婚姻、继承、赡养、监护关系等引起的纠纷；二是社会类纠纷，包括邻里关系、消费维权、劳资关系等引发的纠纷；三是团体类纠纷，包括因物业管理、环境污染等引发的纠纷；四是小额合同纠纷；五是行政纠纷、商事纠纷；六是

〔1〕 参见王秋兰等：《我国调解的立法、理论与实践问题研究》，中国政法大学出版社 2014 年版，第 228～229 页。

其他可以适用“诉调对接”解决的矛盾纠纷。之所以如此,是因为这些矛盾纠纷多涉及道德问题,由小事引起,且争议不大,通过“诉调对接”进行处理更能达到良好的效果。

(三)诉调对接方式的确定

调解具有丰富的内涵,除了各种形式的人民调解外,还包括行政调解和诉讼调解。与此同时,自当事人向人民法院提交诉状时起,至人民法院作出判决时止,民事诉讼可分成层次分明、功能各异的若干阶段。以之为前提,调解与诉讼的对接得以多种形式表现出来。比如,根据与诉讼进行对接之调解类别的不同,可将“诉调对接”分成人民调解与诉讼的对接、行政调解与诉讼的对接、诉讼调解与诉讼的对接等种类。在此基础上,还可视诉讼所处阶段的不同,对“诉调对接”作进一步的划分。以人民调解为例,从目前法律规定和实务做法看,“诉调对接”的方式主要有先行调解、诉前调解前置、委托调解以及对人民调解协议的审核等。由于当事人是否愿意接受调解,往往会受到个案中所争议法律关系的复杂程度、所查明事实的多寡以及讼争标的额等因素的影响,而这些因素中的大多数会随着诉讼进程的推进不断发生变化,所以不同案件中“诉调对接”模式均存在或多或少的差别。至于最终会采用哪种对接模式,则有赖于人民法院的指导和当事人的选择。

需要注意的是,虽然“诉调对接”方式的确定是人民法院和当事人共同意志作用的结果,但是归根结底起决定性作用的还是当事人的程序选择权。当事人程序选择权,是指纠纷当事人在法律规定范围内所享有的选择与处理纠纷相关程序的权利。在正式受理当事人的起诉之前,对于当事人的起诉,人民法院认为符合法律规定的诉前调解的案件,可以建议当事人选择向附设法院的人民调解委员会调解解决。由于当事人选择了诉讼手段,人民法院不受理可能会剥夺当事人的诉权,因此至于是否将已经起诉的案件交给人民调解委员会解决,应取决于原告的态度。在正式受理当事人的起诉之后,人民法院认为由附设法院的人民调解委员会调解更合适时,同样可以交给附设法院的人民调解委员会调解解决。由于人民法院已经受理案件,人民法院和双方当事人之间建立了民事诉讼法律关系,因此只有双方当事人都同意,人民法院才能将案件委托附设于法院的人民调解委员会调解解决。

第二节　调解与诉讼的对接模式

一、调解与诉讼对接模式概述

调解与诉讼对接的模式，即"诉调对接"工作机制、途径、细节、场所配置等一系列要素的总称。一般而言，按照与"诉讼对接"的调解种类的不同，调解与诉讼对接可分为人民调解与法院诉讼的对接、行政调解与法院诉讼的对接，以及法院调解与诉讼的对接。这种分类较为全面，基本上能够囊括既有的各种形式的"诉调对接"类型。其中，人民调解与法院诉讼的对接作为传统的调解与诉讼对接的模式，也涵盖了大多数种类的"诉调对接"。

人民调解与法院诉讼的对接，是"诉调对接"纠纷解决机制的核心环节。一方面，由于人民调解协议对当事人具有一定的约束力，人民法院需要更加强化对人民调解委员会工作的指导，进而提升人民调解的质量；另一方面，人民调解效力的改善与质量的提高，又能够分流大量的民间纠纷，在一定程度上缓解了人民法院的审判工作压力。对于人民调解与法院诉讼的对接模式，法律并没有明确规定，但是，从司法实践的角度出发，我们仍然能归纳出几种主要模式，下文将重点陈述，此处不予展开。

行政调解与法院诉讼的对接是"诉调对接"纠纷解决机制中不可分割的一部分。随着社会形势的发展，人民法院和行政机关逐步认识到，调解应当成为解决各种社会矛盾纠纷的主要手段和方法。面对社会利益关系日益复杂、矛盾纠纷日趋多样的现状，建立一个功能互补、程序衔接、能够满足多种需求的多元化纠纷解决机制十分关键。该对接模式主要体现在以下几个方面：

第一，建立联席会议协调机制。即建立司法、行政联席会议等形式的沟通协商制度，一般由人民法院、公安机关、司法行政机关和相关行政部门及工会、共青团、妇联等组织参加，制定行政调解工作规划，定期召开会议，互相通报社会矛盾纠纷的调处情况及现状，共同研究重大、疑难纠纷的处理方案，分析存在的问题和困难，明确相关部门的分工与职责。联席会议的建立，对构建和完善行政调解与法院诉讼对接长效机制具有积极意义。[1]

---

〔1〕 参见吴志明主编：《大调解——应对社会矛盾凸显的东方经验》，法律出版社2010年版，第155页。

第二,建立调解分流委托机制。与民事诉讼类似,人民法院在审查当事人提起的行政诉讼时,结合纠纷性质、请求目的,以及案件实际情况等因素,将案件分流到不同的渠道进行处理。对适合由行政调解先行处理的,积极引导当事人选择行政调解(类似于《民事诉讼法》中的"先行调解")。人民法院可以委托与当事人关联密切的基层组织或公安、工商等行政部门进行调解,同时可以邀请政府和相关部门参加调解。调解分流委托机制能够收到成本低、"案结事了"、维护社会关系稳定的良好效果。

第三,建立联合调解协调机制。类似于人民调解与法院诉讼对接模式中的"静安模式",在纠纷数量较多的行政机关,人民法院可以通过驻派合议庭或者专门法庭的形式,依托基层政府、社会组织等,联合处理纠纷,以加强行政调解与法院诉讼的对接。例如,人民法院与工商行政部门、消费者协会等联合,在一些纠纷多发地段设立巡回法庭,进行诉前调解。调解不成的,由法庭依法进行审理。这既实现了对行政机关开展调解工作的有效支持,又提高了行政调解的公信力,同时促进了矛盾纠纷的及时解决。

第四,积极探索司法确认形成机制,这是改革的方向和趋势。做到行政调解协议与法院诉讼的对接,以确保行政调解的权威性和可执行性,提高行政调解的司法效力。可以比照人民调解协议的司法确认制度,根据当事人的申请,对行政调解协议进行司法审查,在符合合法、自愿原则的情况下,对达成的行政调解协议予以确认,赋予行政调解协议强制执行力。对于具体的程序设计,有待进一步思考与完善。

法院调解与诉讼的对接常常为人们所忽视,因其主体同为人民法院,故而这一对接模式与前两者相比,较为特殊。法院调解与诉讼的对接,需要认识到调解协议的效力。法院调解作为民事案件的结案方式之一,法院调解的效力与法院判决的效力相同,一旦生效便会产生拘束力。表现形式之一就是实质上的确定力,双方当事人之间的实体权利义务争议得到了解决,对同一法律关系的同一问题不得再提起争议,这与判决的既判力实则相同。除此以外,还有形式上的约束力、形成力以及强制执行力。

总之,法院调解正是国家审判机关介入国家公权力对案件进行的审查,其不同于人民调解、行政调解。法院调解不仅遵循自愿、合法的基本原则,而且具有司法效力。人民法院根据调解协议制作民事调解书时,实际上就实现了法院调解与诉讼的对接。一方面,案件的审理主体始终都没有脱离人民法院,因此程序衔接较不同主体之间更加容易;另一方面,法院调解本身就是行使司法权的行为,由于法院调解结果具有强制执行力,导致当事人一般没有再行提起诉讼的可能性,因此,法院调解达成后便已与诉讼对接完毕。因此,下文主要围绕人民调解与法院诉讼的对接以及行政调解与法院诉讼的对接两个部分展开。

二、几种典型的调解与诉讼的对接模式

(一)先行调解

先行调解制度是2012年《民事诉讼法》修改后的亮点之一,该法第122条规定:"当事人起诉到人民法院的民事纠纷,适宜调解的,先行调解,但当事人拒绝调解的除外。"先行调解的创设,在我国调解制度中增加了一种新类型的调解,体现了立法与司法中"调解优先"的理念,也贯彻了调解应覆盖于诉讼各个阶段的思想。关于先行调解的性质,法律本身并没有作出明确规定,因此法律解释和司法实践中对此争议较大。我们主要从以下二个方面对先行调解作大致了解:

首先,先行调解是立案前的调解。这目前已经没有争议,不仅从《民事诉讼法》条文逻辑上看,理应解释为受理前的调解,而且设置立案前的先行调解有助于疏减诉讼,如果通过立案前的先行调解能使部分案件分流到诉讼之外,无疑能减轻案件给人民法院带来的巨大工作压力。

其次,厘清先行调解与立案调解的关系。立案调解不同于先行调解,是人民法院对立案庭职权扩展时设立的一种调解方式,指立案庭在受理案件起诉之后,对于部分事实清楚、争议不大、案件简单且适宜调解的民事案件,经双方当事人同意后,由立案庭的法官进行调解。调解成功的,由人民法院出具调解书。因此,如果把先行调解认定为立案后的调解,就没有规定立案调解之必要。因此,先行调解和立案调解最主要的区别在于时间节点,前者在立案之前,而后者在立案之后。

最后,先行调解仍然是自愿调解。法条中"但当事人拒绝调解的除外",已经明确表明先行调解遵循自愿原则。虽然纠纷是否适合调解的判断权在人民法院,但是最终是否适用调解的决定权却在当事人。对于先行调解的适用,不取决于当事人的主动申请,也不需要当事人任何形式的同意。如不

希望先行调解的,直接表示不同意即可。[1]

此外,关于先行调解的主体,法律对此未作明确规定。从《民事诉讼法》第 122 条蕴含的逻辑关系来看,除人民法院自身之外,并没有排除人民调解委员会等社会调解组织,这实际上是为司法实践腾出了一丝空间。[2] 人民法院可以根据实际需要选择由人民法院自身或者人民调解委员会审理案件。当然,由人民调解委员会进行的调解属于人民调解,这里自然涉及人民调解与法院诉讼的对接。如果由人民法院进行调解,就是法院调解与诉讼的对接。归根结底,都属于调解与诉讼的对接,属于何种类型视案件具体情况分别而定。

(二)诉前强制调解

诉前强制调解,不同于先行调解,一直以来都是受学界和实务界百般争议的一个概念。随着接近司法正义运动的兴起,实现正义的途径不再只局限于诉讼。但诉讼解决机制在实现正义方面存在某些障碍,调解承担起了诉讼在实现正义中所无法承载的职能。但诉前强制调解可能推迟当事人获得正式司法救济的时间。因此,包括诉前强制调解概念、案件适用范围、调解人员资格,以及法律效力在内等方面内容,都应当有具体明确的规定。

首先,对于诉前强制调解的性质,应当认定为法院调解,否则可能妨碍裁判请求权的行使。从最高人民法院《关于适用简易程序审理民事案件的若干规定》第 14 条的规定来看,所述案件调解的时间节点为"开庭审理时"。虽然法条表述为"应当先行调解",但此处的"先行调解"不应理解为《民事诉讼法》第 122 条规定的"先行调解",而是"强制性先行调解"。实践中的称呼各异,此处称为"诉前强制调解"。有人说,可以将"开庭审理时"从"审中"扩大到"审前",但无论如何也很难扩大到"诉前"。由于缺乏相关的法律依据,实践中人民法院实施最高人民法院《关于适用简易程序审理民事案件的若干规定》第 14 条所涉"调解"时,普遍要求当事人签字认可。就理论上而言,将最高人民法院《关于适用简易程序审理民事案件的若干规定》第

---

〔1〕 参见洪冬英主编:《民事诉讼法学通论》(第 2 版),北京大学出版社 2016 年版,第 250~252 页。

〔2〕 参见江伟主编:《民事诉讼法》(第 5 版),高等教育出版社 2016 年版,第 260~261 页。

14条第1款规定的案件设置为诉前强制调解是非常理智的。[1]

其次,关于诉前强制调解人员的资格认定问题。法院调解的司法ADR属性决定了诉前强制调解的调解员必须具有司法或者准司法的身份,而人民调解委员会很明显不具有该种身份,否则人民调解委员会将具有准司法机关的性质,这明显是不符合现实情况的,况且英国也有行政裁判所司法化的前车之鉴。这也从侧面证明了诉前强制调解性质上应为法院调解。法官是一线的司法实务工作者。[2]

最后,诉前强制调解适用的案件范围应予以明确。诉前强制调解的正当性是建立在其有限性的基础之上的,只有特定类型的案件适用诉前强制调解制度,才符合比例原则的基本要求。借鉴域外已经规定了诉前强制调解的国家和地区,大多从正反两个方面规定了该类型的案件适用范围。因此,就目前立法而言,还应当适当增加从反面规定"哪些案件不适用诉前强制调解"等相关内容。

此外,关于诉前强制调解所应适用的程序值得我们进一步思考。虽然诉前强制调解属于司法ADR,具有基本的司法程序保障,但是调解对案件模糊化处理达成的纠纷解决方案,必然使诉前强制调解的程序不如普通程序严格,也就不具有产生既判力的正当性基础。从理论上说,诉前强制调解的效力仅及于形式确定力和附条件的执行力(条件系调解协议经过司法审查)。

(三)委托调解

所谓委托调解,指在当事人一致同意的前提下,由人民法院办理委托手续,将其受理的案件委托给有关机关或个人进行调解,调解成功的,经委托人民法院司法审查后即产生法律效力的纠纷解决机制。这体现了多元化纠纷解决机制下,法院调解具有社会性与开放性。然而,人民法院转移具有民事审判权性质的案件调解权,也使该制度的合法性和合理性遭受质疑。委托调解按照所处诉讼阶段不同,可分为诉前委托调解、庭前委托调解和诉中

---

〔1〕 参见李祖军等:《民事调解规范化研究》,厦门大学出版社2015年版,第122~123页。

〔2〕 参见汤维建主编:《新民事诉讼法适用疑难问题新释新解》,中国检察出版社2013年版,第137~138页。

委托调解三种。[1]

第一种,诉前委托调解。通过建立诉前委托调解机制,赋予立案庭诉前调解职能。司法实践中,立案庭暂不办案,委托人民调解组织进行调解,强化人民调解与法院诉讼的对接与互动。很多地方人民法院虽然可能使用"诉前调解"或者"诉前强制调解"的表达,但从实际运作来看,人民法院似乎更多地在履行诉前告知职能。尽管理论上争议较大,但法官运用专业优势介入调解,也不失为有意义的工作机制。第二种,庭前委托调解。实践中,立案庭在案件立案之后,在双方当事人同意的情况下,委托人民调解工作室进行调解。庭前委托调解解决了受托组织调解权利来源的正当性,符合基本理论。庭前委托调解达成的调解协议的司法审查以及无法达成调解协议时与诉讼的对接问题,属于人民调解与法院诉讼的对接。第三种,诉中委托调解。一般而言,法官根据案件的实际进展,选择性地委托有关组织或者个人主持调解,这有利于节约司法资源,有针对性地高效解决纠纷。但是,如果委托调解没有成功,可能造成诉讼时间的拖延。因为对于当事人而言,快速解决纠纷是其面对纠纷的基本要求。

此外,委托调解与法院诉讼的对接主要体现在以下三个方面:一是委托调解的结束。委托调解结束后,有关机关应当将调解结果告知人民法院。人民法院根据不同的调解结果分别作出不同的处理方式。二是委托调解协议的司法审查。经过受委托单位的调解,调解协议必须经过人民法院的司法审查。审查合格后,人民法院才会出具调解书。三是根据委托调解协议制作调解书。虽然委托调解委托的是人民调解组织,但是其相当于人民法院主持下达成的协议,对委托调解协议的司法确认程序,应当参照人民调解协议的司法确认程序进行,人民法院应当依法予以确认。

(四)特邀调解

2016年6月28日,最高人民法院发布了《特邀调解规定》,规范了人民法院特邀调解制度,为人民法院完善"诉调对接"机制,开展多元化纠纷解决机制改革提供了具体切入点。我们应当从以下几个方面认识特邀调解制度:

---

〔1〕 参见陈奎、梁平:《论理与实证——纠纷、纠纷解决机制及其他》,河北大学出版社2011年版,第214页。

第一,特邀调解是对我国法院附设调解制度的进一步完善。特邀调解中存在委托调解,但又不同于委托调解。除了委托调解之外,明确了委派调解这一方式。对当事人起诉到人民法院的、适宜调解的案件,立案之前,人民法院可以委派特邀调解组织或调解员进行调解。特邀调解体系全面,对各类程序都作出了程序系统性的安排。

第二,特邀调解在实现"诉调对接"方面意义重大,其直接有效地促进了调解组织的发展。首先,调解组织可以通过参与人民法院的特邀调解增加案源,拓宽社会影响力,提升知名度。通过特邀调解,调解组织甚至可以驻派至人民法院的人民调解工作室,这对于调解组织的发展大有裨益。其次,法官丰富的社会实践经验也是调解组织的宝贵财富,通过加强入册特邀调解员的业务水平,可以提高调解人员的综合素质,使其职业能力得到稳步提高。最后,调解组织可以通过特邀调解增强权威性。特邀调解注重协商而非对抗,这有利于修复社会关系,维护人际关系。〔1〕

第三,立法规范了特邀调解与法院诉讼的对接程序。具体而言,委派调解成功的,特邀调解员应当将调解协议提交人民法院备案。当事人申请司法确认的,由人民法院依法受理。调解失败的,特邀调解员应当将当事人起诉材料移送人民法院。当事人坚持诉讼的,人民法院依法进行立案登记。委托调解成功的,特邀调解员应当向人民法院提交调解协议,由人民法院审查并制作调解书结案,达成调解协议后当事人申请撤诉的,人民法院应当依法作出裁定。调解失败的,人民法院应及时转入审判程序审理。此时,需要注意调解人员角色冲突与证据限制的问题。特邀调解员不得在后续诉讼程序中担任该案的诉讼代理人、人民陪审员、证人、鉴定人及翻译人员等。按照《民事诉讼法》规定,调解过程中,当事人为达成调解协议作出的妥协或承认,同样一般不得作为诉讼中对其不利的证据。〔2〕

---

〔1〕 参见贾宇:《特邀调解:多元解纷机制的制度性创新》,载李少平主编:《最高人民法院多元化纠纷解决机制改革意见和特邀调解规定的理解与适用》,人民法院出版社 2017 年版,第 573 ~ 574 页。

〔2〕 参见胡仕浩、柴靖静:《人民法院特邀调解制度的功能与价值》,载李少平主编:《最高人民法院多元化纠纷解决机制改革意见和特邀调解规定的理解与适用》,人民法院出版社 2017 年版,第 557 页。

三、调解与诉讼对接的实践样板

(一)诉调对接模式的实践样板

从理论上看,人民调解与诉讼的对接模式大体上有上述四种,且相互间有着明确的界线,比较容易区分。但是在具体的落实上,各地人民法院却并未完全按照上述模式展开,而是综合各方面因素,探索符合本院实际情况的“诉调对接”模式。有学者经过实地调研和考察,对各地“诉调对接”的落实情况作了如下分类:

第一种,归州模式(湖北省宜昌市秭归县人民法院归州法庭),即人民法院对人民调解通过业务指导的形式实现“诉调对接”。当地以人民法院为调解指导中心,以基层人民调解组织为依托,通过定期召开调解委员会和法庭联席会议、由人民法院对人民调解委员会进行业务培训、加强对典型案例的指导,以及定期审查人民调解协议等形式,开拓信息通报渠道,加大司法建议力度,从而实现人民调解与法院诉讼之间的互动,这是两者工作业务上的“诉调对接”。

第二种,鼓楼模式(江苏省南京市鼓楼区人民法院),采用人民法院内部附设人民调解的方式实现“诉调对接”。对于适宜调解的案件,人民法院立案庭工作人员鼓励当事人选择附设的人民调解解决纠纷,或者征得当事人同意之后,将纠纷移交至人民调解工作室(或“诉调对接”中心)。调解成功的,人民调解工作室以人民调解委员会的名义出具调解书。因此,这种对接模式中的调解依然为人民调解,可对应到《民事诉讼法》中的先行调解制度。

第三种,白河模式(陕西省白河县人民法院),通过人民调解员驻派人民法院的形式实现“诉调对接”。与前一种模式不同,该模式可以发生在案件受理之后。开庭审理案件时,发现需要调解的,由人民调解员主导调解,法官积极予以配合,或者由人民法院邀请调解人员参与案件调解。因此,司法实践中常表现为“走出去”和“引进来”这两种调解模式。其中,“走出去”即委托调解,一般委托诉讼主体之外的机构进行调解,而“引进来”即特邀调解,由人民法院邀请有助于促成案件解决的组织进行调解。其中,前者属于人民调解与法院诉讼对接的范畴,而后者视情况还可能是法院调解与诉讼的范畴。

第四种,静安模式(上海市静安区人民法院),这种模式司法实践中做法较少，采用法官驻派人民调解组织的方式实现“诉调对接”。这实际上是法官介入人民调解组织的表现形式之一，以此参与人民调解委员会的调解工作，这类法官通常被称为“派驻法官”。此外，还包括介入社区法律服务站、进企业、进校园的法官活动等，这些都是职业法官作为人民调解主体的一种尝试，也是人民调解与诉讼对接模式的新突破。

当然，在人民调解协议的司法确认制度正式入法以后，人民调解与诉讼的对接模式更加多样化。无论是未经司法确认的人民调解协议案件，还是经过司法确认的人民调解协议案件，人民法院的审理过程本身就是将经过调解达成的文书，甚至是被赋予强制执行力的法律文书，通过国家审判权进一步予以处理。经过司法确认的人民调解协议案件，在前述章节中已专门论述过，本章不再赘述。后续内容我们将重点讨论未经司法确认的人民调解协议案件，虽然在现行立法规定中较为粗陋，但这是人民调解与法院诉讼对接的一种特殊模式。

（二）诉调对接实践的发展趋势

综观以上四种实践样板，虽然在具体对接路径上的差异较为明显，但仍然可以在彼此间找到共性，发现存在于实践中的发展趋势。

1. 权力化倾向明显

在各种调解与诉讼的对接模式之中，两种纠纷解决机制主体的对接也成为对接的一部分，以委托调解、委派调解为典型。当职业法官参与到人民调解时，虽然不再是司法裁判者，但作为权威的法律工作者，其表达的观点和意见仍然具有重要的影响力。在一些地方，人民法院的指导或者司法监督甚至会对人民调解的具体开展产生直接的影响。法官的观点作为专业与权威的代表，不免使当事人解决纠纷的自主性受到一定程度的干扰。

司法实践中，调解与诉讼对接模式的权力化倾向严重。调解机构人员及经费保障与行政机关、司法机关总是充满着千丝万缕的关系。湖南省郴州市出现过司法局局长任“首席人民调解员”的先例；江苏省沭阳县甚至将调解机构与县信访局“一支队伍，两块牌子”；部分地方甚至将调解机构设置在公安局派出所里。人民法院的司法权力，甚至行政机关的行政权渗透到人民调解中，这真的是制度的价值导向吗？人民调解虽然没有强调其独立性，但是肆无忌惮地扩张权力化倾向，是否符合人民调解作为社会调解组织的基本属性呢？这些问题关乎人民调解的性质，值得我们进一步深思。[1]

其实，在调解与诉讼对接模式中注入强制性权威是有一定风险的，可能会造成司法资源紧张，甚至是司法权威的过度损耗。如果不借助司法机关或者行政机关的强制性权威，调解该如何达到解决纠纷的要求呢？一方面，中国人广泛存在“厌讼”的价值传统，本身便为调解的广泛运用提供了适用空间；另一方面，虽然中国的人口流动性较大，但是自古以来的“熟人社会”并未解体，即便是在城市社区之中，仍然存在互惠互信、理解合作的关系密切群体。因此，在一定范围内仍然存在公信力、获得普遍认可的权威以及具有权威的人。人民调解工作能否较好地开展，在很大程度上应当取决于人民调解员自身的综合素养以及在紧密的社会群体中所拥有的公信力。但是现实状况往往令人担忧，多数地方的人民调解员往往是退休的大妈或者大爷，虽然在地方可能具有一定的声望或权威，但是业务素养时常无法更新，导致效果和功能都大打折扣。因此，避免调解与诉讼对接权力化倾向，对司法机关或行政机关自身的权力运行规制固然很重要，但也需要加强人民调解等调解组织自身的权威性和公信力，尤其是调解员的个人素质水平，建立稳定的长效发展机制才能保证制度本身经久不衰。

2. 诉调对接的广泛化

广泛化，是指调解与诉讼对接的形式越来越多样，这一方面反映了我国目前多元化纠纷解决机制发展的多样化，另一方面也不排除存在对接低标准，因外延扩大而忽视不同程序、制度特性的误区。将审判法官以外的主体引入人民法院参与调解，我国并非首例，韩国、日本等国家在相关民事诉讼立法中都有规定。近年来，我国相关立法涌现，委托调解、委派调解等制度引起关注，但是立法空白过多，致使实践中的做法乱象丛生。例如，我国立法明确规定，合议庭必须由审判员主导，陕西省白河县人民法院“由人民调解员主导调解，法官积极予以配合”的案件审理模式的合法性值得商榷。这在一定程度上是过于广泛的调解与诉讼对接所带来的消极影响造成的。审判实务部门一味地注重程序的衔接，而忽视了制度本身所应当具有的正当性内涵，这些不规范的操作彰显了调解与诉讼对接推进过程中导致的乱象。此外，司法实践中过分强调诉讼前要经过人民法院的调解中心调解，调解不

---

〔1〕 参见刘鹏飞：《诉调对接多种面孔的背后》，载卞建林主编：《诉讼法学研究》，中国检察出版社 2015 年版，第 110 ~ 111 页。

成才能立案的做法，都是过度和错误解读“诉调对接”机制的行为。我们不应在形式上响应政策和制度，这不仅容易造成理解误区，还会导致实践的乱象。

以人民调解为例，在我国的人民调解实践中，不乏可借鉴的有益探索经验。比如，北京市设立了北京消费纠纷人民调解委员会，该调解组织主持的人民调解具有相当程度的行业性与专业性，实现了不将人民法院权威作为纠纷解决的直接力量，仅把法律规范作为内在的评价标准，以促成纠纷的有效解决。当事人选择人民调解这一纠纷解决机制的原因，主要是寻求客观的判断和可供参考的合理解决方案。只有人民调解员的身份地位实现了相当程度的中立，人民调解才能避免陷入因“诉调对接”形式广泛化而产生的发展误区。哈贝马斯认为，“现代法律秩序只能从自觉的理念中得到合法性：公民对于他们所服从的法律，应当能够感受到自己也是这种法律的创制者”。[1] 破除广泛化带来的弊端，应当从调解自身规范入手，强调调解的双重合意，一定要确保调解是建立在合法、自愿的基础之上的，即调解由当事人合意启动，调解协议由当事人合意达成，调解协议的司法确认由当事人合意申请。简言之，保证双方当事人的合意，是人民调解的要旨所在。这需要将更多的精力用于解决实际问题之上，减少调解组织与当事人之间的沟通障碍，提供真正用于当事人交流的适宜平台，这是人民调解长足发展的又一大秘籍所在。

3. 重视诉讼之外的纠纷解决机制

无论是人民调解与法院诉讼对接中的人民调解，还是行政调解与法院诉讼对接中的行政调解，抑或法院调解与诉讼对接中的法院调解，在各“诉调对接”模式中都起到了至关重要的作用。重视诉讼以外的纠纷解决机制，是多元化解纠纷的必要之所在。

以非诉讼调解为代表的非诉讼纠纷解决机制，是解决人民法院审判压力、诉讼延迟、诉讼成本较高等现实问题的重要途径，也是国家有效配置司法资源、实现接近正义、拓宽司法民主和公平法治的重要方式。综观域外各国，美国、英国、日本早在 20 世纪 70 年代就开始司法 ADR 的实践，如今 ADR 早已成为与诉讼并行不悖的纠纷解决机制。而我国，也从 21 世纪开始

---

〔1〕［美］马修·德夫林编：《哈贝马斯、现代性与法》，高鸿钧译，清华大学出版社 2008 年版，第 175 页。

积极探索立案前委派调解、立案后委托调解等非诉讼纠纷解决方式。近年来,伴随着社会各种矛盾的进一步激化,人民法院的案件受理量显著上升,导致人民法院内部"人少案多"的矛盾非常突出,诉讼与 ADR 在社会矛盾解决中的作用与相互关系开始被社会所关注。[1]

如前所述,调解本身就是一种以当事人合意为基础的纠纷解决方式,平等协商和互惠共赢是其主导的价值。调解的程序简便、方式灵活、规则多样,有利于解决当事人之间繁杂的社会矛盾,且修复社会关系的能力较之诉讼更占优势。此外,诉讼以外的纠纷解决机制是充分发挥人民法院审判职能的基础和前提。当前,大量琐碎的案件涌入人民法院,致使法官的审判工作压力日益加大,令大量法官陷入了简单重复但又繁重疲惫的工作之中,这并不利于司法职能的有效发挥。因此,调解与诉讼的对接模式需要我们尤其重视诉讼以外纠纷解决机制的作用,学会运用现代社会治理理念,有效配置案件审判资源,打破传统"司法中心主义"固有思维的桎梏,激发人民调解委员会等社会调解组织、行政机关、社会团体等主体解决社会纠纷的潜力和水平,把大量适宜通过调解方式解决的纠纷交由人民法院以外的主体来化解,这才能够真正实现调解与诉讼在功能和价值方面的有效对接。

当然,调解与诉讼对接模式展现出来的共性绝非仅此几点,还包括"诉调对接"的"功利化"倾向、"庸俗化"倾向等负面表现。本章仅选取重要几处以供参考,调解与诉讼对接模式的特征,作为一项新兴话题仍值得我们进一步思考与研究。

第三节　特殊类型的调解与诉讼对接

一、未经司法确认的人民调解协议案件

(一)提起相关争讼案件的法律依据

未经司法确认的人民调解协议案件在涉人民调解协议案件中占绝大比重。主要原因有三方面:一是调解协议的司法确认率偏低,经过司法确认的

[1] 参见杨万明:《推动诉调有机对接,促进纠纷多元化解》,载李少平主编:《最高人民法院多元化纠纷解决机制改革意见和特邀调解规定的理解与适用》,人民法院出版社 2017 年版,第 497~498 页。

人民调解协议案件本身就不多；二是调解协议经过司法审查后不符合法律规定的可能性偏小，合法性与合理性有了相当程度的保证，当事人本身不存在就瑕疵调解协议共同申请司法确认之必要；三是双方当事人达成的调解协议涉及第三人利益的情形较少，侵害第三人利益的情况为数不多，案外人对人民调解协议提出异议的比重较低。因此，涉及人民调解协议的案件一般集中发生在未经司法确认阶段。

当事人的人民调解协议司法确认申请被驳回后，可以通过诉讼途径予以救济是《民事诉讼法》第 195 条明确赋予的权利。该条规定赋予了当事人两种非诉讼救济途径（调解）和一种诉讼救济方式（诉讼），当事人既可以在无法变更原调解协议或者达成新的调解协议时起诉，也可以不经调解直接选择由人民法院对案件作出裁判。可以说，对于已达成的人民调解协议产生争议的案件，诉讼依据已实现了从司法解释向法律的过渡，当事人的救济具有完全的正当性基础。

（二）案件的主要类型

人民调解协议作为特殊的民事合同，相关争讼案件的类型并不会脱离合同纠纷的种类。《民法典》规定的合同纠纷类型主要包括合同效力瑕疵、缔约过失纠纷与违约纠纷等，其中合同效力瑕疵包括合同无效以及合同可变更或可撤销。由于人民调解协议不存在缔约过失的情形，除此之外，相关争讼案件的类型与合同纠纷类似：合同无效案件对应相关争讼案件中确认人民调解协议无效的案件；合同可变更或可撤销案件对应相关争讼案件中请求变更或撤销人民调解协议的案件；合同违约案件对应相关争讼案件中请求履行人民调解协议的案件。这种划分为三种案件类型的做法不仅符合人民调解协议作为合同的基本分类，而且在《衔接意见》以及《人民调解法》中都得到了印证。

根据当事人诉讼请求的目的和内容不同，理论上通常把诉分为确认之诉、给付之诉和形成之诉。确认之诉，是原告请求人民法院确认其与被告之间存在或不存在某种法律关系的诉讼。在相关争讼案件中，确认人民调解协议无效的案件系确认双方当事人之间不存在新的合同法律关系的诉讼，属于消极的确认之诉。[1] 给付之诉,是原告请求人民法院判令被告履行一定义务的诉讼。在相关争讼案件中,请求履行人民调解协议案件系因对方当事人未履行或未完全履行合同项下的义务,请求其依法履行的诉讼,构成典型的给付之诉。形成之诉,是原告要求变更或消灭其与被告之间存在的一定法律关系的诉讼。在相关争讼案件中,请求变更或撤销人民调解协议案件系请求变更或消灭双方当事人之间存在的新的合同法律关系的诉讼属于形成之诉。[2] 可以看出,相关争讼案件的类型实际上涵盖了诉的每一种类。

除此之外,在未经司法确认的人民调解协议案件中,还有两种特殊类型的案件。第一种,当事人达成人民调解协议后再次发生争议,但原告并未对人民调解协议提起诉讼,而是针对原来的纠纷提起诉讼,即对原纠纷提起诉讼的案件;第二种,人民调解协议司法确认申请被驳回后起诉的案件。当事人有权利共同向人民法院申请赋予人民调解协议司法效力,人民法院经司法审查认为不符合法律规定的裁定驳回申请。按照法律规定,当事人有"三选一"的救济方式:变更原调解协议、达成新的调解协议,以及向人民法院起诉。这种情况下,虽然当事人已提交司法确认申请,但因欠缺合法要件被驳回,实际上调解协议仍未经过司法确认。[3]

(三)争讼案件的诉讼标的

对于未经司法确认的人民调解协议案件,前述分为了五种类型,三种常见类型和两种特殊类型。在讨论相关争讼案件的诉讼标的时,我们只对一般情况进行讨论,对各种案件的例外情况暂且不作阐述。

---

〔1〕 但是,在诉讼过程中,如果双方当事人的主张及攻击防御涉及原纠纷,人民法院的审理范围可以超出人民调解协议,将人民调解协议与原纠纷一并审理,此时确认人民调解协议无效案件转化为给付之诉。参见王亚新:《诉调对接和对调解协议的司法审查》,载《法律适用》2010 年第 6 期。

〔2〕 参见刘家兴、潘剑锋主编:《民事诉讼法学教程》(第 5 版),北京大学出版社 2018 年版,第 22 ~ 23 页。但是,如果原告在诉讼过程中增加解决原纠纷的主张,人民法院基于一次性彻底解决纠纷的需要,可以将原纠纷一并处理,此时形成之诉转化为给付之诉。

〔3〕 有学者认为该类型案件也属于已经过司法确认,笔者持不同意见。之所以有分歧是由于对"司法确认"的界定不同。肯定者认为这里的"司法确认"应认定为司法确认程序,即司法审查;而笔者认为此处"司法确认"应认定为得到司法确认,即经司法确认后赋予司法效力。

对于三类常见案件,我们统称为“对已达成的人民调解协议产生争议的案件”,这类案件的诉讼标的通常应界定为原纠纷中的法律关系,还是调解协议中的法律关系呢?在回答这个问题之前,须先弄清楚人民调解协议的性质。

如前一章节所述,人民调解协议完全符合《民法典》关于合同的定义,具备合同的一般法律特征,理应归为合同的一种。人民调解的过程实际上就是双方当事人在调解人员的主持下进行反复要约和反要约,直至最终承诺和缔约的过程。人民调解协议的独特之处在于其订立过程的特殊性。就实际内容而言,几乎所有的人民调解协议均可以归入有名合同(就有名合同的名称,人民调解协议并不像《民法典》规定的有名合同一般直接点明所指向的内容,而是直接标识出合同特殊的订立过程,即人民调解)或者无名合同中的一种。[1] 因此,无论是请求履行人民调解协议案件,还是请求确认人民调解协议无效案件,抑或请求变更或撤销人民调解协议案件,当事人始终都是围绕人民调解协议,即这个新的合同法律关系提出诉讼请求,展开攻击防御的。这意味着,对已达成的人民调解协议产生争议案件的诉讼标的,一般认定为“人民调解协议中的合同法律关系或实体权利”。(见表8－1)

表8－1　未经司法确认的人民调解协议案件的诉讼标的

<table>
<tr><th>案件类型</th><th colspan="2">诉的类型</th><th>诉讼标的</th></tr>
<tr><td>确认调解协议无效案件</td><td colspan="2">确认之诉</td><td>人民调解协议中的合同法律关系</td></tr>
<tr><td>请求履行调解协议案件</td><td colspan="2">给付之诉</td><td>人民调解协议中的实体请求权</td></tr>
<tr><td>请求撤销或变更调解协议案件</td><td colspan="2">形成之诉</td><td>人民调解协议中的合同撤销权</td></tr>
<tr><td>对原纠纷提起诉讼的案件</td><td rowspan="2">情形</td><td>被告未提出调解协议抗辩</td><td rowspan="2">原纠纷中的民事实体法律关系或实体权利</td></tr>
<tr><td>司法确认申请被驳回后起诉的案件</td><td>以《民诉法解释》第360条第1～3项作出驳回裁定</td></tr>
</table>

[1] 参见许晨瑕:《论人民调解协议书的法律效力》,载中华全国人民调解员协会、司法部基层工作指导司编:《人民调解优秀论文选集》,法律出版社2013年版,第166～167页。

由表8－1可见,确认人民调解协议无效案件的诉讼标的为“人民调解协议中的合同法律关系”;请求履行人民调解协议案件的诉讼标的为“人民调解协议中的实体请求权”;请求变更或撤销人民调解协议案件的诉讼标的为“人民调解协议中的合同撤销权”。例如,当事人之间故意伤害所致的人身损害赔偿纠纷,经人民调解委员会调解达成调解协议,双方的侵权法律关系经调解后转化为合同法律关系,但是,若侵权一方当事人拒绝履行赔偿义务,被侵权方以请求履行调解协议为由向人民法院提起诉讼,那么本案中,诉讼标的应界定为达成调解协议后的合同履行请求权,而不是先前的侵权损害赔偿请求权。

(四)二次调解问题

实践中,在人民调解委员会督促之下,绝大多数当事人在达成人民调解协议之后都会自觉履行约定的义务,只有1%左右的当事人在达成人民调解协议之后会反悔。这一方面是对人民调解工作的充分肯定,标志着我国非诉讼纠纷解决机制的日益成熟。另一方面是在人民调解委员会主持下达成的调解协议具有法律约束力,当事人理应遵守履行。但是实践中,确实存在部分当事人因客观情况发生改变、主观情绪激化、履行方式不明、认为受到胁迫欺诈等原因,拒绝履行调解协议的情形。[1]

对于达成人民调解协议后再次产生争议的案件,是否可以调解?现行法律已经明确规定,在符合一定的条件下,人民调解委员会可以再次调解。《人民调解工作若干规定》第37条第2项规定,当事人不履行调解协议或者达成协议后又反悔的,如当事人提出协议内容不当,或者人民调解委员会发现协议内容不当的,应当在征得双方当事人同意后,经再次调解变更原协议内容,或者撤销原协议,达成新的调解协议。因此,只要满足协议内容不当与双方当事人合意两个条件,人民调解委员会可以再次调解、变更或者撤销调解协议。这是对再次进行人民调解的规定。那么,是否可以据此认为能够对调解协议再次进行诉讼调解呢?

本书认为,对于未经司法确认的人民调解协议案件,人民法院可以进行诉讼调解。其一,当事人可以通过诉讼方式解决相关争讼案件,已经成为立法明确规定的事项。对于符合人民法院审理范围的案件,如果适宜调解且

---

〔1〕 参见苏东主编:《人民调解一本通》,中国民主法制出版社2015年版,第114页。

当事人同意的，无论是审理之前还是审理过程中，都可以进行诉讼调解。其二，诉讼调解本身就是人民法院行使审判权的一种方式。如前所述，由于诉讼调解作为民事案件的结案方式之一，诉讼调解的效力与法院判决的效力相同，一旦生效便会产生拘束力。既然诉讼调解是人民法院行使司法权的形式之一，且与判决能起到同样的司法效果，因此，只要符合诉讼调解的条件，人民法院自然可以通过调解方式解决相关争议。

综上所述，对于未经司法确认的人民调解协议案件，在协议内容不当且当事人形成合意时，人民调解委员会可以再次调解。当然，当事人诉诸人民法院的，人民法院仍可在双方当事人同意的基础上启动诉讼调解解决纠纷。

二、涉行政调解协议的相关案件

（一）涉行政调解协议案件的诉讼标的

毋庸置疑，行政调解协议与人民调解协议和法院调解协议不同，主要体现在效力方面。在三大调解中，经人民调解和法院调解达成的调解协议，对于当事人均具有法律约束力，而行政调解协议的效力目前没有法律规定，因此很难说具有法律约束力，这也是一直以来影响行政调解效果和社会效应的主要原因。当事人经行政机关调解达成调解协议后不履行的，无须承担任何法律责任。这不仅降低了政府的公信力，而且影响了当事人对行政调解制度的信任度，还抑制了行政调解制度积极作用的发挥。[1]

治安调解协议的效力是行政调解协议效力的例外。《治安管理处罚法》第 9 条明确规定，对于违反治安管理的行为，公安机关可以调解处理，当事人达成的行政调解协议具有免予处罚的效力。同时，明确对于达成协议不履行的，当事人可以通过诉讼的方式解决争议。但是，治安调解协议的效力只能适用于治安管理行为，对于行政调解制度并不具有普适性。因此，就广泛的行政调解制度而言，仍然缺乏强有力的效力保证，该制度的作用大打折扣。

关于行政调解协议的效力，司法解释也有所涉及。最高人民法院在《衔接意见》中指出："行政机关依法对民事纠纷进行调处后达成的有民事权利

〔1〕 参见于沛霖等主编：《转型时期社会纠纷调解机制研究》，法律出版社 2015 年版，第 144 ~ 145 页。

义务内容的调解协议或者作出的其他不属于可诉具体行政行为的处理，经双方当事人签字或者盖章后，具有民事合同性质，法律另有规定的除外。”该条规定明确了针对民事纠纷达成的行政调解协议具有合同性质。

在既有的规范性文件基础之上，同时考虑到调解化解纠纷的实效性，理论上就行政调解协议性质的说法不一，至少存在以下几种模式：一是合同效力模式。合同效力模式认为，行政机关调解的民事纠纷具有民事合同性质，已为司法解释所确定，甚至可以类推，经行政机关调解达成的行政调解协议都具有民事合同性质。二是强制执行模式。虽然法律层面尚未对调解协议效力作出规定，但不少地方政府规定行政调解协议一经达成即具有法律效力，一方当事人不履行协议或者违反协议约定的，另一方当事人可以申请人民法院强制执行。三是混合模式，即合同效力模式与强制执行模式的结合。行政调解协议既具有民事合同效力，当事人还可以申请强制执行，有少数地方政府采此种立法模式。正是由于上位法关于行政调解协议制度的立法空缺，导致了实践中地方制度不一，达成行政调解协议后再次产生争议的情况屡见不鲜。[1]

对于涉行政调解协议案件的审理，法律规定尚不健全。最早涉及行政调解协议案件的法律文件要追溯到1993年最高人民法院《关于如何处理经乡（镇）人民政府调处的民间纠纷的通知》（以下简称《通知》）。《通知》中明确规定：“民间纠纷经司法助理员调解，当事人未达成协议或者达成协议后又反悔，如果一方直接向人民法院起诉，或者先请求乡（镇）人民政府处理但不服处理决定而向人民法院起诉的，人民法院应当作为民事案件依法受理，以原纠纷的双方为案件当事人。”该条文虽然将调解主体局限为乡镇人民政府，且未对相关案件诉讼标的作出明确规定，但为我们提供了大致的思路和方向。本书认为，当事人达成行政调解协议后又发生争议向人民法院起诉的，相关案件的诉讼标的一般为行政调解协议本身。

一方面，从本质上看，行政调解协议和人民调解协议并无两样，都是基于纠纷双方的合意达成的，是当事人对自己实体权利的处分。既如此，只要没有违背调解自愿、基本合法的原则，当事人双方在行政机关主持下就实体权利的处分结果就是有效的，理应受到调解结果的拘束。如果在履行调解

---

〔1〕 参见邓刚宏：《行政调解制度研究——基于上海以及长三角地区部分城市立法例的考察》，中国政法大学出版社2017年版，第195～197页。

结果的过程中发生争议，那么当事人只能就调解协议的成立与否、生效与否、可撤销与否等问题申请人民法院裁断，而不能就原纠纷中的实体法律关系再次争讼。

另一方面，结合《通知》出台的特殊历史背景，也可以得出相关案件的诉讼标的为行政调解协议本身的结论。1990年4月，司法部发布了《民间纠纷处理办法》，规定基层人民政府处理纠纷的范围为《人民调解委员会组织条例》规定的民间纠纷，即公民之间有关人身、财产权益和其他日常生活中发生的纠纷。与人民调解委员会调解民间纠纷不同，基层人民政府处理民间纠纷是具有一定强制性的政府行为。基层人民政府可以根据一方当事人的申请受理民间纠纷；对经过调解后仍达不成协议的纠纷，基层人民政府可以作出处理决定；当事人未就原纠纷向人民法院起诉又不执行决定的，基层人民政府可在其职权范围内采取必要的措施予以执行。这些都说明基层人民政府处理民间纠纷是具有一定强制性的行为。司法助理员对民间纠纷进行调解后，无论是制作调解书还是制作决定书，加盖的都是乡（镇）人民政府的印章，于是便发生了乡（镇）人民政府的处理行为究竟是与人民调解委员会同质的民间行为，还是与之异质的政府行为的问题，以及当事人不履行调解协议或者不服处理决定向人民法院提起诉讼究竟是作为民事案件还是作为行政案件受理的问题。正是在此情况下，最高人民法院出台了《通知》，明确了此类案件的民事案件性质。

（二）涉行政调解协议案件中的程序衔接

涉人民调解协议案件的相关立法呈现出日益完善的趋势，而涉行政调解协议案件似乎一直停滞不前。在传统制度之下，我国的行政机关权力一直处于非常强大的优势地位。行政机关不仅掌握着高度集中的权力，而且在当事人心中也具有较高的公信力，群众对政府的行政行为持有尊重的态度。因此，行政调解协议的效力需要改革与完善，以实现涉行政调解协议案件与相关司法制度的程序衔接。主要可以从以下几个方面入手：

第一，"去行政化"，明确调解协议的民事合同效力。当前，行政调解协议的民事合同效力仅限于解决民事纠纷，局限性明显。而调解协议作为双方当事人妥善解决纠纷，在意思表示真实的基础上达成的调解协议，应当属于民事法律行为的一种。因此，经双方当事人签字的行政调解协议应具有民事合同性质，一方当事人不得擅自变更或解除，否则需要向对方当事人承担违约责任。行政调解协议的无效、撤销或变更只能由当事人达成一致或通过人民法院来实现。

第二,允许约定行政调解协议具有强制执行力。部分地方政府通过立法形式规定行政调解协议的强制执行力,其实没有任何法理基础。如果立法中允许当事人约定,则有效地解决了这一问题。行政调解协议经行政机关确认、当事人签收后具有生效法律裁判的约束力,除违反自愿原则和合法原则以外,不得随意撤销或者不履行,当事人有权申请人民法院强制执行,不必再次起诉。当然,这需要当事人之间以约定为前提。至于是否这样约定,由双方当事人协商确定,行政调解的主持人在调解时只需要尽到告知、提示与说明的义务即可。[1]

第三,赋予行政调解协议以公证执行效力。行政调解除了具有行政行为的属性以外,与人民调解、诉讼调解等其他调解方式并无二致。行政调解同样具有调解属性(属于三大调解之一),具有非强制性(以当事人合意为前提),也是一种纠纷解决的手段(作为能够和法院诉讼对接的 ADR)。因此,人民调解协议和诉讼调解协议的有关制度对行政调解协议在多数情况下通常也能适用。例如,经过行政调解达成的具有给付内容的调解协议,可以按照《公证法》之规定申请公证机关依法赋予行政调解协议以强制执行效力。如果债务人不履行或者不完全履行具有强制执行力的公证文书,债权人可以向具有管辖权的人民法院申请强制执行。

第四,赋予行政调解协议以支付令效力。既然主张调解协议“去行政化”,具备完全意义的民事合同效力,就应当允许对具有给付内容的行政调解协议申请支付令。对于具有合同效力和给付内容的行政调解协议,债权人可以根据《民事诉讼法》及司法解释相关规定,向有管辖权的人民法院申请支付令。类推《民事诉讼法》相关内容,因支付拖欠劳动报酬、工伤医疗费、经济补偿金或赔偿金事项达成的调解协议,如果用人单位在约定期限内不履行的,劳动者可以持调解协议书依法向人民法院申请支付令。

第五,行政调解协议的司法确认程序。对于行政调解协议的效力,经过了不同的认识阶段,理论界与实务界一致认为,诉讼外调解协议的效力问题,最高人民法院仅就人民调解协议进行了明确的法律规定,对行政调解协

---

〔1〕 参见史卫民:《论我国行政调解的范围与效力》,载张勤、彭文浩主编:《比较视野下的多元纠纷解决:理论与实践》,中国政法大学出版社 2013 年版,第 291～292 页。

议尚无相应的规定。一般而言,行政调解协议的履行主要依靠当事人的守信程度和社会舆论等道德力量。因为行政调解协议不具备法律上的合同效力与强制执行力,即便当事人诉至人民法院,人民法院也无权对行政调解协议作出裁判,只得对双方当事人所争议的基础法律关系重新审理。对于涉行政调解协议案件,行政调解没有起到其应有的作用,当事人和行政机关的时间和精力有浪费之嫌,这是目前行政调解被忽视的关键原因。对此,本书认为,行政调解与人民调解除了调解主体有异以外,并无本质差别,二者在调解自愿性、内容自主性方面并无二致。从理论上分析,行政调解协议应当与人民调解协议具有相同的法律效力,能够促进"大调解"工作体系发挥应有的作用,更快速便捷地化解纠纷与矛盾。因此,行政调解协议的司法确认制度可以从以下几个方面考虑构建:首先,依法确认行政调解协议的司法效力。对涉行政调解协议案件应当进行司法审查,协议内容系当事人真实意思表示、不违反法律的强制性规定,不损害国家、集体、第三人及社会公共利益,且不具备无效、可撤销或可变更法定事由的,应当依法确认行政调解协议的法律效力。[1] 其次,及时促进调解协议的履行,方式主要为前述的公证强制执行和申请支付令,此处不再赘述。最后,加强沟通与协调。人民法院在涉行政调解协议案件结案后,应当及时将裁判文书寄送至原来的调解组织,并说明调解协议被变更、撤销或者确认无效的原因,做到及时沟通,以强化行政调解规范化建设和工作成效,不断提高行政调解成功率与调解协议的自动履行率,最终使行政调解组织的社会公信力得到不断的增强。

三、诉讼调解

(一)诉讼调解与判决关系的准确定位

正确处理好诉讼调解与判决的关系定位,有利于法院调解与诉讼的对接。主要包括以下两个方面:

一是正确看待诉讼调解与判决的社会效果。司法实践中,各地人民法院在加强调解、实现案结事了方面做了巨大的努力,但也出现了片面追求调解率、违反法律规定强迫调解、案件"久调不决"超越审限等现实问题。因

---

〔1〕 参见吴志明主编:《大调解——应对社会矛盾凸显的东方经验》,法律出版社2010年版,第157~158页。

此，在任何时候都必须坚持在现行法律框架内追求办案的社会效果。首先，法治社会应当强调规则的统治，也就是将法律规范作为社会调整的唯一权威公正标准；其次，人民法院作为独立行使审判权的司法机关，应当根据既定的法律规则解决纠纷；最后，法律体系和诉讼程序之设计都应当以严格的形式理性为最高标准，运作过程严守程序公正原则。据此标准，判决实则与法治标准更加贴切，调解的某些理念常常与法治理念产生冲突进而遭受批判与质疑。有学者指出，调解的核心特点，正是使双方当事人不断调整价值取向，这不是通过法律法规迫使他们改变，而是帮助当事人树立新的共同的认识。调解员的功能，就是帮助当事人接受相互尊重、相互理解和相互信任的关系。从某种意义上说，这反映了调解过程与法律一般程序之间的某种对立。[1]

二是合理构建诉讼调解与判决的关系。首先，要注意"调解优先、调判结合"的负面影响。一则容易使人民法院偏离法律的规范价值，因为调解很难达到对双方合法权益的平等保护，且欠缺公正的法律程序；二则容易使人民法院偏离其宪法职责。以调解为首要手段的司法，并不能通过行使审判权解决社会纠纷实现公平正义。因此，"调解优先、调判结合"只能作为一种指导意见，不能上升为基本工作准则，甚至是司法审判原则。其次，"调解优先"并不代表调解是万能的。"调解优先"必须在"调判结合"的前提下进行，人民法院并不能拒绝裁判，"调解优先"的司法政策并不能改变法律的强制制约。诉讼调解与判决两种互有优劣的纠纷解决方式，只有取长补短才能取得良好的社会效果。最后，赋予当事人以程序选择权，这是处理好二者关系的关键。进入诉讼程序之后，选择法院调解还是判决的方式，应当充分尊重当事人的意愿。因为每位当事人的实际情况不同，所需要解决纠纷的成本、质量与速度自然也各不相同。因此，法官可以向当事人提出建议，适时为当事人公平协商对话创造机会与条件，但是程序的最终选择只能完全由双方当事人自主决定，绝不能以主审法官的意志为转移。

（二）诉讼调解的完善方向

第一，强化当事人合意机制，保障当事人的调解自主权。自愿原则所蕴含的当事人合意作为民事调解的正当性基础，使诉讼调解虽然在人民法院

---

〔1〕 参见郭晓光：《民事诉讼调解新论》，中国政法大学出版社 2013 年版，第 89 ~ 92 页。

的主持下进行,但从本质上说,仍然是一种合意性纠纷解决机制。是否进行调解以及何时进行调解,完全由当事人决定。但目前在司法实践中,当事人合意机制贯彻不够彻底,过度强调"调解优先",容易片面追求调解结果和调解率,多次调解,反复调解,最终导致案件"久调不决"。此外,我国先行调解制度的局限性明显,与外国强制调解制度相比相去甚远,主要体现在调解时间在起诉之后而非起诉之前,以及调解主体都为主审法官而非社会专业人士,这使我国先行调解制度在减轻人民法院压力、节约司法资源方面,并没有发挥特别明显的作用。因此,强化当事人合意对民事调解制度来说至关重要。[1]

第二,强化审前调解,实行适当的调审分离。主要调解事务由专业调解员进行,但不排除审判法官进行调解,这主要有以下优势:首先,有利于当事人合意的自由形成。在审前实行适当的调审分离,可以在某种意义上为调解和诉讼的分离创造条件,进而保证当事人的合意自由。其次,有利于节约司法资源。在审前阶段加强调解,无疑能使部分案件在审前处理完毕,节省大量人力、物力与财力。而且当事人在庭前阶段的宽松氛围中更容易接受调解这一纠纷解决方式。再次,规范诉讼调解中法官释明权的行使。释明权在我国立法中一直都处于不完备的状态,规范释明权使其充分发挥作用势在必行。目前,我国司法解释对释明权的规定范围过于狭窄,我们应当重视调解方面的立法,甚至可以制定调解基本法,在法律中确立调解释明权。此外,规范法官释明权与当事人合意之间的关系,也是立法不可忽视之处。最后,从制度上注重发展司法性 ADR。近几年来,法院附设 ADR 在中国司法实践中不断发展,人民法院通过将诉讼外纠纷解决机制与诉讼进行有机结合,成为司法制度的重要组成部分,这既有利于纠纷的快速解决,减少司法资源的投入,又能够保证充分调动当事人的意愿,使纠纷尽可能彻底地解决,还扩大了民众参与司法的范围,有利于普及"司法大众化"的价值理念。通过基本的程序保障以及保留司法权对 ADR 机制的审查权利,能够有效地防止 ADR 机制泛滥带来负面影响的发生,更能抑制由此产生的自治性规范与国家法律体系之间的根本性冲突。

---

〔1〕 参见齐树洁:《调解优先与诉权保障》,载张勤、彭文浩主编:《比较视野下的多元纠纷解决理论与实践》,中国政法大学出版社 2013 年版,第 114 ~ 117 页。

（三）诉讼调解与案件真实

诉讼调解是否需要发现案件真实？调解作为建立在双方当事人合意基础上的一种灵活的纠纷解决方式，合意的正当性来源于双方当事人的自愿，因此允许调解对事实的认定有一定的偏差，并不需要严格地遵守审判程序的规定，也无须像判决一样查明案件事实。而判决作为一种公权力行使的表现，必须严格遵守程序规则，对于案件需要查明事实，判决自然也需要根据事实和法律作出。然而，作为一种替代性纠纷解决机制，调解的主要任务在于解决纠纷，"查明事实、分清是非"始终不是诉讼调解应当承担的任务，但完全无视调解查明事实、分清是非的作用，在实践中的弊端也不容小觑。

"彭宇案"便是一起典型案件，该案以调解的方式模糊了事实真相，与群众之期待相去甚远。虽然调解是由双方当事人合意达成的，但调解结果对社会风气来说是致命的打击。诉讼调解"查明事实、分清是非"的要求，再次成为理论界热议的话题。如何完善我国的诉讼调解制度，充分发挥其应有的功能和价值，是一个老生常谈的话题。从本质上讲，坚持和贯彻自愿原则是诉讼调解的生命线，也是诉讼调解的正当性基础。"调解解决的正当性并非来源于解决方案严格基于法律而形成，而是源于当事人双方对解决方案的认同。"因此，只有在双方当事人自愿基础上达成的调解协议，才是合法有效的调解协议，才能体现调解自愿和合法原则，将调解制度的优势全面发挥，实现社会和谐。诉讼调解是诉讼制度的一部分，是人民法院行使审判权的方式之一，故而不是毫无原则的"各打五十大板"，诉讼调解更不应是没有原则、是非与底线的。因此，自愿原则如不能有效贯彻和落实，将丧失正当性，损害当事人的处分权，破坏调解制度本身。[1]

这里需要提到调解制度的处分原则。处分原则也是《民事诉讼法》基本原则之一，民事诉讼尊重当事人对自己权利的支配，因为"选择主义和处分主义是私法自治在公法领域内的直接延伸"。在当事人合意解决纠纷过程中，当事人是否享有处分权关系重大。从司法现状来看，民事诉讼处分原则贯彻尚存问题，这成了调解存在诸多弊端的主要原因。处分原则若不能有效落实，当事人就不能有效达成合意，强制调解就无法得到有效抑制，纠纷解决机制自然也无法有效运行。

---

〔1〕 参见王娣等：《民事诉讼法》，高等教育出版社 2013 年版，第 297～300 页。

因此，诉讼调解虽然无须如同判决一样严格遵守程序规则，并做到“查明事实、分清是非”，但也不代表能够完全无视案件真实，而是要做到调解基本符合案件客观真实。此外，充分保障当事人的自愿原则和处分原则是保证诉讼调解制度稳定发展的基础，更是调解制度的正当性理由。

第九章 几类常见纠纷的调解

第一节 婚姻家庭纠纷调解

一、婚姻家庭纠纷的内涵与特点

婚姻家庭纠纷，是指婚姻家庭方面的人身关系及由此产生的财产关系所引发的各类纠纷。包括婚约财产纠纷、离婚纠纷、离婚后财产纠纷、离婚后损害赔偿纠纷、同居关系析产、子女抚养纠纷、婚姻无效纠纷、撤销婚姻纠纷、夫妻财产约定纠纷、抚养纠纷、扶养纠纷、监护权纠纷、探望权纠纷、赡养纠纷、收养关系纠纷、分家析产纠纷等纠纷。[1] 这类纠纷的特点如下：

首先，婚姻家庭纠纷的当事人之间存在血缘关系、亲情关系、恋爱关系、婚姻关系等特殊的人身关系，不同于普通的民事法律关系，更多地涉及感情、亲情和道德，因此，既不宜用简单的契约式关系及其调整方式来解决，也不能简单地以权威性的裁判“分清是非”进行处理，而必须把促成当事人之间恢复感情、消除对立、实现和解作为纠纷解决的根本目标和价值取向。在适用法律规范的同时，往往还应充分注意并援引道德、习惯、宗教、民族或地方风俗和共同生活准则等特殊规范，并需要针对个别情况做具体处理。

其次，婚姻家庭纠纷中往往涉及第三方的利益，如未成年人、非婚生子女的利益以及老年人和妇女权益的保护问题，属于社会利益和弱者权益保护范畴，必须由国家承担责任，以特殊方式加以保护。

再次，由于婚姻家庭纠纷涉及较多个人和家庭的隐私，不宜公开审理

〔1〕 参见最高人民法院《民事案件案由规定》第二部分婚姻家庭纠纷。

(调解)。俗话说"家丑不可外扬",特别是在我国长期"礼制"思想的熏陶之下,人们更加注重伦理道德,而婚姻家庭问题是伦理道德的主要表现方面。基于人格尊严的维护和保护隐私权的需要,应特别针对婚姻事件的隐秘性进行特殊的程序设计,避免当事人因害怕生活隐私泄露而不信任人民法院处理纷争的能力。我国《民事诉讼法》第 134 条第 2 款规定:"离婚案件,涉及商业秘密的案件,当事人申请不公开审理的,可以不公开审理。"

最后,婚姻家庭纠纷尽管表面上纯属私人间的问题,但实质上与国家和社会的根本利益息息相关。家庭是社会的基本构成要素,家庭关系的稳定是社会安定的基础,此类纠纷如果得不到及时合理的解决,往往会酿成个人、家庭甚至社会的悲剧,转化为暴力的私力救济甚至复仇,对社会造成威胁。因此,国家都将婚姻家庭关系视为一种最重要的社会关系和法律关系,在处理此类纠纷时应保持慎重的态度。

近年来,婚姻家庭纠纷案件逐渐呈现增幅快、适用法律难、审理难度大的特点。[1] 婚姻家庭纠纷作为生活领域中最普遍的纠纷类型之一,由此产生的人身关系和财产关系错综复杂。基于以上特点,鉴于婚姻家庭纠纷的特殊性,调解是人民法院审理家事纠纷的主要方式,并且在司法实践中得到了广泛的推行和运用。调解婚姻家庭纠纷有利于减轻家庭负担,缓和社会矛盾,维护家庭和谐,保持社会稳定,规范社会关系和社会道德。

二、婚姻家庭纠纷调解的原则与方法

(一)调解的基本原则

近年来,婚姻家庭纠纷的案件数量逐渐增多,案件情况也更为多样、复杂,在处理这类案件时,应通过调解进行法治、道德的宣传,使可能激化的矛盾得到缓解。

1. 坚持调解自愿、合法的原则。首先,调解并非必经程序,须在双方当事人均请求调解的情况下方可展开,任何一方反对调解的,都不得展开调解。其次,调解必须合法,不得损害国家、集体和其他公民的利益。

2. 调解既要细致耐心,又要及时高效的原则。婚姻家庭纠纷通常是从

---

〔1〕 参见王婧:《2013 年以来中国婚姻家庭纠纷案件三年近 400 万件》,载中国新闻网:it.chinanews.com/sh/2015/11-19/7632005.shtml,2018 年 10 月 2 日访问。

琐碎繁多的小事逐渐堆积闹大的,调解员要把这些小事当成重要的线索来对待,仔细倾听当事人的陈述,通过反复协商从中发掘化解的方法。遇到产生分歧的物件或证据,调解员不能一概而过或一拖再拖,可以通过走访邻里街道、采访组织单位等方式,实地调查证据的真实性和可靠性,消除当事人的顾虑,还当事人一个事实真相。

3. 在适用法律的同时,做到法律、理性和情感兼顾的原则。调解员要充分考虑到当事人之间存在的亲情、感情和道德问题,彼此原本有着深厚的信任基础,应借此向对立的双方阐明相互的期望和之前的情感基础,理性劝说,以说和感情为目标。

4. 既要抓住主要矛盾,又要借助各方力量的原则。一方面,通过调解,让双方当事人在法律和道德规范的要求下重新认识自我,巩固家庭关系和成员之间的感情;另一方面,婚姻家庭纠纷往往涉及第三方的利益,让父母、子女、兄弟姐妹、亲戚、家庭中较有威望的成员等,在调解过程中担任说情、疏导教育、做好思想工作的角色,才能使调解达到事半功倍的效果。

(二)调解的基本方法与要点

调解婚姻家庭纠纷要以促进家庭和谐为目标,注意调解的方式方法,把握调解时机,灵活运用多种调解的方式方法。

1. 不同类型的婚姻家庭纠纷,所适用的调解技巧也应该有所侧重,以法律条文为依据来调解纠纷。比如,对于赡养纠纷中的赡养义务人,应当明确赡养父母是《宪法》和《民法典》中明确规定的法定义务。同时,对于子女之间已经达成对父母赡养协议的,也要引导当事人遵守契约,意定优于法定。对于婚姻关系中因违背一夫一妻原则的过错行为,而引起的离婚纠纷的过错方,应严肃指明当事人的过错行为不仅是违背道德的行为,更是违法行为,要承担相应的法律责任等。

2. 调解婚姻家庭纠纷要注意环境因素的选择。例如,对于当事人碍于面子和人情的案件,不宜公开调解;对于赡养老人的案件,当事人一般不愿与子女对簿公堂,况且一些老人年迈行动不便,或是卧病在床,丧失行为能力,这时需要调解员就地调解,甚至上门服务,或者指导当事人进行有效委托后再调解。

3. 调解婚姻家庭纠纷应多用换位思考的方法。一方面,调解员应该设身处地为当事人着想,帮助抚平其怨恨恼怒的激动情绪,使其以冷静的态度处理问题,使自己的利益得到保全;另一方面,要积极取得当事人的理解、支持和谅解,作出节约时间和成本的决定,加快调解进程。

4. 对于矛盾冲突的双方,调解员应积极适用"背对背"调解法,避免矛盾进一步扩大。"背对背"调解法是指在针对当事人之间对抗比较激烈,对事实认识出入大、分歧大的纠纷,在调解时不让当事人进行面对面的沟通,而是由人民调解员分别对当事人进行说服、教育,使双方不断让步,目标趋于接近,从而促成调解的方法。为了打破僵局,应及时转换调解思路、调整工作方法,分别接触双方当事人,认真倾听当事人对纠纷的看法和各自所持的态度,考察双方的异同点,最终找到矛盾解决的关键。

5. 调解员应采用不同的方法处理好当事人的情绪。对于情绪压抑、不善于表达的当事人,应用引导宣泄法。调解员须以亲切缓和的语气与当事人进行交流,平等对待,少说官话,少打官腔,让遭受家庭暴力、严重精神创伤或情感上伤害的当事人,得到同情和安慰,以便诉说苦衷。对于只发泄情绪、不探讨纠纷事实的当事人,应在安抚其情绪的基础上,循循善诱。婚姻家庭纠纷大多涉及隐私问题,当事人若碍于面子、避讳事实,不利于调解进程的发展。调解员须从小问起,旁敲侧击地摸索当事人对于纠纷解决的想法和底线,点到为止,把握好尺度。

6. 在婚姻纠纷中,若当事人之间的感情确已破裂,无法挽回,则应采取好合好散的调解法。调解员应本着保护老人或妇女等弱势群体的原则,为无过错方争取更多利益,妥善处理好相关问题。对于涉及财产关系的纠纷,调解员应劝说当事人考虑以往的感情基础,在财产的争夺中互相退让一步。如果当事人漫天要价,提出过分的要求,可以从法律的角度,为其分析其要求的不合法性,说服其放弃不切实际的幻想,接受现实的调解方案。由于我国实行的是夫妻共同财产制,关于共同财产的认定(包括共同债务),法律的调整也会与时俱进,所以在现行法律的适用方面,需要把握最新动态。在财产的样态上,也呈现出日新月异的局面,这对调解员的知识观念更新也提出了更高的要求,比如一方提出对对方名下的游戏账号中虚拟货币的分割问题。

7. 对于涉及地方习俗、共同生活准则等特殊生活规范的纠纷,应斟酌当事人的实际生活环境,个别情况特殊处理,既要注意尊重风俗习惯,又要引导营造积极向上的善良风俗。

三、典型案例之一——父亲病故，女儿与继母之间的遗产之争[1]

（一）案情简介

王某与张某系继母女关系。张某2岁时父母离婚，9岁时父亲与王某再婚，婚后育有一子（张某与其同父异母的弟弟从小一起长大，感情很好）。后张某父亲患脑瘤去世（去世前留有公证遗嘱一份，张某不知晓此事），张某与继母王某、弟弟三人仍旧共同居住在周家渡辖区一套4室2厅的商品房中。今年，25岁的张某准备结婚，因男友无住房，所以打算结婚后与男友一同住在这套4室2厅的房屋中，这引发了继母王某的强烈不满。继母不仅不肯与张某男友见面，还把张某的户口簿藏起来，不让张某办理结婚登记，理由是男友经济条件差，本人又不优秀。之后，张某和男友一起上门找王某理论，提出一定要在家里结婚，否则绝不罢休，继母也不甘示弱，坚决反对，多次叫来同事一起理论。张某又和男友一起将王某堵在家里争吵，王某连续几天拨打“110”报警。最激烈的一次，张某还把生母、外婆、舅舅、阿姨等都叫来，双方越吵越凶，说父亲买的房子女儿为何不能在里面结婚，矛盾不断升级，从言语冲突发展到肢体冲突，家里的桌子凳子四脚朝天，满地玻璃碎片，当即拨打“110”。由于是家庭住房矛盾，在民警的劝说下，双方同意到周家渡老娘舅调解工作室进行调解。

（二）调解过程

作为社区的“老娘舅”，调解员认为继父母与继子女之间常见又特殊的关系一旦处理得不好，会影响到家庭和谐。而家庭中的不和谐因素，如果得不到及时解决，就会影响到社会的安定大局。为尽快化解矛盾、平息事态，调解员及时与双方当事人取得了联系，召集双方当事人来工作室进行“面对面”协调。

1. 热心接待，安抚情绪。双方当事人如约来到调解工作室。一进门，张某就指着继母嚷嚷：“这套房屋是我爸爸生前做生意赚的钱买的，那时你们还没结婚，房产证上也只有我爸爸一个人的名字，父母离婚后，作为判给他

---

[1] 该案例系上海市周家渡人民调解委员会首席调解员陆秋红所主持调解的真实案例，调解过程、调解心得亦为陆秋红所写。

的女儿我肯定有份,我在这房子里结婚是天经地义。”继母也不甘示弱,还击道:“房产证上有你的名字吗?现在让你住都是客气的,再吵就滚出这屋子。”调解员马上安抚当事双方的激动情绪,先问王某为何不让张某登记结婚,王某说:“张某原来在一所市重点中学读高中,就是认识了这个男友后,影响了学习,只考上大专,这个男孩事业上又一事无成,所以这个男友我一直反对。而且他们说结婚没房子,要住在我这里。”张某的舅舅插话:“要不你把房屋房款的1/3折价给张某(少说一点150万元),否则就在该房结婚。”眼看双方剑拔弩张,调解员立即控制场面,请奶奶、舅舅、男友等人员离场,留下张某和王某两人。

2. 耐心倾听,查找根源。待双方的情绪都有所缓和后,王某突然把调解员拉到一边,悄悄说:“张某的爸爸生前有份公证遗嘱,写明把这套房子全部留给我一人,张某只可分得存折上的部分钱。张某现在还不知道呢。”调解员对她说:“父亲留有公证遗嘱一事应该让张某知道,这对处理你们之间的纠葛有好处。但是不管张某在哪结婚,她到了结婚年龄,你都不能阻挠她。”王某点点头,好像也意识到了这一点。为了有利于矛盾的解决,调解员请王某回避,向张某坦明了其父亲有份公证遗嘱及其内容。张某非常震惊,几乎晕倒,哭丧着说:“爸爸在病重期间曾多次说过要将房子及财产平分给我和弟弟,为何突然变卦,这不可能,我不相信。”至此,调解员了解了双方的顾虑,找到了矛盾的焦点:张某对父亲公证遗嘱的真实性有所怀疑;王某则担心万一张某在家里结婚,就占着房子不肯再搬出去。于是,调解员请双方当事人先回去,待实地走访掌握情况后再做协调。

3. 实地求证,消除疑虑。为尽快解决纠纷,防止事态进一步扩大,调解员陪张某来到卢湾区公证处查看其父亲的遗嘱,在公证人员的配合下,他们看到了遗嘱的内容,证实了确有公证遗嘱的存在,并且就当时申请遗嘱公证应提供的材料也一一进行了查看核实。从公证处出来,调解员向张某说明,如果父亲没有遗嘱,张某是法定继承人之一,可以与其继母、弟弟平分其父遗产,但父亲生前留下了公证遗嘱,而且公证遗嘱的法律效力要高于自书遗嘱、代书遗嘱及口头遗嘱,所以目前只能按照公证遗嘱的内容进行财产继承,即张某可得到父亲存款的一半(约10万元)。听完调解员的解释,张某不得不接受这一现实,她显得非常失落,但她希望调解员能帮她争取更多的利益。

4. 以情感人,亲情教育。在了解到张某与其同父异母的弟弟关系很好时，调解员随即联系了其尚在读高中的弟弟。弟弟对发生在妈妈和姐姐之间的矛盾很是无奈，他表示妈妈和姐姐都是他最亲的人，都是他非常喜欢、非常爱的人，他不想任何一方受到伤害。如果妈妈对姐姐不好，处理不好此事，他将不能原谅妈妈。回到工作室，调解员立即联系了王某，一是告诉她张某对自己曾经冲动的举动表示后悔，二是告诉她如果这次矛盾纠纷处理得不好，可能会影响她和儿子的感情，希望她从亲情的角度出发再多为张某考虑考虑。经过几个小时的谈话，王某的口气终于有所转变，说："我曾为张某准备了些金条和一套红木家具，如果张某能认可这份公证遗嘱到公证处签字，我还是愿意在财产上多给她一些。"听到王某有所松口，调解员感到双方再次协调的时机成熟了，于是再次牵头召开协调会。

5. 各退一步，达成协议。张某得知继母愿意将家里的金条和红木家具给自己时，对立情绪有所缓解，但她又提出她现在急需钱，家具也没地方放，希望继母将700克金条和家具折价，给她50万元现金。调解员语重心长地规劝张某："金条和家具是你爸爸留给你的纪念，况且黄金还在升值，你应该保留着。"然后，调解员又对王某说："看得出，张某从小和你住在一起，得到了你的关爱，况且她和弟弟关系那么好，你看看能否再为张某多考虑一下，为了她以后的生活。"王某非常动情地回应道："是啊，我今天出门时，儿子还哭着对我说，妈妈，我不想失去这个姐姐。"听到这话，张某也落泪了，王某哽咽着说："这样吧，你爸爸存折里的20万元都给你，以后你要照顾好你自己。"此时，张某扑到王某身上，母女俩抱头痛哭。调解员立即为她们起草了调解协议书。协议书签字后，又陪同母女俩到浦西派出所、物业公司、公证处办理公证遗嘱继承等相关手续。分手时，张某感动地说："老师，太感谢你了，我已把你当成长辈，搬家、结婚时，我都会请你的，你可要来参加啊！"

（三）调解心得

继承纠纷通常是因为遗产分割产生争议所致，纠纷往往发生在与被继承人有着血亲关系和婚姻关系的家庭成员之间，并往往涉及当事人以及当事人与死者的亲情纠葛。因此，妥善解决遗产分割纠纷，对维护家庭和谐、社会安定尤为重要。调解员在调解这个纠纷时，自始至终关注了法、理、情三者的结合，法（公证遗嘱的法律效力高于其他类型的遗嘱）、理（在公证遗嘱的基础上，要为张某合理地多争取一些利益）、情（亲情的呼唤，将王某的儿子作为母女俩的亲情桥梁）使这一纠纷得到圆满的解决。在整个矛盾纠纷的调处过程中，坚持做到“四心”：热心接待，让当事群众有亲近感；耐心倾听，让当事群众有认同感；细心说教，让当事群众有信任感；诚心解决，让当事群众有正义感。

运用的主要调解方法：一是“背对背”法。在双方当事人情绪都比较激动、容易激化矛盾时，让双方当事人分置两室，互不见面，从中周旋，分别就当事人存在的错误认识和行为进行批评教育。待时机成熟，双方争议的问题基本得到解决的情况下，再同场调解。二是借助力量法。张某同父异母的弟弟在化解张某与王某的纠纷中起了很重要的作用，他是双方当事人感情的桥梁和纽带，通过巧借第三人的力量，使双方握手言和，重续往日亲情。这些方法在处置社区矛盾和纠纷过程中取得了非常好的效果。

四、典型案例之二——婆媳纠纷堵心窝　人民调解化干戈〔1〕

（一）案情简介

许多“80后”夫妻的婚姻生活往往像两个人的世界，不喜欢原来的生活被另一半干涉，结婚以后常会有“大不了自己一个人过”的心理，以至于小矛盾发展成婚姻上的硬伤。同时，缺乏同辈相处经验，不善于和长辈沟通交流，也是“80后”将小事酿大的重要原因。

本案例中的两位主人公于某和陈某都是“80后”，2014年年底，两人在朋友聚会上一见钟情，经过一年多的交往，两人在去年结了婚。不久，陈某便有了身孕，照理说新婚燕尔的夫妻应该甜甜蜜蜜才对，然而今年上半年的一天，这对小夫妻却大吵大闹地带着一家子人折腾到了司法所。儿媳一会儿要求婆婆道歉，一会儿又要婆婆写保证书。

在调解室里，陈某说，结婚后她想过二人世界，有时跟于某出去吃饭享受下小浪漫，婆婆却总是用各种理由百般阻止，她偶尔使唤丈夫去干家务，婆婆也会数落自己，等等。对婚姻生活充满幻想的陈某突然发现，婚前所有的浪漫全没了，生活只剩下些烦心事，受不了这样日子的陈某认为婚姻走到了尽头。面对陈某的种种控诉，站在旁边的于某一直解释。结婚不到1年，婚姻生活也才刚刚开始，于某不想轻易地结束这段婚姻。

〔1〕该案例系上海市长宁区程家桥街道人民调解委员会调解员王冠所主持调解的真实案例，调解过程、调解心得亦为王冠所写。

（二）调解过程

在了解了夫妻双方产生矛盾的原因后，细心的调解员发现，从于某和陈某的话语中，他们并没有完全否定对方的人格和品质，只是陈某觉得于某不理解自己，不愿意为自己作出一些必要的让步和改变，与其这样吵吵闹闹不得安宁，不如离婚图个清静。从言谈之中调解员感觉到陈某对丈夫有爱有留恋，但是无法容忍丈夫事事只听父母的，从不在乎她的感受，根据这些情况，调解员认为双方感情并未完全破裂，只是因为在家庭生活的观念上存在一定的差异和冲突。

调解员告诉陈某，两个人在一起是缘分，婚姻也不是电视里演的肥皂剧。两个人过日子要面对的并不全是花前月下，更多的是种种琐碎的事情，因为夫妻之间难免会有磕磕碰碰。而之前婆婆不让已经怀孕的陈某出去吃东西，其实也是为了陈某好，因为外面的食物没有家里的干净安全，出于对自己和肚子里的孩子着想，确实应该少出去为好。

面对调解员的劝说，陈某的情绪也渐渐平复了下来，表示不离婚也可以，但有几个要求，必须满足。

首先，婆婆必须道歉。俗话说，“宁拆一座桥，不拆一桩婚”，婆婆自然也不希望刚结婚的儿子这么快就离婚。面对媳妇的要求，婆婆也放下架子，给媳妇道了歉。

这时，陈某又提出了第二个要求，要婆婆写下保证书。陈某说，口说无凭，难保以后的日子不被欺负，要求婆婆写保证书，保证以后不给媳妇脸色看，不随便说媳妇的不是。觉得自己也有错的婆婆在调解员的劝说下，也拉下面子写了保证书。

然而，陈某又提出了第三个要求，要求公婆把他们现在住的婚房过户到丈夫与自己的名下。陈某说，结婚时没有房，跟公婆住一起也就算了，但现在自己怀孕了，以后孩子总要有房子，所以现在房子必须先过户到陈某和于某的名下，算作补偿。

陈某的公公听后很生气，房子是自己辛辛苦苦攒了一辈子的钱买的，给儿子没意见，但媳妇一进门就要房子也未免太现实了。但再想想还未出世的孙子，陈某的公公也作出了让步，表示同意在房产证上加上陈某和于某的名字，夫妻俩拥有房子一半的产权。

但陈某觉得这还不够，房子必须完全过户到自己和于某名下。1/4 的产权要变成1/2才足够。为此,陈某放出了狠话:“如果房子不过户,我就去把孩子打掉。”

听着陈某竟然说出这样的话,现场的调解员也十分生气,告诉陈某,婚姻不是谈生意,肚子里的孩子是自己的骨肉,不是赌注,岂能拿出来威胁、恐吓家人!这样的讨价还价、利益相争,将婚姻当作什么?和丈夫结婚才一年不到的时间,婚姻还处在一个并不太牢固的时期,这么做只会让这段原本就需要呵护的婚姻夭折。

听了调解员的一席话,陈某低下头,默不作声。这时,陪着小两口一起过来的双方父母也劝陈某,两个人的好日子才刚刚开始,这么闹下去,对三户人家都不是好事情,希望陈某不要再任性。这时,陈某“哇”的一声哭了出来,见到孩子哭,双方父母又是安慰又是劝,终于让陈某止住了眼泪。

最终,在双方父母及调解员的极力劝说下,陈某也认识到了自己的错误,事情最终以调解和好落幕。婆婆道了歉,写了保证书,房产证上也加上了陈某的名字。但这份靠孩子做赌注得来的胜利,看起来却非常失味。

(三)调解心得

现在闹离婚的年轻夫妻,很多是因为婆媳关系不和引起,离婚的理由多是各种琐事、小事。婚姻不是儿戏,结婚不能靠一时冲动,离婚更应谨慎。一段良好的婚姻关系物质是基础,但关键还在彼此体谅,双方家长也需要为孩子的婚姻营造一个自由良好的环境。幸福没有那么容易,经营才是关键。

在调解过程中,调解员首先强化法治宣传,宣传正确的婚姻观、家庭观,婚姻要建立在相互了解的基础上,婚后要有家庭责任意识;其次,发挥调解功能,做好思想疏导工作,对尚有和好希望的婚姻,尽量调解和好,引导夫妻互相宽容,互相体谅,积极面对婚姻中的问题;最后,充分借助双方父母的力量,拓宽调解渠道,共同对感情没有破裂的婚姻进行挽救,对因家庭矛盾导致的离婚案件,加强对双方家人的说服工作。

无论是调解离婚还是和好,唤醒婚姻当事人曾经有过的夫妻之情至关重要。“百年修得同船渡,千年修来共枕眠”,在调解员晓之以理、动之以情的劝化下,他们内心深处的良知会得以唤醒。有了良知,就不会有愤怒下的口不择言,也不会有委屈和怨恨,更不会歪曲事实,有的只是愧疚、同情和理解。

我们深深感到,婚姻案件的调解,调解员不仅要熟悉深入群众拉家常、做工作的技能,而且要学会从言行中摸透婚姻当事人心理,提出解决心理问题的方法,还要有成熟处理家庭矛盾的办法。成功调解婚姻案件的标准,不在于它平息了一场纠纷,它的魅力更在于提升了当事人处理感情危机的能力,营造良好的婚姻道德风尚。

第二节　相邻关系纠纷调解

一、相邻关系的内涵与特点

相邻关系,是指不动产所有人或使用人,在行使所有权或使用权时,因相互间依法给予方便或接受限制而发生的权利与义务关系。相邻关系从本质上讲是不动产所有人或使用人的财产权利的延伸,同时又是对他方所有人或使用人的财产权利的限制,反之亦然。这是在不动产相邻双方之间产生的法定权利与义务。然而,当不动产相邻时,如果不动产所有人或使用人都绝对自由地使用其权利标的,相邻各方极有可能发生纠纷和冲突,这样不仅使不动产本身不能发挥最大的经济效益,而且也会因相邻各方的纷争而损害不动产的财产秩序。根据我国《民法典》第 288 条的规定:不动产的相邻权利人应当按照有利生产、方便生活、团结互助、公平合理的原则,正确处理相邻关系。给相邻方造成妨碍或者损失的,应当停止侵害,排除妨碍,赔偿损失。

相邻关系纠纷,是指基于行使相邻权而产生的纠纷,其性质属于侵权纠纷。根据最高人民法院《民事案件案由规定》,可以将相邻关系纠纷分为:①相邻用水、排水纠纷;②相邻通行纠纷;③相邻土地、建筑物利用关系纠纷;④相邻通风纠纷;⑤相邻采光、日照纠纷;⑥相邻污染损害纠纷;⑦相邻损害防免关系纠纷。

随着城市化建设的发展,人们生活水平的提高,以及公民法律意识和权益保护意识的增强,相邻纠纷案件也在变化中不断增多,有新闻指出“邻里案件数量增一倍”,[1] 2016 年的国家数据显示,共有 2291000 件,占总调解

〔1〕 周伟良:《邻里纠纷案件数量增一倍》,载《广州日报》2008 年 8 月 5 日。

案件的42.30%。过去城乡常见的因截水、排水、通行、通风、采光等影响相邻人生活便利的纠纷，逐渐变化为因占用楼道、公共区域，野蛮装修、废气、噪声等给相邻人造成一定的损害而引起的纠纷。

人们权利和隐私意识的增强，邻里关系的日益淡漠，均成为引发相邻关系纠纷不断增多的直接原因，相邻关系纠纷也呈现出新时代的特点：

1. 主体扩展。随着我国社会经济关系的变迁，资本集中的趋势明显，不动产的价值趋于扩大，不动产已经发展出多种形式，比如租赁等将使用权益归于他人，而所有人收取对价的模式。相邻关系的主体也从所有人向其他使用人扩展，甚至出现了业主委员会作为主体提起诉讼的现象，由此带来了相邻关系纠纷主体的扩展。

2. 纠纷产生的原因纷杂、形式多样化。相邻关系与人们的生产生活息息相关，在民事纠纷中属于多发性的案件，随着近年来人们的居住环境由空间的相对互通型转变为相对隔离型的发展变化，城市中已经形成了非熟人相邻而居的状况。一方或双方当事人通常关注"自我"的利益，容易因琐事引发相邻人生活空间的矛盾和权利侵害纠纷。

3. 纠纷的类型增多。相邻纠纷不仅包括以满足日常生活需要为目的的相邻土地、山岭、森林、草原等自然资源的使用、宅基地的使用、相邻用水、排水、修建施工、防险、通风、采光等传统纠纷，还包括近年来大量出现的涉及相邻共用空间、空气污染、排污、噪声等环保方面的新类型纠纷。

4. 双向型纠纷增多。相邻关系纠纷往往是在纠纷当事人的混合过错的基础上产生的。当事人一方为了报复、借机生事、为往日积怨出气，使矛盾的化解越来越困难。比如，高层建筑中，建筑物区分所有的现象非常普遍，相邻的业主一旦发生纠纷，就可能相互伤害。经常发生楼上的业主往楼下泼污水，楼下的业主砸楼上窗户这种类似的情况，长年累月纠纷不断，就形成积怨，容易使矛盾进一步升级，使调解的难度大大增加。

5. 法律关系复合交叉。首先，由于相邻关系与建筑物区分所有权、地役权、业主公约及人格权存在联系，因此在实务中，会出现相邻关系与建筑物区分所有权、地役权、业主公约及人格权等其他民事法律关系的交叉。其次，当相邻一方主张的排除妨害行为经过行政许可时，还会出现相邻民事法律关系与行政法律关系之间的交叉。最后，相邻关系纠纷往往并不是单纯的七种相邻关系纠纷中的一种，而是多种相邻关系纠纷的复合。

二、相邻关系纠纷调解的原则与方法

（一）调解的基本原则

1. 兼顾各方利益，促进和睦相处的原则。党的十六大以来，提出了构建社会主义和谐社会的要求，在处理相邻关系纠纷时，更应做好贯彻落实。一是在判决争议过程中体现相邻各方和睦、团结的价值取向；二是处理纠纷方式的选择上，尽量使用调解或者和解的方法；三是要做思想教育工作，站在对方的角度考虑问题，防止矛盾激化。

2. 禁止权利滥用的原则。相邻一方行使权利不能妨碍另一方的权利。相邻一方的权利必须建立在合法的基础上，在行使权利时，主观上须出于善意，客观上须无损害他人的行为。处理类似争议，应当协调各方利益，做到公平、合理。

3. 正确适用法律规范的原则。要正确把握相邻关系与地役权、建筑物区分所有权及物业管理合同这几种法律关系之间的联系和区别，要将因契约产生的地役权纠纷、因建筑物区分所有权产生的侵权纠纷及因违反物业管理合同产生的合同纠纷从相邻关系中分离出去，在处理相邻关系纠纷时，仅根据相邻关系而非侵权或违约的法律关系来适用法律。

（二）调解的基本方法与要点

《民法典》第288条只是规定了处理不动产相邻关系的一般原则。如何把握不动产所有人或使用人行使权利时应于“限制”或“扩张”的度，如何判断一方当事人行使权利的行为，是否已通过相邻方应当负有的“容忍义务”，并据此分析责任的承担，是处理相邻关系的关键。

1. 在调解前，调解人员必须做好充分的准备工作。相邻关系纠纷仅凭当事人提供的证据及陈述，调解员难以全面、直观地了解相邻不动产分布的全貌，无法客观地分析一方当事人的权利是否受到限制以及受到多大的限制，并提出妥善解决纠纷的方案。因此这种纠纷的准备工作要求调解人员必须实地走访，勘验现场，客观全面地了解纠纷所涉及的相邻不动产的地理位置、分布状况，以及相邻不动产一方所有人或使用人的相邻权利得不到切实行使的原因所在。同时，调解人员要充分了解形成相邻关系纠纷的历史原因，从而判断造成不动产使用障碍的责任所在。

2. 调解相邻关系纠纷要充分了解纠纷背景。一方面，调解人员要了解不动产所在地的民情和风俗习惯等人文环境方面的情况，从中分析当事人的何种主张在法律没有明确规定的情况下，可以用情理进行说服、劝导和教育。另一方面，了解纠纷产生的过程、背景、当事人之间以往的关系，在相邻关系纠纷中，许多当事人往往因存在积怨而产生纠纷后互不相让，调解该类纠纷只有找准纠纷背后的真正原因，对症下药，才能解决矛盾。

3. 调解相邻关系纠纷，一方面，在调查研究阶段和劝说教育当事人时，要查明事实、分清责任；另一方面，在促成调解协议达成的时候，也应善用模糊处理法。由于在绝大多数相邻关系纠纷中，双方当事人对纠纷的形成和邻里关系的恶化都负有责任，调解员在事实清楚、责任明确的情况下，才有利于对纠纷当事人进行批评教育，让当事人心悦诚服地接受批评指正，使调解深入。而基于当事人之间“抬头不见低头见”的特殊关系的维持，促进邻里和谐，应该模糊处理的不妨进行模糊处理。由于相邻关系纠纷往往是各种相邻关系纠纷的综合，一些不典型的相邻关系纠纷，很难对应最高人民法院《民事案件案由规定》所规定的七类相邻关系纠纷，因此调解员可不必刻意分辨纠纷的分类，但必须判断该纠纷是否属于相邻关系纠纷，尤其是应区别相邻关系纠纷与地役权纠纷、财产损害赔偿纠纷等容易混淆的纠纷。

4. 对积怨较深的相邻关系纠纷，为避免正面冲突，多采用“背靠背”的方式进行调解，待时机成熟时，可采用“面对面”的方式进行调解。可先将双方当事人分开做思想工作，分别倾听双方当事人陈述，让其说出积怨产生的原因，摸清其真实意图，耐心劝说，化解积怨。

三、典型案例之三——联合调解化纠纷　固定证据是关键〔1〕

（一）案情简介

2016年，上海曲阳路司法所接到上农一居委会的纠纷排摸表，辖区内居民何某与李某因噪声引起相邻纠纷的情况。司法所对此进行了调查，从中了解到何某是单身母亲，家中有个患病的女儿不能工作，二人相依为命，日常开支全靠她的养老金，为贴补家用，何某白天在外捡拾垃圾，晚上在家或

〔1〕 该案例系上海市虹口区曲阳司法所调解员程霞珍所主持调解的真实案例，调解过程、调解心得亦为程霞珍所写。

公共走道上分类整理以便变卖,整理时发出的声音虽不是震天响,但也确实嘈杂,特别是在夜深人静时,更是扰人心烦。李某是居住在何某楼上的居民,也是单身,本身睡眠就差,被噪声干扰更是难以入眠,在向何某交涉几次未得到改善后,便采取了"只要有声响我就敲你房门"的方式予以报复,同时,拨打"110"。何某也通过"110"报警求助,以至于这段时间内该纠纷当事人连续多次拨打"110"。虽经居委会反复调解,但双方当事人并没有接受劝解,依然不断发生争吵,矛盾随时有激化的可能,会直接影响周围邻居的正常生活。

(二)调解过程

司法所立即委派了街道专职调解员程霞珍与居委会干部一起上门,同何某进行了耐心细致、推心置腹的交流与疏导。首先,帮她分析纠纷的起因,由于家里的客观情况,为了贴补家用,捡垃圾本来是无可非议的,但是不能影响到其他居民的正常生活。其次,楼道堆物还存在火灾隐患,对人对己都不利,现在不仅是602室李某,整个门栋的邻居对此都有意见。在调解人员再三劝导下,何某的态度慢慢开始转变。她表示,过道上的垃圾她会处理掉,以后捡来的垃圾会尽快处理,暂时处理不掉的放在自己家里,但她对楼上李某整晚不停敲其家门的行为非常不满,情绪又激动起来,何某表示,如果李某再来敲她家门的话,她准备拿刀与对方拼个你死我活。调解人员对其进行了耐心的疏导:"假如这样做的话只能是两败俱伤,万一你有个三长两短,女儿今后怎么办,由谁来照顾,你每天无论刮风下雨辛辛苦苦在外捡垃圾都是为了谁,还不都是一切为了女儿,所以说为了女儿你也不要去干傻事,他再来敲门的话,你和女儿千万不要出来和他发生正面冲突,有事找居委,通过居委调解。另外,如果你真的和李某发生正面冲突,他是男的年纪又轻,你肯定不是他的对手,最终吃亏的还是你。"何某听后觉得分析得很有道理,情绪有所缓和,专职调解员因势利导:"刚才你所说的拿刀和李某拼个死活的话是不是该收回,答应我们不干那种傻事。"何某当即表示愿意收回刚才所说的话,保证如果晚上李某再来敲门骚扰,她也不会开门,但同时希望居委会尽快找到楼上李某,解决这起纠纷。

居委会调解人员也多次同当事人李某联系,由于他白天要上班,因此先电话联系,但他一听是居委会打来的,就表示不想和居委会谈,他要以自己的方式来解决,立马挂了电话,后多次打他手机,他干脆就不接了。上农一居委会调解人员放弃休息时间一次次地上门，想找李某谈心，但他在家就是不开门。偶尔一次开门，但看是居委会干部，马上说没什么好讲的，就重重地关上了门，也关上了调解之门。但令人欣慰的是，何某已把楼道内的垃圾收拾干净，至少在何某这边调解人员的工作有了效果。就这样，何某与李某之间的邻里纠纷在司法所和调解人员的协调下反反复复，时好时坏一直延续到 11 月，调解人员发现何某的“110”报警率忽然频发，经了解依然是何某与李某的纠纷，虽然何某多数时间是在家整理垃圾，但李某觉得何某整理垃圾的声音仍然影响他的休息，于是多次将何某家厨房窗户玻璃敲碎，并用水管将水灌至何某家厨房中，造成何家电饭锅、风扇开关、墙面等财物损坏，还在夜间故意开大音响的音量，双方的矛盾再次激化。居委会人民调解委员会再次进行调解，鉴于双方当事人情绪激动，无法当面协调，居委会调解人员及时向司法所反映情况。司法所考虑到这起纠纷时间较长，双方积怨较深，情绪都很差，采取以往的疏导教育效果不佳，也不具备面对面调解的基础。经过分析研判，针对这起纠纷专门成立了调解小组，制定了一套街道、居委会、公安联调方案，得到了曲阳路派出所领导的重视和支持。在一次李某又拨打“110”后，及时上门将李某带回派出所做了询问笔录，固定了李某违反《治安管理处罚法》的证据，李某当场表示接受人民调解。调解人员分头找当事人进行谈话，用相关法律解释相邻关系的权利和义务，用公序良俗解释邻里间的相处之道，明确告知双方当事人，作为一个有民事行为能力的公民必须遵守的法律义务以及为自己行为必须承担的法律责任。在调解小组的不懈努力下，双方当事人终于愿意在调解小组的主持下接受调解。2016 年 12 月 8 日，双方第一次面对面地坐下来，在宣读了调解庭须知及当事人权利义务后，街道专职调解员、居委会调解人员、公安民警共同参加了调解。双方当事人在调解员的引导下，承认了过去的过激行为并进行了自我批评。当调解员提出调解方案时，当事人提出了不同的要求，双方相持不下，为了使双方达成共识，调解员再次分别找双方协商，说明了这次调解的重要性，希望双方珍惜并慎重考虑。在调解员的耐心劝解下，双方当事人终于协商一致达成调解协议，这起长达一年多的邻里纠纷得以化解。

（三）调解心得

1. 联动联调是化解易激化邻里纠纷的有效途径

这起纠纷的起源是居民日常生活的噪声，看似不足为奇，但却不可小觑。如果我们不加以重视，就会引发矛盾激化，更有可能转为民转刑案件，司法所十分重视，一方面听取纠纷调解的情况，另一方面与公安派出所联系，同时，组织调解工作室进行专题讨论，提出了街道、居委会、公安联调方案，得到了大家的认同。通过组成调解小组专门解决可能激化的相邻纠纷，起到了比较好的效果。

2. 固定证据是破解疑难邻里纠纷的关键所在

对于纠纷当事人多次拨打“110”，经反复调解又不接受劝解依然不断发生争吵，随时有矛盾激化的可能的疑难纠纷，通过民警做好询问笔录或者调解员的调查笔录固定相关证据，让当事人知道自己行为的违法性，可能会受到治安处罚，从内心深处惧法，害怕处罚。同时，人民调解员及时疏导，引导邻里纠纷当事人通过调解途径解决，避免邻里关系的不和谐。

3. 纠纷排摸是防止邻里纠纷激化的重要手段

曲阳司法所的“五查五联动”是纠纷防激化信息排摸的有效措施之一，各居委会调解人员通过定期“五查”排摸，把有效的纠纷信息及时通过网络上报司法所，专职调解干部及时分析情况，通过“五联动”方式分别处置。这起何某与李某因噪声引起的相邻纠纷，也是通过“五查五联动”调解程序有效地化解了纠纷，防止了矛盾激化。

四、典型案例之四——防盗有道[1]

(一)案情简介

2015 年 4 月，家住古美路街道的居民陆先生，发现楼下邻居新安装的防盗窗凸出墙面 20 厘米，他是 3 楼住户，由于房屋外形的特点，小偷极易通过 2 楼安装的凸式防盗窗侵入到他家的厨房，而他家厨房为了防止煤气泄漏，窗户都会留有缝隙。联想到最近小区内的频繁偷盗事件，陆先生惊出了一身冷汗，急忙到楼下邻居家去交涉，要求其将凸出的防盗窗整改为与窗平齐。由于是新安装的防盗窗，2 楼邻居以自身有损失为由拒绝了陆先生的要求。陆先生交涉未果后联系物业出面处理。物业管理人员三番四次上门劝说效果甚微，迫于无奈，联系人民调解委员会，要求出面协调。调解员接到

---

[1] 该案例系上海市闵行区古美路街道平阳三村人民调解委员会委员李梅、张安珍、何丽梅所主持调解的真实案例，调解过程、调解心得亦为调解员所写。

纠纷信息，立即前往现场，一是实地察看了解事实，二是帮助物业从中调解两方矛盾。

(二)调解过程

双方当事人坚持自己的观点不松口。防盗窗安装的大、小、凸出尺寸等是否合理，有法可依，实际却有法难依。若此防盗窗无法妥善解决，3 楼居民表示将如法炮制，楼内其他居民也都表示将跟风安装。这样不仅影响整栋楼的外观，更损害了邻里间的情感及信任感。

调解员要求根据实际情况，将第一次的调解会安排在了现场，并邀请了社区民警、街道拆违办、房办、物业等列席参与。调解员首先将事实及安全隐患陈述给了 2 楼的俞先生，并告知俞先生，根据当时《民法通则》第 83 条的规定，不动产的相邻各方，应当按照有利生产、方便生活、团结互助、公平合理的精神，正确处理截水、排水、通行、通风、采光等方面的相邻关系。给相邻方造成妨碍或者损失的，应当停止侵害，排除妨碍，赔偿损失。同时，当时《物权法》第 91 条规定："不动产权利人挖掘土地、建造建筑物、铺设管线以及安装设备等，不得危及相邻不动产的安全。"其次由社区民警告知俞先生，将来若 3 楼发生通过此防盗窗入室盗窃，将会追究他的责任；而房办、街道拆违办也在法、理、情角度对俞先生进行劝导，并且提供了四套他们认为合适且可行的整改方案供俞先生选择。同时，调解员也适时与在场的 3 楼及其他居民进行交谈："我们会妥善处理，请大家耐心等待，不要激起不必要的矛盾，以理性的态度来对待此事。"现场俞先生松口表示可以整改，但需要时间与家人沟通。如此反复几次的拉锯战，俞先生终于同意整改，但整改的日期却迟迟未定。

根据调解员深入了解，3 楼居民从事发到人民调解委员会介入调解，其间曾多次与 2 楼俞先生进行交涉，而 2 楼俞先生对 3 楼居民的做法也表示有意见，他告诉调解员 3 楼居民根本没有给他考虑的时间，在得知防盗窗一事需要整改后，一直都由 3 楼居民牵着鼻子走，对此心里非常不满。倘若给他 1～2 天时间考虑，不需要其他部门参与，他们自己便能解决。调解员听了俞先生的想法后，说："虽然此事他们有些着急，但好在居委也是自己人，我们自己在家里把事情解决了，也不算丢面。楼上楼下住了十多年了，远亲不如近邻，以后抬头不见低头见，您这么一个注重面子的人，这方面应该考虑更多，如果是你的邻居因为安装防盗窗而增加了你家的安全隐患，你肯定也希望这种事能尽早解决吧。”在调解员耐心认真的劝导下,俞先生接受了调解方案。经过调解员坚持不懈的调解,双方终于达成一致意见,调解最终获得成功,避免了一场邻里间的纠纷。

(三)调解心得

现今小区偷盗事件频发,许多小区住户安装防盗窗,起到了有效的防范,但是由防盗窗安装引发的邻里矛盾纠纷也日益增多。安装防盗窗是一个普遍的现象,当事人因考虑自身居家安全而安装防盗窗本无可厚非,但法律同时规定当事人行使不动产的权利不能妨碍他人。安装防盗窗为了提高安全感,是可以理解的,而由于防盗窗安装得过分凸出造成其他居民的安全受到影响,这个是不合适的。这次成功的调解,总结出以下几点经验与建议:

1. 防盗窗安装的尺寸由谁来定

调解过程中物业公司始终无法给出确切的防盗窗安装的尺寸范围,而法律、法规上面的定义也仅仅是不影响其他住户的安全,可是安全与否由谁说了算?在本案中,物业主要承担引导和劝阻的责任。在居民不能自觉遵守的时候,一意孤行的时候,为防止矛盾纠纷的产生,这个尺寸的范围就显得尤为重要。

2. 换位思考,合理建议

启发俞先生,让其站在邻居的角度想想,如果是陆先生因为安装防盗窗而增加了他家的安全隐患,他心里肯定也会不好受,大家都做了十几年的邻居,俗话说远亲不如近邻,这件事不解决的话大家都不舒服。同时对当事人耐心劝导,将法律的规定与邻里之间的和睦相处结合,做到情、理、法兼顾,从而使当事人有所感悟,配合调解员的工作。在双方情绪稳定、接受调解的基础上,适当提出几个合理的调解方案,供双方当事人选择,为顺利调解打开思路,促使双方达成和解共识。

3. 强制执行是手段,和谐需要情来黏

随着居民法律意识的增强,动辄起诉至人民法院的琐事不计其数。本着弘扬中华传统“和为贵”的精神,基层调解还是要以情为出发点,以法为基石,为越来越集中的城镇建设、越来越亲密聚集在一起的居民们,做黏合剂。

第三节　物业纠纷调解

一、物业纠纷的内涵与特点

《物业管理条例》第 2 条规定，物业管理，是指业主通过选聘物业服务企业，由业主和物业服务企业按照物业服务合同约定，对房屋及配套的设施设备和相关场地进行维修、养护、管理，维护物业管理区域内的环境卫生和相关秩序的活动。物业纠纷，广义上是指在物业管理服务过程中，当事人之间因物业管理服务权益而产生的争议；狭义上是指物业管理服务合同的当事人之间，因物业管理服务权益而产生的纠纷。

物业纠纷，即物业管理纠纷，类型众多复杂。按不同主体可以划分为：业主与业主委员会之间的纠纷，业主、业主委员会与服务企业之间的纠纷，新老物业服务企业之间的纠纷，对共有部分使用、维护和管理过程中发生的纠纷等。按不同物业服务阶段可划分为：前期物业管理中的纠纷、物业管理过程中的纠纷、物业使用维护中的纠纷等。

近年来，随着我国城镇住房制度改革的深入和住房商品化的快速发展，住房的所有权结构发生了重大的变化，物业管理成了保障居民生活质量和环境的新兴服务行业。物业纠纷也频频发生。一方面，是由于物业管理服务的发展仍处于不成熟的状态，物业管理公司的服务观念与水平相对滞后；另一方面，随着《物业管理条例》和《民法典》等相关法律、法规的颁布实施和发展完善，业主对在物业管理与服务活动中涉及自身的权益越来越关注，对于物业管理的要求也越来越高。这些因素导致物业矛盾不断增加，成为社会不和谐的因素之一。

为了化解物业纠纷，建设和谐社区，满足人民群众对于物业管理服务的需求，为居民提供安居乐业的环境，维持社会和谐稳定，需要对物业纠纷及时进行调解，以免矛盾升级产生争讼。物业纠纷的特点如下：

1. 纠纷类型多，法律关系复杂。物业纠纷的主体业主、业主委员会、物业管理企业、房地产开发企业之间的法律关系错综复杂。实践中，物业纠纷还经常与其他法律关系交叉。例如，与相邻关系纠纷有交叉重合之处，如某业主占用公共通道私自违章建造，既侵犯了其他业主的建筑物共有权，又妨害了相邻业主的通行权，还违反了业主公约和物业合同中约定的内容。

2. 纠纷具有群体性,影响较大。物业纠纷有时涉及的人多、面广、积怨深、易激化,容易影响居民的正常生活秩序,造成事件的扩大。一个物业服务区域有很多业主,通常一个纠纷往往涉及一栋楼甚至是整个小区的业主,容易发生群体性纠纷。对于物业公司来说,物业纠纷往往属于同一种类型,如物业费的收缴、公共设施的维护和建造、用电、供水、供暖等问题,大多属于日常生活问题,如果不及时处理,容易发生群体性纠纷。有时业主一方自恃人多势众,甚至给当地政府施加压力,形成群体性事件,使矛盾复杂化,这将需要大量的说服和调查工作。

3. 物业欠费案件所占比例较大。业主对物业管理不满意,通常用消极的方式即不缴纳物业费来抵制。有些业主认为物业管理公司没有满足自身的要求,尽到合同所约定的义务;有些业主因为自身在公共区域的利益受到侵害,不愿意提起相邻关系纠纷,而归责于物业;有些业主因为安保、安全问题,认为物业没有尽到应有的义务等而拒缴物业费,使此类案件比例大大增加。

二、物业纠纷调解的基本原则

在解决物业纠纷方面,我国的相关法律规则和制度相对滞后,司法诉讼也存在能力、效果和资源等多方面的不足,社区自治以及物业调解委员会刚刚起步,仍需不断完善发展。因此,为进一步凸显物业纠纷调解制度的优势,扩大物业纠纷调解制度的影响,应当坚持以下原则:

1. 明确法律关系,居中进行调解的原则。物业管理合同中的民事法律关系是一种平等有偿的服务关系,物业管理公司与业主之间所确立的是服务与被服务的关系。因此,在调解物业纠纷时,要公正地对待当事人双方,维护好双方的权益。在物业管理实践中,由于法律关系的混淆,物业管理当事人不仅无法达到最初目的,还可能因为行为不当,对相对人造成损失,承担责任。只有理顺了法律关系,物业管理中的问题才能得到正确解决。

2. 维护意思自治,遵循合同约定的原则。物业管理市场竞争较为激烈,物业公司在入驻小区之前,往往对于《前期物业服务合同》等相关的条款或约定不明确,或者没有完善的合同管理体系,从而形成了产生矛盾的根源。物业管理公司应注重事先约定,尽量用书面文字的形式将各方的权利和义务进行明确,规避纠纷。在解决争议时,应尽量维护生效合同的有效性,而非单方面地出具声明、告示、通知等不具备约束力的文书,避免矛盾不断积累激化的局面，保持物业管理的稳定性。

3. 树立所有权与管理权相对分离的原则。物业管理作为一种新型的社区管理模式，在强调小区业主自治的同时，对物业公司依照合同取得的管理权应给予充分的尊重。尤其是在建筑物区分所有权的法律状态下，物业公司要统一实行有序管理的协调性和效益性，这样才能符合小区全体业主的整体利益。

4. 兼顾具体业主与抽象业主利益的原则。具体业主作为产权人，对自己的建筑物区分所有的专有部分享有完整的占有、使用、收益和处分的权利，作为抽象业主代表的业主委员会无权随意设置障碍，妨碍具体业主行使正当权利。同样，具体业主行使权利的同时，不得妨碍抽象业主追求全体业主效益最大化的行为，即抽象业主为了小区全体业主利益所作的各项承诺，具体业主应当遵守。这两者的利益应当相互结合、互相尊重、彼此统一。

5. 预防重于处理，调解重于争讼的原则。物业公司在平时的服务过程中，应注意提高自身服务质量，优化服务品质，定期向业主公布收支情况，及时解决业主委员会及业主提出的相关问题，做好沟通和宣传工作，努力得到业主的认可及支持，积极接受监督。业主应当完善业主委员会的运行机制，积极履行和维护自己的合法权益。在争议产生后，应当防止矛盾扩大，及时进行调解，如果通过司法途径解决，往往耗时费力且收效甚微。

因此，在物业纠纷中各方应尽力秉着友好协商的态度，以调解为优先的方式解决矛盾。真正做到业主与物业管理公司、社区、司法调解系统各方共赢的良好结果，取得便捷的成效。

三、典型案例之五——电梯故障频发维修难　人民调解倾情解危难〔1〕

（一）案情简介

2015 年 8 月中旬，虹口区柳林小区一幢高层建筑的 2 台电梯中的一台因设备老化无法正常运行，24 层大楼共 150 余户居民，只能使用另外一台还能运行的“老爷”电梯。每当上下班高峰期间，电梯里塞满了急于进出的居

〔1〕 该案例系上海市虹口区广中路街道司法所调解员唐绮勇所主持调解的真实案例，调解过程、调解心得亦为唐绮勇所写。

民群众，一些刚搬入大楼的居民和正在装修房屋的居民，每天还要清运各种建筑垃圾、建筑材料和搬运各类家具家电，无疑增添了电梯使用矛盾。于是居民们纷纷要求物业公司尽快修理好电梯，然而物业公司也有一本难念的经，该小区一直没有成立业主委员会，所以物业公司不能动用维修基金，如果要对电梯进行大修，物业公司必须要先垫付10余万元资金，但物业公司无法拿出这笔大额资金。居民多次投诉并向电视台“帮女郎”节目组反映问题，“帮女郎”节目在2015年第1497期进行了播出，但是节目播出后问题始终没有得到解决，居民与物业之间一度矛盾比较激烈。大楼居民车某等找到柳营居委会要求人民调解。

（二）调解过程

柳林小区电梯故障引起了有关方面的重视，在收到居民的调解请求后，柳营居委会人民调解员迅速行动，按照有关法律、法规，结合街道平台优势，进行了三轮调解。

1.“人民调解”在法律允许条件下，特事特办解决居民棘手问题

柳林小区居民纷纷反映大楼里许多老人每天要进出买菜、看病，上下班高峰时一台电梯拥挤不堪。但是物业公司表示，由于小区没有成立业主委员会所以不能动用小区的维修基金，问题不在物业公司，而在于居民们心不齐，没有成立业主委员会。柳林小区电梯维修难的矛盾重点在于居民与物业公司互相推诿，不愿意负担电梯维修的资金。

根据《人民调解法》第17条的规定，当事人可以向人民调解委员会申请调解，人民调解委员会也可以主动调解。9月初柳营居委会人民调解员在司法所长的指导下，进行了第一次调解。根据居民和物业之间围绕电梯维修和未成立业主委员会无法动用维修资金的矛盾，主动介入，积极化解，及时平衡协调了各方面的关系。在第一次调解会上物业公司表示尽快与维修厂方联系。

然而，进入10月中旬，物业公司原来联系的电梯维修公司认为该小区电梯型号太旧，上海没有配件，只能将电梯全部拆下后送往原生产的天津工厂维修，但是厂方要求将资金先到位后再修理。所以一直无法实施电梯维修，大楼居民群众每天要上上下下、进进出出非常不便。一部分居民找到电视台“帮女郎”节目组，希望通过媒体向物业施压，不久节目组到现场做了了解，并进行了采访和节目转播，当时因涉及资金问题，节目组也无法解决维修矛盾。柳营居委会人民调解员组织了第二次调解，但效果不佳。

进入10月下旬，电梯维修工作依然没有动静，其根源还是维修资金的问题。人民调解员指出根据《上海市住宅物业管理规定》的有关规定，物业公司通过专业管理部门的优势，精选电梯维修企业确保居民楼电梯维修的速度与质量，房办对资金使用的合法程序可以特事特办。调解员建议物业公司对维修电梯的单位进一步优化。协调会上这一建议得到了物业公司的采纳，并当场表示放弃了原维修单位，重新寻找新的电梯维修公司。在调解过程中人民调解员希望物业公司多听听居民的呼声，希望新的维修企业能从便民服务的角度，先维修后付款，同时确保质量安全。房办代表也表示要物业公司尽快提供建设银行的工程核算报告，并且答应启用重大设备故障维修资金的方案，特事特办，做到边维修电梯边落实资金。最终，2015年10月30日达成调解协议：①聘请电梯维保单位进行检测、核算更换零件经费。②房管部门特事特办经业主2/3同意后开启绿色通道。③物业同意在2015年11月30日之前修复电梯。从而有效地解决了没有建立业主委员会的老小区，大楼电梯重大维修难的矛盾。

2. 人民调解搭建各方沟通平台，充分平衡各方利益，加速问题的解决

柳营居委会人民调解员在协调电梯维修问题上，为相关各方积极迅速地解决问题搭建了良好的协商和沟通的平台。9月初，人民调解员在首次调解时，邀请了居民代表，物业公司、房办等相关单位代表，一起协商解决维修电梯的矛盾。10月初，由于电梯维修的技术性问题，产生了巨大的群众矛盾，人民调解员立即将调解范围扩大，组织了物业公司、房办、居民区部分党员、五大员积极分子一起协商解决矛盾的办法。希望优秀居民代表也可以群策群力，贡献自己的一份力量。10月下旬，人民调解员第三次组织了物业公司、房办和部分居民代表一起协商化解矛盾。

3. 人民调解呼吁将心比心，争吵多为无效，协调才能解决矛盾

在柳林小区电梯维修问题上，我们可以看到，主要矛盾在于居民、物业和电梯维修厂谁也不肯率先垫付电梯维修资金，以至于电梯维修拖拖拉拉，无法及时解决。

从小区居民的角度来说，各居民居住楼层不同，搬入大楼时间顺序不同，使用电梯频率不同，电梯的折旧损害无法在众多业主之间公平分担，但是电梯维修又与小区业主的自身日常出行息息相关，电梯故障不仅耽误小区居民使用，也为小区居民的人身安全带来了隐患。

从物业公司的角度来说，如果要对电梯进行大修，物业公司必须要先垫

付10余万元资金，但是需要业主委员会同意，由于小区十几年来也未成立业主委员会，所以物业公司不能动用维修基金，如果由物业公司垫付这笔大额资金，等小区居民成立业主委员会，也是遥遥无期，也不现实。

从电梯维修公司的角度来说，电梯维修厂需要购买设备和支付人工成本，公司也有自己的规章制度，因此让电梯维修公司日后再收款更不可能。

由于缺乏业主委员会等居民协商平台，没有调解人，居民们群情激愤，甚至上公开的电视节目对物业施加压力，这显然是将精力浪费在无效的争论上，因此柳林街道居委会在三轮调解中，不断强调将心比心，居民为物业着想，物业为居民分忧，电梯维修厂通融一下收款时间，将智慧集中在解决问题上，从而尽快拟定解决方案。经过三轮的调解和沟通，在充分平衡各方利益之后，最终妥善解决了问题。

（三）调解心得

在矛盾沟通调解过程中，人民调解员通过平时与居民群众邻里间关系比较熟悉的优势，一次次主动调解物业和居民之间的矛盾，并且把物业维修中碰到的实际困难及时与居民坦诚沟通，争取居民的理解和支持，从而使居民在矛盾调解过程中“不打横炮”，“不顶牛角”，相互理解，积极配合。

通过成功调解这起因电梯维修引起的矛盾，我们看到了身边的“老娘舅”在化解居民生活矛盾中的突出作用。人民调解员通过加强与物业公司和居民群众的沟通，有效地促进了矛盾双方的理解和信任，从而能使大事化小、小事化了。

第四节　医疗纠纷调解

一、医疗纠纷的内涵

百度百科严格按照语义学作出解释，医患纠纷是医方（医疗机构）与患方（患者或者患者近亲属）之间产生的纠纷。医患纠纷包括基于医疗过错产生的医疗纠纷，也包括与医疗过错无关的其他医患纠纷（如欠付费的纠纷等）。《上海市医患纠纷人民调解工作实施办法》（沪司规〔2011〕2号）指出：“医患纠纷是指患者在就医过程中与医疗机构及其医务人员发生的下列民事纠纷：（一）医疗损害赔偿纠纷；（二）医疗服务合同纠纷；（三）其他适合医调委进行调解的纠纷。”此解释是从人民调解的角度诠释了医患纠纷概念，对医患纠纷的外延进行了科学划分。《上海市医患纠纷预防与调解办法》(2014 年 1 月 11 日上海市人民政府令第 12 号)作出定义：医患纠纷是指医疗机构及其医务人员与患者之间因医疗、护理等执业行为发生的争议。

在医患纠纷调解实践中，“医疗损害赔偿纠纷”通常是由医疗行为引起的，医方(医疗机构)的医务人员在诊疗护理等医疗活动中的某种过错或过失，造成了患方(患者或患者近亲属)伤害，从而在医患之间产生的对医疗结果、侵权与赔偿的纠纷。这一类纠纷占比最大，是医患矛盾的主要体现。除了由于医疗过错或过失引起的医疗纠纷外，有时医方的诊疗过程没有任何疏忽和失误，但在提供规范性服务方面存在问题，如书写病历不规范、告知不详细、回访不及时等，也较易引发纠纷。“医疗服务合同纠纷”在实践中单独存在的并不多，往往与医疗损害赔偿纠纷掺杂在一起，或者可以说，绝大多数是由医疗损害赔偿纠纷带出来的。“其他适合医调委进行调解的纠纷”大多与诊疗本身无关，而是由患者单方面的不满意引起的，这些不满意可能是因患者缺乏基本的医疗知识，对医疗处理、疾病的发展和难以避免的并发症以及医疗规范不理解而引起的，也可能是患方出于其他利益考虑的责难。

二、医患纠纷的特点

医患纠纷是现代社会特有的产物，是社会矛盾不断积累的结果。自 20 世纪 90 年代以来，全国各地医患矛盾日益突出，医患纠纷的数量呈上升趋势。重大医患纠纷及其引发的群体性事件屡有发生。据中国消费者协会统计，从 1996 年到 1998 年，该协会收到 328 件关于医患纠纷的书面投诉文件。从 2002 年到 2003 年，中华医院管理学会对全国 326 所各级各类医院的医患纠纷案件进行调查，统计显示这一年内发生过医患纠纷的医院占 98.47%。据原国家卫生和计划生育委员会统计，2002 年全国发生的医患纠纷案件为 6000 多起，2004 年上升到 8000 多起，2006 年超过了 1 万件，医患纠纷数量每年以 20% ~30% 的速度增长，医患矛盾有明显激化的趋势。2014 年，全国医疗卫生机构总诊疗量达 78 亿人次，全国发生医患纠纷 11.5 万件。[1]

只有观察、研究、把握医患纠纷的规律特点，才能积极应对目前的医患纠纷，从而找寻解决之道。通过分析归纳，笔者认为，医患纠纷有以下五个

〔1〕 参见白剑峰：《医患和谐是主流》，载《人民日报》2015 年 1 月 22 日，第 9 版。

特征：

1. 医患纠纷发生的偶然性

患方到医院治病，医生对症治疗，大多数情况下相安无事，但也会发生一些意外。例如，患者手术中出现大出血，患者对常用药过敏，患者不小心在门诊大厅摔倒，护士去照看其他病患而来晚了……一个人仅仅因为最平常不过的流感到医院看病，谁都不会想到在输液过程中竟然毫无征兆地死亡。诸多意外的产生，概率虽低，但这种意外在某个时刻发生，一定会打乱医患关系，进而可能引发医患纠纷。因此，医患纠纷的前因与后果并不是简单的线性对应关系，医患纠纷何时、何地、以何种方式产生都是难以把握的。

2. 医患纠纷原因的复杂性

从患者遭受的损害原因看，有纯疾病本身造成的损害，如癌症、脑梗等；有医方因素造成的损害，如手术操作失误、用药不当或过量等；也有患方因素造成的损害，如不遵医嘱、擅自停药等。更多的损害是多种因素叠加的结果，如疾病本身加上医方的疏忽。由此引发的医患纠纷在空间、时间上都是不确定的，一旦发生纠纷，有的不仅仅是个人、家庭与医生、机构间的矛盾，也可能演变成众多社会矛盾的一个缩影或是爆发的窗口。连锁反应衍生出其他矛盾，稍有疏忽放任，纠纷都有可能发展成群体性事件，进而影响社会的和谐稳定。

3. 医患纠纷危害的蔓延性

社会系统复杂、庞大，环环相扣，特别是在微媒体时代，人们的交流和获取信息的方式、途径更加多样、便捷，如微博、微信，让每个人都成为记者，每个人都可以发表评论，无论这种评论是否符合客观现实，只要这种评论能够产生一种情绪，那么这种情绪就会激起涟漪，而且蔓延速度和范围都是几何级的。而医患纠纷本身就具有"吸引人眼球"的一切要素，悲痛、无助、失去亲人、社会不公等，这些通过传播、扩散，人们会从最初的同情、质疑，到后来的追讨监管方政府的责任、责难医疗卫生制度，甚至导致人群对立和严重的政治风险。

4. 医患纠纷处置的紧迫性

一般认为，医患纠纷不及时解决会对社会的基本价值和行为结构产生威胁，并且会随时间延长增加不确定性，这种不确定性通常会向不利于矛盾解决的方向发展。上文提到危害的蔓延性，就会导致我们常常来不及作出反应,事态已经陷入了混乱之中。一些“医闹”[1]或别有用心者借机生事,在医疗机构设灵堂、拉横幅,不仅影响了正常的医疗秩序,而且通过不断地聚焦放大悲痛,给个人、家庭、社会带来不幸和创伤,进而影响社会和谐。医患纠纷从发生到激化,有一个临界值或阈值,我们必须快速作出反应,在临界值到来之前的可控时段立即采取措施,防止不利情绪的传染。这其中,一旦医疗机构出现了医患纠纷,人民调解员第一时间赶到现场也许不能解决纠纷,但至少可以提供一个医患双方表达意见的途径,给矛盾一个缓冲地带,引导双方冷静、客观地面对现实,为后续工作争取时间和信任。

5. 医患纠纷处理的滞后性

“病来如山倒,病去如抽丝”说的是疾病,但用在医患纠纷上也非常贴切,任何医患纠纷都不会像它突然来临那样突然消失,医患纠纷总是会持续一段时间,其后续的影响会更加长久。首先,绝大多数医患纠纷都伴随着人身的损害,无论这种损害是来自疾病还是治疗失误,目睹肢体残疾、生命消逝的亲朋,在心理上的痛苦和创伤不仅会带来情绪上的激愤,而且会带来言语和行动上的对抗,要抚平、要疏导都需要一定的时间;其次,要认定一起医疗行为的责任,也不是一时半会儿的事情,需要调查取证、专家咨询、医疗鉴定,如果涉及死亡的可能还需要尸检。当然,滞后性也有积极的一面,可以有充足的时间调查取证,查阅司法判例,咨询医学、法学专家,通过规范的程序确保调解符合法理和社会良俗,同时还可以协助医疗机构发现诊疗中的某些不足和漏洞,促进其不断改进服务水准。

三、医疗纠纷调解的原则与方法

自 2006 年起,上海市创新社会管理模式,探索通过人民调解化解医患纠纷。2014 年 1 月 11 日,上海市政府颁布了《上海市医患纠纷预防与调解办法》,该办法是对上海市医患纠纷预防与调解工作的全面总结,自 2014 年 3 月 1 日起施行。

---

[1] 医闹,是指受雇于医疗纠纷的患者方,与患者家属一起,采取各种途径以严重妨碍医疗秩序、扩大事态、威胁造成负面影响的形式,给医疗机构施加压力从中牟利的行为。医闹采取的行为有,在医院设灵堂、打砸财物、设置障碍阻挡患者就医,或者殴打医务人员、跟随医务人员,或者在诊室、医师办公室、领导办公室内滞留等。

目前,上海市全面开展的医患纠纷人民调解工作贯彻了三项原则:

1. 调解自愿

调解自愿是贯穿人民调解始终的一项基本原则,当事人可以接受调解,也可以不接受调解;调解过程中,当事人不愿再继续调解的,可以随时要求终止调解。因此,调解程序的启动、持续以及最终协议能否达成,主要取决于当事人的意愿。

2. 调解优先

调解优先有利于发挥人民调解化解矛盾纠纷的独特优势,及时有效地化解或缓解医患纠纷。调解优先是程序性优先,主要体现在人民调解是解决医患纠纷的首要选择,为医患双方当事人提供交流沟通平台的重要作用上。发生医患纠纷后,及时引导医患双方优先通过人民调解途径化解纠纷,至于医患双方当事人是否选择通过人民调解途径化解,还取决于其自身的意愿。人民调解是解决医患纠纷的重要途径,但不是解决医患纠纷的唯一途径。贯彻调解优先原则,并不意味着当事人只能选择人民调解方式化解医患纠纷,当事人还可以选择其他法律途径解决。人民调解员调解纠纷,坚持在当事人自愿、平等的基础上进行调解,不得为追求调解而限制当事人依法通过行政、司法等途径维护自己的权利。

3. 主动调解

主动调解是人民调解发挥作用的有效方法,也是人民调解有别于其他纠纷解决机制的一大特色和优势。调解组织可在获悉医患纠纷后,主动介入医患纠纷。《上海市医患纠纷预防与调解办法》规定,获悉医疗机构内正在发生重大医患纠纷的,医调委[1]应当指派人民调解员开展现场疏导工作,并可以接受医患双方当事人的调解申请。一方面提供一个医患双方的有效沟通平台,以避免矛盾激化;另一方面主动提供纠纷解决途径,有利于当事人理性维权。

---

〔1〕 全称医患纠纷人民调解委员会。根据《上海市医患纠纷预防与调解办法》第5条的规定,医调委是专业调解所在行政区域内医患纠纷的群众性组织,接受区、县司法行政部门的指导。医调委调解医患纠纷,不收取任何费用。医调委依法独立调解医患纠纷,不受任何组织或者个人的干涉。

四、典型案例之六——现场引导纠纷　借力化解矛盾[1]

（一）案情介绍

2014年4月25日晚10时20分左右，患者臧某某驾驶过程中呕吐昏倒在马路上，“110”接警后通知家属送往宝山区某医院抢救。医院抢救3小时后宣布死亡。患方认为医院抢救措施不力导致患者死亡，要求医院赔偿患者父亲20年赡养费24万元。医院认为病人来院时间很短，真正死因不明，建议患方做尸检和医疗事故责任鉴定，均遭患方拒绝。医院表示对患者给予了及时、正确的治疗，患者的死亡与院方的医疗行为不存在因果关系，但出于对患方的人道安抚，愿意给患方一定金额的补偿。医患双方在赔偿金额上差距甚大。

（二）调解过程

1. 闻讯主动介入。4月30日上午，患方数十名家属聚集在医院，要求医院对死去的亲人负责，否则将使事态进一步扩大。医院第一时间通知调解员，希望调解员到现场引导家属以调解方式解决纠纷。调解员放下电话立即驱车赶赴现场，看到一大群人站在医院大厅高声吵闹，在医生的指引下，调解员径直来到臧某某的父亲面前，首先说明自己是医患纠纷人民调解员，对他们失去亲人表示同情和哀悼，安抚他们激动的情绪，接着调解员向他们简单介绍了医调委的群众性自治组织性质和人民调解工作方便快捷的特点，劝导他们不要冲动，要理性维权，希望他们通过人民调解解决纠纷。听了调解员的话，死者家属渐渐平复了烦躁激动的情绪，表示商量后再决定是否调解。

2. 依法受理调解。5月5日一大早，患方20余人到医调委要求调解。调解员热情地接待了他们，对他们给予的信任表示感谢，并与他们仔细交谈，详细了解事实经过和患方诉求。臧父告诉调解员，他是江苏盐城农民，养育一儿一女，妻子已经过世多年，女儿女婿在超市工作，经济困难，儿子尚未成家，生前在上海经营门店。他说，儿子进医院时有呼吸、有心跳、有血

---

[1] 该案例系上海市宝山区医患纠纷人民调解委员会人民调解员董国杰所主持调解的真实案例，调解过程、调解心得亦为董国杰所写。

压，可是医院抢救了196分钟，病历上写着窒息死亡。他怎么也想不明白病人只是呕吐症状怎么会死于窒息？他坚信肯定是医院延误了抢救时机。臧父还说儿子才33岁，正是人生的黄金时期，也是他后半生的希望，如今儿子死了，对他打击很大，他年纪大了，身体又不好，希望医调委早点解决，满足24万元的赔偿要求，否则就用自己的方式解决。听了臧父的话，调解员耐心解释，解决纠纷的前提是查明事实，分清责任，在没有尸检和医疗事故鉴定结论的情况下，医院肯定不会答应赔偿要求。调解员向他说明，医调委将启动专家咨询程序，让专家来判定医院是否存在问题，然后视责任程度进行调解。调解员再次劝说家属在此期间保持冷静克制，不要做冲动的事情。和家属谈完，调解员又主动征求医院的调解意愿，医院表示希望在医调委的主持下与患方协商，并提交了相关材料和初步解决意见。

3.组织专家咨询。5月13日上午，医调委邀请权威医院急诊科专家就该案进行了专业咨询。专家查看了病历资料，并分别与医患双方见面，在详细了解了患者症状和抢救过程后，判定依据现有资料，医疗行为和死亡结果不存在因果关系，不构成医疗事故，但指出医院在预检分诊、病史记录等方面存在一定瑕疵。得知专家的意见后，调解员及时与医患双方进行了解释沟通。患方虽然认可医疗行为未构成责任事故，但臧父一再强调自己唯一的指望就是儿子，现在儿子不在了，今后的生活无法保障，因此，只是小幅降低了先前提出的赔偿金额。在与院方沟通中，医院承认专家咨询与之前医院自行委托医学会组织的鉴定结论基本一致，医院行为跟死亡没有直接因果关系，但医疗行为确实有缺陷，由于担心产生“小闹小赔，大闹大赔”示范效应，所以医院坚持只在医疗过错范围内给予赔偿。

4.依靠关键人物。关键人物对能否化解纠纷至关重要。患方家属主动邀请某王姓好友参与纠纷调解。王先生50余岁，在某大型国有企业管理部门工作。调解员细心观察，发现他能力强，思路清，有文化，讲道理，在家属中具有较高威望，是患方的主心骨。据此，调解员以王先生为切入点，通过多次推心置腹的交谈，告诉他医院承担的是与其过错相应的赔偿责任，希望他劝说家属放弃不切实际的过高要求，在赔偿金额上适当作出让步。王先生尊重医调委的意见，答应做好家属思想工作，为调解协议的顺利达成奠定了基础。

5.兼顾各方利益。根据双方的赔偿金额差距，调解员再次约见了患方当事人，指出根据专家意见医疗行为没有构成医疗事故，也就是说，只能在最低责任事故赔偿范围内进行赔偿。同时安慰患者家属,考虑到患方实际经济情况,会尽力为其适当多争取一些。5 月 15 日上午,调解员又代表医调委参加了卫生行政部门组织的协调会,调解员提出了解决纠纷的想法,虽然医院医疗行为和死亡没有必然因果关系,但有相应因果关系,医院应适当考虑死者家属、家庭经济、社会稳定等因素,在原有赔偿基础上少许提升。医院和卫生行政部门接受了调解员的意见,并希望尽早组织调解。5 月 23 日上午,医调委组织双方调解,希望双方相互体谅,各退一步,争取合理化解纠纷。同时以专家咨询意见为参考依据,厘清责任,确定赔偿数额,提出调解方案,耐心解释说明。最终在医调委的主持下,医患双方签订了人民调解协议书,双方均对调解结果表示满意。

(三)调解心得

作为人民调解员,妥善化解医患纠纷,不仅要使调处结果得到医患双方当事人的认可,还要使医患纠纷人民调解工作经得起社会的检验,避免因工作不当引发矛盾升级,因此,调解员在调解工作中,应坚持第三方中立原则,公平、公正解决医患纠纷,维护医患双方合法权益。

一是坚持主动调解。在这个案件中,当调解员获悉医疗机构内正在发生重大医患纠纷时,就第一时间赶赴现场,向患方亮明身份,告诉他自己是谁,自己的工作是什么,工作的目的是什么,方法是什么,让当事人对人民调解产生正确的认识。同时,最重要的是在现场疏导当事人情绪,耐心倾听当事人的陈述,赢得他们的信任,而不是在事实不清、责任未明的情况下作出武断的评判。

二是坚持依法调解。调解员始终坚持以法治思维和法治方式来指导自己开展调解工作。根据调解自愿原则,调解员征求了双方的意见,在得到肯定答复后,按照《上海市医患纠纷预防与调解办法》依法受理。受理纠纷后,调解员仔细调查核实事实真相,通过与双方多次交流沟通,发现这起纠纷经过比较简单,患者在路边昏倒后被紧急送往医院经抢救无效死亡。然后确定有权申请调解的当事人,因藏某某生前未婚,既没有配偶又没有子女,母亲已经去世,父亲就是他唯一的法定继承人,即为患方当事人。最后再确定双方的争议焦点,患方认为死亡是由医院抢救不力造成的,责任全在医院;医院认为患者的死亡与医疗行为不存在因果关系,只同意人道主义补偿。

三是坚持尊重科学。医患纠纷较复杂且专业性极强,特别是对于死亡案件，由于家属对医学知识的不了解和丧失亲人带来的巨大伤痛，往往会先入为主地认定医院“将好端端的大活人致死”，而医院在没有作出相关鉴定的情况下，也不会轻易承认错误。而医疗行为和死亡结果关系的有无，责任的大小，医疗过错的多少直接关系到赔偿金额的确定，以及双方是否接受，甚至关系到调解成功的可能性。在这个案例中，调解员及时启动专家咨询，由医学领域权威人士对医方治疗过程进行客观评估，科学界定医疗责任，以此为基础确定调解思路，提高了调解的权威性和公信力。

四是坚持利益兼顾。在人民调解工作中，调解员始终以“为政府分忧，为医院解难，为患者维权”为宗旨，组织医患双方平等协商、互谅互让，运用法、理、情相结合的方式，最大限度地满足医患双方需求，为维护社会和谐稳定做贡献。在调解这起纠纷过程中，调解员一方面讲法律、重科学，参考专家咨询意见，确定责任归属及程度，计算赔偿项目和金额，并在此基础上对当事人合法、合理的诉求依法予以支持，对不合法、不合理的诉求，明法析理，耐心细致地做好疏导工作，使当事人放弃诉求或作出让步。另一方面摆事实、讲道理，劝说医院考虑社会稳定和患方家庭经济等因素，小幅提高赔偿金额，因势利导使双方利益达成平衡，实现了法律效果与社会效果的统一。

五、典型案例之七——把“专业术语”转换成通俗易懂的“百姓语言”[1]

（一）案情简介

患者朱某于 2015 年 12 月 14 日因“持续性颈部疼痛伴左上肢疼痛无力 1 周”至某医院骨科门诊就医，后诊断颈椎病收住入院。入院后完善各项检查，于 12 月 16 日和 18 日分别在局部麻醉下进行 C5－6 和 C6－7 经皮穿刺椎间盘微创消融术。18 日术后当天晚间，患者突然从床边摔倒，并出现言语不清、神志模糊、左侧肢体偏瘫、伸舌左偏等症状，经头颅 CT 明确为脑梗死（右侧 MCA M1 段闭塞）。虽经溶栓等积极治疗，但患者病情进行性加重，很快出现脑疝症状，医方在 12 月 20 日全部麻醉下进行去骨瓣减压术，仍无

[1] 该案例系上海市长宁区医患纠纷人民调解委员会人民调解员张震所主持调解的真实案例，调解过程、调解心得亦为张震所写。

效,最终于12月24日死亡。家属认为该院手术操作粗暴是导致脑梗死并发症的直接原因,遂引发纠纷。

患方认为,患者平素体健,入院仅10天就与世长辞,与院方的不规范操作有必然联系。具体有两点:一是手术并非缓解患者疼痛的唯一途径;二是患者术后因严重并发症造成最终脑梗死,与医方在微创手术过程中的操作不当有必然关联,综合两点要求医院经济赔偿。

医方认为,对于患者的诊断明确,诊疗过程中不存在过失,手术后出现脑梗死是不可避免的手术并发症之一,而非手术操作不当所致,医方不应该承担责任,因此不同意经济赔偿。

(二)调解过程

人民调解员张老师受理该纠纷后,先是联系了患方,对整个事件进行了详细的调查。该纠纷主要争议点在于患方对医方的诊疗过程有众多疑问,主要原因是医院官方网站上宣传该手术属于微创手术,相比传统手术具有创伤小、并发症少等优点,且手术成功率非常高,也不会造成任何并发症和副反应等,况且主刀医生是该院技术非常高超的主任医生,对该手术具有十拿九稳的把握,所以才慕名而至。可是事与愿违,术后出现了严重的并发症,短短10天就夺走了一位原本身体健康的老人的生命,如此巨大的心理落差是家人们不能接受的。对于患方的心情,张老师表示理解并致以真挚的慰问,他将患者的质疑一一记录在案,并表示调查了解后将尽快答复患方。同时,张老师向患方表示,医调委一定会公平、公正地站在第三方的角度和立场来处理每一件医患纠纷,如有需要还将启动专家咨询程序。张老师一番真诚的话语得到了患方的信任,家属们激烈的情绪有所缓解。

在耐心听取了患方的陈述和意见后,张老师又认真梳理了相关病历资料,归纳了患方提出的疑问,随后向医方调查。医方认为,在患者的诊疗过程中,诊断明确,处置得当,抢救得力,发生大面积脑梗死实属医疗意外情况。不过,医方表示愿意在医调委的主持下,合法合理妥善地处理本次纠纷。张老师告诉医方,患者及其家属毕竟不是专业医务人员,希望医方能用通俗易懂的语言向其进行沟通解释,不然矛盾将会更加激烈,同时表示希望启动专家咨询程序来向双方进一步沟通,医方表示理解支持。

经过现场咨询,专家认为院方存在以下不足:①院方对于该病人的术前告知不完善;②术前未经正规保守治疗就选择微创手术,略显仓促;③颈椎病的诊断依据欠充分，鉴别诊断不详细；④手术指征掌握不严格；⑤短期内（仅间隔一天）施行二次微创手术是否妥当，值得商榷。

对于专家的意见，医患双方均表示接受。最终家属降低了索赔要求，在张老师的主持下签订了调解协议，该起医患纠纷得到了圆满化解。

（三）调解心得

诊疗行为的专业性决定了医患纠纷具有极强的专业性。随着医学科学的快速发展，新技术、新方法的不断涌现，以及环境的变化、人民生活习惯的改变引起新疾病不断出现，导致诊疗活动专业性越来越强，医患纠纷也越来越复杂。这些特点要求参与调解的人民调解员必须具备一定的专业知识，否则将难以分析纠纷的争议焦点、评估责任分担并进一步计算赔偿金额，更无法找到调解的突破口。在本案中，患方提出了很多诊疗过程中的专业问题，尤其是对医方该不该立刻进行手术、手术过程中是否存在粗暴操作产生了较大的疑问。人民调解员张老师针对患方提出的疑问，用通俗的语言向患方解释说明，将专业的医学术语转换为浅显易懂的语言，使患方听得懂、听得明白。这样，既可以让患方感到人民调解员的体贴周到，又可以避免患方对诊疗行为产生更多的误解。

本案在启动专家咨询前，医方的态度还是比较强硬的，不愿承担高额赔偿，但经专家当面咨询和分析后，医方虽然认识到自身的不足，但是面对巨额赔偿款，始终比较纠结。张老师不厌其烦地与医院的管理方和当事医生反复沟通，坚持公平、公正的调解原则，以换位思考的方式积极诱导医方，最终使医方态度转变，欣然接受了人民调解员的建议，并愿意与患方通过调解化解纠纷。

附　录

配套练习题

一、选择题

1. 许多学者将纠纷视为一个包含着不同阶段的发展过程,一般认为可以将纠纷划分为三个阶段,以下不属于三阶段之一的是(D)。

A. “前冲突”阶段　　B. 双向的“冲突”阶段

C. 第三人介入的“纠纷”阶段　　D. “后冲突”阶段

2. 在我国民事诉讼法语境下,下列制度不属于可以较为适宜的针对群体性纠纷特点的是(D)。

A. 代表人诉讼制度　　B. 民事公益诉讼制度

C. 共同诉讼制度　　D. 第三人撤销之诉制度

3. 以下属于民事纠纷的是(A)。

A. 某公安局向某商场采购一批办公用品,后因办公用品存在瑕疵所产生的纠纷

B. 张某作为国家工作人员将单位所有的其代为保管的 5 万元据为己有

C. 公务员小李对单位对其作出的记大过处分不服所产生的纠纷

D. 王某对工商局对其作出的吊销营业执照不服所产生的纠纷

4. 下列纠纷不属于现代型纠纷的是(C)。

A. 垄断纠纷　　B. 债券纠纷

C. 医疗纠纷　　D. P2P 纠纷

5. 下列不属于人格权的是(C)。

A. 人身健康权　　B. 名誉权

C. 身份权　　D. 肖像权

6. 下列属于私力救济的是(B)。

A. 人民调解 B. 和解

C. 法院调解 D. 行政调解

7. 下列纠纷可以通过仲裁予以解决的是(C)。

A. 甲和乙之间感情破裂产生的离婚纠纷

B. 甲和乙之间因收养关系产生的纠纷

C. 甲和乙之间因钢材购销合同产生的纠纷

D. 甲因县政府不公开政府信息所产生的纠纷

8. 以下不属于人民调解的优势的是(B)。

A. 成本低 B. 所达成调解协议的强制履行性

C. 纠纷解决体现意思自治 D. 有利于情感维系

9. 以下说法不正确的是(D)。

A. 民事诉讼属于公力救济的一种 B. 仲裁属于社会救济的一种

C. 自决属于私力救济的一种 D. 法院调解属于私力救济的一种

10. 以下说法正确的是(A)。

A. 民事诉讼制度作为民事权利救济的最后一道防线,具有支撑、维持其他纠纷解决方式的作用

B. 传统意义上的仲裁不必以当事人之间在仲裁之前达成的仲裁协议为前提

C. 人民法院主持下达成的调解一般不需要制作调解书

D. 行政机关不能参与调解

11. 以下不属于"马锡五审判方式"的特点的是(A)。

A. 严格依照法律程序办事

B. 深入调查

C. 在坚决执行政策法令和维护群众基本利益的前提下,进行合理调解

D. 诉讼手续简便

12. 现行《民事诉讼法》对调解的态度是(B)。

A. 人民法院审理民事案件,应当着重进行调解;调解无效的,应当及时判决

B. 人民法院审理民事案件,应当根据自愿和合法的原则进行调解;调解不成的,应当及时判决

C. 能调则调,当判则判,调判结合,案结事了

D. 调解优先,调判结合

13. 关于我国传统调解制度的特征说法不正确的是(B)。

A. 调解形式多样,有民间调解、官府调解及官批民调等方式

B. 调解范围仅限于民事纠纷

C. 调解带有强制色彩,甚至有时是处理一些民事纠纷的必经程序

D. 调解体现了"和为贵"的精神追求

14. 以下说法不正确的是(A)。

A. 社会调解的主要力量包括工会、妇联等群众团体、行业社会组织、街道、律师等

B. 吸引律师参与到调解工作中来,可以提升调解的质量

C. 律师在"大调解"工作中的运行模式包括志愿服务模式、政府出资购买服务模式、调解事务所模式等

D. 妇联参与调解主要围绕预防和化解婚姻家庭矛盾,维护妇女儿童的合法权益来展开

15. 下列关于行政调解的说法不正确的是(D)。

A. 行政调解是由行政主体主持的,以国家法律、政策和公序良俗为依据,以自愿为原则,通过说服教育等方法调停、斡旋,促使当事人友好协商,达成协议,消除纠纷的调解制度

B. 行政调解因属于调解的一种,所以也具有调解所具有的一般属性

C. 行政调解应遵循自愿合法、平等、效益等原则

D. 行政调解与行政裁决含义差不多

16. 根据《民事诉讼法》及相关司法解释,关于法院调解,下列哪一个选项是错误的?(C)

A. 人民法院可以委托与当事人有特定关系的个人进行调解,达成协议的,人民法院应当依法予以确认

B. 当事人在诉讼中自行达成和解协议的,可以申请人民法院依法确认和解协议并制作调解书

C. 人民法院制作的调解书生效后都具有执行力

D. 人民法院调解书确定的担保条款的条件成就时,当事人申请执行的,人民法院应当依法执行

17. 某借款纠纷案二审中,双方达成调解协议,被上诉人当场将欠款付清。关于被上诉人请求二审人民法院制作调解书,下列哪一个选项是正确

的？（ C ）

A. 可以不制作调解书，因为当事人之间的权利义务已经实现

B. 可以不制作调解书，因为本案属于法律规定可以不制作调解书的情形

C. 应当制作调解书，因为二审人民法院的调解结果除解决纠纷外，还具有对一审人民法院的判决效力发生影响的功能

D. 应当制作调解书，因为被上诉人已经提出请求，人民法院应当予以尊重

18. 下列关于法院调解的适用范围说法错误的是（ C ）。

A. 执行程序不适用调解

B. 适用特别程序的案件不适用调解

C. 有关婚姻关系的案件不能调解

D. 适用督促程序、公示催告程序的案件不适用调解

19. 法院调解中下列案件不属于一般不需要制作调解书的是（ D ）。

A. 调解和好的离婚案件　　B. 调解维持收养关系的案件

C. 能够即时履行的案件　　D. 标的额较少的案件

20. 以下关于法院调解说法错误的是（ C ）。

A. 调解超出诉讼请求的，人民法院可以准许

B. 双方可以就不履行调解协议约定民事责任

C. 人民法院可以准许调解约定一方不履行，另一方可以请求人民法院对案件作出裁判的条款

D. 调解所达成的协议不得违反国家利益、公共利益及他人的合法权益

21. 关于法院调解约定中的担保说法正确的是（ C ）。

A. 调解约定中只能提供物保不能提供人保

B. 案外人或者第三人不能提供担保

C. 案外人提供担保的，人民法院制作调解书应当列明担保人，并将调解书送交担保人

D. 担保人不签收调解书的，调解书不发生效力

22. 下列关于仲裁中的调解，说法不正确的是（ B ）。

A. 仲裁庭在作出裁决前，可以先行调解

B. 调解达成协议的，仲裁庭应当制作调解书或者根据协议的结果制作裁决书。调解书与裁决书具有法律效力的不同

C. 调解书应当写明仲裁请求和当事人协议的结果。调解书由仲裁员签名，加盖仲裁委员会印章，送达双方当事人

D. 调解书经双方当事人签收后，即发生法律效力

23. 甲诉乙损害赔偿一案，双方在诉讼中达成和解协议。关于本案，下列哪种说法是正确的？（ C ）

A. 当事人无权向人民法院申请撤诉

B. 因当事人已达成和解协议，人民法院应当裁定终结诉讼程序

C. 当事人可以申请人民法院依和解协议内容制作调解书

D. 当事人可以申请人民法院依和解协议内容制作判决书

24. 我国台湾地区“民事诉讼法”规定，下列不属于法院调解成立的是（ D ）。

A. 调解委员会委员酌定的调解条款，经法官核定后视为调解成立

B. 法官酌定的调解条款在书记官记录于调解笔录上时，视为调解成立

C. 法官依职权确定的条款于调解方案送达后 10 日内未提出异议的，视为调解成立

D. 当事人一方或者双方于确定的调解期日未到场，法官有权决定调解不成立或者另行决定调解日，同时对相关当事人进行处罚

25. 以下属于我国台湾地区“民事诉讼法”规定不得调解的情形是（ D ）。

A. 其他法定机关调解不成立的案件

B. 公示送达或者送达至境外的案件

C. 金融机构因消费借贷和信用卡合同产生的纠纷案件

D. 标的额大的案件

26. 下列关于我国台湾地区乡镇市调解委员会的组织说法不正确的是（ D ）。

A. 乡镇市调解委员会包括主席 1 人、调解委员会委员 7 ~ 25 人、秘书 1 人、干事 1 ~ 3 人

B. 在调解委员会委员中妇女名额不得少于 1/4

C. 调解委员会委员由乡镇市长遴选乡镇市内具有法律或其他专业知识及信望素孚之公正人士

D. 调解委员会委员之任期为 5 年，连任续聘时亦同

27. 下列关于我国台湾地区乡镇市调解与大陆人民调解制度启动方式的差异说法正确的个数是（ D ）。

①乡镇市调解的启动方式有“声请调解”及“移付调解”两种

②人民调解则有“当事人申请调解”及“人民调解委员会主动调解”两种

③前者法院移付案件是乡镇市调解特有的情形，带有上级对下级交办案件的意味，且当事人无选择的权利，仅能在调解结果上主张接受或不接受

④人民调解员可以主动介入纠纷积极调解，也是人民调解制度所特有的，且当事人处于被动的状态

A. 1 个　　B. 2 个　　C. 3 个　　D. 4 个

28. 下列关于日本的调停制度说法不正确的是（ D ）。

A. 日本的民事调停是指第三方进行的居中调解或协助，以达到自主解决当事人之间纠纷的目的

B. 调停由法院组成的调停委员会进行，与审判程序是分开的，性质上属于法院附设调解

C. 日本有专门的《民事调停法》

D. 调停与诉讼和解一样，都在诉讼过程之中，属于诉讼程序的一部分

29. 下列关于德国法院调解说法不正确的是（ D ）。

A. 地方法院和州法院应在程序进行中努力促成当事人和解，不问诉讼到何种程度，法官应注意使诉讼或各个争点得到很好的解决

B. 法官可以在庭审开始前向当事人发出附有简短理由的书面建议

C. 在审理前的准备程序中，法官发掘当事人都有和解的愿望或者从掌握的情况来看应尽量争取妥协性解决的话，可以单独制定一次和解期日

D. 德国不存在强制调解

30. 下列关于法国调解专员制度的说法，不正确的有几个？（ A ）

①法国的调解专员制度主要是用于行政调解

②调解专员的职务范围很广，不仅包含了受理当事人对国家行政机关、地方行政机关、公务法人机关的行政诉讼案件，还包含了受理负有执行公务的私人机构的各种申诉案件

③调解专员制度并不是一种正式程序，调解专员在受理申诉后经过调查，绝大多数情况下，案件都会调解结束

④调解专员可能认为申诉无理由，应向申诉人说明理由，拒绝提出补救建议；认为申诉有理由，调解专员一般能够说服行政机关修改原来的决定

A. 0 个　　B. 2 个　　C. 3 个　　D. 4 个

31. 下列关于韩国的常任调解委员说法不正确的是（ D ）。

A. 常任调解委员由法院行政处长从具有法官、检察官、律师资格,并在国家机关等从事过法律相关业务,或者担任过法学助理教授以上职位达到15年以上的人员中委任

B. 常任调解委员具有与调解担任法官同等的权限

C. 常任调解委员领取相应的报酬,原则上不得从事其他职务

D. 调解委员会的调解长只能由常任调解委员担任

32. 下列关于韩国的司法型调解程序说法不正确的是(B)。

A. 调解程序原则上不予公开,但经调解机关许可可以旁听

B. 起诉前调解申请不具有消灭时效中断之效力

C. 调解程序中的当事人及利害关系人的陈述不得在民事诉讼中援用

D. 如果调解机关认为强制执行成为调解的障碍,可在一定情形下中止执行程序

33. 下列关于韩国的司法型调解的效力与结果的说法不正确的是(D)。

A. 当事人之间无法达成协议或者协议内容不适当且没有作出替代调解之决定的,可以以调解不成立为由终结案件

B. 当事人之间无法达成协议或者协议内容不适当时,只要不存在相当的理由,调解机关应依职权在申请宗旨的范围内斟酌诸多情况而作出替代调解之决定

C. 对于替代调解之决定,当事人可在收到该决定书或者其调解笔录正本之日起两周以内提出异议申请

D. 调解成立或者替代调解之决定得到确定时,不产生既判力和执行力

34. 按照韩国调解法的相关规定,下列不属于适合于受诉法院调解的案件是(D)。

A. 因交通事故或者工伤事故引起的损害赔偿案件

B. 因对事实关系的证据调查进行得很充分,已经到了受诉法院可以对事实关系及其法律适用作出评价阶段的案件

C. 当事人希望尽快解决案件纠纷,可预计易于达成调解的案件

D. 多数当事人相互之间的利害关系严重对立的案件

35. 在加拿大安大略省,当事人必须在调解第一次开庭前,提交一份书面声明。声明必须表明本人已经清楚本案所涉及的事实和法律问题,了解了自己的地位和利益所在。声明还必须载明其已经与对方当事人达成一致意见,如果因为一方当事人没有及时有效地履行声明的义务而导致调解无

法继续的，调解员将取消调解，起草一份当事人不遵守义务的书面文件，提交调解协调人。当事人违反义务，可能的后果不包括（ D ）。

A. 在后续的诉讼程序中，法官不采纳其提供的书证

B. 如果是原告，法官驳回起诉；如果是被告，不采纳其抗辩声明

C. 法官判决其负担更多的诉讼费用

D. 此案不能再进行调解

36. 村民甲、乙因相邻关系发生纠纷，甲诉至人民法院，要求判决乙准许其从乙承包的土地上通过。审理中，人民法院主动了解和分析了甲通过乙土地的合理性，听取了其他村民的意见，并请村委会主任做双方工作，最终促成双方同意调解。调解时邀请了村中有声望的老人及当事人的共同朋友参加，双方互相让步达成协议，恢复和睦关系。关于人民法院的做法，下列哪种说法是正确的？（ D ）

A. 人民法院突破审判程序，违反了依法裁判原则

B. 他人参与调解，影响当事人意思表达，违反了辩论原则

C. 双方让步放弃诉求和权益，违反了处分原则

D. 体现了司法运用法律手段，发挥调解功能，能动履职的要求

37. 下列不符合诚实信用原则的是（ D ）。

A. 禁止当事人恶意拖延，导致“久调不决”

B. 禁止当事人滥用诉讼权利

C. 在调解过程中当事人应当真实陈述，不应制造谎言，实施虚假陈述行为

D. 法官可以将调解作为一种查不清事实情况下而使用的诉讼中间方式

38. 下列不属于调解中立性要求的是（ C ）。

A. 调解人与纠纷不存在直接的利害关系

B. 调解人对纠纷不应先入为主

C. 调解人不应认识双方当事人

D. 调解人应当公平的没有偏见的对待双方当事人

39. 关于调解的保密原则说法错误的是（ A ）。

A. 人民法院审理民事案件，调解过程在任何情况下都不得公开

B. 调解的保密有利于当事人坦诚交流，促成调解协议的达成

C. 帮助调解人保持中立的地位

D. 隔离调解程序与裁决程序

40. 调解保密规则的主要价值考量在于(A)。

A. 鼓励调解和确保在诉讼中采取最佳证据以获得正义

B. 人民群众的法治教育

C. 人民群众的监督

D. 调解的权威性

41. 关于自愿原则的说法不正确的是(B)。

A. 人民法院的调解必须在双方当事人自愿的基础上进行

B. 在一定条件下,人民法院可以强制调解

C. 法院调解活动的进行,调解协议的达成必须以双方当事人的自愿为前提

D. 调解包括实体意义的自愿与程序的自愿

42. 以下关于合法原则说法错误的是(A)。

A. 为了体现调解的灵活性,调解应当削弱当事人的程序保障

B. 程序上的合法是指人民法院的调解活动应当按照法定程序进行

C. 实体上的合法是指双方达成的调解协议不应违反法律的禁止性规定,不得侵犯国家利益、社会利益、他人的合法权益

D. 不管是人民调解还是法院调解都必须遵循合法的原则

43. 以下不属于《人民调解法》明确规定的人民调解的原则的是(D)。

A. 在当事人自愿、平等的基础上进行调解

B. 不违背法律、法规和国家政策

C. 尊重当事人的权利,不得因调解而阻止当事人依法通过仲裁、行政、司法等途径维护自己的权利

D. 查清事实、分清是非原则

44. 关于人民调解的平等原则说法错误的是(D)。

A. 当事人在调解活动中法律地位平等

B. 当事人在适用法律上平等

C. 人民调解组织和调解人员与纠纷当事人地位平等

D. 关于调解立法上的平等

45. 人民调解在一定调解下可以遵循情理进行调解,这样做的意义不包括下列哪项?(B)

A. 可以在一定情况下弥补法律规定的不足

B. 有利于调解结果的稳定性、规范性、可预见性

C. 可以有效地促进社会和谐

D. 有利于纠纷的彻底解决

46. 以下关于调解原则功能说法不正确的是(B)。

A. 立法准则功能　　B. 直接适用功能

C. 行为准则功能　　D. 引导创造性司法的功能

47. 以下关于人民调解与国家机关之间的关系不正确的是(D)。

A. 国务院司法行政部门负责指导全国的人民调解工作

B. 县级以上地方人民政府司法行政部门负责指导本行政区域的人民调解工作

C. 基层人民法院对人民调解委员会调解民间纠纷进行业务指导

D. 基层人民检察院对人民调解协议可以提出检察建议

48. 下列关于人民调解委员会说法不正确的是(C)。

A. 人民调解委员会是依法设立的调解民间纠纷的群众性组织

B. 村民委员会、居民委员会设立人民调解委员会，企业事业单位根据需要设立人民调解委员会

C. 人民调解委员会由委员 3 ~ 8 人组成，设主任 1 人，必要时，可以设副主任若干人

D. 人民调解委员会应当有妇女成员，多民族居住的地区应当有人数较少民族的成员

49. 按行政主体划分，以下不属于行政调解的是(B)。

A. 基层人民政府组织的调解

B. 村民委员会、居民委员会主持的调解

C. 政府职能部门主持的调解

D. 法律、法规授权的组织主持的调解

50. 关于人民法院主持调解说法不正确的是(D)。

A. 主持调解的可以是合议庭，也可以是独任审判员

B. 人民法院可以邀请有关专家、律师等协助人民法院调解

C. 在案件受理后，裁判作出前，人民法院可以委托有利于案件解决的人民调解、行政调解、行业调解等有关组织或者人大代表、政协委员等主持调解

D. 经各方当事人同意，人民法院委托前述单位或者个人对案件进行调解，达成的调解协议因本质上属于人民调解协议，人民法院不应依法予以确认

51. 关于诉讼调解的调解员，下列说法正确的是（ A ）。

A. 诉讼案件的调解员由负责处理案件的审判人员担任

B. 我国《民事诉讼法》对诉讼调解的调解员资格作出了相应的规定

C. 诉讼调解的调解员已经实现了专职化

D. 诉讼调解的调解员对调解只主持，不指挥

52. 下列关于人民调解员任职条件的表述，说法不正确的是（ B ）。

A. 为人公正，联系群众，热心人民调解工作

B. 具有一定的政策、法律水平以及大专以上的文化水平

C. 我国成年公民，具有完全民事行为能力

D. 爱岗敬业，无私奉献，具有高度的责任感

53. 下列有关律师调解的表述，说法正确的是（ B ）。

A. 律师在诉讼调解中的作用不因代理权限的不同而有所差别

B. 实践中，当事人不会仅仅将调解这一事项单独委托给律师

C. 律师不得在同一案件中为双方当事人担任代理人，但当事人另有约定的除外

D. 在诉讼中，律师作为当事人的委托诉讼代理人参与调解的行为，不属于诉讼代理的组成部分

54. 下列有关行业调解以及行业调解委员会的表述，说法不正确的是（ A ）。

A. 因犯罪曾受刑事处罚的人不得担任行业调解委员会的主任、委员和调解员

B. 行业调解委员会不得受理只能由专门机关管辖的纠纷

C. 当事人的调解申请被受理的，相应纠纷的诉讼时效中断

D. 当事人申请行业调解委员会调解的，由行业调解委员会决定是否受理

55. 成为一名合格的调解员，需要具备很多专业素养。以下属于调解员知识素质能力的是（ D ）。

A. 语言表达能力　　B. 洞察辨析能力

C. 沟通疏导能力　　D. 法律、法规政策素质

56. 以下不属于调解员待遇范围的是（ C ）。

A. 误工补贴　　B. 医疗、生活救助

C. 失业保险　　D. 抚恤优待

57. 下列不属于调解案件的来源的是(D)。

A. 当事人申请　　B. 人民法院的委托

C. 分流至诉讼程序、调解程序　　D. 调解组织依职权受理

58. 下列有关调解前的准备事项,排列正确的是(B)。

①案件调解的可行性评估　②调解员的确定

③发送调解通知　④初步会谈

A. ④③②①　　B. ③②④①

C. ③④②①　　D. ④②③①

59. 关于人民调解前的准备,下列说法正确的是(A)。

A. 人民调解委员会根据调解纠纷的需要,可以指定一名或者数名人民调解员进行调解,也可以由当事人选择一名或者数名人民调解员进行调解

B. 确定好调解的时间、地点和方式后,应当在3日内通知当事人

C. 当事人申请调解员回避的,调解员应当回避

D. 调解方案一般应当由担任调解工作的调解人员组织相关人员拟定

60. 下列有关调解的表述,说法不正确的是(C)。

A. 审前调解原则上应当在人民法院进行,必要时,也可以在其他合适场所进行

B. 调解以当事人本人亲自参加为原则

C. 调解过程应当不予公开

D. 当事人可以自行提出调解方案,主持调解的人员也可以提出调解方案供当事人协商时参考

61. 以下不宜作为法院调解的地点的是(D)。

A. 法庭内　　B. 当事人住所地

C. 案件发生地　　D. 审判人员办公室

62. 根据法律规定,调解员在调解前应当以________形式告知当事人人民调解、法院调解和行政调解的性质、原则和效力,以及当事人在调解活动中享有的权利和承担的义务。上文横线处应填写的内容是(C)。

A. 口头　　B. 书面

C. 口头或书面　　D. 口头和书面

63. 法律规定,部分案件经法院调解,双方当事人达成协议的,可以不制作调解书,而将协议内容记入笔录,由双方当事人、审判人员、书记员签名或盖章后,即具有法律效力。下列案件中,不属于这类案件的是(C)。

A. 调解和好的离婚案件　　　　　B. 调解维持收养关系的案件

C. 争议额较小的债务纠纷案件　　D. 能够即时履行的案件

64. 下列有关法院调解终结程序,说法错误的是(D)。

A. 当事人就部分诉讼请求达成调解协议的,人民法院可以就此先行确认并制作调解书

B. 当事人一方尚未签收调解书的,调解书不发生法律效力

C. 侵害案外人利益的调解协议,人民法院不予确认

D. 调解协议约定一方提供担保或者案外人同意为当事人提供担保的,人民法院应当准许。担保人不签收调解书的,调解书不发生法律效力

65. 根据《民事诉讼法》规定,调解未达成协议或者调解书送达前一方反悔的,人民法院应当(A)。

A. 及时判决　　　　　B. 再次组织当事人调解

C. 判决驳回诉讼请求　　D. 终止审理

66. "经商事调解组织、行业调解组织或者其他具有调解职能的组织调解后达成的具有民事权利义务内容的调解协议,________具有民事合同性质。"上文横线处应填写的内容是(B)。

A. 送达双方当事人后　　B. 双方当事人签字或者盖章后

C. 协议一经达成　　　　D. 经人民法院制作调解书后

67. 下列不属于人民调解协议履行的基本原则的是(D)。

A. 实际履行原则　　B. 适当履行原则

C. 协作履行原则　　D. 保密履行原则

68. 下列哪一项不属于人民调解协议的履行方式?(A)

A. 代履行　　B. 自觉履行

C. 督促履行　　D. 强制执行

69. 崔某与父亲崔某某订立的人民调解协议约定,崔某要在 5 月 1 日向崔某某一次性支付赡养费 4000 元,但在 4 月 5 日崔某明确告知崔某某他不愿意支付这笔赡养费,在 5 月 1 日不会向崔某某支付约定的 4000 元钱。这属于不完全履行人民调解协议中的(B)。

A. 默示毁约　　B. 明示毁约

C. 履行不能　　D. 延迟履行

70. 法院调解协议生效的时间是(D)。

A. 送达当事人之后　　B. 当事人签名或盖章后

C. 依法制作成调解书后　　　　　D. 因是否制作调解书而有所不同

71. 下列哪一项不属于有效人民调解协议应当具备的条件？（ B ）

A. 当事人意思表示真实

B. 当事人在调解协议上签字或盖章

C. 当事人具有完全民事行为能力

D. 调解协议的内容不违反法律、法规的强制性规定或者社会公共利益

72. 下列哪一项不属于可变更或可撤销的人民调解协议？（ B ）

A. 因重大误解订立的人民调解协议

B. 完全不能辨认自己行为的精神病人订立的人民调解协议

C. 显失公平的人民调解协议

D. 一方以欺诈、胁迫手段订立的人民调解协议

73. 下列关于调解协议的司法确认程序，说法不正确的是（ C ）。

A. 调解协议的司法确认程序具有非讼性质

B. 经人民调解委员会达成协议的，双方当事人可以自调解协议生效之日起30日内共同向人民法院申请司法确认

C. 调解协议经过司法确认程序后不会再有争议

D. 调解协议的司法确认程序以裁定的方式作出

74. 当事人向人民法院申请调解协议以司法效力的，调解协议有下列哪种情形的，人民法院应当裁定驳回申请？（ A ）

A. 调解协议违反自愿原则　　　　B. 不属于人民法院受理范围的

C. 调解协议内容涉及物权　　　　D. 涉及适用公示催告程序的

75. 下列哪一项不可能是人民调解协议司法确认管辖法院？（ D ）

A. 人民调解委员会所在地基层人民法院

B. 人民调解委员会所在地基层人民法院派出法庭

C. 委派人民调解委员会调解的人民法院

D. 人民调解委员会所在地基层人民法院的委托法院

76. 下列不属于人民调解协议司法确认制度优越性的是（ D ）。

A. 提升人民调解解决纠纷的有效性

B. 缓解人民法院的审案压力

C. 解决人民调解协议效力问题

D. 彻底解决当事人之间的矛盾和纠纷

77. 下列有关调解协议司法确认程序的表述，说法正确的是（ C ）。

A. 司法确认程序是确认之诉

B. 司法确认程序审查应该是一种形式审查

C. 司法确认程序审查的对象应当是调解协议，但不排除涉及原纠纷

D. 我国目前建立了人民调解协议与行政调解协议两种司法确认程序

78. 下列哪一项不属于广义的“诉调对接”？（ D ）

A. 诉讼调解与判决的衔接

B. 人民调解与法院诉讼的衔接

C. 行政调解与法院诉讼的衔接

D. 刑事和解与法院诉讼的衔接

79. 下列哪一项属于调解与诉讼对接的内部原因？（ C ）

A. 构建和谐社会的需要

B. 加强社会主义民主法治建设

C. 社会纠纷的多元化发展趋势

D. 充分发挥调解与裁判两种手段的作用

80. 司法实践中，下列哪一项矛盾纠纷一般不在“诉调对接”范围之内？（ C ）

A. 家庭类纠纷　　B. 相邻权纠纷

C. 知识产权纠纷　　D. 商事纠纷

81. 关于人民调解与法院诉讼的对接，全国有不同的对接模式。与通过人民调解员驻派人民法院的形式实现“诉调对接”对应的模式是（ B ）。

A. 归州模式　　B. 白河模式

C. 鼓楼模式　　D. 静安模式

82. 下列关于先行调解的表述，说法不正确的是（ D ）。

A. 先行调解是立案前的调解

B. 先行调解是人民法院对立案庭职权扩展时设立的一种调解方式

C. 先行调解必须是自愿调解

D. 先行调解的主体是人民法院

83. 下列有关诉前强制调解的表述，说法正确的是（ A ）。

A. 诉前强制调解的性质是法院调解

B. 诉前强制调解的调解者原则上具有司法或者准司法的身份，特殊情况除外

C. 现行立法明确规定了“哪些案件不适用诉前强制调解”

D. 从理论上说，诉前强制调解的效力及于确定力、形成力与执行力

84. 下列哪一项内容无法体现委托调解与法院诉讼的对接？（ C ）

A. 委托调解结束后，有关机关应当将调解结果告知人民法院

B. 人民法院根据委托调解协议制作调解书

C. 调解成功的，调解员应当将调解协议提交人民法院备案

D. 人民法院对委托调解协议的司法审查

85. 当事人有权利共同向人民法院申请赋予人民调解协议以司法效力，人民法院经司法审查认为不符合法律规定的，应当裁定驳回申请。对于驳回申请的裁定，当事人可采取的救济方式不包括（ D ）。

A. 变更原调解协议　　B. 达成新的调解协议

C. 向人民法院起诉　　D. 向人民法院申诉

86. 一般情况下，确认调解协议无效案件的诉讼标的是（ B ）。

A. 原纠纷中的民事实体法律关系或实体权利

B. 人民调解协议中的合同法律关系

C. 人民调解协议中的实体请求权

D. 人民调解协议中的合同撤销权

87. 下列有关行政调解协议的效力改革与完善的建议，不恰当的是（ A ）。

A. 明确行政调解协议具有行政与民事合同的双重效力

B. 允许约定行政调解协议具有强制执行力

C. 赋予行政调解协议以公证执行效力

D. 赋予行政调解协议以支付令效力

88. 下列有关诉讼调解与判决关系的表述，正确的是（ B ）。

A. "调解优先、调判结合"应当作为工作基本准则

B. "调解优先"必须在"调判结合"的前提下进行

C. 进入诉讼程序之后，选择法院调解还是判决的方式，主要由法官决定

D. "调解优先"的司法政策一定程度上能够改变法律的强制制约

89. 以下不属于婚姻家庭纠纷调解特征的是（ D ）。

A. 当事人多选择诉前调解，调解率相对较高

B. 案件数量逐年增多，离婚纠纷占比高，且呈现低龄化趋势

C. 分家析产及继承案当事人人数多，法律关系复杂

D. 涉及房产争议的案件比例低

90. 调解员处理婚姻家庭纠纷时，一般情况下不可能适用的法律、法规是（ B ）。

A. 最高人民法院相关司法解释

B.《法律适用法》

C.《民法典》

D.《民事诉讼法》

91. 下列哪一项不属于分家析产纠纷调解的基本原则？（ C ）

A. 有利于生产和生活的原则

B. 自愿原则

C. 女多男少原则

D. 坚持和睦团结、互谅互让原则

92. 以下不属于相邻关系纠纷调解特征的是（ C ）。

A. 调解不成判决执行困难

B. 所涉纠纷法律关系交叉

C. 纠纷的标的额一般较大

D. 调解过程较长，当事人矛盾尖锐

93. 下列不属于常见的物业纠纷调解案件类型的是（ D ）。

A. 物业服务合同纠纷

B. 物业公司侵犯业务权益纠纷

C. 开发商遗留问题引起的纠纷

D. 因公摊过道引起的业主纠纷

94. 下列有关物业纠纷调解思路，说法正确的是（ A ）。

A. 对物业纠纷进行归类划分

B. 不应参考人民法院审判思路

C. 调解时考量因素应当单一

D. 调解物业合同纠纷应当以法律条文为唯一标准

95. 调解员主持物业纠纷调解时，应当（ C ）。

A. 上门调解

B. 前往居委会调解

C. 遵循就地原则与便利原则

D. 使用法言法语

96. 下列不属于常见的医疗纠纷调解案件类型的是（ B ）。

A. 经鉴定为医疗事故的医疗纠纷

B. 医疗保险纠纷

C. 医疗机构剥夺患者知情权引发的纠纷

D. 医疗服务存在瑕疵引发的纠纷

97. 下列有关医疗纠纷调解协议效力，表述正确的是（ D ）。

A. 不同于人民调解协议的效力

B. 本身不具有法律约束力，但可以申请司法确认

C. 法律规定当事人一方可以申请司法确认程序

D. 调解协议本身不具有强制执行力

98. 下列不属于医疗纠纷调解原则的是（ C ）。

A. 依法调解原则　　B. 意思自治原则

C. 按约赔偿原则　　D. 双方地位平等原则

二、判断题

1. 纠纷的存在对社会发展没有任何积极意义，所以纠纷越少越好。（ × ）

2. 纠纷只存在于奴隶制社会、封建制社会、资本主义社会这些阶级社会，社会主义社会关系和谐，所以不存在纠纷。（ × ）

3. 纠纷归根结蒂是因为人们利益上的冲突，包括物质上利益的冲突和精神上利益的冲突。（√）

4. 按照纠纷的本身性质可以将纠纷划分为利益性纠纷与个体性纠纷。（ × ）

5.《民事诉讼法》根据实际情况，设定了给付之诉、确认之诉和形成之诉等三种类型的诉。（√）

6.《秋菊打官司》这部电影所体现的纠纷性质属于原则性纠纷。（√）

7. 民事纠纷的内容主要包括人身关系和财产关系。（√）

8. 当前我国民事纠纷的发展呈现出纠纷类型多样、增长迅速、群体性纠纷多发、纠纷内容日趋复杂等特点。（√）

9. 我国的社会主义法治体系已经建成。（√）

10. 人们评价某一社会文明与社会秩序的文明程度，其基本依据在于该社会中社会冲突或纠纷发生的频度和烈度，而不在于纠纷解决机制的健全程度及其对现实社会冲突的排解能力和效果。（ × ）

11. 在民事纠纷解决机制的语境下，公力救济多数情况下专指民事诉讼。（√）

12. 纠纷解决机制是指一个社会为解决纠纷而建立的由规则、制度、程序和机构及活动构成的系统。包括狭义的纠纷解决机制，主要指国家通过相关法律、法规建构或界定的、由各种正式与非正式制度或程序构成的综合性解纷系统；以及广义的纠纷解决机制，还包括非制度化的临时性、个别性

纠纷解决活动,以及民间社会自发形成的各种私力或自力救济。(√)

13. 与诉讼裁判相比,调解的方式灵活多样,调解可以不受法律拘束,仅从道德、情理出发作为解纷的依据。(×)

14. 在仲裁程序中,仲裁员不能支持调解。(×)

15.《中国大百科全书》对调解的定义为双方或多方当事人之间发生民事权益纠纷,由当事人申请或者人民法院、群众调解组织认为有和好的可能时,为减少讼累,经人民法院或者群众调解组织从中疏导、说服教育,使当事人互相谅解,争端得以解决,是谓调解。(√)

16. 某种意义上讲,调解是谈判(交涉)的延伸。二者的区别在于中立第三方的参与。而其中的第三方,即调解人的作用也是区别审判和仲裁的关键因素——调解人没有权利对争执的双方当事人施加外部强制力。(√)

17. 调解作为一种历史悠久的传统的非诉讼程序,也是当代 ADR 的一种基本形式,在世界各国广泛应用,但具有的具体形式和运作方式又因地因时而不同。(√)

18. 人民调解委员会调解民间纠纷,可以适当的收取一些劳务费。(×)

19. 人民调解,是指人民调解委员会通过说服、疏导等方法,促使当事人在平等协商基础上自愿达成调解协议,解决民间纠纷的活动。(√)

20. 诉讼调解制度第一次以独立的民事诉讼法条文形式出现,是在国民党政府 1935 年 2 月颁布的第二部民事诉讼法中即《修正民事诉讼法草案》。(√)

21. 大调解,一般认为,是指在党委政府的统一领导下,由政法综治部门牵头协调、司法行政部业务指导,调处中心具体运作,职能部门共同参与,整合各种调解资源,对社会矛盾纠纷的协调处理。(√)

22. 中华人民共和国成立后,法院调解主要经历了"调解为主"阶段—"着重调解"阶段—"自愿合法"阶段。(√)

23. 基于保障当事人权益,在民事诉讼再审程序中人民法院不能进行调解。(×)

24. 人民法院审理附带民事诉讼案件,可以进行调解,或者根据物质损失情况作出判决、裁定。(√)

25. 我国台湾地区法院调解仅存在于第一审程序,审判和调解是相分离的。(×)

26. 我国台湾地区"民事诉讼法"上存在强制调解的情形。(√)

27. 我国台湾地区“民事诉讼法”上规定,调解成立者,与诉讼和解有同一之效力。(√)

28. 我国台湾地区的乡镇市调解原则包括当事人同意原则、保密原则、不收费原则、不抵触法令原则。(√)

29. 在我国台湾地区由于民意代表具有较高的权威性,利于调解工作的开展,所以很多民意代表都兼任调解委员。(×)

30. 我国《宪法》对人民调解有所规定。(√)

31. 在我国台湾地区调解委员为无给职,由各乡镇市公所编列年度预算来支应,其额度及范围亦视地方财政能力适度酌编。(√)

32. 我国台湾地区乡镇市调解在进行调解前,必须先确认案件当事人已同意才可进行调解,所谓当事人不包括民事事件的双方当事人以及告诉乃论刑事事件的被害人。(×)

33. 在韩国的司法型调解中进行调解的调解机关包括调解担任法官、常任调解委员和调解委员会。(√)

34. 美国调解主要适用以下几类案件:有关消费者权益保护、租佃关系的民事争议和小型的刑事案件;特定的较大争议,包括各族冲突引发的争议、环境争议和婚姻家庭关系争议;相关系复杂、实力对等、不希望破坏彼此合作关系的双方当事人之间的争议。(√)

35. 在我国不管是人民调解、行政调解,还是法院调解都应该遵循自愿原则。(√)

36. 加拿大法律鼓励当事人通过调解方式离婚,以达成双方都可以接受的未成年子女监护和抚养的合意。但是,最终是否选择调解程序,取决于当事人意思自治。(√)

37. 加拿大魁北克省调解制度最大的特色在于法官担任调解员,目前这一制度开始只适用于公司诉讼。(×)

38. 在加拿大安大略省,当事人可以从调解员名册中选择调解员,但不可以在名册之外选择调解员。(×)

39. 调解的合法原则与调解的灵活性存在不可调和的冲突。(×)

40. 经法院调解所达成的协议应当是当事人双方自由处分实体权利的结果,必须充分反应当事人意愿,这是调解自愿原则的体现。(√)

41. 查清事实、分清是非原则是以事实为依据,以法律为准绳的司法原则在法院调解中的具体落实和体现。(√)

42. 主持调解以及参与调解的人员，对调解过程以及调解过程中获悉的国家秘密、商业秘密、个人隐私和其他不宜公开的信息，应当保守秘密，但为保护国家利益、社会公共利益、他人合法权益的除外。(√)

43. 已为人民法院生效调解书所确认的事实，在后诉中当事人无须举证。(×)

44. 当事人可以向人民调解委员会申请调解，依照“不告不理”原则，人民调解委员会不可以主动调解。(×)

45. 当事人在人民调解活动中应当履行如实陈述纠纷事实的义务，这是诚信原则的体现。(√)

46. 村民委员会、居民委员会的人民调解委员会委员由村民会议或者村民代表会议、居民会议推选产生；企业事业单位设立的人民调解委员会委员由职工大会、职工代表大会或者工会组织推选产生。(√)

47. 人民调解委员会委员每届任期 5 年，可以连选连任。(×)

48. 人民调解委员会应当建立健全各项调解工作制度，听取群众意见，接受群众监督。(√)

49. 村民委员会、居民委员会和企业事业单位应当为人民调解委员会开展工作提供办公条件和必要的工作经费，为了保持人民调解的中立性、社会性，基层人民政府不能参与人民调解经费的筹措。(×)

50. 在道路交通、劳动争议、医疗卫生、物业管理、消费者权益保护、土地承包、环境保护以及其他纠纷多发领域，人民法院可以与行政机关、人民调解组织、行业调解组织等进行资源整合，推进建立“一站式”纠纷服务平台，切实减轻群众负担。(√)

51. 行政调解的调解员素质参差不齐，调解的专业性和独立性也不强。(√)

52. 人民调解员因病或者去世不能履行职务时，由原选举单位补选、补聘。(×)

53. 我国收费调解与不收费调解并存。(√)

54. 当事人申请行业调解的，应当提交申请书与必要的证据材料。(×)

55. 调解员的职业道德，在《人民调解法》中有系统的规定，但在《民事诉讼法》中只有零散的规定。(×)

56. 调解员的配偶享受抚恤和优待的以人民调解员从事人民调解工作牺牲为前提。(√)

57. 人民调解委员会对于特别紧急的案件可以不经当事人同意直接调解。(×)

58. 人民调解委员会对于已经受理的民间纠纷,应在正式调解前尽快确定一名纠纷调解主持人。(√)

59. 实践中对于调解规模没有限制,既可以是一个调解员,也可以是多位调解活动参加者。(√)

60. 审前调解应当由调解法庭、调解法官主持。(×)

61. 调解协议约定一方提供担保或者案外人同意为当事人提供担保的,人民法院应当准许。(√)

62. 调解员应当主动告知当事人调解的规则和程序,并宣布当事人在调解过程中应当遵守的纪律和注意事项。(×)

63. 对于违背当事人真实意思的调解协议,人民法院不予确认。(√)

64. 当事人不能对诉讼费用如何承担达成协议的,影响调解协议的效力。(×)

65. 审判人员所进行的调解活动属于广义范畴的审判活动,具有审判上的意义,人民法院的调解书也具有司法的性质。(√)

66. 发生劳动争议,当事人不愿协商、协商不成或者达成和解协议后不履行的,可以向调解组织申请调解;不愿调解、调解不成或者达成调解协议后不履行的,可以向劳动争议仲裁委员会申请仲裁;对仲裁裁决不服的,除法律另有规定外,可以向人民法院提起诉讼。(√)

67. 人民调解委员会对于不履行或者履行不符合约定的行为,如经督促、教育、协调仍不履行人民调解协议或不按约定履行的,应告知当事人请求基层人民政府处理或向人民法院起诉。(√)

68. 人民调解协议都可以由公证机构赋予强制执行的效力。(×)

69. 人民调解协议约定一方当事人向另一方当事人支付3000元赡养费,但义务人只支付了2000元的,这种情况属于部分履行。(√)

70. 我国现行法律、法规没有明确规定行政调解协议的效力。(√)

71. 如果调解协议内容不明确,无法确认和执行的,人民法院可以不予确认该调解协议的效力。(√)

72. 人民调解协议是否变更和撤销,最终决定权由遭受损害的一方当事人享有。(×)

73. 在部分情况下,调解协议的一方当事人也可以向人民法院申请司法

确认。(×)

74. 双方当事人共同到人民法院申请司法确认的,人民法院可以当即受理并作出是否确认的决定。(√)

75. 首次规定人民调解协议司法确认程序的是《人民调解法》。(√)

76. 按照最新法律规定,人民调解协议司法确认程序用决定书。(×)

77. 行政调解协议系在行政机关主持下达成,因此不应进行司法确认。(×)

78. 先行调解制度以及诉讼和人民调解相衔接的制度规定在同一《民事诉讼法修正案》中。(√)

79. 冲突主体的纠纷解决观和内在需要是诉讼与调解对接的外部原因。(×)

80. "诉调对接"方式的确定是人民法院和当事人共同意志作用的结果,归根结蒂起决定性作用的是人民法院的司法权。(×)

81. 上海市静安区人民法院采用法官驻派人民调解组织的方式实现"诉调对接"。(√)

82. 委托调解按照所处诉讼阶段不同,可分为诉前委托调解、诉中委托调解和诉后委托调解三种。(×)

83. 委派调解失败的,特邀调解员应当将当事人起诉材料移送人民法院。当事人坚持诉讼的,人民法院依法进行立案登记。(√)

84. 权力化倾向明显、"诉调对接"的广泛化以及重视诉讼之外的纠纷解决机制等均是调解与诉讼对接模式折射出的共性。(√)

85. 未经司法确认的人民调解协议案件包括确认人民调解协议无效的案件、请求变更或撤销人民调解协议的案件和请求履行人民调解协议的案件。(×)

86. 司法确认申请被驳回后起诉的案件的诉讼标的,是原纠纷中的民事实体法律关系或实体权利。(×)

87. 对于未经司法确认的人民调解协议案件,当事人诉诸人民法院的,人民法院可在双方当事人同意的基础上启动诉讼调解解决纠纷。(√)

88. 规范诉讼调解中法官释明权的行使是诉讼调解的完善方向。(√)

89. 诉讼调解不同于人民调解,应当如同判决一般严格遵守程序规则,并做到"查明事实、分清是非",做到调解符合案件客观真实。(×)

90. 调解遗产继承纠纷时,应充分发挥遗产效用的原则。(√)

91. 调解婚姻家庭纠纷要注意在不背离法律原则的基础上保护弱势的当事人的利益。(√)

92. 调解继承纠纷时,应当为遗腹子保留相应的预留份。(√)

93. 调解相邻关系纠纷时,调解员可根据需要在调解前勘验现场。(×)

94. 对积怨较深的相邻关系纠纷,为避免正面冲突,多采用"背靠背"的方式进行调解,不采用"面对面"的方法实施调解。(×)

95. 损坏公共财物纠纷属于物业服务合同纠纷。(×)

96. 业主群体性纠纷,应根据当事人人数及领导者的情况决定调解方法和策略。(√)

97. 对于已经持续较长时间的开发商遗留问题、业主欠费、物业服务质量等纠纷,调解员可以根据个案情况,择机介入调解。(√)

98. 医疗纠纷调解员必须具有完备的医疗知识。(×)

99. 当前应着力完善医疗纠纷的行政调解制度。(√)

100. 医疗事故赔偿费用,实行一次性结算,由承担医疗事故责任的医疗机构和造成医疗事故的医务工作者共同支付。(×)

三、简答题

1. 人们总是倾向于将纠纷作为秩序的对立面加以理解,然而进一步研究发现两者有时也有协调的一面。简述纠纷与秩序相协调的一面。

参考答案:第一,秩序是一种和谐或均衡不断在达成,也不断在打破的动态;第二,纠纷是一个并不局限于明显或公开冲突状态的社会过程;第三,"秩序=善、纠纷=恶"的价值判断不一定总是可靠,有时还可能带来很大的问题或弊端。

2. 纠纷形成原因错综复杂,简要论述纠纷发生的原因。

参考答案:第一,利益的冲突。利益的冲突是造成纠纷的根本原因,也是最直接的原因。之所以会造成利益冲突,主要是因为社会的物质生产方式和资源的分配方式发生了变化。第二,社会观念差异。对纠纷的发生有较大影响的社会观念,包括多个方面,比如国家的治理理念,社会的文化传统、习惯,公众对纠纷的态度及其价值评价,社会关于正义、公平的观念,社会宽容、协商对话和诚信等道德信念,社会心理和纠纷承受力,这些集中体现为对纠纷的社会价值的判断以及基于这种判断形成的基本社会理念。第三,法治不健全。在法治化社会下,人们可以依靠那些确定的法律规范预测自己或其他人的行为,在此前提下作出具体的行为,以防止纠纷发生。此外,在现实的纠纷产生之后,法律运用国家强制力制裁违法和犯罪,并在一定意义上影响人们的思想,培养和提高人们的法律意识,引导人们的依法行为。第四,熟人社会向陌生人社会转变。这种情况造成的直接结果就是,不管是农村人口,还是城市人口,都被迫要与更多的陌生人交往,加大了纠纷发生的机会。

3. 分类研究是学术研究常用的方法之一,纠纷按照时间进行顺序可以分为哪几类?

参考答案:第一,萌发时期的纠纷。这一时期,纠纷当事人之间的不满并没有充分地表现出来,绝大多数的不满只是存于当事人自己的心中。第二,交涉、僵持时期的纠纷。此时各方都意识到了他们之间不协调状态的形成,并展开了一系列双向性的对抗或争斗行为,纠纷过程就进入了冲突阶段。第三,缓和消除或恶化形成时期的纠纷。这个阶段是由第二个阶段发展而来的,具体的表现有两种。即纠纷在各方的努力之下得到了解决,纠纷各方当事人的利益不再继续受损,社会关系也恢复了正常;或者各方当事人都不肯作出让步,导致纠纷进一步恶化。

4. 与行政纠纷、刑事纠纷相比较,民事纠纷具有自身的特点,简述民事纠纷的特点。

参考答案:其一,民事纠纷主体之间法律地位平等;其二,民事纠纷的内容是争议的民事权利义务关系;其三,民事纠纷具有可处分性,即在民事纠纷的解决方式和解决程序上,民事纠纷主体具有自治性。

5. 简述民事纠纷如果得到妥善解决所产生的积极功能。

参考答案:第一,社会减压阀功能。民事纠纷中蕴含着不满、愤怒、仇恨等情绪。纠纷过程就是纠纷主体发表意见、表达不满的过程。第二,提高社会系统的整合性与适应性。第三,刺激规则的再生产,并催生新规则。

6. 纠纷解决机制一般可以分为自力救济、社会救济、公力救济,简述各种救济方式的含义、特点及其所包含的种类。

参考答案:自力救济,指民事纠纷主体依靠自身的力量来解决纠纷,以维护自身的权益,是一种以威慑和制约为核心的富于效率和行之有效的社会控制机制。作为人类解决纠纷最为原始和最为简单的民事纠纷解决机制,自力救济传统上包括自决与和解两种形态。社会救济,是指依靠社会力量,并基于纠纷主体间合意处理民事纠纷的机制。其特点是,当事人将纠纷交给第三方,由第三方居中调停、判断,运用促成双方达成解决纠纷的一致意见,或者提出解决纠纷的方案供双方当事人执行。主要包括调解和仲裁两类。公力救济,是指纠纷解决机关依靠国家的公权力,依据国家制定的法律、法规来解决当事人之间纠纷的纠纷解决机制,主要包括诉讼以及某些行政机关的纠纷处理活动。比如基层人民政府,在组织纠纷双方进行调解后,如若达不成调解协议,基层人民政府有权直接予以处理。对基层人民政府作出的处理决定,当事人必须执行。这是一种典型的由行政机关处理纠纷的活动,属于公力救济的一种。当然,在民事纠纷解决机制的语境下,公力救济多数情况下专指民事诉讼。

7. 简述调解自身所具有的优势。

参考答案:第一,费用低廉。相较于民事诉讼和仲裁等纠纷解决机制,调解结案所需花费极少,是一种成本非常低廉的解纷机制。第二,结案时间短。调解不必像诉讼或仲裁那样经历立案、开庭审理、判决甚或上诉之标准流程,其对程序规则的要求较为随意,可依个案灵活选择,意味着当事人无须较长时间的等待即可解决纠纷。第三,利于彻底解决纠纷。在调解中,尽管调解人在初始阶段面对的是相对确定的某种争议,但在调解的过程中,当事人可以把新的事实引入,这些新的事实往往反映了当事人之间深层次的矛盾,是当事人真正希望解决的。第四,有助于情感的维系。在调解过程中,调解主持人通过晓之以理、动之以情,并通过对相关法律、法规的引用,既能增强当事人法治意识,又进行了道德教育,当事人在互谅互让的基础上达成协议。第五,保护隐私。在调解过程中,双方当事人告知调解人的信息,调解人会严加保密,不会透露给任何人。

8. 基于调解自身的制度定位和特点,同时结合制度的比较优势,作为多元化纠纷解决机制中的一环,调解具有自身的一些价值,简述调解所具有的价值。

参考答案:第一,效率。调解解决纠纷的方式在效率方面比其他方式更具有优势,与诉讼相比较,对当事人而言,调解的各种诉讼费用支出少、时间耗费少或者说时间效率高,败诉的风险小,当事人对纠纷解决的结局明确。第二,和谐。和谐社会是人们所追求的人类社会的美好前景,构建和谐社会是中国共产党在新时期大力提倡的治国方针。第三,秩序。秩序是社会、国家正常运行的基本保障,秩序是社会生活的必备条件之一,是人类生存的基本要求,是人类发展的前提条件。第四,自由。调解中的自由价值体现在当事人自愿方面,无论是诉讼调解还是非诉讼调解。

9. 简述当前我国民事纠纷的发展现状及其产生原因。

参考答案:当前,我国社会处于转型期,矛盾纠纷多发,人民法院受理案件持续增长。在此背景下,当前我国民事纠纷的发展呈现出如下特点:第一,纠纷类型多样、增长迅速;第二,群体性纠纷多发;第三,纠纷内容日趋复杂。民事纠纷产生的原因:首先,个人权利意识的增强;其次,纠纷解决机制的失灵;最后,公权力的失控。

10. 简述群体性纠纷的含义、特点。

参考答案:所谓群体性纠纷,指纠纷一方或双方在多人以上的特殊性社会纠纷,或者说,一方或双方在人数众多的情况下,相互之间坚持对某个价值物的公然对抗。群体性纠纷的逻辑前提乃个体性纠纷,没有个体性纠纷就没有群体性纠纷,群体性纠纷是个体性纠纷的复杂化表现。群体性纠纷与个体性纠纷相比,最大特点就是纠纷的主体要素比较复杂,并因此形成了纠纷的规模化和连带化。它可能是个体性纠纷的简单耦合,也可能是个体性纠纷的复合表现。群体性纠纷是现代社会的产物,随着商品经济的发展,各国经济增长迅速,工商业获得了较大的发展,人民的生活水平普遍提高,对同一种商品的反复需求增加。于是当某一种商品出现瑕疵时,会出现多数消费者向经营者索赔的局面,这就是群体性纠纷的表现形式之一。此外,大型企业在生产过程中容易对环境造成污染,与此对应的受害者也是多数,亦极易产生群体性纠纷。这些只是比较典型的例子,随着社会的发展,群体性纠纷的数量还会上升。鉴于群体性纠纷涉及的主体数量多,对社会造成的影响大,且极易发展成政治性事件,所以需要给予与个体性纠纷相同的关注。

11. 简答社会救济的两种方式,调解与仲裁的异同。

参考答案:所谓调解,通说认为是在第三方主体的主持下,以国家的法律、法规、规章、政策以及社会公德为依据,通过对纠纷当事人进行说服教育、规劝疏导,促使他们在平等协商、互相谅解的基础上自愿达成协议,从而解决民事纠纷的一项社会救济活动。仲裁是指双方当事人依书面协议的方式,自愿将纠纷交给仲裁机构,由其作出具有法律约束力的裁决的一种制度。两者的共同点是,第三者对争议的处理起着重要作用,且都以当事人的自愿为前提。二者的不同之处在于,调解结果更多的体现当事人的意愿,而仲裁更多的体现仲裁者的意愿。运用仲裁和调解处理纠纷,标志着整合人类社会解决民事纠纷的进步。

12. 简答仲裁作为当今社会一种解纷方式的优点。

参考答案:第一,仲裁员由当事人自行选任,当事人对自行选任的仲裁员所为判断结果较能信服;第二,不会产生外行人判断内行人纠纷的不合理现象,仲裁制度重视专业内的实际公平;第三,一裁终局,能迅速的解决纠纷,同时费用方面可能较低。

13. 简答调解的主要特征。

参考答案:第一,调解是在中立第三方的参与下进行的纠纷解决活动;第二,以当事人的自愿为前提;第三,调解协议本身的建立和生效不具有国家强制性,但效力能够得到国家强制力的保证;第四,与诉讼相比,调解具有特殊的程序利益,包括便利性、常识化、低廉、快速及时、非对抗性、保密、灵活性、彻底性、利于履行。

14. 调解与其他非讼程序一样,存在固有的局限性,简答调解所具有的局限性。

参考答案:第一,当事人的不理性行为,如对调解的抵触、对对方当事人的怨恨或猜忌、态度恶劣或不积极、缺乏诚意、破坏性的程度和态度、恶意等;第二,纠纷或冲突事件本身的对抗性和复杂性或缺少客观依据;第三,各方实力不对等;第四,律师及其他代理人的消极作用;第五,公众舆论的影响及公众的知情权。

15. 谈谈传统调解制度对现今的借鉴意义。

参考答案:第一,以"和为贵"的调解方式仍然是社区治理的有效手段;第二,传统调解的价值理念,例如道德教化、克己礼让仍值得现今倡导;第三,古代基层调解制度设置依然值得借鉴。

16. 简述新中国法治建设初期,民事审判工作以调解为主的原因。

参考答案:第一,缺乏民事案件判决的法律依据,而调解的灵活性弥补了这一空白;第二,缺乏专业的审判人才,调解是当时人民法院审判人员的主要工作方式;第三,人民法院的功能定位,尤其是其宣教功能,使民事诉讼"着重调解"。

17. "大调解"机制是社会主义法治理念的践行。社会管理创新背景下"大调解"格局具有哪些特征?

参考答案:第一,"大调解"以综合协调处理社会纠纷为主旨,尤其是对涉及面广、矛盾复杂的纠纷,综合各种调解部门、调解力量和调解方式协同处理;第二,"大调解"是一个互相协调、互相贯通的调解体系,纠纷当事人基于其程序主体地位，可以充分行使民事程序选择权，选择既符合纠纷特点，又符合自身需要的调解主体和调解方式进行调解，解决纠纷；第三，“大调解”的解纷主体与调解结果的达成具有一定的利益关联，解纷主体在调解中更具有积极性，调解方式也更为主动。

18. 司法调解是人民法院能动司法演绎的重要方面，能动司法要求司法调解应当解决好哪些方面的问题？

参考答案：第一，总体而言，“大调解”作为一个综合的、多层次的体系，是大众化调解与专业化调解的结合，司法调解在此体系中应当做强自身的专业性；第二，能动司法背景下司法调解的合法、自愿原则应当是，合法意味着“法不禁止皆自由”，自愿则是“契约起源于意愿”；第三，司法调解应当注重利益平衡原则的运用，利益平衡是司法调解改革过程中秉行的理念，也是司法调解具体实施中的方法论。

19. “大调解”具有哪些属性？

参考答案：一是调解的人民性。人民的法治的主体，人民参与和推动发展调解，调解服务于人民的根本利益。二是调解的法律性。调解遵循社会主义法治精神，不违背社会主义法律的基本原则与禁止性规定，总的原则仍然是在社会主义的基本框架内解决纠纷。三是调解的经济性。相较于诉讼的较高成本，调解具有低成本，简易便行，省时省力，减少讼累等经济性优势。四是调解的社会性。随着中国经济的快速发展，社会矛盾越来越多地涉及多层次社会关系，多样化的矛盾主体和多领域的利益冲突，涵盖了社会生活的方方面面。五是调解的政治性。从各个层次、各个领域扩大公民有序的政治参与，是与公民政治参与积极性不断提高相适应的现实需求。

20. “大调解”构建应当解决的主要问题有哪些？

参考答案：第一，建立专门的“大调解”领导协调机构，理顺管理体制；第二，整合相关机构和资源，实现效益最大化；第三，建构多元化纠纷解决机制，尊重当事人的程序选择权；第四，重视各种纠纷解决机制的合理分工和协调运作，努力实现公正与效益地解决纠纷的目的。

21. 简述人民调解在“大调解”体系中的地位和作用。

参考答案：第一，在“大调解”工作体系中，人民调解具有基础性地位，是构建和谐社会的基石。首先，从人民调解的组织来看，其在调解体系中具有基础性；其次，从人民调解所要处理的纠纷对象来看，其在整个社会矛盾中是基础性的；最后，从人民调解的方式方法来看，其也具有基础性。第二，在

“大调解”工作体系中,人民调解具有枢纽性地位,是化解社会矛盾纠纷的重要支柱。以人民调解为纽带,建设“大调解”工作体系,符合我国社会管理传统,拥有最广泛的群众基础,符合社会发展的大趋势。人民调解在“大调解”体系中的作用:一是缓解司法资源紧张的压力;二是加强党群关系维系;三是促进社会和谐建设。

22. 新时期应从哪些方面完善人民调解工作?

参考答案:第一,加快人民调解的立法步伐;第二,加大人民调解工作的宣传力度;第三,积极推进建立多种形式的人民调解组织;第四,加强基层人民调解队伍建设,包括规范调解员任职条件,提高调解员队伍的稳定性,加强调解员的业务培训,推进人民调解工作的职业化建设;第五,切实加强对基层人民调解组织的指导;第六,探索创新人民调解工作的机制,主要包括指导机制、衔接机制、联动机制、协作机制、咨询机制;第七,借鉴国外 ADR 经验,继续探索建立诉前人民调解制度。

23. 简答行政调解功能价值。

参考答案:第一,有利于政府转变职能,树立服务政府的理念;第二,有利于纠纷的彻底解决,营造和谐的社会氛围;第三,有利于增强公民的权利意识,营造良好的法治环境。

24. 谈谈对法院调解性质的理解。

参考答案:法院调解又称诉讼调解是指在人民法院审判人员的主持下,双方当事人就民事权益争议自愿、平等的进行协商,以达成协议,解决纠纷的诉讼活动。我国关于法院调解的性质,学界主要有三种观点:一是审判行为说。该说认为法院调解有两层含义:①法院调解是人民法院在审理民事案件的过程中,贯彻调解原则所进行的一种诉讼活动;②法院调解是人民法院行使审判权,解决纠纷,结束诉讼程序的一种结案方式。二是处分行为说,该说强调尽管法院调解是在法官的主持下进行,但它不同于人民法院运用审判权以判决方式解决纠纷的活动,其实质是当事人在人民法院的指导下运用处分权自律解决纠纷的过程,当事人合意是法院调解的本质。三是审判行为与处分行为相结合说。该说主张,应当从人民法院的审判行为与当事人的处分行为两个层面去认识法院调解的性质,应当把我国法院调解的性质看作当事人行使处分权和人民法院行使审判权相结合的产物。

25. 简答法院调解的作用。

参考答案:第一,有利于彻底解决当事人之间的纠纷;第二,有利于减少诉讼程序,及时化解矛盾;第三,有利于宣传法治,预防纠纷。

26. 简答当事人和解与法院调解之间的异同。(此处的和解指狭义的和解,根据《民事诉讼法》第 50 条规定,当事人和解是指在进入诉讼程序后,当事人双方通过自主协商,达成解决纠纷的协议,从而终结诉讼的活动。)

参考答案:共同之处:二者都发生在诉讼程序中,并且都是以当事人合意的方式解决纠纷,都能产生终结诉讼的后果。不同之处:首先,性质不同。法院调解是人民法院的审判行为与当事人处分行为相结合;而当事人和解则是当事人行使处分权的体现。其次,是否由人民法院参与不同。前者是,后者不是。最后,效力不同。与判决相同,法院调解是人民法院的结案方式之一,法院调解达成的协议等同于生效判决的效力,而当事人和解并非一种结案方式,当事人双方自行达成和解协议后,通常都是以原告撤诉的方式终结诉讼。同时,当事人自行达成的和解协议不具有强制执行力,只能依靠义务方的自愿履行。

27. 简答我国台湾地区"民事诉讼法"所规定的强制调解的情形。

参考答案:①不动产权利人之间因相邻关系产生的纠纷;②不动产界线纠纷;③不动产共有人因共有物产生的纠纷;④建筑物区分所有人和利用人就建筑物或其共有部分管理发生的纠纷;⑤不动产租金纠纷;⑥因定地上权的期间、租金、界限发生的纠纷;⑦交通事故和医疗事故纠纷;⑧雇佣契约纠纷;⑨合伙纠纷;⑩近亲属间的财产纠纷;⑪标的金额较小的纠纷。

28. 简述我国台湾地区乡镇市调解委员与大陆人民调解员产生方式、资格、任期的差异。

参考答案:第一,在调解委员产生的方式上,乡镇市调解制度与人民调解制度有着极大的差异。前者须通过地方首长遴选,再由司法机关审查通过,并报县政府备查后聘任,相当具有职权色彩;后者则完全以推举方式产生。第二,在委员资格方面,前者须具有"法律或其他专业知识及信望素孚之公正人士"的积极条件,以及"不得受有刑事处分、民事宣告、行政处分"的消极条件;后者则在《人民调解法》中,特别增加了"人民调解委员会支持当地公道正派、热心调解、群众认可的社会人士参与调解"的条文,为民间团体、社会人士、志愿者参与调解提供了依据。两者相比较,后者较具有前瞻性和时代感,有机会促使人民调解直接转型为现代公民社会的治理机制。第三,在委员任期方面,前者每届任期 4 年,后者每届任期 3 年,两者分别与地方首长及村(居)民委员会的任期一致,两者都采取同样的设计,最主要的原因是便于在任期内推展和衔接调解工作。

29. 简述我国台湾地区乡镇市调解与大陆人民调解制度管辖标准与调解案件适用范围的区别。

参考答案:第一,管辖标准的差异。乡镇市调解对于管辖的标准有明确的规范,而人民调解则未规定管辖的范围,但应当遵循与当事人有密切联系的原则、就近原则和有利于纠纷解决的原则。此外,跨地区、跨单位的民间纠纷,还可以申请相关人民调解委员会共同调解。第二,调解范围的差异。乡镇市调解的调解范围分为民事事件及刑事事件两类。前者以未系属于法院或已系属于法院而在第一审辩论终结前的民事事件为限;后者则以告诉乃论之罪为限。人民调解未明确界定调解的范围,仅有原则性的规定,包括发生在公民与公民之间、公民与法人和其他社会组织之间涉及民事权利义务争议的各种纠纷。

30. 简述我国台湾地区乡镇市调解与大陆人民调解制度救济机制的区别。

参考答案:第一,发生救济原因的差异。两种调解制度在发生救济原因方面,除了基本的无效原因以及得撤销原因外,后者还多了“变更”的原因,其他则大致相同。而两者最大的不同在于,乡镇市调解对于调解委员或列席协同调解之人发生强暴、胁迫等“违法调解”情形时,当事人得依法诉究的规定;而人民调解则未对调解员涉及“违法调解”情形有所规定,仅在《人民调解法》第15条中规定调解员发生侮辱当事人、索取财物、泄露个人隐私等行为时,其所在的人民调解委员会要给予批评教育、责令改正,情节严重的,予以罢免或解聘。两者对调解委员(调解员)的约束程度不同,体现了两种调解制度的基本差异。申言之,乡镇市调解被视为“准司法行为”,而人民调解则被视为“群众性组织”,前者带有浓厚的官方色彩,后者要求尽量深入民间,对于从事调解工作的人员自有不同程度的要求。第二,救济方法的差异。人民调解在发生救济的原因上,比乡镇市调解多了一项“变更”的因素。而变更权与撤销权在救济方法上也有所区别:撤销权的行使,旨在使合同自始不发生效力,变更权的行使,则是变更合同的部分条款。如果当事人仅请求变更人民调解协议而没有要求撤销,人民法院不得撤销该人民调解协议。另外,人民调解针对达成调解协议后,设计了双方当事人共同申请司法确认的救济程序,这是乡镇市调解所没有的;这一司法确认程序既非典型的诉讼程序,也非典型的非讼程序,而是介于诉讼与非诉讼之间的特殊审判程序,主要是为了实现人民调解、诉讼调解的无缝衔接,并赋予非诉讼调解具有法律上的强制执行力。第三,救济期限的差异。乡镇市调解在程序的设计上比较单纯,重点是放在法院的审核上,而在实务运作中,真正发生法律争议的情形并不多见,因此,无论是因当事人申请而成立之调解或法院移付而成立的调解,其救济期限都规定,于法院核定之调解书送达后 30 日内为之。人民调解制度因着重在"群众性组织",在设计诉讼与非诉讼的衔接机制上,反而呈现出较为复杂的态样,因此,对于不同的救济方法有不同的救济期限规定,主要包括:①撤销权于当事人知道撤销事由之日起 1 年内为之;②向人民法院提起诉讼,时效期间为 3 年;③申请司法确认,自调解协议生效之日起 30 日内。第四,救济效力的差异。乡镇市调解规定,经法院核定后有无效或得撤销之原因者,当事人于调解书送达后 30 日内得向原核定法院提起宣告调解无效或撤销调解之诉。人民调解则有赋予当事人一方向人民法院起诉,请求确认调解协议无效的权利和程序,但无须人民法院核定前置程序,同时也规定,无效的调解协议自始没有法律约束力。申言之,乡镇市调解将当事人主张"调解无效"设计为诉讼的一环,人民调解则以请求确认之诉以解决。

31. 简述我国香港地区推动调解工作所积累的经验。

参考答案:第一,律政司及相关委员会负责调解工作。为推动调解在香港的发展,特区政府通过律政司在不同阶段成立不同的工作小组及委员会负责相关工作。第一个工作小组是在 2007 年成立的调解工作小组。该小组在 2010 年提交工作报告中提出了 48 项建议,涉及法律配套、调解员资格认可与训练及推广和宣传等不同范围。为落实该 48 项建议,律政司在 2010 年年底成立了调解专责小组,当中最重要的工作是订立《香港调解守则》和《调解条例》及协助业界成立一个专业调解员的资格评审组织。第二,法律配套。调解不可能在法律真空的情况下进行,因此,合适的法律配套十分重要。欧盟与联合国国际贸易法委员会在较早时候已分别就调解订立了相关指引和示范法。依据调解工作小组的建议,香港在 2012 年 6 月制定了《调解条例》,为在香港进行的调解活动提供了法律依据,保障了调解过程的保密性,令当事人更放心地进行调解。第三,其他制度配套。除特区政府政策和法律配套之外,其他制度上的配套也十分重要。在这方面,香港的司法机构十分支持以调解作为解决争议的方法,更在 2010 年引进相关实务指引,鼓励争议当事人通过调解解决民商事纠纷。司法机构也成立了调解信息中心和调解统筹主任办事处,为争议当事人提供调解的信息和相关协助。此外,法律援助是另一方面的配套,自从 2009 年开始,所有符合资格的民事案件也可以在进行调解时得到法律援助。第四,法律界及解决争议机构等界别的支持。法律界、解决争议机构和其他相关界别的支持和努力,也为香港调解的发展作出了很大的贡献。

32. 简答日本民事诉讼调解(调停)的特点。

参考答案:第一,对于人事诉讼案件及一般的家庭案件实行调停前置主义;第二,从调解的进行主体来看,调解一方面属于法院内具有广义司法性质的纠纷处理程序,另一方面又有法院外民间身份的调解委员参加而体现出"审判外"或"非司法";第三,实行的是"调审分离主义"。

33. 调解在美国获得如此迅速的发展原因有哪些?

参考答案:第一,诉讼积案问题是美国正统的司法体系愿意接纳调解制度的直接原因;第二,调解强调当事人"高度的程序控制",与对抗制下的当事人自治理念有共通之处, 因而,即便在对抗文化下它也能得到一定程度的价值认同;第三,对抗制在纠纷解决方面存在的种种缺陷,以及其在面对当代复杂诉讼(包括复杂的事实争议、多方当事人诉讼及复杂的法律问题)的捉襟见肘,使美国社会也开始反思,并期待在纠纷解决中寻求实质正义和社会和谐。而调解正好具有此方面的功能,被称为双赢的解纷方法。

34. 简述美国调解制度对我国调解发展的借鉴意义。

参考答案:第一,转变调解的指导理念。首先,是凸显调解员的中立理念;其次,要突出调解着眼未来的理念。第二,推动调解的职业化发展。形成专门的职业教学培养体系,形成完整规范的职业标准。第三,引入新型调解模式,如美国商业调解模式。第四,学习独特的调解技巧和方法。联合运用"面对面""背靠背"调解法与多提开放性问题;问题打包与拆分方法的引入;挖掘背后的利益, 进行利益评估排序;巧妙利用各种心理因素,促使当事人自己寻求解纷方案;通过风险评估和已有成果固定来调整当事人的期望值,保障当事人自愿接受调解。

35. 谈谈英国 ADR 的发展特点。

参考答案:第一,"接近正义"的理念和理性构建。英国民事司法改革以"接近正义"为口号,但并不是单纯以扩大民众和当事人对司法制度和诉讼的利用为目标,而是直接提出了减少诉讼的改革目标。这说明"接近正义"是以多元正义作为基本理念的。第二,司法效率与自治性纠纷解决指向的兼顾。英国民事司法改革及其对 ADR 的促进,并非仅仅为了提高效率,在"接近正义"的同时还吸收了自治的理念,并注意二者的兼顾。第三,建立和谐的诉讼和纠纷解决文化。国家、社会和法院对 ADR 提供了较充分的资源和各种支持,为其发展提供了较为充分的资源和各种支持。第四,对专门类型纠纷解决机制的探索。对特定的纠纷建立特殊的对应机制或程序。特别是医疗过失、人身损害赔偿、名誉纠纷、建筑工程争议等特定纠纷和案件的处理,推行诉前议定书制度,目的在于使特殊类型的纠纷在诉讼和审判之前通过特定协商和解、专家证人和 ADR 程序得到有针对性的解决,从而尽可能的将其限制在诉讼之外。

36. 谈谈德国 ADR 发展缓慢的原因。

参考答案:第一,德国把诉讼权利列为公民的基本权利之一,保证公民获得司法救济是国家或政府的义务。为此国家必须注意充分投入并合理配置司法资源,以保障公民的这一基本权利。第二,德国的民事诉讼职权色彩较为浓厚,制度程序设计更符合效率、经济和便利原则,并且不断围绕加强效率和便利诉讼的方向进行程序法的改革。第三,德国人同样热衷于为权利而斗争且是非分明,但作为成文法国家,德国法律规则的确定性和可预测性较美国强得多,而且采取律师强制代理主义,民事诉讼活动理性程度高。第四,德国的纠纷解决机制本身形成了一个多元化体系。

37. 日本的公调委(公害等调整委员会)对我国公益诉讼的发展有较大的启示意义,谈谈日本公调委的特点。

参考答案:第一,程序灵活。通过调解可以突破许多实体法上的空白或不足,也可以在一般案件的处理中不拘泥于本来的举证责任。第二,与其他行政机构合作,可以根据案件的处理所获得的信息向有关部门提出政策建议和对策。第三,调动公众舆论促进纠纷解决。第四,公调委在案件终结后的参与。为了保证案件结果能够真正实现,敦促义务人履行义务,公调委在协议达成后仍积极参与后续事宜的处理,并将其视为自己的职责。

38. 谈谈美国当前 ADR 的发展状况。

参考答案:第一,ADR 已经成为联邦和各州法院大力推行并经常利用的纠纷解决方式,并带来了法院诉讼程序的一些变革,例如"多门"政策、ADR 的诉讼前置、法官授权或委托调解;第二,行政性 ADR 迅速发展,并开始成为行政机关处理纠纷的重要方式;第三,在法律教育中,ADR 已经被作为律师基本职业技能加以学习和训练;第四,律师行业开始高度重视和解和 ADR,一些律师事务所设立了 ADR 业务组,并且出现了专门的调解律师事务所;第五,民间社会性 ADR 继续发展,非营利性纠纷解决项目迅猛增长;

第六，一些特定的纠纷类型和传统的ADR领域，如劳动争议，也在尝试新的ADR方式；第七，一系列有关ADR的联邦和州立法相继问世；第八，在各种合同中，有关ADR解决纠纷的条款已经开始被普遍接受。

39. 谈谈当代世界ADR发展的普遍性与共同趋势。

参考答案：第一，ADR的正当性和法律地位不断提高；第二，ADR应用范围及功能的扩大，获得了越来越广阔的发展空间；第三，ADR发展格局和形式的多元化及多样化；第四，ADR的法治化、规范化。

40. 谈谈美国调解与日本调解的不同特点。

参考答案：第一，美国的调解等制度隐含着一种当事人排斥或厌恶第三人（调解者）判断的态度，而日本的调解则明显带有对第三人权威或判断的期待甚至依赖；第二，美国的调解人主要是通过程序促进双方当事人的和解，而日本的调解人则往往会通过自己的意见或建议促成双方当事人的和解；第三，美国的调解人往往是依靠个人的经验、能力和魅力发挥其作用，而日本则非常重视调解委员会这样的集体体制，并注重以法官和非法律人士构成一种合理的调解员人事结构；第四，美国的调解以当面同席调解为原则，但日本的调解更重视个别的“背靠背”的调解方式；第五，美国的调解一般不限定调解的次数和时间，但日本则通常有这样的限定。

41. 谈谈你对人民调解自愿原则的理解。

参考答案：自愿原则，是指人民调解组织及人民调解员在开展人民调解的工作过程中必须始终遵循的依当事人意志，尊重当事人意愿，不得将人民调解组织及人民调解员的意志强加给纠纷当事人，更不允许采取任何强迫措施的行为活动准则。

可以从以下几个方面来理解自愿原则：第一，解决纠纷是否选择调解必须基于双方当事人的自愿。双方当事人发生纠纷后，享有管辖权的人民调解委员会对该纠纷能否进行调解，应完全依据双方当事人的意愿，要充分尊重双方当事人的选择权。第二，调解协议的达成必须出于双方当事人自愿。化解矛盾、消除隔阂、平息纷争、达成协议是人民调解组织开展调解活动的根本出发点，也是调解活动的根本目的。因此，人民调解组织及人民调解员在调解过程中只能竭尽全力，通过对双方当事人进行说服、教育、引导、疏导、劝说，晓之以理，动之以情，努力促使双方当事人互谅互让，取得共识，达成协议。无论如何都必须以双方当事人自愿为前提，而不能带有任何强制性。第三，调解协议由当事人自觉履行。纠纷双方当事人通过人民调解组织和调解人员的调解所达成的协议,由于是双方当事人的自主自愿行为,大多数情况下当事人都能够做到自觉自愿地履行。

42. 简答人民调解中坚持自愿原则的意义。

参考答案:第一,只有坚持自愿原则,才能在纠纷当事人与调解人员之间形成共同语境;第二,坚持自愿原则,有利于彻底消除当事人之间的隔阂;第三,坚持自愿原则,尊重当事人权利,是司法最终解决原则的要求。

43. 简答人民调解中适用自愿原则应注意的问题。

参考答案:第一,要把自愿选择人民调解途径解决纠纷的自愿原则与人民调解员积极主动开展工作对当事人实施说服教育的方法紧密结合起来;第二,坚持自愿原则,不等于在纠纷解决中可以放弃原则,迁就错误;第三,要正确处理当事人诉讼权利与人民调解组织工作绩效评价问题;第四,不能把尊重当事人诉讼权利同人民调解组织和调解人员主动积极地调解纠纷对立起来。主动积极地调解纠纷,为群众排纷解争,是人民调解组织和调解人员义不容辞的职责,也是党和政府以及广大人民群众对人民调解组织和调解人员寄予的殷切希望,它体现了人民调解组织和调解人员为人民服务的宗旨。因此,绝不能因为强调要尊重当事人诉讼权利,就对纠纷的调解抱消极态度,把纠纷往人民法院推,这是对尊重当事人诉讼权利的一种错误理解。

44. 谈谈在人民调解工作中适用平等原则应注意的问题。

参考答案:第一,人民调解组织和调解人员要正确和准确地把握平等原则的内涵;第二,人民调解组织和调解人员在调解活动中对纠纷当事人要一视同仁,要善于营造平等的气氛,使双方当事人都能够充分陈述自己的意见和要求;第三,调解人员在调解活动中要排除各种干扰,敢于坚持原则,取信于人。

45. 简答坚持平等原则的意义。

参考答案:第一,坚持平等原则,能保证调解人员客观公正的判明是非、分清责任;第二,坚持平等原则,能客观准确的适用法律、法规、规章和政策等评价尺度,充分保障当事人的合法权益,维护社会的稳定与和谐;第三,坚持平等原则能在和风细雨中化解矛盾纠纷。

46. 如何理解人民调解中的不违反法律、法规、政策原则。

参考答案:不违法原则,是指人民调解组织和调解人员以及纠纷当事人在人民调解过程中必须坚持的,在查明事实、分清是非的基础上,遵循一定的程序,在不违背法律、法规的强制性和禁止性规定的前提下,可以依据政策、社会公德、村规民约、公序良俗和行业习惯充分说理,促使纠纷双方当事人对争议的问题进行平等协商、互相谅解、消除隔阂,帮助当事人自愿达成协议、解决纠纷的行为活动准则。不违法原则主要包括以下几个方面:第一,人民调解组织受理和调解矛盾纠纷的范围要符合法律、法规和规章的规定;第二,人民调解必须依法、客观、准确的判断和评价争议事实;第三,纠纷调解的结果和当事人权利义务的确定,必须符合法律、法规、规章、政策的要求;第四,调解程序必须符合相关法律的规定。

47. 简答遵循不违法原则的意义。

参考答案:首先,不违法原则的确立不仅是社会主义国家性质的必然要求,而且是我国宪法精神的基本要求;不仅是健全和完善社会主义法治的直接要求,而且是实现依法治国方略的现实要求;不仅是牢固树立社会主义法治理念的根本要求,而且是构建人民调解大格局,实现社会公平正义,促进社会稳定,构建和谐社会的本质要求。所以,人民调解工作遵循不违法原则具有重要意义。其次,人民调解组织和调解人员只有遵守不违法原则,才能使纠纷得到正确解决,维护当事人的合法权益。因为国家的法律和政策体现了人民的意志,代表了广大人民群众的根本利益,是纠纷当事人双方统一认识的基础和评判是非的标准。最后,遵循不违法原则,有利于及时、彻底解决纠纷,做到案结事了;有利于增强人民内部团结,维护社会稳定;有利于法治宣传,对实现依法治国具有重要的现实意义和深远的历史意义。

48. 谈谈人民调解工作中适用不违法原则应该注意的问题。

参考答案:第一,要正确处理不违法原则与自愿原则的关系,自愿原则强调民间纠纷案件是否选择调解途径来解决,要以当事人的自愿为前提;第二,要正确处理好公正与效率的关系;第三,要大力提高调解人员的法律和政策水平;第四,要自觉接受基层人民政府和基层人民法院对人民调解工作的监督和指导。

49. 谈谈你对法院调解中查清事实、分清是非原则的理解。

参考答案:查清事实、分清是非原则要求审判人员在主持调解的过程中,应当查明案件事实,分清争议的是非曲直,明确当事人的各自责任。该原则是以事实为依据,以法律为准绳的司法原则在法院调解中的体现和落实。只有在事实清楚、责任分明的基础上,才能对当事人进行有理有据的说服工作。才能促使当事人平等协商,互谅互让,自愿达成调解协议。只有建立在该原则基础上的调解协议才具有实体上的正当性,才能够使当事人容易接纳并自觉履行。

50. 在我国,可以进行调解的主体有哪些?

参考答案:第一,人民调解委员会。既包括《人民调解法》规定的调解,又包括其他社会组织的调解。第二,行政机关及法律、法规授权的组织。我国的一些法律、法规、规章规定了特定行政机关可以对与其行政管理职责相关的民事纠纷进行调解。第三,仲裁调解的主体。根据《仲裁法》第51条的规定,仲裁庭在作出裁决前,可以先行调解。当事人自愿调解的,仲裁庭应当调解。调解不成的,应当及时作出裁决。第四,人民法院。在法院调解中,主持调解的人员通常为审理案件的审判组织人员,既可以由合议庭主持调解,也可以由独任审判员组织调解。

51. 实践中,人民调解委员会聘任人民调解员有哪些方式?

参考答案:一是村民调解委员会、居民调解委员会、企事业单位调解委员会在村(居)民小组、企业车间班组聘任人民调解员。如十户调解员、楼院调解员、车间班组调解员等。二是乡镇(街道)人民调解委员会根据调解员组成情况和矛盾纠纷特点,聘任有较高文化水平、较强政策法律水平、较丰富的专业知识和调解技巧的人员担任人民调解员。三是专业化、行业化的人民调解委员会根据专业和行业特点聘任有专业知识、专业技能的专家担任人民调解员。

52. 简述行业调解的概念和特点。

参考答案:行业调解是由行业协会主导的,对发生在行业会员与会员之间、会员与非会员之间的涉该行业领域的纠纷进行调解的行为和过程。特点:一是专业性。行业协会的调解员通常具有深厚的行业背景、专业优势和实践经验,对行业组织的成长经历了如指掌,对行业规则熟稔于心,面对复杂矛盾能够从根本上把握症结,从整体上平衡利益,进而迅速有效地化解争端。二是指引性。由于行业协会的指导地位,其调解结果通常对行业内部具有示范和指引作用。

53. 列举调解员职业道德的基本内容。

参考答案:一是充分尊重当事人的自决与自愿;二是调节中立公平;三是调解利益无涉;四是为当事人保密;五是调解员的勤勉尽责。

54. 简述律师调解制度的主要表现方式。

参考答案:第一,律师参与“诉调对接”工作。这种模式是律师经律师协会推荐或自愿报名的方式,进入人民法院的特邀调解员名册,接受人民法院委托,主持纠纷的调解。经律师调解后,当事人达成协议的,由人民法院对调解协议进行确认。第二,人民法院诉讼服务中心建立律师调解工作室。这种模式是人民法院建立律师调解工作室,鼓励律师在人民法院参与纠纷解决,接受人民法院委派调解或委托调解的案件。第三,律师建立专门提供调解服务的机构。这种模式是律师事务所内部建立调解中心,接受当事人或人民法院委托,进行市场化运作,提供收费的调解服务。

55. 人民调解组织受理纠纷后,被确定的具体调解人员需要深入开展调查工作。调查的途径主要有哪些?

参考答案:一是耐心听取双方当事人的陈述,了解纠纷过程和他们的真实思想和要求;二是向纠纷关系人、知情人和周围的群众做调查,进一步掌握其他有关情况,并印证双方当事人的陈述;三是到当事人所在单位了解情况,必要时,可求得单位领导和有关人员的支持;四是有些纠纷还需要到现场调查,有些疑难的伤害纠纷还须请有关部门进行伤情检查鉴定,查明伤害程度。

56. 简述法律规定调解人员应当回避的主要情形。

参考答案:一是调解员与当事人存在亲属关系的;二是调解人员与当事人有其他关系,可能影响调解的公正解决的;三是调解人员与纠纷的处理结果有利害关系的;四是有其他正当理由的。

57. 在调解过程中,纠纷当事人享有哪些权利,承担哪些义务?

参考答案:调解中纠纷当事人享有的权利有:选择或接受人民调解员;接受调解、拒绝调解或者要求终止调解;要求调解公开或者不公开进行;自主表达意愿、自愿达成调解协议。调解中纠纷当事人承担的义务有:如实陈述纠纷事实;遵守调解现场秩序,尊重人民调解员;尊重对方当事人行使权利。

58. 调解需要最终寻求解决方案,简述调解方案主要的内容。

参考答案:方案的内容主要包括:纠纷的简要情况,纠纷当事人的请求,双方的争议焦点,纠纷涉及的法律、法规、规章、政策,该纠纷调解的难点,调解过程中可能出现的突发事件及应对预案,以及调解所要达到的目标等。

59. 行政调解工作的开展应当遵循一定的基本原则,试列举主要的基本原则。

参考答案:自愿原则、合法原则、平等原则、积极主动原则、谁主管谁负责原则、中立原则、依法处理原则、便民高效原则。

60. 现行行政调解主要包括哪些范围？

参考答案：现行行政调解主要包括：行政机关在行使职权过程中，与公民、法人和其他组织之间，因行政管理产生的行政纠纷；公民、法人和其他组织之间产生的与行政机关行政管理职能有直接或间接关联的民事纠纷。同时，上述矛盾纠纷必须具有可调解性。

61. 简述最高人民法院《关于适用简易程序审理民事案件的若干规定》中应当先行调解的案件范围。

参考答案：婚姻家庭纠纷、继承纠纷、劳务合同纠纷、交通事故和工伤事故引起的权利义务关系较为明确的损害赔偿纠纷、宅基地和相邻关系纠纷、合伙协议纠纷，以及诉讼标的额较小的纠纷，在开庭审理时应当先行调解，但是根据案件的性质和当事人的实际情况不能调解或者显然没有调解必要的除外。

62. 简述人民调解、行政调解与司法调解的区别。

参考答案：第一，调解的范围不同。行政调解的范围主要是民事纠纷和少量的行政纠纷；人民调解的范围较广，包括简单的民事纠纷、违反社会公德引起的纠纷、轻微刑事违法行为引起的纠纷等；司法调解由人民法院对民事纠纷、行政赔偿案件和刑事自诉案件进行处理。第二，调解的性质不同。行政调解属于诉讼外的调解，是行政机关的行政管理行为；人民调解是不具有诉讼性质的诉讼外民间纠纷解决机制；司法调解是诉讼活动，是人民法院审理案件的一种结案方式。第三，调解的主持人不同。行政调解的主持人是依法享有行政职权的国家行政机关；人民调解的主持人是人民调解委员会；司法调解是人民法院行使审判权的表现。第四，调解的效果不同。经过行政调解和人民调解达成的调解协议，只能通过当事人自觉履行调解协议，才能实现对纠纷的真正解决，任何机关和个人不能强迫当事人履行；司法调解达成的调解书对双方当事人具有法律约束力，一方不履行，另一方可以申请人民法院强制执行。

63. 简述调解协议书应当包括的主要内容。

参考答案：一是双方当事人的基本情况、纠纷受理单位和调解员的姓名；二是经调解认定的纠纷基本事实和各方应承担的责任；三是协议的具体内容，包括双方当事人各自享有的权利和承担的义务，以及履行义务的具体期限、方式和违约责任；四是调解协议书的生效期限；五是由双方当事人和调解员签名盖章，并加盖调解委员会印章，协助调解人的也应签名盖章、注明制作日期。

64. 调解协议或调解书生效后,与生效判决具有同等的法律效力,具体表现在哪些方面?

参考答案:第一,诉讼结束后,当事人不得以同一事实和理由再行起诉;第二,一审的调解协议或调解书发生效力后,当事人不得上诉;第三,当事人在诉讼中争议的法律关系中的争议归于消灭,当事人之间实体上的权利义务关系依调解协议的内容予以确定;第四,具有给付内容的调解书,具有强制执行力,当负有履行调解书义务的一方当事人未按调解书履行义务时,权利人可以根据调解书向人民法院申请强制执行。

65. 现行法律规定中,行政机关对民事争议调解不成或者调解后当事人反悔的,有哪些处理方式?

参考答案:第一,调解不成或者调解后反悔的,可以向人民法院提起民事诉讼;第二,对于调解不成的案件,由政府部门处理;第三,对于调解不成的案件,由仲裁机构处理。

66. 人民法院生效的调解书与调解笔录具有哪些法律效力?

参考答案:第一,确定当事人之间民事法律关系的效力。这是人民法院调解书在实体法上的效力。第二,结束诉讼的效力。人民法院的调解书送达当事人和调解笔录依法生效后,当事人之间的民事权益争议,在法律上已最终解决,当事人不得以同一事实和理由向人民法院再行起诉。第三,强制执行的效力。若调解书有给付内容,一方当事人又不履行确定的义务,另一方当事人有权向人民法院申请强制执行。

67. 当事人不履行或者不按约定履行人民调解协议的,承担的主要责任形式有哪些?

参考答案:第一,继续履行。当事人一方不履行或不按约定履行时,另一方有权要求其按协议约定继续履行,另一方有继续完成协议约定的义务。第二,赔偿损失。违约方因自己的违约行为给对方造成损失的,应依照人民调解协议的约定或法律的规定,承担赔偿对方损失的责任。第三,支付违约金。违约金是由当事人通过协议预先确定的,如果一方违约而向对方支付的一定数额的金钱。

68. 人民调解协议获得强制执行力必须具备哪几个条件?

参考答案:第一,人民调解协议必须具有合法性;第二,人民调解协议以货币、物品、有价证券的给付为内容;第三,债权债务关系明确,债权人和债务人对人民调解协议约定的给付内容没有异议;第四,人民调解协议中应当载明债务人不履行义务或者不完全履行义务时,债务人愿意接受依法强制执行的承诺。

69. 对已经调解的民间纠纷,尤其是复杂的和可能出现反复的纠纷,人民调解员应当有目的性、针对性地进行回访。实行回访制度有哪些意义?

参考答案:实行回访制度,有助于人民调解员了解和巩固调解的效果,及时发现和纠正调解工作中的失误,防止当事人的思想反复和矛盾激化,督促当事人自觉履行调解协议。同时,这一制度还便于调解员联系群众,听取群众的意见和要求,总结经验教训,不断改进调解工作。

70. 简述人民调解协议的性质,并说明理由。

参考答案:人民调解协议性质上属于民事合同。理由:我国《民法典》规定,合同是民事主体之间设立、变更、终止民事权利义务关系的协议。因此,凡是在两个以上民事主体之间就财产利益或某些身份利益所自愿达成的协议,其性质均属于民事合同。至于当事人在订立合同过程中所采用的不同协商方式,并不会改变民事合同本身的性质。人民调解协议无论是重新设定当事人之间的民事权利义务关系,或者是变更、终止当事人之间既存的民事权利义务关系,均不影响其民事合同的性质。在人民调解委员会的主持下,促使双方当事人通过自愿协商达成调解协议,与当事人通过中间人的协助或协调所达成的协议一样,并不改变人民调解协议的合同性质。

71. 哪些情形会导致人民调解协议被确认为无效或部分无效?

参考答案:一是损害国家、集体或者第三人利益;二是以合法形式掩盖非法目的;三是损害社会公共利益;四是违反法律、法规的强制性规定等。如果当事人在订立调解协议时有重大误解或者显失公平等严重违背其真实意思表示的情形,人民法院根据当事人的请求也可以认定该调解协议无效。

72. 试比较人民调解协议的无效与可变更、可撤销。

参考答案:相同点:都是针对有"瑕疵"的人民调解协议的救济措施。不同点:第一,针对的情形不同。可变更或可撤销的人民调解协议主要是违背了一方当事人的真实意愿的人民调解协议,包括欺诈、胁迫、重大误解、乘人之危而订立的人民调解协议。无效的人民调解协议主要针对协议违反法律的强制性规定的情形,损害的是国家和社会的根本利益。第二,人民调解协议的变更或撤销必须由当事人主动向人民法院提出。对于可撤销的人民调解协议,有撤销权的当事人有权决定是否行使请求权。在人民法院裁定撤销之前,该人民调解协议仍然是有效的。如果撤销权人没有在规定的期限内行使撤销权,或者撤销权人仅仅要求变更该人民调解协议,则该人民调解协议继续有效。无效的人民调解协议不论当事人的态度如何,自始无效。

73. 根据《民事诉讼法》和《人民调解法》的规定,人民法院受理的人民调解协议司法确认的民事案件主要包括哪些?

参考答案:第一,人格纠纷案件:生命权、健康权、身体权纠纷、道路交通事故人身损害赔偿、工伤事故损害赔偿、名誉权纠纷等;第二,婚姻家庭、继承纠纷(除了确认身份关系、收养关系和婚姻关系):婚约财产纠纷、离婚涉及的财产纠纷、赡养纠纷、法定继承纠纷、遗嘱继承纠纷等;第三,物权纠纷:不动产登记纠纷、物权保护纠纷、所有权纠纷、用益物权纠纷、担保物权纠纷、占有保护纠纷;第四,债权纠纷:借款合同纠纷、租赁合同纠纷、保险合同纠纷、产品质量损害赔偿纠纷以及不当得利、无因管理等纠纷;第五,劳动争议、人事争议:劳动合同纠纷、社会保障纠纷、福利待遇纠纷等;第六,与公司、证券、票据等有关的民事纠纷:企业兼并纠纷、企业出售纠纷、公司盈余分配纠纷、公司清算纠纷、申请破产清算纠纷等。

74. 简述司法确认程序需要双方当事人共同申请的法理基础。

参考答案:调解协议双方当事人意思自治,是确认裁定书正当性的来源。人民调解委员会通过说服、疏导等方法,促使当事人在平等协商基础上自愿达成调解协议,解决民间纠纷。调解协议是双方当事人合意的结果,也是当事人行使处分权的结果,申请司法确认赋予强制力更是双方当事人对该调解结果的进一步确定,通过程序处分权的行使来固定实体的权利义务,这也是双方当事人合意的过程和结果,这是法律规定双方当事人共同申请的法理根据。

75. 在哪些情况下,人民法院应当不予确认调解协议效力?

参考答案:第一,违反法律、行政法规强制性规定的;第二,侵害国家利益、社会公共利益的;第三,侵害案外人合法权益的;第四,损害社会公序良俗的;第五,内容不明确,无法确认的;第六,其他不能进行司法确认的情形。

76. 人民调解协议经司法确认裁定有效,会产生哪些效力?

参考答案:第一,止争效力。非讼调解协议的合法性一经人民法院确认,就产生了司法意义上的止争效力,任何一方当事人都不得对该调解协议已解决的民事纠纷另行向人民法院起诉。第二,形成力。当事人通过调解协议改变或者消灭现存的法律关系的事实,一经人民法院司法确认,便产生形成力。第三,执行力。司法确认的执行力表现在对于具有给付内容的调解协议,一方当事人逾期拒绝履行或者未全部履行的,对方当事人可以向人民法院申请执行。

77. 简述司法确认机制应如何规范引导。

参考答案:第一,促进“诉调对接”功能的有效发挥,包括建立人民法院主导的司法协调机制,确立人民调解的程序规则;第二,夯实基层人民调解工作的基础,包括健全人民调解的工作制度,激发人民调解申请司法确认的实践热情;第三,保障人民调解协议的充分履行,包括自觉履行的保障措施、督促履行的保障措施、强制履行的保障措施等。

78. 简述调解与诉讼对接的基本内容。

参考答案:调解与诉讼对接的基本内容包括“诉调对接”的主体、“诉调对接”的对象、“诉调对接”方式的确定三个方面。主体一般包括当事人、调解组织以及人民法院三方;对象主要有家庭类纠纷、社会类纠纷、团体类纠纷、小额合同纠纷、行政纠纷、商事纠纷,以及其他可以适用“诉调对接”解决的矛盾纠纷;对接方式的确定一般分为人民调解与诉讼的对接、行政调解与诉讼的对接、诉讼调解与诉讼的对接等。

79. 就目前而言,行政调解与法院诉讼的对接模式主要体现在哪些方面?

参考答案:第 ,建立联席会议协调机制,即建立司法、行政联席会议等形式的沟通协商制度;第二,建立调解分流委托机制;第三,建立联合调解协调机制;第四,积极探索司法确认形成机制。

80. 委托调解与法院诉讼的对接主要体现在哪些方面?

参考答案:一是委托调解的结束。委托调解结束后,有关机关应当将调解结果告知人民法院。人民法院根据不同的调解结果分别作出不同的处理方式。二是委托调解协议的司法审查。经过受委托单位的调解,调解协议必须经过人民法院的司法审查。审查合格后,人民法院才会出具调解书。三是根据委托调解协议制作调解书。虽然委托调解委托的是人民调解组织,但是其相当于人民法院主持下达成的协议,对委托调解协议的司法确认程序,应当参照人民调解协议的司法确认程序进行,人民法院应当依法予以确认。

81. 简述特邀调解在实现“诉调对接”方面的意义。

参考答案:首先,调解组织可以通过参与人民法院的特邀调解增加案源，拓宽社会影响力，提升知名度。通过特邀调解，调解组织甚至可以驻派至人民法院的人民调解工作室，这对于调解组织的发展大有裨益。其次，法官丰富的社会实践经验也是调解组织的宝贵财富，通过加强入册特邀调解员的业务水平，可以提高调解人员的综合素质，使其职业能力得到稳步提高。最后，调解组织可以通过特邀调解增强权威性。特邀调解注重协商而非对抗，这有利于修复社会关系，维护人际关系。

82. 现行立法关于特邀调解与法院诉讼的对接程序如何规定？

参考答案：委派调解成功的，特邀调解员应当将调解协议提交人民法院备案，当事人申请司法确认的，由人民法院依法受理；调解失败的，特邀调解员应当将当事人起诉材料移送人民法院，当事人坚持诉讼的，人民法院依法进行立案登记。而委托调解成功的，特邀调解员应当向人民法院提交调解协议，由人民法院审查并制作调解书结案，达成调解协议后当事人申请撤诉的，人民法院应当依法作出裁定；调解失败的，人民法院应及时转入审判程序审理。

83. 对已达成的人民调解协议产生争议的案件的诉讼标的如何认定？为什么？

参考答案：诉讼标的一般认定为“人民调解协议中的合同法律关系或实体权利”。理由：人民调解协议是指双方当事人在人民调解组织（一般为人民调解委员会）的主持下，经过自愿协商达成的设立、变更、终止民事权利义务的协议。其完全符合《民法典》关于合同的定义，具备合同的一般法律特征，理应归为合同的一种。人民调解的过程，实际上就是双方当事人在调解人员的主持下，进行反复要约和反要约，直至最终承诺和缔约的过程。因此，对已达成的人民调解协议产生争议的案件，当事人始终都是围绕着人民调解协议，即这个新的合同法律关系提出诉讼请求，展开攻击防御。

84. 简述未经司法确认的人民调解协议案件的诉讼标的。

参考答案：确认人民调解协议无效案件的诉讼标的为“人民调解协议中的合同法律关系”；请求履行人民调解协议案件的诉讼标的为“人民调解协议中的实体请求权”；请求变更或撤销人民调解协议案件的诉讼标的为“人民调解协议中的合同撤销权”；对原纠纷提起诉讼的案件，被告未提出调解协议抗辩的，诉讼标的为“原纠纷中的民事实体法律关系或实体权利”，否则为“人民调解协议中的合同法律关系或实体权利”；对于司法确认申请被驳回后起诉的案件，若人民法院以“《民诉法解释》第三百六十条第（一）至

(四)项”作出驳回裁定,诉讼标的为“原纠纷中的民事实体法律关系或实体权利”,否则为“人民调解协议中的合同法律关系或实体权利”。

85. 对于未经司法确认的人民调解协议案件,人民法院可以进行诉讼调解吗? 为什么?

参考答案:可以。理由:其一,当事人可以通过诉讼方式解决相关争讼案件已经成为立法明确规定之事项。对于符合人民法院审理范围的案件,如果适宜调解且当事人同意的,无论是审理之前还是审理过程中,都可以进行诉讼调解。其二,诉讼调解本身就是人民法院行使审判权的一种方式。由于诉讼调解作为民事案件的结案方式之一,诉讼调解的效力与法院判决的效力相同,一旦生效便会产生拘束力。既然诉讼调解是人民法院行使司法权的形式之一,且与判决能起到同样的司法效果,只要符合诉讼调解的条件,人民法院自然可以通过调解方式解决相关争议。

86. 当事人达成行政调解协议后又发生争议向人民法院起诉的,相关案件的诉讼标的该如何认定? 为什么?

参考答案:诉讼标的一般为原纠纷中的实体法律关系。理由如下:第一,最高人民法院《关于如何处理经乡(镇)人民政府调处的民间纠纷的通知》中明确人民法院应作为“民事案件”受理。就整个行政调解而言,调解的范围不仅是民事纠纷,还包括轻微违法行为、行政权属争议、行政赔偿和行政补偿等。虽然司法解释有关于民事纠纷行政调解性质之规定(民事合同性质),但由于欠缺法律约束力,其并不能如同人民调解协议一样直接作为起诉的对象。该通知以“民事案件”的表述,意在指代原先的民事纠纷,即当事人先前争议的民事实体法律关系。第二,行政调解具有行政属性。行政调解是在行政机关或者法律、法规授权组织的主持下进行的,自然具有行政属性。通说认为,行政调解本身就属于行政行为的范畴,行政机关主持下的行政调解,必定显示出作为主体的权利背景。因此,将体现行政职权的调解协议直接作为诉讼标的有所欠妥,涉行政调解协议案件的诉讼标的只能是原纠纷中的实体法律关系。

87. 行政调解协议的司法确认制度可以从哪些方面构建?

参考答案:首先,依法确认行政调解协议的司法效力。对于涉行政调解协议案件应当进行司法审查,协议内容系当事人真实意思表示,不违反法律的强制性规定,不损害国家、集体、第三人及社会公共利益,且不具备无效、可撤销或可变更法定事由的,应当依法确认行政调解协议的法律效力。其次，及时促进调解协议的履行，方式主要为前述的公证强制执行和申请支付令。最后，加强沟通与协调。人民法院在涉行政调解协议案件结案后，应当及时将裁判文书寄送至原来的调解组织，并说明调解协议被变更、撤销或者确认无效的原因，做到及时沟通，以强化行政调解规范化建设和工作成效，不断提高行政调解成功率与调解协议的自动履行率，最终使行政调解组织的社会公信力得到不断的增强。

88. 简述诉讼调解的完善方向。

参考答案：第一，强化当事人合意机制，保障当事人的调解自主权；第二，强化审前调解，实行适当的“调审分离”；第三，规范诉讼调解中法官释明权的行使；第四，从制度上注重发展司法性 ADR。

89. 诉讼调解是否需要发现案件真实？

参考答案：调解作为建立在双方当事人合意基础上的一种灵活的纠纷解决方式，合意的正当性源于双方当事人的自愿，因此允许调解对事实的认定有一定的偏差，并不需要严格地遵守审判程序的规定，也无须像判决一样查明案件事实。而判决作为一种公权力行使的表现，必须严格遵守程序规则，对于案件需要查明事实，判决自然也需要根据事实和法律作出。然而，作为一种替代性纠纷解决机制，调解的主要任务在于解决纠纷，“查明事实、分清是非”始终不是诉讼调解应当承担的任务，但这也不代表可以完全无视调解查明事实、分清是非的作用。

90. 在调解离婚问题时，应注重处理好哪些问题？

参考答案：第一，正确判断夫妻感情是否确已破裂。主要依据《民法典》及最高人民法院司法解释加以确定。第二，人民调解员无权解除离婚纠纷当事人之间的婚姻关系，应告知当事人到一方户籍所在地的婚姻登记机关或基层人民法院依法办理离婚事宜。第三，依法明确离婚后的子女抚养和教育问题。应根据《民法典》及相关司法解释从有利于子女身心健康，保障子女合法权益的角度出发，结合父母双方的实际情况调解。第四，要妥善处理好离婚后的财产和住房问题。依照《民法典》及相关司法解释，合情合理地解决离婚纠纷当事人的财产和住房争议。第五，关于离婚时经济帮助问题。离婚时，一方生活确有困难的，另一方应根据《民法典》的规定，有条件地给予适当的经济帮助。

91. 结合司法实践，谈谈调解婚姻家庭纠纷有哪些经验和方法？

参考答案：第一，调解要以促进家庭和睦为目标，注意调解的方式方法。

多采用法治与德治相结合的方法,以亲情感人,以情理服人。第二,调解婚姻家庭纠纷应多使用换位思考的方法。一方面,人民调解员自身应富有人情味,设身处地为当事人着想;另一方面,让当事人以诚信的态度进行换位思考,学会从别人的角度出发,取得他人的理解、支持和谅解。第三,调解要处理好家庭内部矛盾,应根据情形多使用动员多种力量协同作战的方法,尤其应对家庭中有威信的成员启发开导,让其协助做思想工作。与此相适应,调解婚姻家庭纠纷尤其应注意方式技巧的灵活运用,可根据案情,较多地适用座谈会调解的方式。第四,婚姻家庭纠纷应以疏导教育、解决思想问题为主,但对一些涉及实际困难所引起的婚姻家庭纠纷,调解员应及时施以援手,积极与有关部门联系,在可能的条件下帮助解决。第五,调解婚姻家庭纠纷还应该多使用苗头预测的方法,使矛盾消弭于萌芽状态。

92. 简述调解兄弟姐妹之间的扶养纠纷,应当注意哪些事项?

参考答案:第一,应确定兄弟姐妹之间是否存在应履行扶养义务的事实。即兄、姐是否有负担能力,父母是否已经死亡或是否无扶养能力,或兄、姐在弟、妹未成年时有否履行过扶养义务。由于兄弟姐妹之间的扶养义务是有前提条件的,在弟、妹未成年时,父母有扶养能力的,则兄、姐无扶养义务。而兄、姐如对弟、妹未履行过扶养义务,则兄、姐年长后无生活来源的,弟、妹也无扶养义务。第二,兄弟姐妹之间的扶养义务,一般应使被扶养人的生活保持当地平均生活水平为限,不能有过高的要求。第三,兄弟姐妹之间的扶养义务,在弟、妹未成年时,扶养义务的范围既包括生活费也包括教育费、医疗费等费用。

93. 请列举调解实务中常见的相邻关系纠纷类型。

参考答案:因通风、采光和日照造成的纠纷,因正常的通行受阻造成的纠纷,因防险、排污造成的纠纷,因噪声和震动等环保问题造成的纠纷,因用水、流水、截水、排水造成的纠纷,因修建、施工造成的纠纷,与建筑物内部相关联的相邻纠纷等。

94. 简述调解相邻关系纠纷时应当注意的事项。

参考答案:第一,调解相邻关系纠纷应理顺法律关系,正确适用法律规范;第二,在调解前调解人员应当做好准备工作;第三,调解相邻关系纠纷一方面在调查研究阶段和劝说教育当事人时要查明事实、分清责任,另一方面在实施调解促成调解协议达成时,也应善用模糊处理法;第四,对非法不动产所引发的相邻关系纠纷应审慎处理。

95. 列举物业纠纷调解的基本原则。

参考答案：第一，保护业主合法权益的原则；第二，维护物业合同严肃性的原则；第三，权利义务对等原则；第四，所有权与管理权相分离的原则；第五，具体业主与抽象业主利益有机整合的原则。

96. 试区分“物业服务合同纠纷”和“涉及物业管理的其他纠纷”。

参考答案：第一，纠纷主体是否分别为业主和物业服务公司。如果不是，一定不是“物业服务合同纠纷”，属于“涉及物业管理的其他纠纷”；如果是，需要根据纠纷的内容进行归类。第二，纠纷内容是否是物业服务合同约定的双方权利义务内容。如果是，属于“物业服务合同纠纷”；反之属于“涉及物业管理的其他纠纷”。

97. 调解物业纠纷案件时，应当根据案件的复杂程度，选择适当的调解时机和方式。实践中应该怎么做？

参考答案：简单案件应尽快接触纠纷当事人，可以径行调解，以免错失调解的最佳时机，增加解纷成本。而复杂的纠纷、历史遗留问题、久拖未决的涉诉上访案件和疑难案件等，则应当谨慎行事，尽量充分做好准备，先开展外围工作，摸清纠纷产生的前因后果、当事人背景、性格特点、前期处理情况等信息，必要时还要制定调解方案，在此基础上再择机进行调解。

98. 简述医疗调解协议的履行督促方式。

参考答案：第一，告知。医疗纠纷人民调解委员会应告知纠纷当事人，按照法律规定调解协议达成后当事人应当按照约定履行调解协议，否则就要承担相应的法律后果。第二，教育。对于一方当事人有履行能力但不自觉履行的，医疗纠纷人民调解委员会要对其进行教育，劝导其履行调解协议。第三，依靠群众。召集当事人近亲属和有助于纠纷解决的相关人士等召开现场会，指出不履行调解协议的错误。第四，制定履行方式。对不能一次履行完毕的调解协议，医疗纠纷人民调解委员会应帮助当事人制定分期履行的方式。第五，社会舆论。可以采取公开方式，用社会舆论的力量督促其履行。

99. 医疗纠纷行政调解与医疗纠纷人民调解和诉讼调解相比，有何优势？

参考答案：第一，主动、及时发现纠纷。行政机关在实施行政管理的过程中，会直接面对大量纠纷，相比人民调解组织和人民法院更能主动、迅速地发现矛盾和冲突，从而及时予以化解，防止矛盾激化。第二，专业知识优势。对于医疗纠纷，卫生行政主管部门相比于法官和人民调解员具有专业知识上的优势，可以从专业角度出发，进行有针对性的调解，也更容易让当事人信服。第三，处理便捷高效。行政权具有行动力强、效能较高的特点，行政机关调解纠纷，特别是在对专业管理职权范围内的纠纷进行调解时，能够体现较高的调解效率，快速解决纠纷。同时，行政调解方式灵活，受理适时，也使其成为一种比较便捷高效的调解方式。第四，有利于纠纷的预防。行政机关处理涉及自身职责的纠纷，有利于及时发现行政管理上存在的问题，相关规定的不足，可以及时调整政策，从而预防和减少纠纷的发生。

100. 医疗纠纷调解过程中，对于医方调解代表，需要力争做到哪些方面？

参考答案：一是用科学的医学理论，包括解剖学、病理生理学、诊断治疗学、预防学、心理学等，详细阐明患者疾病的病因、发病概率及其发生和发展规律，使病人感知其疾病治疗和康复情况，了解医生对其疾病诊断和治疗的意见；二是应用掌握的国内外医学理论和医学新进展方面的信息，结合本院技术水平、专家诊断治疗措施，消除患方顾虑；三是用丰富的临床经验和具体病例，验证患者的临床症状发生的必然性和病情恢复的规律性，解除患者疑虑，消除患者恐惧，让患者对医生的诊断和治疗有重新的认识；四是重点解答患者提出的疑问，用通俗易懂的言语进行透彻的解释，并提出具体的治疗和康复意见，让患者接受，只有这样才能缓和矛盾、化解纠纷。

图书在版编目(CIP)数据

调解程序概述 / 洪冬英主编. -- 北京 : 法律出版社, 2020

(调解员高级研修(职业培训)丛书)

ISBN 978-7-5197-4733-6

Ⅰ. ①调… Ⅱ. ①洪… Ⅲ. ①调解(诉讼法)-诉讼程序-中国-职业培训-教材 Ⅳ. ①D925.114

中国版本图书馆 CIP 数据核字(2020)第 117164 号

调解程序概述
TIAOJIE CHENGXU GAISHU

洪冬英 主编
刘　东 副主编

策划编辑 解　锟
责任编辑 解　锟
装帧设计 李　瞻

出版 法律出版社
总发行 中国法律图书有限公司
经销 新华书店
印刷 固安华明印业有限公司
责任校对 晁明慧
责任印制 张建伟

编辑统筹 独立项目策划部
开本 710 毫米×1000 毫米　1/16
印张 23
字数 361 千
版本 2020 年 8 月第 1 版
印次 2020 年 8 月第 1 次印刷

法律出版社/北京市丰台区莲花池西里 7 号(100073)
网址/www. lawpress. com. cn
投稿邮箱/info@ lawpress. com. cn
举报维权邮箱/jbwq@ lawpress. com. cn
销售热线/400-660-8393
咨询电话/010-63939796

中国法律图书有限公司/北京市丰台区莲花池西里 7 号(100073)
全国各地中法图分、子公司销售电话:
统一销售客服/400-660-8393/6393
第一法律书店/010-83938432/8433　西安分公司/029-85330678　重庆分公司/023-67453036
上海分公司/021-62071639/1636　深圳分公司/0755-83072995

书号:ISBN 978-7-5197-4733-6　**定价**:76.00 元
(如有缺页或倒装,中国法律图书有限公司负责退换)